浙江师范大学拉美马克思主义译丛

Latin American Marxist

冯昊青　郑祥福　主编

Translation Series

拉美激进左派：
21世纪政治力量的复杂性和其面临的挑战

Latin America's Radical Left:
Challenges and Complexities of Political
Power in the Twenty-First Century

〔美〕史蒂夫·艾尔纳（Steve Ellner）／主编

刘映汐　吕建高　张圆　／译

中国社会科学出版社

图书在版编目（CIP）数据

拉美激进左派：21世纪政治力量的复杂性和其面临的挑战／（美）史蒂夫·艾尔纳主编；刘映汐等译. —北京：中国社会科学出版社，2022.9
（浙江师范大学拉美马克思主义译丛）

书名原文：Latin America's Radical Left：Challenges and Complexities of Political Power in the Twenty - First Century

ISBN 978 - 7 - 5203 - 6363 - 1

Ⅰ.①拉…　Ⅱ.①史…②刘…　Ⅲ.①社会主义—研究—拉丁美洲　Ⅳ.①D773.021

中国版本图书馆 CIP 数据核字（2020）第 079426 号

出 版 人	赵剑英	
责任编辑	喻 苗	
责任校对	胡新芳	
责任印制	王 超	

出　　版	中国社会科学出版社	
社　　址	北京鼓楼西大街甲 158 号	
邮　　编	100720	
网　　址	http://www.csspw.cn	
发 行 部	010 - 84083685	
门 市 部	010 - 84029450	
经　　销	新华书店及其他书店	

印　　刷	北京明恒达印务有限公司	
装　　订	廊坊市广阳区广增装订厂	
版　　次	2022 年 9 月第 1 版	
印　　次	2022 年 9 月第 1 次印刷	

开　　本	710×1000　1/16	
印　　张	21.75	
字　　数	345 千字	
定　　价	119.00 元	

总　序
"拉美马克思主义"的探索
历程及其基本特征[*]

在众多国外马克思主义理论中，有一种理论对其策源地影响巨大却迄今仍未引起国内学界的足够重视，它便是"拉美马克思主义"。尽管拉美作为思想的"试验场"，各种理论走马灯似的在这片神奇的土地上粉墨登场，但马克思主义对拉美的影响，无论从持续时间，还是从影响的广度和深度上看，皆是其他思想难以比拟的。谢尔顿·利斯（Sheldon B. Liss）就在《拉美马克思主义思想》一书的导言中指出："对拉美知识分子的影响，没有任何学派（或许除了实证主义）可与马克思主义相匹敌。"[①] 对此，美国《拉美视界》的编辑理查德·L.哈里斯（Richard L. Harris）博士也有着深刻的洞识，他认为"马克思主义不仅是当代拉美社会基本构成中的重要元

---

*　本序言曾以《"拉美马克思主义"的探索历程及其基本特征》为名，在《马克思主义与现实》2016 年第 4 期上发表，随后被《中国社会科学文摘》2017 年第 1 期、人大复印资料《马克思列宁主义研究》2016 年第 11 期全文转载，被上海社会科学院编纂的《世界社会主义研究年鉴（2016）》全文收录（上海人民出版社 2017 年版，第 273—287 页）。这里略作改动，用以充当"浙江师范大学拉美马克思主义译丛"的总序言，亦可看做是"导论"，便于读者在阅读"译丛"时对拉美马克思主义思潮的整体概括有个大致了解。

①　Sheldon B. Liss. *Marxist in Thought Latin America*. Los Angeles：University of California Press 1984, p. 2.

素，而且它已经以无意识的方式影响着拉美的思维与实践"①。而 1990 年诺贝尔文学奖得主，墨西哥文学家奥克塔维奥·帕斯（Octavio Paz）对此亦有深刻的体悟，他说，"我们的历史已经被马克思主义浸润，我们全都不自觉地成为了马克思主义者，我们的道德判断，我们关于现在和未来，以及正义、和平与战争的立场与观点，甚至包括对马克思主义的否定，都渗透着马克思主义。马克思主义已经融入我们的思维血脉与道德感觉之中了"。②将这些体认与"马克思主义必须与具体历史条件相结合并通过一定的民族形式才能实现"③ 的基本原理联系起来，我们可以合乎逻辑地推知：既然马克思主义对拉美社会产生了如此巨大的影响，必定有拉美化的马克思主义理论形态，即"拉美马克思主义"的存在。从国内外已有研究成果看，拉美地区不仅有独具特色的马克思主义理论形态，而且还异常多姿多彩！哈利·E. 凡登（Harry E. Vanden）教授就曾在《拉美马克思主义参考书目》的导言中指出："拉美马克思主义丰富而有魅力，它像拉美人一样多元（diverse）。"④ 目前，学界围绕相关思想家或某个"理论成果"的专题研究陆续涌现并日益增多，例如对马里亚特吉（José Carlos Mariátegui）、卡斯特罗、切·格瓦拉、托莱达诺（Vicente Lombardo Toledano）、玛尔塔·哈内克（Marta Harnecker）等人的思想研究，以及对"解放神学马克思主义"和"马克思主义依附理论"等个别理论的介绍。但作为一个整体的"拉美马克思主义"本身尚未得到系统梳理、探讨。有鉴于此，我们对"拉美马克思主义"进行了认真研究，"浙江师范大学拉丁美洲马克思主义译丛"便是研究工作中最基础的部分，正是在大量翻译、阅读原始文献的基础上，我们

---

① Richard L. Harris. Marxism, *Socialism and Democracy in Latin America*. San Francisco：Westview Press 1992, p. 1.

② Richard L. Harris. Marxism, *Socialism and Democracy in Latin America*. San Francisco：Westview Press 1992, p. 1.

③ 国内学界认为，这条原理是毛泽东思想对马克思主义的发展，但谢尔顿·B. 利斯（Sheldon B. Liss）认为，这是毛泽东采纳了列宁的看法，他说，"毛接受了列宁关于马克思主义必须适应历史条件和必须采取一定的民族形式才能实行的意见"。参见 Sheldon B. Liss. *Marxist in Thought Latin America*. Los Angeles：University of California Press 1984, p. 26.

④ Harry E. Vanden, *Latin American Marxism：A Bibliography*. New York：Garland Publishing, 1991, p. 1.

才能厘清"拉美马克思主义"的发展历程、主要理论成果及其特征,并对之作出实事求是的初步评价。

一 "拉美马克思主义" 的探索历程

首先,国际共产主义或社会主义运动局势的发展变化,乃至兴衰成败直接影响着马克思主义的传播与发展,就其在拉美的传播和发展来看,它经历了一个跌宕起伏的过程,形成了五个具有明显时代特征的分期。世界知名拉美马克思主义研究专家,法国国家科学研究中心(CNRS)荣誉主任,米歇尔·罗伊(Michael Löwy)认为,拉美共产主义运动和马克思主义拉美化的探索与演进历程呈现出三个明显的分期:即从 1920 年代一直持续到 1930 年代中期的"革命时期",从 1930 年代中期一直到 1959 年代的"斯大林主义时期",1959 年代古巴革命之后的"新革命时期"。① 这一划分基本上是准确的,但还不全面,若从马克思主义传入拉美开始至今的整个发展历程看,还应该在"革命时期"前加一个"马克思主义在拉美的早期传播",在"新革命时期"后加一个"苏东巨变"之后的"后革命时期",这样拉美马克思主义的探索历程可以划分为这样五个存在明显差别与特征的分期,因为马克思主义拉美化历程在这五个时期呈现出不同的态势和特征。

马克思主义在拉美的传播大约始于 19 世纪 50 年代左右,从现有资料来看,大约在 1854 年就有马克思的《哲学的贫困》等著作在拉美书店出售,到 19 世纪末,马克思主义已经在拉美得到较为广泛的传播,并在与各种非马克思主义思潮的斗争中赢得了工人阶级的信赖。在这一时期,欧洲进步移民和拉美左翼人士对马克思主义在拉美的传播发挥了重要作用,他们成立共产国际分支机构和各种劳工组织与政治团体,通过办报、撰写文章、翻译原著、出版理论研究著作等等形式宣传和传播马克思主义。其中阿根廷的胡安·胡斯托(Juan B. Justo,1865—1928)、智利的雷卡瓦伦

① Michael Löwy, *Marxism in Latin America from 1909 to the Present*. New Jersey: Humanities Press, 1992, p. viii.

（Luis Emilio Recabarren，1876—1924）、古巴的何塞·马蒂（José Julián Martí Pérez，1835—1895）等人可以作为这一时期的代表人物。胡斯托是第一个把《资本论》翻译成了西班牙文的拉美思想家，他于 1984 年创办了社会主义刊物《先锋》，1920 年出版了个人文集《社会主义》，他力图将马克思主义理论与阿根廷的现实结合起来，对马克思主义在拉美的传播甚至初期"拉美化"皆功不可没，许多拉美马克思主义者皆受惠于他。米歇尔·罗伊就认为胡斯托是拉美第一批接受马克思主义思想家中的"温和派"代表（雷卡瓦伦则是"革命派"代表）；① 罗纳尔多·孟克（Ronaldo Munck）则认为胡斯托是追求"拉美化"马克思主义知识分子中的杰出代表；② 但二者都认为胡斯托不是马克思主义者。一般认为，胡斯托受到了马克思、伯恩斯坦、饶勒斯，特别是斯宾格勒的影响。雷卡瓦伦作为拉美第一批接受马克思主义思想家中的"革命派"代表，被奉为"智利工人的良心"，以"爷爷"这一充满深情的尊称闻名于智利穷苦大众之中，是世所公认的拉美马克思主义者。雷卡瓦伦不仅善于传播马克思主义思想，而且更擅长把理论变为实践，他对拉美工人运动的影响就像马里亚特吉对该地区马克思主义政治理论家的影响一样大。③ 何塞·马蒂虽然不是马克思主义者，却写了不少介绍和纪念马克思的文章，在工人中扩大了马克思主义的影响，《论卡尔·马克思之死》便是其中的代表。马蒂不仅对马克思主义的早期传播，而且对古巴革命与建设亦有着巨大而深远的影响，卡斯特罗就承认"7·26 运动"受惠于马蒂的思想，今天马蒂思想依然是古巴共产党的指导思想之一。同时需要注意的是，马克思主义在拉美从传播初期开始就是多元的。

其次，马克思主义在拉美的传播随着俄国"十月革命"的成功而达到高潮。"十月革命"对于拉美工人运动和知识分子产生了极为深刻的影响，

---

① Michael Löwy, *Marxism in Latin America from 1909 to the Present.* New Jersey：Humanities Press，p. xvii.

② Dary Glaser and David M. Walker. *Twentieth-Century Marxism：A Global Introduction.* London & New York：Routledge press，2007，p. 155.

③ Sheldon B. Liss. *Marxist in Thought Latin America.* Los Angeles：University of California Press 1984，pp. 75 – 76.

一时之间，共产主义思潮在整个拉美扩散开来，拉美诸国的左翼政党或劳工组织纷纷转变成为共产党，拉美马克思主义探索与发展就此进入了"革命时期"。依米歇尔·罗伊之见，"革命时期"从 1920 年开始至 1935 年共产国际"七大"召开为止。马里亚特吉及其著述是这一时期最深刻的理论表达，而最重要的实践则是 1932 年的萨尔瓦多农民起义。① 这一指认非常准确，但在此期间发生的两件大事却需要交代，因为这两件事深刻地影响了拉美马克思主义的理论样态。第一件事是："20 世纪 20 年代，'土著主义''作为使印第安人进入现代文明同时又保存其文化的运动，成了秘鲁知识界大部分人主要关切的事情，而且他们的意见很快就传遍拉丁美洲。"② 这里说的"土著主义"，也就是《印第安主义》，它是型塑马里亚特吉思想的核心要素之一，正因为它，马里亚特吉这位"拉美马克思主义教父"的社会主义常被称为"印第安人的社会主义"。当然，它的影响不仅限于马里亚特吉，而且已经融入那个时代拉美马克思主义理论界的血脉之中，成为马克思主义拉美化的基因，甚至渗入了整个拉美左翼的思维之中，即便时至今日它的影响依然不衰，"21 世纪社会主义"就宣称自己是印第安人的社会主义。当然，这一影响是积极而正面的，它引导拉美马克思主义理论家们关注土著、农民和土地问题，乃至关注本国国情，为马克思主义拉美化提供了契机，敞开了正确的本土化路径。另一件事情是共产国际在 1928 年"六大"上提出完全脱离各国革命实际的"第三时期"这一极"左"理论。该理论认为，"第三时期"（即 1928 年以后）是资本主义进入全面崩溃，无产阶级夺权的时期。这一错误理论不仅因奉行"宗派主义"和"关门主义"对各国共产主义运动与左翼的联盟产生了极大的破坏作用，也对马克思主义拉美化产生了不良影响。在此背景下，马里亚特吉的正确主张不仅不被采纳，反而受到批判，甚至被斥为"小资产阶级的东西"。许多进步群众对这时期的极"左"策略无法理解，纷纷转向与共产党决裂的社民党或其他左翼组织，使共产主义运动遭受严重孤立

---

① Michael Löwy, *Marxism in Latin America from 1909 to the Present*. New Jersey: Humanities Press, 1992, p. viii.

② Sheldon B. Liss. *Marxist in Thought Latin America*. Los Angeles: University of California Press 1984, p. 127.

与挫折。当然，总体上看，这一时期还是有利于马克思主义理论探索的，特别是在"第三时期"理论提出来之前，那是马克思主义拉美化的多元探索期，诸多左翼知识分子和工会领袖都为此做出了积极贡献，其间确实涌现了一大批颇具探索与创新精神的理论家、实干家，其中除马里亚特吉外，古巴的梅里亚（Julio Antonio Mella, 1903—1929）、智利的雷卡瓦伦、墨西哥的托莱达诺，以及《对巴西政治发展的唯物主义解释》（1933）的作者索德雷（Nelson Werneck Sodré, 1911—1999）等皆是其中的杰出代表。

随着"第三时期"错误理论的恶劣影响不断彰显，再加上国际形势的变化与法西斯的猖獗，1935 年共产国际在莫斯科召开"七大"，纠正了"第三时期"的极"左"错误，提出了建立反法西斯统一战线（"人民阵线"），拉美马克思主义就此进入"斯大林主义时期"。"斯大林主义时期"从 1935 年开始至 1959 年"古巴革命"为止，这一时期的特点是苏联支配着共产国际，而各国共产党成为了共产国际的一个支部，共产国际对各国共产党领导人握有"生杀予夺"的权力，它的决议各国共产党必须无条件贯彻，甚至共产国际和苏联还给各国共产党规定了一条清一色的路线，最终形成了斯大林主义和苏联官方阐释的"正统"马克思主义教条一言堂局面，完成了对拉美共产党的组织与思想控制。这种局面造成了两个截然相反的"效果"：一方面它整合增强了国际共运的力量，给予拉美各国共产党和左翼以极大的支援与指导，有力促进了马克思主义的传播；另一方面却既损害了拉美诸国共产党的自主性与创新精神，也几乎窒息了探索马克思主义拉美化的积极性，拉美马克思主义由此从多元探索发展期被迫转向一元教条期。这一时期，从总体特征上看，拉美共产党因在共产国际和苏共的组织与理论控制下丧失了独立自主性而显得党性模糊，理论创新乏力。阿根廷共产党总书记柯都维亚（Vittorio Codovilla, 1894—1970）是这一时期的典型代表，而"白劳德主义"则是这一时期孕育出来的"怪胎"。柯都维亚们"从一种聪明的政治观点出发而与苏共及其操控的共产国际组织建立了更为直接的联系，无论苏共和共产国际如何转向，他们都紧紧跟随，毫不动摇"①。而在本国马克思主义理论发展与实践上，却毫无建树。对此，有研究者毫不客气的指出，柯都维亚们在几十年领导拉美共产党的过程中，留下的东西只不过是"应景之作"②，却无任何理论创新。当然，拉美马克思主义在这一时期也并非没有任何作为，二战以后，拉美诸国左翼理论界加大了马克思主义研究，推进了马克思主义的学科化发展，尤其是马克思主义经济历史理论的研究领域，围绕拉美殖民时期的社会性质是封建主义的还是资本主义的争论非常热闹，这一争论有力地促进了拉美马克思主义历史学发展，甚至 1940 年代末，阿根廷、巴西、乌拉圭、智利出现马克思主义历史学派，对拉美马克思主义依附理论的形成作出了非常重要的贡献。代表性学者有：《马克思主义与古巴历史》（1944）的作者罗德里格斯（Carlos Rafael Rodriguez）、《殖民社会的经济》（1949）的作者塞尔吉奥·巴古（Sergio Bagu）、《巴西经济历史》（1957）的作者小卡约·普拉多（Caio Prado Jr.），以及马塞洛·西格尔（Marcelo Segall）、纳维尔·莫雷诺（Nahue Moreno）和西尔维奥·弗朗蒂奇（Silvio Frondizi）等人。

再次，古巴革命有力促进了马克思主义拉美化进程，将之推进到一个充满活力的多元创新阶段。1959 年古巴革命的成功才给拉美提供了本土版本的更富吸引力的马克思主义，打破了斯大林主义的专制和苏共一言堂的局面，使拉美马克思主义不再臣服于莫斯科意识形态权威与教条，从而将拉美马克思主义发展和共产主义运动推进到"新革命时期"。这一时期从 1959 年开始至 1989 年"苏东剧变"为止，"切·格瓦拉—卡斯特罗主义"是这一时期最具代表性的理论成果，而古巴革命是其中最为关键的历史事件，因为"无论是在拉美马克思主义发展史上，还是在拉美的历史上，古巴革命都构成了一个重要转折"。它既突破了"斯大林时期"在拉美形成的"苏联官方版正统"马克思主义一元独霸的局面，以及"革命阶段论"及其相应的"和平过渡""议会

---

① Michael Löwy, *Marxism in Latin America from 1909 to the Present*. New Jersey：Humanities Press, 1992, p. xxiii.

② 崔桂田等：《拉丁美洲社会主义及左翼社会运动》，山东人民出版社 2013 年版，第 128 页。

斗争策略"等"单一路线"的教条，又破除了"阿普拉主义""庇隆主义"等"拉美例外论"所宣扬的"马克思主义不适合拉美"的怀疑主义悲观论调，重新激发了拉美左翼人士和共产党人创造性地发展马克思主义的理论冲动与革命激情。对此，米歇尔·罗伊总结道："拉美马克思主义在1959年以后迎来了一个新的变革期——这一时期恢复了20世纪20年代'原初的共产主义（Original Communism）'的一些有力思想。虽然这两个时期之间并不存在直接的和意识形态上的连续性，但卡斯特罗主义重新强调了马里亚特吉的思想，并从历史的尘埃中解救了梅里亚，以及1932年萨尔瓦多革命（精神）。"① 谢尔顿·利斯也认为，中国和古巴对革命采取战斗的、非正统马克思主义的态度所获得的巨大成功，以及"中苏论战"打破了教条主义的束缚，促进了马克思主义拉美化的进程。到了1960年代，拉丁美洲的知识分子比以往更多地接受马克思思想的变种。他们把卡斯特罗、格瓦拉、列宁、托洛茨基、毛泽东和葛兰西的理论同民族主义、印第安主义、存在主义，甚至基督教神学的一些方面结合起来，② 进行创造性发展，因此从20世纪60年代开始，拉美出现了大量重要而新颖的马克思主义研究，这些研究所涉及的都是关于拉美现实的一些关键主题：依附性与欠发达、民粹主义、工会及其与国家的联系、工人和农民运动、土地问题、边缘性问题等等。③ 同样，马克思主义历史学，乃至文学、艺术等学科的发展也被推进到一个新的阶段……总之，这一"新革命时期"是马克思主义对拉美社会影响最广泛、最深刻的时期，更是拉美马克思主义探索发展历程中最丰富、最多元，甚至"最异端"的时期。尽管这一时期的游击运动以及其他形式的社会主义运动，像智利阿连德社会主义、秘鲁军事社会主义、尼加拉瓜桑解阵社会主义、圭亚那合作社会主义和格林纳达社会主义等最后基本都失

① Michael Löwy. *Marxism in Latin America from 1909 to the Present.* New Jersey: Humanities Press, 1992, p. xiii.

② Sheldon B. Liss. *Marxist in Thought Latin America.* Los Angeles: University of California Press, 1984, p. 38.

③ Michael Löwy. *Marxism in Latin America from 1909 to the Present.* New Jersey: Humanities Press, 1992, p. xii.

败了，但由古巴革命所引发的拉美马克思主义新革命与新探索却影响深远，甚至还收获了一些独具特色的马克思主义拉美化的别样成就，其中最重要的成果就是"解放神学马克思主义""马克思主义依附理论"，以及"切·格瓦拉—卡斯特罗主义"等。

最后，随着"苏东剧变"，以及尼加拉瓜桑迪诺革命阵线在1990年因选举失利而交出政权，"新革命时期"伴随着这个"游击运动"仅存的硕果一起终结了。自此，拉美马克思主义进入了"后革命时期"。目前，"后革命时期"大致已经历了两个阶段，即20世纪90年代的"新自由主义实验期"，这是拉美马克思主义探索发展的低潮期。但到了20世纪末，随着"新自由主义"露出败象，人们对马克思主义的兴趣开始升温，进入21世纪，拉美政坛更出现了"集体左转"的趋势，拉美马克思主义理论研究与实践探索又开始活跃起来，这是"后革命时期"的第二阶段。在这一阶段，由于拉美左翼政府的支持、资助，马克思主义著作被大量出版，甚至《共产党宣言》也于2004年被译成了盖丘亚语（南美地区最重要的土著语言），各种学术交流活动与社会运动论坛得以频繁召开，拉美马克思主义得到进一步传播与发展。总体上看，这一时期最为突出的特点是：拉美马克思主义的发展由原来主要被"革命家"和"社会活动家"推动的，以"改变世界"为旨趣的"革命化"发展为主的道路，转向以学理探索与历史梳理为主的"学术化"发展道路。这一转变当然有其深刻的背景：一方面，随着国际社会的深刻变革，"革命主体化危机"进一步加深，尽管1994年仍有墨西哥的萨帕塔起义，但显然大规模武装革命暂时已无可能；另一方面，苏东剧变打破了长期禁锢人们头脑的成见与教条思维，将人们带进一个"可读马克思"的新阶段，而随着"新自由主义神话"的破灭，当代资本主义弊端层出不穷，人们自然会将目光投向马克思主义；同时，马克思主义作为一项智力成果，已经深深的根植到人类思想史之中，成为相关学科研究不可忽视的重要构成内容。当然，这一时期也不妨有一些马克思主义理论家，如玛尔塔·哈内克尔等不仅积极开展马克思主义理论研究，而且还积极投身于现实社会政治运动，甚至直接参与左翼政党和政府的政治活动，将马克思主义运用于拉美现实社会运动或变革实践之中，为其提供理论支持，"21世纪社会主义"等各种颇具时代特色与拉美特色的"新社会主义"政治主张的提出，便包含着这些理论家的心血。另外，值得注意的是，马克思主义拉美化的前期成果，诸如马里亚特吉思想、切瓦格拉—卡斯特罗主义、"解放神学马克思主义"等也得到了更为广泛传播，其中的诸多元素被21世纪以来席卷拉美的各种社会主义运动所吸收。这一时期比较突出的代表有智利的玛尔塔·哈内克尔（Marta Harnecker）、约格·拉腊林（Jorge Larraín），德裔学者海因斯·迪特里希（Heinz Dieterich），墨西哥的卡斯塔涅达（Jorge G. Castañeda）、华西斯（Marco Vinicio Dávila Juárez），阿根廷的恩里克·杜塞尔（Enrique Dússel）、哥伦比亚的哈伊罗·埃斯特拉达（Jairo Estrada）、秘鲁的阿尼巴尔·魁加诺（Aníbal Quijano）等。

二 "拉美马克思主义" 的主要理论成果

从以上结合历史背景对马克思主义在拉美的传播与发展历程的简略梳理中，可以看出，尽管马克思主义拉美化的百年历程跌宕起伏，充满了艰难险阻，但从传播初期的胡斯托开始直到当今仍然活跃在拉美左翼理论与实践前沿的哈内克尔等人，始终有一批探索者努力克服"教条主义"的干扰，坚持探索将马克思主义基本原理与具体历史条件、本土思想资源和理论传统结合起来的民族形式，其间产生了诸多颇具拉美色彩的"马克思主义思潮"。当然，随着时间的流失，其中大部分思潮都湮没在历史的尘埃中去了，唯有少数几个成果经受了时间的考验，成为了马克思主义拉美化的活的遗产，成为了拉美社会主义运动，乃至左翼运动的精神食粮，继续在拉美左翼理论界和社会实践领域发挥着影响力。其中最重要，也是最具代表性的理论成果是：马里亚特吉思想、切·格瓦拉—卡斯特罗主义、"解放神学马克思主义"和马克思主义依附理论等。

首先，无论从产生时间上看，还是从影响力上看，马里亚特吉思想都是头一份马克思主义拉美化的成果，其他三项成果皆深受其影响，甚至可以在其中找到部分源头。也因此之故，马里亚特吉常被冠以"拉美马克思主义教父""解放神学先驱""拉美葛兰西"等称号。相较而言，马里亚特吉思想也是最受国内外理论家关注，因而被研究得较为充分的。他的思想集中体现在《关于秘鲁国情的七篇论文》（1928）和《捍卫马克思主义》（1934）两本著作，及其担任《阿毛塔》（Amauta）杂志主编时刊登的一系文章中。大多数研究者认为，马里亚特吉大致是在 1919 至 1923 年间游历欧洲时从空想社会主义者转变为科学社会主义者的，其间他广泛吸收了欧洲思想界的有益成分，特别受到克罗齐、乔治·索列尔和以皮埃罗·戈贝蒂、葛兰西为首的意大利《新秩序》集团的影响；同时，他也广泛吸收了拉美思想的有益成分，特别是普拉达和卡斯特罗·波索等人的"土著主义"思想。因此，米歇尔·罗伊认为，马里亚特吉思想"融合了欧洲文化最先进的方面以及土著共同体中的千年传统，并试着将农民群体的社会经验纳入到马克思主义的理论框架之中。"[1] 马里亚特吉思想内核可大致简略概括为 3 个主要方面：（1）对马克思主义的科学认识。一方面马里亚特吉认为马克思主义根本上是一种基于现实和事实基础之上的辩证方法，并非庸俗唯物主义和经济决定论；另一方面他认为马克思主义思想应当是开放的、可变化的、非教条的，应当根据新情况加以更新和发展，这一态度是避免其落入"欧洲中心主义教条"的泥潭，促成其走向探索马克思主义拉美化之路的关键。（2）用马克思主义基本原理来分析本土问题，并将之创造性地与本土理论传统、思想资源结合起来建构出适合解决本土问题的思想；例如，在《关于秘鲁国情的七篇论文》中，马里亚特吉用历史唯物主义方法分析得出秘鲁的根本问题不是理论界所认为的人种问题，而是经济社会问题，关键是土地问题，因为秘鲁乃至整个拉美独立后并没有解决土地分配问题，其中尤以印第安人因失去土地而受害最深，所以解决之道首先要恢复印第安人得到土地的权利，他建议通过成立农民组织恢复古代印加人的村社共有土地模式；总之，马里亚特吉认为，社会主义的斗争应当深深地根植于国家和民族传统之中，而拉美思想对欧洲的依附正是其政治经济依附性的根源之一，因此必须用本土的思想意识来取代后

---

① Michael Löwy, *Marxism in Latin America from 1909 to the Present.* New Jersey: Humanities Press, 1992, p. xxi.

者以减少依附性。为此，他拒绝屈从于斯大林主义，以及共产国际和苏共强加的教条。也因为这一鲜明的内核，马里亚特吉思想一方面被称为"民族主义""土著主义"或"印第安主义"的马克思主义或社会主义，另一方面又不为"正统"马克思主义承认而被斥责为"小资产阶级的东西"。（3）凸出意识的主观能动性，重视精神力量，强调宗教神话的积极作用。马里亚特吉认为，"俄国的共产主义太唯物主义了，因而不适宜于秘鲁这样一个主要是印第安人的国家"，因为这样的"马克思主义中的决定论因素会抑制创造力，因而革命的神话不可以抛弃，否则与之一道失去的将是马克思主义的人道主义品质"①。他甚至认为，"革命者的力量并不在于其科学，而在于其信仰，在于其激情，在于其意志。这是一种宗教性、神秘性、精神性的力量。这是神话的力量……革命情绪乃是一种宗教情绪"②。这些思想在正统马克思主义看来显然就是"异端"，但这一鲜明的理论特质有其背景：一方面是对当时被"决定论化"了的"正统"马克思主义的"反动"，另一方面是对印第安人的神话传统和被高度"天主教化"了的拉美社会的理论体认，同时也要看到马里亚特吉既强调精神力量，又坚持历史唯物主义的辩证立场与方法。因此，我们应该看到，尽管因了这一颇为"异端"的理论特征，马里亚特吉时常被片面地称为"唯意志论者"，其思想也常被偏颇地称为"伦理社会主义"，但或许他始终是位"聪明"的"马克思主义者"。

马克思主义拉美化的第二个成果自然非"格瓦拉—卡斯特罗主义"莫属了。"格瓦拉—卡斯特罗主义"兴起并活跃于1960年代，是格瓦拉和卡斯特罗关于社会主义革命的理论。切·格瓦拉和卡斯特罗是古巴革命和建设的领导核心，两人的思想理论作为一个统一整体贯彻和体现在古巴革命与建设初期之中，因而其无论被称为"格瓦拉主义"或"卡斯特罗主义"，内涵基本一致，故此将之合称为"格瓦拉—卡斯特罗主义"。从思想源渊上看，格瓦拉和卡斯特罗既受到马克思、列宁、斯大林、托

---

① Sheldon B. Liss. *Marxist in Thought Latin America*. Los Angeles: University of California Press, 1984, pp. 129 – 133.

② 叶建辉：《拉美马克思主义思想之父——马里亚特吉述评》，《马克思主义研究》2013年第3期。

洛茨基等欧洲思想家的影响，也吸收了毛泽东、武元甲、胡志明等亚洲革命家的独特理论，同时继承了马蒂、梅里亚、马里亚特吉等拉美革命先驱们的思想。他们对这些思想理论既借用又加以批判，因而格瓦拉—卡斯特罗主义是马克思子主义结合了拉美，特别是古巴的具体历史条件的创新与发展。①"格瓦拉—卡斯特罗主义"的内核概括为3个主要方面：（1）格瓦拉—卡斯特罗主义最基本的内核是"革命意志论"，即"它是某种站在所有消极的和宿命论的决定论的对面的政治上的和伦理上的'革命意志论'"②。这一思想内核显然受到马里亚特吉强调主观意志与精神力量思想的深刻影响。格瓦拉和卡斯特罗对革命雄心、意志与精神动力的倚重和强调贯穿在革命与建设过程之中。他们认为无论夺取革命胜利还是消灭贫困都有赖于牺牲精神和共产主义态度。因而在武装革命中，他们非常看重革命的主观条件，且不像列宁强调的那样只有主客条件成熟才能行动，而认为凭借游击队的革命意志与激情的"催化"作用，就能创造出革命条件，甚至认为"拉丁美洲人已看到了革命的客观条件，即遭受贫困、饥饿和压迫，因而他相信只要进行武装斗争就能具备主观条件，即意识到胜利的可能性"③。所以，他们积极输出和推动游击武装斗争。同样，在社会主义建设时期，古巴则积极开展塑造社会主义"新人"的运动，力图用精神鼓励取代物质刺激，鼓励人们不计报酬自愿奉献，其后虽不得已也采纳了物质刺激的方式，但对精神道德作用的重视却始终如一，卡斯特罗始终认为，"没有精神道德就没有社会主义"，"社会主义的最重要的价值是平等"。（2）格瓦拉—卡斯特罗主义最鲜明的标志是关于武装斗争的思想，他们拒绝社会主义革命可以通过"和平过渡"得以实现的方案，认为"武装斗争是这场社会主义革命的必要条件，因为无产阶级的胜利意味着资产阶级军事机构的摧毁"。而且卡斯特罗认

---

① Sheldon B. Liss. *Marxist in Thought Latin America*. Los Angeles：University of California Press，1984，pp. 256 – 265.

② Michael Löwy. *Marxism in Latin America from 1909 to the Present*. New Jersey：Humanities Press，1992，p. xliv.

③ Sheldon B. Liss. *Marxist in Thought Latin America*. Los Angeles：University of California Press，1984，p. 258.

为，"不必等到所有条件成熟才去发动武装斗争，因为游击运动本身有助于创造这些条件。"格瓦拉认为游击战能起到革命"催化剂"的作用，且"乡村游击战是最可靠、最现实的武装斗争形式"。后来他们还提出了"诸如军事对于政治的优先性、游击运动中心作为政党的核心或替代物"，以及"农民将为土地战斗，从而构成第三世界革命的主要动力"等颇具特色的思想。① 这些以游击为中心的武装斗争思想也许是格瓦拉—卡斯特罗主义构成内容中国际知名度最高，也是国际输出最多的部分，甚至人们常用"游击中心主义/论"来指代格瓦拉—卡斯特罗主义。他们也因此而被批评者们贴上"布朗基主义"的标签。（3）彻底的社会主义革命。尽管古巴革命开端于带有资产阶级民族民主革命性质的"7·26运动"，但在思想层面上，格瓦拉和卡斯特罗却主张摒弃"正统"马克思主义的"革命发展阶段论"，拒绝与民族资产阶级合作，追求彻底的社会主义革命，力图消灭一切资本主义成分。一方面，他们在被称为拉美左翼纲领与意识形态旗帜的《通过三大洲会议致世界人民的信》中主张：社会主义革命必须"将帝国主义者同当地的剥削者同时推翻"，因为"民族资产阶级完全丧失了抵抗帝国主义的能力——如果他们曾经有过的话——如今又成了帝国主义的帮凶"，所以"我们要么进行社会主义革命，要么成为革命的笑柄，除此之外，别无它途"②。另一方面，在社会主义建设中，他们力图快速剔除一切资本主义成分，认为革命者应坚持不断革命的原则，迅速消灭市场与商品生产，甚至消灭带有资本主义气息的货币和物质刺激，追求彻底而纯粹的社会主义；基于这样激进主张，他们还批判了苏联1960年代在一定程度上承认市场机制和个人利益的经济改革以及"和平过渡"与"和平共处"的路线。

当然，格瓦拉—卡斯特罗主义奉行"彻底社会主义革命"的激进主张，既于1960年代拉美掀起的"走社会主义还是资本主义道路"的民族解放路径之争密切相关，亦于另一个马克思主义拉美化的成果，即马克

---

① Michael Löwy. *Marxism in Latin America from 1909 to the Present.* New Jersey：Humanities Press，1992，p. xliv.

② Michael Löwy. *Marxism in Latin America from 1909 to the Present.* New Jersey：Humanities Press，1992，p. xliii.

思主义依附理论的警示性结论相关。因为马克思主义依附理论认为：落后国家的民族资产阶级没有能力领导民族解放进程，资本主义也不可能解决落后和不发达问题，社会主义是不发达国家唯一的革命性出路。①马克思主义依附理论作为马克思主义拉美化的具体理论成果之一，是在继承马克思主义经典作家关于落后国家对发达国家的从属关系以及帝国主义和新老殖民主义理论的基础之上，用马克思主义的立场、方法对"不发达理论""发展主义"等已有成果与拉美社会现实进行双重批判的基础上形成的，探讨不发达国家经济政治与社会发展的一种理论。"马克思主义依附理论"和"结构主义依附理论"合称为"依附理论"，依附理论是拉美理论家们在反对和批判欧美学者主导的现代化理论的基础上，结合本土客观条件和现实需要而建构出来的地道本土理论，② 亦可称为"拉美不发达理论"。马克思主义依附理论的主要代表人物及其成果有：多斯桑托斯（Theotonio Dos Santos）的"新依附理论"、瓦尼娅·班比拉（Vania Bambirra）的"依附性资本主义理论"、鲁伊·马里尼（Ruy Mauro Marini）的"超级剥削理论"、阿尼瓦尔·基哈诺（Anibal Quijano）的"边缘化理论"，以及费尔南多·卡多索（Fornado Henrique Cardoso）和恩索·法莱图（Enzo Faletto）的"发展型依附理论"等。国内研究者大多认为马克思主义依附理论的思想来源除了马克思主义经典作家的相关理论外，还极大受惠于劳尔·普雷维什（Roal Prebish）等人的"发展主义理论"、萨米尔·阿明（Samir Amin）和安德列·弗兰克（Andre Gunder Frank）等人的"不发达的发展理论"，而且主要从经济发展的角度探讨和阐释这一理论。但其实拉美社会的依附现象早已引起有识之士的思考，马里亚特吉早在20世纪初就深刻地将拉美"经济政治的依附局面归咎于思想上的依附"，而"美洲最知名的巴西马克思主义历史学家小卡约·普拉多"也早就"以其经济分析和敏锐地发掘依附性主题著称"③。当然，

---

① 袁兴昌：《依附理论再认识》，《拉丁美洲研究》1990年第4期。

② ［英］莱斯利·贝瑟尔主编：《剑桥拉丁美洲史》第六卷（上），当代世界出版社2000年版，第395页。

③ Sheldon B. Liss. *Marxist in Thought Latin America*. Los Angeles：University of California Press，1984，pp. 134、116.

从中也可看出拉美对欧美的依附不仅仅是经济依附，还有更深层的"知识依附"①"思想依附"，因而依附理论也不应该也不能只关注经济问题，例如费尔南多·卡多索就"对依附的经济基础不甚重视，而对依附的社会政治方面很感兴趣，尤其对阶级斗争、群体冲突以及政治运动感兴趣"②。基于以上认识，我们把马克思主义依附理论的主要内容概括为3个主要方面：（1）认为对发达国家的"依附"或"从属"关系是阻碍落后国家不发达的根源。马克思主义依附理论实际上就是为了弄清楚拉美国家发展障碍而产生的。欧美现代化理论一般把落后国家不发达的原因归之于这些国家缺乏合适的现代化观念、社会结构、人力与财力资源，以及缺乏对发达工业国的完全开放，而马克思主义依附理论则认为拉美诸国的落后与不发达恰恰是因为它们对发达国家完全开放而导致的依附关系所造成的，③即发达国家对落后国家的控制、盘剥、压迫并使之边缘化是阻碍其发展，导致其落后、贫穷的根源。（2）落后国家对发达国家的依附不仅是产业、金融和技术的依附，而且还包括更深层的知识与思想依附；这种依附不仅作为一种外部力量，通过经济分工导致产业结构失衡来制约落后国家的发展，而且还通过与当地资本和利益集团勾结形成政治联盟，从而成为影响这些国家的"内部力量"，当然还包括通过思想理论的输入形成的深层观念控制。（3）在如何摆脱依附道路的问题上，马克思主义依附理论形成了新老两个派别的不同答案。传统马克思主义依附理论认为：在依附关系下，落后国家不可能发展，而资本主义也不可能摆脱依附关系，因此社会主义革命是唯一出路。但以卡多索（Forna-do Henrique Cardoso）和法莱图（Enzo Faletto）为代表的新一代"发展型依附理论"则认为，在依附关系下，落后国家也能获得发展，因为"外国企业的利益在某种程度上和依附国家的内在繁荣是相协调的"。但这种

---

① 张建新：《从依附到自主：拉美国际关系理论的成长》，《外交评论：外交学院学报》2009年第2期。

② 周长城：《新依附理论：卡多佐对传统依附理论的挑战》，《社会科学研究》1997年第4期。

③ 周长城：《新依附理论：卡多佐对传统依附理论的挑战》，《社会科学研究》1997年第4期。

发展需要有一个"强力政府"存在为前提条件，即"在强力政府存在的前提下，与发达国家利益群体建构一种相互关系，寻求'和依附相联系的发展'"。当然，这种发展要付出诸如"收入分配倒退""劳工遭受剥削""政府集权专制"与"政治生活封闭"等代价。①

受到马克思主义依附理论深刻影响，并与之一道产生于 1960 年代，活跃于 1970 年的另一个马克思主义拉美化成果是"解放神学马克思主义"，它也许是马克思主义发展史上最为"异端"的"奇葩"。"解放神学马克思主义"是解放神学中最进步、最激进的派别，而解放神学是 20 世纪 60 年代，在拉美人民争取解放的革命斗争日趋激烈，天主教出现危机和马克思主义广泛传播的背景下产生的，一种将马克思主义和基督教信仰调和起来的基督教社会主义思潮。马克思主义对解放神学的影响十分明显，它在历史观和人道主义问题上吸收了某些马克思主义流派的观点，对拉美社会进行具体分析基本上采用了马克思主义依附理论的方法和结论。但解放神学家们对马克思主义接受的程度是不同的，有一些派别甚至排斥马克思主义。② 因此不能将解放神学与"解放神学马克思主义"混为一谈。从思想渊源上看，"解放神学马克思主义"所吸收的是常被其称为"新马克思主义"的西方马克思主义。它对苏共及其规制下的拉美各国共产党的正统马克思主义不感兴趣，它认为这种正统马克思主义代表的是一种教条的、否定人的自由的马克思主义。③ 同时，它还吸收了马里亚特吉思想、格瓦拉—卡斯特罗主义和依附理论等马克思主义拉美化的成果。米歇尔·罗伊在其为《当代马克思主义词典》撰写的"解放神学马克思主义"词条中将之称为"新马克思主义"，但同时又认为它比西方马克思主义更具实践精神。④ "解放神学马克思主义"主要代表人

① 周长城：《新依附理论：卡多佐对传统依附理论的挑战》，《社会科学研究》1997 年第 4 期。

② 徐世澄主编：《拉丁美洲现代思潮》，当代世界出版社 2010 年版，第 455 页。

③ 杨煌：《马克思主义与基督教神学能统一吗？——拉美解放神学的尝试》，《马克思主义与现实》2000 年第 5 期。

④ ［法］雅克·比岱主编：《当代马克思辞典》，社会科学文献出版社 2011 年版，第 242—250 页。

物有被称为"穿着教士袍"的卡米洛·托雷斯（Camilo Torres Restrepo）神父，曾担任过尼加拉瓜"桑解阵线"革命政府文化部长的埃内斯托·卡德纳尔（Ernesto Cardenal）神父，以及塞贡多（Juan Luis Segundo）、博尼诺（Jose Miguez Bonino）、古铁雷斯（Gustavo Gutierrez），莱奥纳多·博夫（Leonardo Boff）以及杜塞尔（Enrique Dussel）等人。综合已有研究成果，可大致将"解放神学马克思主义"的核心内容概括为4个要点：（1）用马克思主义改造神学，使之革命化，同时对马克思主义的宗教观进行"去""无神论化"的重新阐释，将两种理论融合起来；宣称共产主义的深刻含义与基督教精神是一致的，信仰马克思主义与信仰基督教并不矛盾，并且"马克思主义者无须是无神论者"，而"每个基督教徒的义务是做一个革命者"①。（2）"解放神学马克思主义"不仅像解放神学一样把马克思主义方法当做分析社会现实的工具，更将之作为改造社会现实的实践；它将投身革命与践行基督教精神结合起来，甚至认为只有投身"人民争取解放的革命"才能践行基督的"拯救"精神，成为真正的基督徒，卡米洛·托雷斯神父甚至认为，"作为天主教徒而不革命，就是过着罪大恶极的生活"②，埃内斯托·卡德纳尔神父认为，"一个基督徒要想成为真正的基督徒，就必须是个马克思主义者"，"解放神学其实应该叫革命神学"③。（3）解放神学马克思主义另一个突出内容是对资本主义的道德批判，其灵感来源是宗教性的和伦理性的，但表现得更为激进，且毫不妥协；它认为贫穷、饥饿、疾病、死亡是资本主义这棵罪恶之树上结出的果实，④"资本主义是犯了死罪的社会"，必须消灭它。（4）认为只有"社会主义"才能使拉丁美洲得到真正的发展，并主张建立一种民主的、公正的，"爱神爱人""富于人性"的"人道主义"的，与基督

---

① Sheldon B. Liss. *Marxist in Thought Latin America*. Los Angeles: University of California Press, 1984, pp. 136、159.

② Sheldon B. Liss. *Marxist in Thought Latin America*. Los Angeles: University of California Press, 1984, pp. 134、159.

③ 吉力：《革命，以父之名》，《经济观察报》2011年2月11日。

④ ［法］雅克·比岱主编：《当代马克思辞典》，社会科学文献出版社2011年版，第242—250页。

教精神相容的社会主义。①

三 "拉美马克思主义"基本特征

以上对"拉美马克思主义"发展里程及其主要代表性成果的简要梳理和勾勒,虽然既不能囊括马克思主义拉美化的所有"思潮"或理论成果,也不能穷尽这四个颇具代表性思潮或成果的所有内涵,但还是能够看出拉美诸国的马克思主义思潮及其相应的实践运动总是同气连枝的,它们在相互影响和相互渗透中形成一个信仰共同体,共享着某些一脉相承的传统。因此,尽管拉美马克思主义从传入之初开始到本土化思潮与成果的形成过程,走的都是一条多元分化的发展道路,但却仍然形成了作为一个理论整体的自我认同与自我辨识的一些基本特征,大致可归纳为以下4个方面。

第一,"拉美马克思主义"为了解决拉美地区普遍面临的时代任务而生,因而具有深刻的内生性与鲜明的时代特征。"拉美马克思主义"是其创始人在用马克思主义基本原理来分析和解决拉美诸国普遍面临的时代问题的过程中产生的。因而,它一方面具有深刻的内生性原因,另一方面它的内容反映着时代主题,深深打上了时代主题的烙印。拉美诸国自摆脱宗主国的殖民统治独立以来,因为对原有经济社会结构未进行深入革命,因而普遍面临"对外的经济政治依附"和"对内的社会排斥"问题。"对外依附"意味着拉美诸国经济社会依然没有独立自主性,依然遭受着"中心国家"、帝国主义和国际资本的盘剥;对内的"社会排斥"则意味着广大民众仍然被排斥在现代化进程之外,依然遭受着极端不公的歧视与压迫;前者导致拉美经济对外高度依赖而严重受制于人,后者导致拉美贫富极度分化,社会被严重撕裂。不言而喻,"对外依附与对内排斥"既是拉美经济社会发展最大的障碍,亦是拉美诸国贫困落后与动荡不安的总根源。因此,摆脱"依附"实现经济自主,消除"排斥"实现社会公平,既是拉美人民必须争取的"第二次独立"斗争,亦是拉美诸

---

① 王谨:《"解放神学马克思主义"的兴起及其特征》,《教学与研究》1996 年第 5 期。

国必须完成的历史任务。拉美马克思主义正是其创始人自觉承担起这一历史任务，在将马克思主义创造性地用来解决拉美诸国普遍面临的这一时代问题的过程产生的。因此，我们看到这一时代主题在前面归纳总结出来的四个具体成果之中都得到了非常集中而鲜明地反映，甚至还成为了马克思主义依附理论的中心议题。当然，这也说明"拉美马克思主义"具有内生性特征，因为它是应拉美社会面临的时代任务的内在要求而产生的。诚如斯言，"理论在一个国家实现的程度，总是决定于理论满足于这个国家的需要的程度"①，正是"拉美的经济社会状况，如不发达、依附性和贫困逼迫人民走向激进革命"②，而革命需要革命的理论，马克思主义拉美化的过程正是其在满足革命需要的过程中被吸收内化为拉美独特的革命意识形态的过程。因而通过坚决彻底的社会主义革命，摆脱依附，实现经济社会的自主发展，消除社会排斥，现实社会公平，自然成为了拉美马克思主义各个理论成果的中心诉求，并由此构成其鲜明特征。当然，反帝、反殖民主义，甚至反美也自然成为其摆脱依附的题中应有之义了。

第二，"拉美马克思主义"根植于拉美历史文化传统之中，具有鲜明的地域文化特色和独特的民族形式。由于拉美历史文化和社会结构的特殊性，无论是在坚持普遍主义的诸如卡佩罗（Alejandro Martinez Cambero）之流正统马克思主义者看来，还是在坚持特殊主义的"拉美例外论"的阿亚·德拉托雷（Haya de la Torre）之流看来，马克思主义都不适合拉美地区。③ 然而，马里亚特吉等拉美马克思主义创始人始终坚持辩证地看待普遍性与特殊性问题，既避免将马克思主义普遍原理教条化，又避免绝对化拉美的特殊性，创造性地将二者融会贯通起来，既将马克思主义根植于拉美民族文化传统之中，使之以易于被拉美人民接受的本土化形式出场；同时又将拉美历史文化传统融入到本土化的马克思主义之中，使

---

① 《马克思恩格斯选集》第 1 卷，人民出版社 1995 年版，第 11 页。

② E. Bradford Burns. At War in Nicaragua: *The Reagan Doctrine and the Politics of Nostalgia*. New York: Harpercollins Press, 1987, p. 7.

③ Michael Löwy. *Marxism in Latin America from 1909 to the Present*. New Jersey: Humanities Press, 1992, pp. xiv - xv.

之具有鲜明的地域文化特色和独特的民族形式。毫无疑问，其中最为突出的就是它将宗教神话纳入到社会主义运动中，使之成为社会主义的精神和伦理维度而从属于人类解放事业。也许，这在正统马克思主义者看来是"大逆不道"的，但这恰恰是马克思主义与拉美具体历史条件相结合的必然产物。拉美是个高度天主教化的地区，90%以上的民众皆是天主教徒，毫无疑问，如果教条而僵死地坚持马克思的宗教观而不加以"变通"或发展，马克思主义就不可能在该地区获得任何发展。也许正是基于这样正确的体认，马克思主义在拉美化过程中对宗教持开放态度。同时，拉美基督教基层教会在支持和领导广大贫苦信众参与社会斗争的过程中，形成了激进的基督教左翼思潮。由于相近或相似的"穷人优先"的劳苦大众立场，基督教左翼与马克思主义在参与社会斗争的过程中形成了对话，马克思主义批判性地接受了基督教的某些元素，基督徒被允许入党，左翼基督徒也接受了马克思主义，社会主义成为他们尘世的奋斗目标，切·格瓦拉被称为"尘世中的基督"，而卡米洛·托雷斯神父被称为"穿教士袍的切·格瓦拉"。随着相互影响和渗透的不断加深，基督教左翼与马克思主义从联盟到有机统一，不仅产生了解放神学马克思主义这样的理论成果，而且还有大量神职人员直接参与社会主义革命运动，甚至成为武装游击队员，为共产主义事业献出了生命；米歇尔·罗伊就发现，拉美左翼基督教已经成为革命运动的重要成分，在某些情形中，它甚至是革命的先锋，因为他们的主张比同时期受苏共遥控的拉美共产党还要激进，因而如果不考虑马克思主义对基督教左翼的吸引及其激进化，拉美的许多民族解放运动和革命活动就不能得到很好的理解。① 同样，马克思主义在拉美化过程中对印第安神话传统的处理也是成功的。从中可以看到，拉美马克思主义具有一种别样的宗教神话色彩，而宗教乃是古老的印第安美洲人生命的全部，从中已经可以隐约看到切·格瓦拉"新人"的大致轮廓。由此可知，共产主义之于拉丁美洲并不是一群谵妄青年热情的无端发作，而是深不见底的古老传统的回声，是拉丁美

---

① Michael Löwy. *Marxism in Latin America from 1909 to the Present.* New Jersey：Humanities Press，1992，pp. lvi－lvii.

洲寻找自身认同的脚步。①

第三，"拉美马克思主义"的理论发展具有一个非常突出的特点：它不像西方马克思主义那样，通过从理论到理论的抽象演绎来实现理论发展与创新的，而是在对现实的批判和干预中完成的。因此，"拉美马克思主义"的理论议题和时代主题具有高度关联性，其理论诉求与实践目标基本是一致的。这使得它的研究成果具有一种极为可贵的现实性和实践性品格。在前面的分析中我们已经指出，"拉美马克思主义"接纳的主要是西方马克思主义，而对苏共及其遥控下的拉美共产党所阐释的正统马克思主义则兴趣不大，因而有些研究者就此简单地认为，拉美马克思主义所"接纳"的主要是西方马克思主义者所鼓吹的人本主义思潮，它所崇尚的，说到底是一种人道主义。但事实并非全然如此，"拉美马克思主义"之所以对苏联版马克思主义之所以"兴趣不大"，是因为苏联版"正统马克思主义"的机械决定论和经济还原论倾向，遗忘了马克思主义的"实践原则"；同样，"拉美马克思主义"对西方马克思主义的"接纳"也只是批判性的吸收其强调意识的能动作用等方面的思想元素，而对其缺乏实践性的一面也毫不留情的予以批判；古铁雷斯就认为，阿尔都塞等西方马克思主义者遗忘了马克思主义的实践品格，只醉心于对马克思主义的纯粹抽象理论化阐释的做法"阻碍了（人们）去研究马克思作品的深层统一性，因而妨碍了人们本应理解的其启发激进持久革命实践的能力"。② 其中的缘由在于，"拉美马克思主义"理论发展走的是一条与西方马克思主义"学院化"的理论抽象发展道路截然不同的现实批判与实践介入的道路，它不是停留在书斋中的"解释世界"的学问，而是旨在"改变世界"，"使现实世界革命化"的理论武器。从我们对"拉美马克思主义"发展里程的梳理中可以看出，其创建者基本上都是实干家，甚或是社会活动家和革命家，他们的理论直接针对现实问题，大部分灵感源于对实践的批判与总结。因此，这些理论成果具有一种极为可贵的

---

① 叶建辉：《拉美马克思主义思想之父——马里亚特吉述评》，《马克思主义研究》2013 年第 3 期。

② ［法］雅克·比岱主编：《当代马克思辞典》，社会科学文献出版社 2011 年版，第 242—250 页。

现实性和实践性品格。

第四，"拉美马克思主义"的发展是多元化的。拉美各国思想界具有相互影响、相互渗透的传统，由此形成一个多元共识的自我认同与自我识别的整体，即在多元并存的表象下存在作为自我识别与认同的交叉（重叠）共识这一深层根基。此特征在"拉美马克思主义"领域里体现的尤为突出，但"拉美马克思主义"之所以形成这一突出特征却不仅仅是拉美自身的思想传统使然，还有其深层原因：一方面，这自然是马克思主义既强调坚持普遍原理，又强调必须与具体历史条件相结合，既强调国际主义，又强调民族形式等充满辩证思维的基本原理的体现；另一方面却是由马克思主义拉美化的特殊情形所使然的。首先，从源头上看，马克思主义在拉美的传播始终是多元并存的，拉美对各种流派的"马克思主义"始终是开放的，第二国际版的马克思子主义、苏联官方版的马克思子主义、被称为"新马克思主义"的西方马克思主义、托洛茨基主义、毛泽东思想等，几乎马克思主义发展史上出现过的任何一种版本或派别的"马克思主义"，甚至是相互矛盾或敌对的，都在拉美获得"合法"的传播与存在，由此也就形成了相应的不同派别的拉美马克思主义理论和政党，进而演化成多元"马克思主义思潮"并存的局面；其次，拉美大部分国家没有像欧洲那样的成熟而数量庞大的无产阶级，占绝对多数的是农民，而且受压迫，被盘剥最深重的是土著和亚非少数族裔，因而从不同群体的立场出发，对马克思主义的接受自然会出现一些分歧，进而导致马克思主义的多元化发展；再次，尽管拉美诸国有着大体相似的处境，面临大致相同的历史任务，但每个国家的具体情况还是有些差异的，因而基于不同国情，自然会形成具有本国特色的"马克思主义"。例如，以苏联官方马克思主义教条为圭臬的"马克思主义政党"就与马里亚特吉等具有浓厚本土色彩的"拉美化马克思主义者"不同，"大都采用教条的革命手册和还原论的观点，蔑视印第安人和农民"；同样在那些印第安人很少的国家就不可能像秘鲁、玻利维亚、委内瑞拉等深受印加文明影响的国家一样，发展出具有浓重土著色彩的马克思主义和社会主义理论。正是基于对拉美马克思主义这种多元化发展的深刻体认，奥马尔·阿查（Omar Acha）和德波拉·安东尼奥（Débora D'Antonio）才警告：尽管任何一个国家在马克思主义拉美化中取得的成功经验，必然会对拉美其他国家和民族产生一定的积极影响，并促进马克思主义在整个拉丁美洲的传播与发展，但"任何地域性的经验都不能成为整个大陆的效仿模式"①。

除了以上特征外，"拉美马克思主义"也还存在一些瑕疵，乃至缺陷。首先，尽管在"拉美马克思主义"的演进历程中，产生了一些具体的理论成果，但这些理论成果显然缺乏体系化的理论表达，还显得比较粗陋，"理论不足"或许是"拉美马克思主义"领域，乃至整个左翼的缺陷；玛尔塔·哈内克尔（Marta Harnecker）就准确指出，"拉美马克思主义左翼面临着理论危机、实践危机和组织危机"，而理论危机是结症所在，因为"理论危机必然导致实践危机与组织危机"；② 其次，"拉美马克思主义"或许还存在一定的主观化倾向；尽管"拉美马克思主义"反对、批判机械决定论和经济还原论无疑是正确的，但它显然有矫枉过正之嫌，且在本土化过程中又过于迁就本土思想资源和理论传统中的主观化倾向，因而导致其存在着过分强调主观能动性，过分重视精神作用，特别是对待宗教神话作用的主观化倾向，显然已经偏离了马克思主义"无神论"；甚至我们还可以指出其还存在着一定的"民众主义"色彩等等不一而足的"瑕疵"和缺陷。当然，这些简洁概括，也许不足以全面反映"拉美马克思主义"的特点，而且我们不否认基于不同立场与视角概括出来的其他结论或说法；例如，索布瑞诺（Francisco T. Sobrino）就认为，对马克思主义进行拉美式的解读具有异端性、反帝国主义、文化关切、唯意志论、自我批评和拒绝欧洲中心主义等特征。③ 但我们认为简单而绝对化地判定"拉美马克思主义"是或不是真正的马克思主义都是不恰当的，在此我们不想陷入带有"宗派主义"唯我论色彩的繁琐争论之中，我们相信"拉美马克思主义"肯定存在某些偏离马克思主义基本

① Francisco T. Sobrino. *Marx in Hispanic America. Socialism and Democracy*, Vol. 24, No 3, November, 2010.

② 袁东振：《拉美地区的当代马克思主义研究》，《社会科学报》2007年11月29日。

③ Francisco T. Sobrino. *Marx in Hispanic America. Socialism and Democracy*, Vol. 24, No. 3, November, 2010.

精神的成分，但也同样有很多创造性发展是符合马克思主义精神的。对此，或许谢尔顿·利斯的看法可以给我们提供某种启示。他在《拉美马克思主义思潮》一书中借用赖特·米尔斯（C. Wright Mills）的见解将"拉美马克思主义者"分成四类："僵化的"（dead），即将马克思主义当成神圣不可侵犯的神谕；"庸俗的"（vulgar），即将马克思的某些思想当作整体来加以应用；"迂腐的"（sophisticated），即把马克思主义体系定型化，以教条主义来代替思考与探究；"朴实的"（plain），即相信马克思主义但不把马克思主义教条化，且总是像马克思本人一样开放灵活而又实事求是的工作。① 另外，他还猜想，马克思本人并不会赞成只存在一种唯一正宗的马克思主义的狭隘观念，而且马克思本人也不会按照其后继者制定的所谓正宗马克思主义教条体系来思考。因为马克思深谙"理论是灰色的，只有生命之树长青"的道理。

以上对"拉丁美洲马克思主义"的探索历程及其基本特征的简单勾勒，是为"浙江师范大学拉美马克思主义译丛"总序言。

冯昊青　郑祥福

2020 年 8 月 25 日

---

① Sheldon B. Liss. *Marxist in Thought Latin America*. Los Angeles：University of California Press，1984，p. 2.

序　言

　　这本书是由《拉美视角》杂志资助的系列丛书中的一本。从1974年创办开始，该杂志就致力于让它的文章可以用于课堂教学。它的目的是向读者——特别是大学层次的读者——介绍一些发表在期刊上的有关拉美的重要主题和议题，并将这些内容整合成一本有条理的文集。在这个过程中，我们对这些文章进行改动和修剪，保留其实质性的内容，将它们重新组织成可以用来教学的论丛，并且增加了背景介绍。我们的目标自始至终都是希望将复杂但重要的话题变得对学生来说通俗易懂。

　　《拉美激进左派》通过考察历史和理论维度，分析了拉美左派掌权的激进民主现象，并且提供了对委内瑞拉、玻利维亚和厄瓜多尔的案例研究。这三个重要国家的激进左派都在巩固权力方面获得了进展。除此之外，本书还对其他几个影响了这三个国家或者受它们影响的国家进行了研究。虽然本书认识到激进左派在经历上存在多样性，然而，它也假设，就激进左派受到的区别对待而言，对温和左派和激进左派所做的划分（正如巴西的路易斯·伊纳西奥·卢拉·达席尔瓦所表达的那样）足以对此进行很好的说明。事实上，一些活动家和评论人士已经使用"21世纪社会主义"一词来指代这些国家的激进民主左派。

　　这本书为了突出重要的议题和澄清历史与理论方面的背景，还收入了几篇没有在期刊上发表过的论文。其他章节均是最初论文的升级版。早些时候，我们决定排除对拉美其他国家中处于反对派立场的激进左派运动的详细探讨。我们之所以把关注点放在激进左派政府上，乃是为了阐明当权左派所面临的具体挑战，特别是通过实践来证明左派政策的可行性。

罗纳德·切尔科特：《拉美视角》的丛书编辑和总编辑

史蒂夫·艾尔纳：《拉美视角》的编辑

前言　拉美新激进左派的全球意义

威廉·罗宾逊

　　在 21 世纪尝试革命性的改造意味着什么？在这样一个全球资本主义的新时代，我们所熟悉的许多参照点和标杆都已经发生改变。这种改造所面临的挑战使人畏惧。然而，随着这个制度迈向更严重的危机，这些挑战就显得更加迫切。如果我们想要继续生存，那么，似乎有必要对全球社会进行一个根本性的改造。我们正处在一个巨大的动荡时期，除了压迫性的社会控制体系越来越对我们造成威胁之外，我们还面临十分真实的危险，即这个制度有可能坍塌。全球资本主义正在面临结构、环境和文化上的深层次错乱，而这个制度越来越难容纳这些激增的矛盾。跨国资本在全球范围内势不可当地累积，也正在引发一场生态灾难和无止尽的战争。然而，尽管人类面临许多这样的危险，当前的政权空隙依然为许多改造性和解放性的工程提供了机会。首先，对大多数人来说，这个制度已经失去了合法性。其次，新自由主义在物质和意识形态方面似乎已经到了山穷水尽的地步。再次，在世界范围内，统治集团看起来已经被分化，它们时常失去方向。最后，第一世界的"第三世界化"为彻底全球化的政治和南北逐步联盟开拓了新的机会。

　　确实，自从全球资本主义危机在 20 世纪最后几年里被触发以来，似乎已经发生过两波全球起义。第一波包括：全球正义运动的兴起；到 20 世纪 90 年代末，群众斗争和抵抗运动从世界各地联合成一个重要的群体；世界社会主义论坛的成立，其横幅是"另一个世界是可能的"。这一波起义在 20、21 世纪之交达到了顶峰，2001 年"9·11"事件的发生，使得部分起义受到了阻扰，部分起义被改变了。这些事件使得跨国精英的反击成为可能。第二波起义开始于2008年金融危机之后，并于2009年至2011年间扩散开来。那些抢占国际新闻头条的闪光点有：发生在欧盟国家中的一轮又一轮的群体罢工和动员，尤其是在受紧缩政策严重影响的国家里；中东和北非的崛起；美国的占领华尔街运动；智利学生运动；中国工人中的罢工浪潮；在许多国家中，为移民权而进行的斗争……①

不只有一个结论可以从全球起义的内容和方向中得出。这些起义包括：在南美洲大张旗鼓的社会主义革命；由农民联合会或南非棚屋居民联盟形成的有组织的农民社会运动；在西班牙或占领华尔街运动中受无政府主义激发的无组织的反资本主义动乱；在埃及或希腊由年轻人、工人、中产阶级人士和新自由主义技术精英组成的流动的联盟。问题的关键是，这些全球起义能否成功地改变政治和经济上的权力结构，哪怕实际上是通过温和改良和成员增选来革新它们？或者，更糟糕的是，那个充当世界警察的国家会用21世纪法西斯主义的方式来回应这些试图变革社会秩序以支持穷苦大众的群众起义吗？

本书各章就是在这样一幅图景下进行探讨的。任何一位读者想要了解在全球资本主义和危机的时代里改造工程的前景与复杂性，都必须看一下21世纪拉美激进左派的经历。现在，史蒂夫·艾尔纳（Steve Ellner）和他的同事们为我们呈上了这本及时而富有洞见的文集，帮助我们定位拉美激进左派经历的复杂性。这些章节作为一个整体阐述了一些重要的问题，而这些问题是我们在思考改造工程在国际社会中的前景时所必须面对的。全球起义业已提出政治权力的问题。本书所具体探讨的国家正是那些左派执掌权力的国家，或者至少尝试从政府内部推动一个大众工程的国家，这些国家除了尼加拉瓜、萨尔瓦多和古巴这样异质的国家群

---

① 一个通常不太可能的出处刻画出了全球起义的精神。2013年6月29日出版的《经济学人》在其光泽的封面上描绘了四个穿着标志性服装的人站在写有"抗议三月"的旗帜下。第一位是高举法国旗帜和单发步枪的女性，立在写着"1848年的欧洲"的小标题下。站在她身旁的是一位身着另类服装、手拿燃烧弹和鲜花的男性，他的上方有一行小标题——"1968年的美国和欧洲"。然后是一位身着工人服装的男性，一只手举着蜡烛，另一只手握着一个扳手，看起来像一位典型的莱赫·瓦文萨，其上方的小标题为"1989年的苏维埃帝国"。最后一位是身着蓝色牛仔裤和T恤的女性，她一只手里拿着一部智能手机，另一只手里拿着拿铁咖啡，在她上方的小标题是"2013年的每一个地方"。

体之外，还包括委内瑞拉、玻利维亚和厄瓜多尔。如果不提出政治权力，或者政府的问题，那么，真正的解放工程就不可能出现。一旦左派成功地掌握国家政权，一系列复杂的不存在任何既定公式或简易回答的问题又会出现。解决了其中任何一个矛盾之后又会出现新的矛盾，辩证法的规律就是这样。

本书的价值在于，拉美激进左派掌权的经历为全世界的民众斗争提供了重要的经验，而研究这些经历，对一场远未解决的辩论来说非常关键。这场辩论的主题就是"当今革命的意义"，它是约翰·霍洛威（John Holloway）经常被引用的一本书《改变世界而不掌权》的副标题。此书也许是世界社会主义论坛和反全球化抗议的圈子里最重要的一本专著。① 霍洛威反对夺取（政治或政府）权力的主要论据是：政府本身就是一种支配关系，因此，只要我们是为这样的权力而奋斗，支配就是不可能被废除的。

然而，这样的分析得出的是一个撤退的（而非改造的）策略，全球资本主义对这种策略来说太具有侵略性了。如果认为当地社区可以从全球资本主义中撤退出来，改造策略又如何能行得通呢？有一些尝试是必要的，也是重要的。例如：在当地创建其他形式的社区；成立合作社；将食物供应圈的权力下放；退出全球工农业政体；下放决定能源、分配和消费的权力；建立合作制企业，构建当地合作制经济。然而，这些尝试本身解决不了权力的问题。如果没有一种与政府对峙和从内部改造制度的策略，我们就会有一种危险的幻觉，即认为这个世界不需要解决权力的问题就能得到改变。现在，全球资本主义对这个星球上的所有社区来说都是固有的。它编织了一张全球范围内相互依赖的蜘蛛网，把所有人联结成一个更大的整体。全球资本主义正在整体化。有人认为，我们只要创造出其他空间或者乌托邦岛屿就可以逃离全球资本主义而不用打败它，这种想法忽视了这样一个令人不快的事实，即无论人们这样做的意愿有多么强烈，这些空间都不能脱离资本主义，不是因为其他理由，

---

① John Holloway, *Change the World without Taking Power: The Meaning of Revolution Today*, London: Pluto Press, 2002.

而是因为资本和政府一定会渗透并且不断地重新吸收这些空间，而且通常是强制性的。

拉美新激进左派的政治让笔者更清楚地意识到：先锋性与平层主义是两个孪生陷阱。先锋性认为，底层群众的自发运动应该从属于革命党夺取国家权力和改变社会权力顶层的斗争。这个策略在 20 世纪就已经被证明是一个灾难。平层主义认为，大多数人应该从底层被组织起来，而不需要一个领导层或者任何政党，就此而论，也不需要联合起来的程序或议程。没有必要对抗政府和夺取国家权力，只要创建出可以与这个制度剥离开来的本地空间就足够了。反对先锋性并不意味着反对革命性的政治组织，反对平层主义也不意味着反对自发的底层群众斗争。正如改革与革命从来都不是互相排斥的斗争或过程，从底层塑造权力和赢得国家权力也不是互相排斥或对抗的工程。相反，它们相互增强了彼此，是一个更大的改造工程的一部分。

那么，激进左派一旦掌握政权之后，他们会做些什么？笔者当然没有能力回答这个问题。更确切地说，本书也并不提供这些答案。即使涉及一些，它们更多的也是提出问题而非回答问题，这就是各章的价值所在。它们阐述了 21 世纪解放工程或朝向社会主义的工程所面临的政治权力的复杂性。本书或多或少都反思了这些复杂性，请读者读到相应章节时再进行思考。不过，对笔者来说，有两个议题最为突出。

第一个议题是，从底层发起的社会运动何以成功地掌控组织化的政治左派，以及掌控它在政府机构中的行径？从底层和政府外部往上层流动的社会权力，如何成为一种主导关系，以抗击跨国资本的力量、抗击本地机构和代表的力量，并且反抗左派政府权力所带来的破坏性影响？这里不存在一个简单的回答。近年来，一些作家和活动家指出，拉美的新左派政府没有为促进大众阶级的解放工程而服务，相反却牵制了他们的斗争。劳尔·兹贝奇（Raul Zibechi）指出，"进步的政府对于国家存续来说是有必要的"。在兹贝奇的尖锐主张中，人们很难不找到一丝真理。他说："在这一新形势下，它们在瓦解社会运动的反制度本性方面是最有效的主体……本质上，左派政党可以完成右派政党所不能完成的任务，哪怕是通过镇压，因为这是一个历史性的大众力量的胜利，没有大规模的流血却每一寸都像过去的威权政体那样有效。"①

第二个议题是，当激进左派所治理的国家必须继续参与由跨国公司资本主导的全球经济，并且受交换价值的非人性化逻辑驱动时，那些掌权的激进左派如何能够推行一场反对资本主义的工程？拉美激进政治所处的更广的背景已经发生了彻底的改变，这个全新的全球资本主义渗入了该地区的每一个国家。事实上，也渗入了全球的每一个国家，它通过生产和金融的跨国路线将这些国家整合在一起，甚至超出了贸易。很少有人提倡脱离世界资本主义体系这个旧概念，也很少有人把这个概念看成某个国家或地区走向非资本主义发展道路的一个可以实施的策略。原因很简单，在这个全球装配线和全球互联网的时代，全球社会经济和传播一体化的范围与强度决定了"去链化"（引用萨米尔·阿明的术语）的建议几乎是不可能实现的，就像古巴人在苏联垮台和巨大的全球市场力量崩溃之后所意识到的那样。激进左派所做的事情正是要打破新自由主义的霸权，而不是跨国资本。

从大的历史环境来看，在过去五个世纪里，不断严重的一体化浪潮一直在推动拉美进入不断发展和膨胀的世界资本主义。从结构化的视角来看，19世纪早期的独立战争在某种程度上本身就是由西班牙统治的衰落和英国的崛起而点燃的，英国的自由贸易帝国主义激发了新兴的克里奥尔精英层争取独立，更不用说当时由黑人、印第安人和混血群体从底层掀起的革命势头。20世纪早期的出口繁荣带来了一些变化，出现许多跨阶层的大众和国家工程。然而，随之而来的却是20世纪30年代的崩溃，就像在大众ISI工程枯竭之后，随之而来的是1960—1980年的革命运动。新自由主义全球化的狂攻猛击在20世纪末将左派和民众力量推挤到一个防守的境地，然而，到20、21世纪之交时，新自由主义看起来似乎已经在物质和意识形态方面达到了极限，这就为激进左派在新的历史条件下的复兴创造了空间。

很多方面表明，在21世纪的第二个十年中，我们正在进入世界制度

---

① 引自 Raul Zibechi, *Territories in Resistance: A Cartography of Latin American Social Movements*, Oakland: AK Press, 2012, 道恩·帕雷（Daun Paley）所写的前言，参见该书第4页和第5页。

层面的新的霸权危机。我们必须记住，所有的革命和社会改造进程以及所有的历史关头都是独特的。为了理解"21世纪政治力量的复杂性及其面临的挑战"——正如这本书的副标题，我们必须研究具体的史实，包括拉美激进左派的再次出现和在几个国家的上台。正如葛兰西所说，"真相存在于具体之中"。如果说我们的任务是理解前方的挑战和从拉美经验中为全世界的群众斗争汲取教训，那么，本书则为我们提供了丰富而具体的证据和分析。

加州大学圣塔巴巴拉分校

2013 年 11 月

目　　录

导论 21 世纪当权激进左派的复杂性*

史蒂夫·艾尔纳

以民主和平的方式实现社会主义，很难成为一条新的道路，虽然委内瑞拉、玻利维亚和厄瓜多尔的政府一直以来追求的正是这条道路，而且它还正在激励着拉美的许多左派。从 1951 年社会党国际（Socialist International）成立开始，其旗下的全球社会民主运动就坚定不移地主张通过和平手段实现社会主义。然而，尽管社会民主人士支持温和的政策，力图避免冲突和实现广泛的共识，可是还是有三个拉美国家遭受激烈的政治冲突以及阶级和政治上的极化。从这种意义上看，它们与苏联、东欧、中国和古巴的共产主义经历颇为相似，都是与反对变革的势力迎面对抗，与代表旧秩序的制度迎面而战。不过，与委内瑞拉、玻利维亚和厄瓜多尔形成对比的是，执政的共产主义政党在官方话语中排除了以和平、民主方式过渡到社会主义的可能性，这符合正统的马克思主义关于阶级斗争是不可避免的思想。①

这三个拉美左派政府与 20 世纪后期的两个拉美当权左派的经历也颇为相似。智利的萨尔瓦多·阿连德的人民团结阵线与尼加拉瓜的桑地诺解放阵线，都曾尝试将一个激进的社会主义过渡与多党民主和公民自由结合起来。然而，在冷战时期，它们都被美国和国内反对派的联合力量

* 本文最初载于 *Latin American Perspectives*，Vol. 40，No. 3，May 2013，pp. 5 – 25，题为"拉美当权激进左派：在 21 世纪的复杂性和挑战"。感谢罗沙林德·布雷斯拉汉（Rosalind Bresnahan）和米盖尔·沙拉（Miguel Tinker Salas）的批评和指正，感谢他们收录为导论和最后一章。

① 马克思和恩格斯否弃了和平过渡到社会主义的可能性。在《共产主义宣言》最后一段中，他们写道："共产主义者……公开宣布，他们的目标只能通过武力推翻所有现存社会制度才能实现。"

击溃了，付出了高昂的社会代价。

总体而言，委内瑞拉、玻利维亚和厄瓜多尔的执政经验不同于共产主义政府、社会民主政权和 20 世纪的拉美左派政府，也有别于 21 世纪的温和左派政府。

这里所使用的"21 世纪拉美激进左派"一词，主要适用于委内瑞拉、玻利维亚和厄瓜多尔这三个政府，排除那些更温和的运动，无论是当权的（例如巴西）还是不当权的。激进左派与温和左派相比，它们的立场在几个基本方面形成对比。（委内瑞拉）查韦斯政府、（玻利维亚）莫拉雷斯政府和（厄瓜多尔）科雷亚政府都坚决地批评资本主义体制，哪怕他们并不支持社会主义。此外，激进左派在掌权之后利用迅速打击对手和深化变革进程的方式来获得随后的政治胜利。这种稳健的激进主义做派与路易斯·伊纳西奥·卢拉·达席尔瓦的巴西路径形成对照，后者在总统任期内规划了比国际债权机构所要求的更为保守的宏观经济政策。同样，激进左派们不太愿意达成谈判协议，也不太愿意向对手做出重要的让步。因此，在墨西哥，温和左派与民主革命党联合在一起，在 2000 年和 2001 年主张与保守的国家行动党结盟，它们的领导人——瓜特穆斯和安德烈斯——也被提拔为左派候选人。与右派政客联盟的议题，导致安德烈斯与民主革命党决裂，安德烈斯在 2013 年成立了一个新的政党。与此类似，查韦斯总统也打破传统，创立了包括商界顶层和劳工组织在内的三方委员会，以解决紧迫的难题和争端。

这三个激进左派政府还具有温和左派政府所不具备的其他三个共同点。第一，这三位总统都赢得了选举、公投和罢免选举，得票率相当高，有时超过 60%，这些胜利为他们提供了比温和左派总统更大的权力和操作空间。温和左派总统的得票率通常更小。第二，查韦斯、莫拉雷斯和科雷亚是通过召集国民制宪大会来启动他们的总统任期和结束对现有政治结构的修检。第三，政治胜利所造就的势头和立场的激进化，使得运动中的普通民众大受鼓舞。草根阶层的热情是政治动员得以不断进行的主要原因，也被证明是政府得以在政治上存活的根本因素。在对外政策方面，这三个政府都对华盛顿予以严厉的批评，它们结成"美洲玻利瓦尔联盟"，在国际大会上以联盟的形式行动。

在所有三个国家中，魅力型总统强化了国家行政权力，对本国运动保持了绝对的控制。与此同时，这三位总统还领导了其他相对虚弱的政党（例如在委内瑞拉和厄瓜多尔国内），这些政党没能与选举舞台之外的民众阶层建立起牢固的联系。这一特征也让一些政治分析人士——无论是同情的还是批评的——给查韦斯、莫拉雷斯和科雷亚贴上了"民众主义者"的标签。

并不让人惊讶的是，这三个政府的激进做派遭遇到渴望维护现状的群体的无情抵抗，造成高度紧张的两极分化。这是当权激进左派的另一个显著特征。确实，反对左派政府的政治、社会和经济群体表现出"不愿忠诚的反对"。他们不但谴责政府的所有政策和行动，而且指责其极权主义倾向，有时还求助于暴力，甚至试图发动军事政变。

最后，21 世纪激进左派拒绝被扣上"赤色分子"的帽子，不接受来自右派针对左派的指控，认为这些是不真实的。例如，查韦斯公开宣称，他既不是共产主义者，也不是反共产主义者，他的追随者们则互相称呼"同志"，以驳斥麦卡锡主义者的教条思维。巴西、阿根廷和其他国家的温和左派们的行事方式与他们颇为类似。他们不只是拒绝由华盛顿提出的"好左派""坏左派"的命题，而且还与激进当权左派们维持异常友善的关系。尽管如此，在这些原则性的行为之外，还是有一些例外。例如，哥伦比亚民主变革中心的左派总统候选人古斯塔沃·佩特洛（后来成为波哥大的市长）在攻击查韦斯援助该国游击队运动时，号召他的政党为了捍卫国家利益而团结在右翼总统阿尔瓦罗·乌力贝身后。萨尔瓦多总统毛里西奥·福内斯在反对查韦斯时所发表的言论，也被看作一份政府承诺避免激进变革的声明。

虽然激进左派承诺要进行深远的变革并且与温和左派政府也有着截然的区别，但激进化不是一个直线过程。正如赫克特·彭勒和赫克特·克鲁兹·费里西安诺在其文章中所指出的那样，2006 年之后的桑地诺政府加入了"美洲玻利瓦尔联盟"，虽然他们在其他方面类似于委内瑞拉、玻利维亚和厄瓜多尔的激进左派，可是，他们也试图安抚右派。桑地诺们虽然仅靠 38% 的得票率获得权力，但是决心保持中立，并在不同领域实现统治。他们做了并非不重要的退让，例如同意禁止堕胎，这个立场与总统丹尼尔·奥尔特加的立场完全相反。马克·贝克尔（Marc Becker）在他的文章中描述了当拉斐尔·科雷亚与曾经支持他上台的原住民活动家所属的社会运动发生冲突时，他是如何背弃了2008年宪法中所体现的参与民主和环境保护的原则。

激进左派的执政经历也不同于民主左派的经历。例如，阿连德政府和20世纪80年代的桑地诺解放阵线在冷战高峰期掌握了政权，它们都与过去做了根本的决裂。尽管与苏联和中国的共产主义者相比，委内瑞拉、玻利维亚和厄瓜多尔的左派政府并没有牢牢地将权力掌握在手中，但是和19世纪当权激进民主左派相比，他们更有力地控制了政府各部门，包括立法机构、司法机构和军队。结果，在向社会主义的长期而和平的过渡中，他们不得不忙于应付与巩固政权有关的棘手问题。无论是阿连德还是20世纪80年代的桑地诺解放阵线，都没有遇到查韦斯在2007年、科雷亚在2009年、莫拉雷斯在2010年所面临的情形，即他们的大幅获胜并没有使反对派的士气减弱。在这些相当稳定的时期里，就证明他们所倡导的新模式的可行性而言，这个担子无疑地落在21世纪激进左派的身上。20世纪的激进左派政府之所以不能将权力牢固地掌握在手中，乃是由于持续性的破坏，包括暴力、蓄意破坏和对美国在冷战时期干涉主义的广泛支持，这使得激进左派们因不能巩固自己的力量而被推翻。例如，阿连德仅凭36%的得票率就上台执政了，可是仅过了三年就被推翻，而20世纪80年代的桑地诺解放阵线则将大部分的精力和资源用在抵抗由美国支持的反对其统治的武力斗争上。

21世纪激进左派在理论和实践中所面对的复杂挑战，在根本方式上与20世纪社会民主政府和正统的马克思主义政府所遭遇到的截然不同。确实，激进左派理论家玛塔·哈奈内克（Marta Harnecker）说道，"我们'左派'政府所面临的形势甚至比苏维埃政府曾经面对的更为复杂"。生活在这块大陆上的21世纪左派的鲜明特征有助于诠释这一复杂性。更重要的是，由于缺少政策上的承诺和对敌人的让步，这条通向深远变革的渐进的选举道路涉及一系列会让这个进程变得复杂化的可变因素。这就为对手提供了机会，使得他们在尖锐分化的环境下有能力削弱政府的权威，阻碍其经济政策的实施。关于这个低强度冲突的一个事例是委内瑞拉商界对价格控制的抵制，正如本书中所表明的那样，它在查韦斯政府和私营部门之间造成一个不折不扣的力量拔河，最终导致了广泛的征用。这种对峙将左派置于两难境地，是进一步往前继续其激进做派，还是强调联合？与此同时，通往社会主义的和平道路在极端极化的背景下为政治光谱中的左派阵营创造了空间。不论是统治集团外部的人士（特别是在玻利维亚和厄瓜多尔）还是内部的人士（比如在委内瑞拉），都在喧哗地要求一个更加快速的变革。

这些挑战是不同的。在某些事例中，它们比当年掌权的社会民主共产主义运动所面临的更为复杂。以下的实证主义假设强化了（由社会党国际所捍卫的）这样一个社会民主思想，即在没有斗争的情况下，也必然能发生变革（这是实证主义之父孔德和马克思之间存在的一个根本的理论分歧）。试图将冲突最小化以实现和谐改变的社会民主策略与激进政策的复杂动态形成对比，后者遭到霸权力量和民主环境下极端政治极化的抵抗。正是这样一个民主环境决定了21世纪当权激进左派的特征。

20世纪共产主义者夺取权力的情况也是不同寻常的，因为对政府所有形式的反对都被镇压了，斗争没有持续较长时间就被强行实施了社会主义。这一过程与21世纪当权激进左派的斗争情形正好相反。在这里，传统的支配力量在诸如教堂、媒体乃至国家机构中一直占据上风。正统的共产主义者捍卫列宁主张"粉碎"资产阶级政权的命题，社会民主人士也在其中为此奔波，而21世纪激进左派却采取一个试图在这些国家中掌权，尔后改变它的策略。此外，与马克思主义学说和共产主义执政方案形成对比的是，21世纪激进左派是无可否认的折中主义者，他们拥抱甚至庆祝通往社会主义的试错道路而欠缺明确的意识形态。这一欠缺被他们当成对教条主义的一个修正。于是，它缺乏马克思主义在意识形态方面的共同要素，这正是20世纪共产党人执政得以强化的根本原因。

冷战之后的环境也促成21世纪左派现象的复杂性。冷战传递了简单化的概念和策略，与支持美国的阵营相对立，这一被认为是由民主国家组成的阵营反对支持社会主义的运动和政府，而社会主义在当时则被看成有着明确定义的制度。来自两方的压力限制了可选项，也阻碍了原创性（正如20世纪60年代发生在古巴的事例）。苏联的瓦解给了新自由主义和"历史终结论"这两个同样简单化的、整体性的概念以动力，特别是"历史终结论"，把美式民主和美式资本主义的替代品都称作过时的。

到了20、21世纪之交，在拉美，对于新自由主义的广泛抗议鼓励了更多的政治多元化，包括坚决反对美国政策的民族主义左派。这些左派拒绝对强大的经济集团做出让步，卡斯达涅达在20世纪90年代自由主义鼎盛时期所倡导的中间偏左的联盟就含有这样的意味。新兴的反新自由主义模式与21世纪激进左派相联合，将代议制民主和激进民主结合在一起。这种激进民主的形式是以直接决策的卢梭传统为基础。这两种民主形式不是完全兼容的，由于类型不同，两者结合产生了内部压力。这也是21世纪左派运动面临的另一个复杂的挑战。

　　21世纪当权激进左派面临两件亟需处理的事情，处理它们的策略各不相同，甚至有时互相冲突。一方面，是制定一些促进制度化建设的务实政策以提高效率，尤其是当经济目标优先于社会目标时；另一方面，为了促进社会主义建设和打击右派对手，有必要利用广泛的动员和社会项目来吸引大众参与。这两件事情具有同等的重要性。① 用教条而简化的公式或意识形态来支持其中一个而忽视另一个，都是不太可能成功的。然而，如果希望两者都能实现，那么，通往它们的道路必定充满复杂性。

21世纪拉美左派的社会异质性

　　21世纪左派运动的社会基础和策略有别于传统的马克思主义实践和理论。马克思关注生产作为社会结构的根本要素（与更加肤浅的上层结构相对），把无产阶级看成变革的重要主体。之后，正统的马克思主义将其他处于非支配地位的阶层的角色最小化，在很大程度上忽略了他们的冲突性利益，这一倾向有时也被称作"工人主义"。马克思质疑农民阶级革命的可能性，因为农民阶级对财产所有制还抱有幻想。列宁最初也有这样的不信任，但是后来就号召成立"工农联盟"（这一组合用榔头和镰刀的符号来表现）。对于各自不同的利益和见识，列宁并没有表示出在意。同样，正统的马克思主义否认小资产阶级的革命性和政治重要性，马克思预测大多数中产阶级将在社会极化中沦为工人阶级。最后，马克思的"流氓无产者"这一贬义词有时也与城市底层的非无产阶级联系在一起。在拉美，这主要包括从事地下经济的成员。

---

① 参见第九章托马斯·普塞尔撰写的论文。

　　毛泽东却是另一种不同的风格。他承认内部（新旧）矛盾的多样性和复杂性，也承认需要"相当长的时间"来解决它们。这些矛盾既存在于支持革命运动的不同阶层内部和阶层之间，也存在于社会主义国家内部。尽管如此，毛泽东把这些矛盾界定为本质上是"非对抗性的"，并且相信，克服它们的正确道路是通过"民主方式，讨论、批评、劝说和教育的方式"以及开展"自我批评"。他还认为，共产党内部的矛盾是"正确思想"与"错误思想"之间的冲突，其本身是阶级差异的一个反映。这些关于矛盾的说明似乎还不足以形容异质性对21世纪社会主义所提出的复杂挑战。①

　　和正统马克思主义者形成对比的是，来自不同传统的作者指出第三世界非无产阶级的变化性和革命性，他们不认同工人阶级的先锋作用。例如，维克多·劳尔·哈亚·德拉托雷（Victor Raul Haya de La Torre）在20世纪20年代把中产阶级当作不发达国家中最革命的社会群体，因为其成员"是受帝国主义经济侵犯的第一受害者"，而工人阶级和农村劳动力至少在短期内是从外国投资中获利的。② 同样，弗朗茨·法农（Frantz Fanon）强调了农民阶级的战斗力，并将其与大多数城市人口自私自利的政治行为相对比，其中就包括工人阶级。他也认可"流氓无产者"的革命性。如同农民阶级，流氓无产者们被殖民统治体系更加排斥在外，也因此受到较少的腐蚀。法农对于工人阶级和非无产阶级城市贫困者的区分在全球化时期显得特别有诉求力。库尔特·韦兰和其他学者在20世纪

---

　　① 毛泽东的矛盾论在多大程度上符合正统的马克思主义？对此，存在大量的争论。就毛泽东思想的影响来说，它既存在有利的方面，也存在不利的方面（Knight，1997：105 - 107）。刘康（1997）指出毛泽东的特殊性概念是意识形态斗争中的决定性角色，以及矛盾在各个层面的多样性，就像阿尔都塞（经常被认为是后马克思主义的先驱）在其作品中传达的那样。阿尔都塞拒绝简化主义，认为结构要素和超结构在结果上的相对自主性是互相依赖的。他把这个称作"过度决定的原则"，这些构成了20世纪社会关系和革命政治的复杂性。正如毛泽东所承认、阿尔都塞所强调的那样，变化过程的复杂性对理解21世纪激进左派来说是非常重要的。意味深长的是，在今天拉美激进左派的重要理论家中，有一位正是阿尔都塞的学生玛塔·哈奈内克（Marta Harnecker）。她承认，正是阿尔都塞对教条式马克思主义的驳斥和有关变化过程复杂性的论证对她的思想产生了深刻的影响。带着这些立场，她声称，当他去世时，关于社会阶级的定义依旧是马克思式的（个人交流，2012年2月20日）。

　　② 本文绝不是关于拉美重要左派思想家和行动者的详尽评述，对其中一些人的提及只是用来举例。

90年代写就的有关新民众主义的著作,指出了在正规经济和非正规经济中谋生的工人之间的利益冲突,后者(不同于前者)受到现有进口替代品模式的严重的负面影响。①

有时被定义为后现代主义者的作家也将注意力集中在处于非支配地位的群体的异质性上。他们中的大多数不只是拒斥工人阶级的革命榜样——理由是这个阶级已经广泛地接受了资产阶级的价值观和沙文主义,而且并不把阶级本身看成一个有用的类别。由此,他们将自己与马克思主义思想疏远开来。在这里,他们歌颂的是群体"身份"。这个词是基于政治和文化上的信念与行为,用南希·弗雷泽(Nancy Fraser)的话说,等同于"对差异性的认可"。对于身份的强调,为大众阶层中的诸多观点、立场和利益提供了一种解读。这种多样性与正统马克思主义中数目有限的社会群体概念形成对比。例如无产阶级和农民阶级,它们中的每一个都被认为具有凝聚力和一致性。此外,后现代主义者捍卫文化相对论,以此来论证通往革命政治的多元化道路,拒绝用无产阶级立场界定"正确的"道路。

后马克思主义者埃内斯托·拉克劳(Ernesto Laclau)比这一思想走得更远,他对于政治和政治策略的分析主要集中在次属群体间不可调和的差异性上。拉克劳试图用"空洞的能指"概念来证明分裂的深刻性。根据拉克劳的理论,成功的领导者(他称为"民众主义者")可以通过打造标语(空洞的能指)将各个非特权阶层巧妙地联合起来,在每个群体中根据其世界观和需求对标语做出不同的解读。虽然民众主义领导人身上存在这种联合的作用,可是他们还是没有能够将不同解读之间的差距完全弥合起来。

在20世纪80年代,"新社会运动"被一些拉美作家和活动家广为接

---

① 有关地下经济的文献分别探讨了底层成员在何种程度上可以向上层流动。赫南多(Hernando de Soto)的名著《另一条道路》(1989)关注他们成为成功商人的可能性。另一些作家将近几十年地下经济的发展归功于资本主义在全球化时代的外购策略,这意味着底层中的很多人并没有被边缘化,他们中的一些人甚至拥有相对舒适的生活水准(Castells 和 Portes,1989:12 – 13)。相比之下,韦兰(1999)和法农(1963)通过强调从事地下经济行业人群的受压迫状况以及其利益与更为优越的工人阶级利益相冲突的事实,说明了一个更为固化的排除状态。本章将地下经济中的广大成员定义为边缘化的、不具备法人资格的,同时把讨论的焦点放在他们与正规经济中的工人在利益和视角方面的不同。

受。这些运动强调身份和直接参与，在理论上与拉克劳和其他后马克思主义者以及后现代主义者相关。在这些年里，社会组织和运动在民主化进程中扮演了重要的角色。它们当中的一些将早先被排除在外的阶层大规模地吸引进来，包括妇女和本地人员。当家庭内外的性别平等凸显出来时，妇女活动家们在许多活动（从流动厨房到五月广场的母亲）中所起的主导作用也漫延到了文化前线，从最初要求参与的动机发展到了"无层次的改变"。表达身份政治的一个重要的例子是玻利维亚的卡塔瑞斯塔运动。它在该国农民运动中构思了与种族压迫有关的标语，而这一压迫在 1952 年革命中被很大程度地忽视了。卡塔瑞斯塔的一个成员——阿尔瓦诺·加西亚·里内拉，因为参与图帕克卡塔游击队而坐过牢，后来成为莫拉雷斯的副总统和杰出的激进左派理论家。加西亚·里内拉将莫拉雷斯政府称作"社会运动政府"，信奉基于原住民文化的反资本主义原则的"好生活"模式，同时也捍卫经济发展目标的绝对重要性（正如费德里科·富恩特斯在其文章中所讨论的那样）。

21 世纪激进左派的执政经历和其拥护者的阶级分析，符合后马克思主义者对于支持变革派有关异质性和多种冲突性利益的强调。这本书中关于委内瑞拉、玻利维亚和厄瓜多尔的章节论证了非精英社会阶层之间和内部政治潮流的张力，以及这两者之间的关系。非精英群体的利益不只是有所不同，在某些情况下，它们甚至会陷入尖锐的冲突。[①] 像加西亚·里内拉这样的思想家，就把必将发生的紧张事态看成有利于"创造性"的结果。确实，在玻利维亚的事例里，政治冲突的显著增加，包括反对政府政策的民众抗议在内，并没有意指对政府本身的反对，就像莫拉雷斯取得的一系列选举胜利所证明的那样。

21 世纪激进左派拒绝正统马克思主义者关于工人阶级的优先化，也不赞成 20 世纪共产主义政府对于重工业的偏爱。一些拉美左派理论家指出，处于全球化时代的"极为碎裂的社会"甚至影响到了工人阶级，使它变得"非常的混杂"，这主要是由于灵活化的实践。诸如查韦斯和加西亚·里内拉这样著名的 21 世纪左派认为，几十年来，有组织的工人阶级已经不能达到传统马克思主义对于革命的期望了。作为对无

---

① 诸如玛塔·哈奈内克之类的左派作家则认为是新自由主义造成了多样化和分裂的现象。

产阶级工人主义的另一个选择，今天的激进左派把所有的工人放在同等的位置上，包括非正规经济中的人员、农村劳动力、小私营企业里的雇佣工人。

21世纪左派所信奉的诸如"包含"和"联合"这样的标语，更多的是直接针对被排除在劳工法之外和缺乏机构代表的非正规经济中的人员，而非有组织的工人阶级。一位出色的21世纪左派哲学家和理论家——恩里克·杜塞尔（Enrique Dussel），通过强调被排除在外人员的"自由"和权利来表达对"他者"或"受害者"的同情。他进一步叙述道，"对在这个制度之外的尊严、自由……劳动的肯定，正是辩证法之流动性的源泉。（他们肯定了资本的'非生产劳动'，但是，正如在这个术语中真实表达的那样，也肯定制度之外的……这个制度把它们看成是'无'、'没有的存在'，而新制度正是从这无中得来）"。①

虽然21世纪的激进左派理论家和政治行动者抛弃了正统马克思主义团体的工人主义特征，可是却没有拒绝对马克思主义来说最基本的基于阶级的分析。例如，阿根廷左派人士阿蒂里奥·波隆就主张，"社会活动人士的激增并没有废除阶级社会的法律动议，它只是意味着，社会和政治场景已经变得越来越复杂"。此外，激进左派们鼓励生产及与其有关的项目，这也是马克思主义精华的体现。对非无产阶级阶层的支持包括很多形式，其中有：支持非正规经济中的右派雇员选择经营场所；支持社区委员会雇用当地居民在社区里从事公共服务项目；支持对小规模古柯种植者经营的立法（特别是在玻利维亚）；政府选择工人合作社和社区委员会开展合作项目，哪怕它们的成本并不算低。这些问题都与生活在大规模工业之外的工人们的生计有关，然而，它们却在左派内部引发了争议，其中有一些左派支持基于经济规模的策略。一些21世纪的激进左派认为，生产单位和地理位置（如社区）都是同等重要的斗争资源和建设新社会的种子。

看重社会异质性而不把某一阶级或某套斗争放在第一位，这一决策

---

① 后现代主义同样担忧"被排除者"的历史困境。此外，21世纪激进左派赞颂拉美思想家的原创性。从西蒙·玻利瓦尔到西蒙·罗德里格斯再到艾马拉人，他们拒斥欧洲中心主义和唯发展主义，就像他们的作品所表达的那样。

对激进左派们提出了特殊的挑战。更为重要的是，左派运动内部所存在的鲜明的社会和政治差距，考验了左派对内部民主的承诺，毕竟中央垂直结构被大多数人看成对内部严重不和谐的一个纠正手段。从历史来看，拉美各阶级政党的左派领导者们受马克思主义原则的影响，认为阶级斗争是不可避免的，从而让自己陷入一个因为推进中央集权和强化机构控制而造成内部利益冲突的困境。① 同样，对委内瑞拉、玻利维亚、厄瓜多尔和尼加拉瓜来说，国家行政权力无处不在的一个重要理由是，它保证了这个政党的团结有力，这对于抵抗强大而有攻势的敌人来说是必不可少的。

21世纪的激进左派作家信奉以两种不同方式处理异质性问题的模式，这两种模式预设了人口中的不同政治意识层面。21世纪左派政府的新宪法中体现了激进民主或"参与式民主"，这种民主形式鼓励在决策中引入并确保民众的直接参与。在这个过程中，催生了大量的社会运动和社会机构，而这些运动和机构将许多担忧和利益反映了出来。委内瑞拉、玻利维亚和尼加拉瓜的政府促进社区委员会就是一个直接民主的例子。与希望实现阶级和谐的支持性机制不同，激进民主的一些支持者把正在进行的社会冲突和政治分歧看成是自然、健康的，只要它们不退化成正面冲突就行。他们认为，20世纪冲突来源的激增需要"深化民主"和"参与式民主"，因为大部分人已经被卷入了政治场域。左派作家们对老百姓的民主能力充满信心，他们不能认同那些对老百姓的能量和参与充满恐惧的人们。激进民主是以先进的政治意识为前提，因为直接参与决策需要组织和政治上的成熟。此外，高水平的意识也有助于打击经济主义，而现有的非特权部门存在过度的社团要求，这阻碍了有利于全国人民的长远目标的实现。于是，政治成熟是次要矛盾的解毒剂。这个次要矛盾即毛泽东所言的"人民内部矛盾"。

---

① 早在20世纪30年代，左派人士贝坦库尔特提出这样的挑战，即构建一个包含多阶级的党派，吸纳小资产阶级，也不给工人阶级特权。他意识到在组织内部实现团结的困难，因为"拥有不同倾向和意识形态的个人……有时是完全对抗的，代表了相互敌对和不可调和的阶级利益"（*Ellibrao rojo*，1985：264）。贝坦库尔特对于困境的解决是，产生一个牢固的中央领导。他指出，"政党，不管是多么教条的还是有群众基础的，总是朝着其领导人带领他们的方向前进"（143）。

第二种模式关注左派运动中普通士兵和魅力型领袖之间的"辩证关系",这些领袖有能力将高度分化的非精英阶层团结起来。受拉克劳的民众主义作品影响,戴安娜·雷比指出,在广泛的、大众的民主运动中,存在像查韦斯这样的领导人所试图克服的"内部矛盾"。雷比在阐释拉克劳思想时主张,左派民众主义领导人的追随者应该成为"政治主体",在担任参与者和观察者的同时也应该发展出"政治意识和身份"。与群众理论和 20 世纪 50 年代的许多民众主义原著不同的是,拉克劳把民众主义领导者看成"在半路上"遇到了他的追随者,只有当他"以一种特别鲜明的风格展现出与追随者共有的特征时,他才会被接受",这个结合的过程被称为"授职"。许多 21 世纪的激进左派运动人士和其同情者,将这个正在进行的交换刻画为有利于民主统治的"魔力关系"。总之,人口中的非特权阶层虽然高度分化但远不是无能的,他们可以积极地表达自己的世界观、目标和需求。

尽管如此,那些将激进民众主义领袖放在舞台中央的 21 世纪的左派,对现存的主体条件——特别是机构内部群众阶层自主行动的能力——的看法并不如那些支持激进民主模式的左派乐观。确实,一些支持激进左派的作家指出,将权力集中在一个领导人手里,是一种落后,它阻碍了在决策中开放辩论和引入民众参与。

对于拉美的左派而言,社会异质性具有重要的、战略性的意义。如果没有一个社会集团是重要的革命主体或者得到优先对待,并且,如果政治差异存在一个社会基础,那么,左派政府需要调和内部不同的看法,而不是铁板一块地支持某个现有的政治流派或社会集团。这种立足于广泛基础的策略甚至可以赢取中间阶层,特别是那些支持结构改革的非特权阶层,至少它们不会因为自己的主张而被嘲笑成"小资产阶级"。不过,虽然政府可以采取一个权衡得当且灵活变通的路径实现调和,可是政府却没有能力(毛泽东希望政府有这个能力)终止其内部的紧张态势,就像拉克劳指出的,这种紧张是不可避免的。左派的另一个选择是以革命霸权为基础的运动,它的领导层是某一个阶级或政治先锋。不过,这是一个教条主义的策略,它忽略了激进左派所面临的挑战的复杂性,就如同右派所提出的"好左派"和"坏左派"命题。①

揭露好左派—坏左派命题的简单性和超越现有的辩论

对 21 世纪激进左派之复杂性及其追随者之多样性的关注，完全不同于体现在好左派—坏左派命题中的简单的民众主义概念，这个命题是由诸如约尔赫·卡斯塔涅达（Jorge Castaneda）和马里奥·瓦尔加斯（Mario Vargas Llosa）这样的知识分子所提出的。他们的论证被美国国务院用来孤立那些被视为"反美"的拉美政府。这些作家将激进左派归类为"坏的左派"或者"民众主义左派"，将它与"好左派"中的其他成员以及卢拉的自称是负责的政策相对比。坏左派以其激进的言辞、不退让和咄咄逼人的战术而著称，这一类典型包括洛佩斯·奥夫拉多尔（Lopez Obrador）和奥良塔·乌马拉（Ollanta Humala）。前者创造了一个影子内阁来抗议 2006 年总统选举中被指认的欺诈，后者（在 2006 年第一次竞选总统时）据卡斯塔尼达说试图于 2007 年 4 月"入侵"智利，他用一种和平的、象征性的抗议吸引人们关注秘鲁的边境主张。好左派—坏左派的命题强调个人的野心、风格和言谈，它忽略了作为激进左派的一部分复杂群体，也忽略了因为承诺以和平道路走向深远变革而不得不做出的那些困难的决定。

好左派—坏左派命题指出了 21 世纪激进左派运动与半个世纪前的经典激进民众主义运动趋于一致的地方，可是，与此同时，它也将这两者简单化了。毫无疑问的是，今天的激进左派在某些方面类似于 20 世纪 30—40 年代的经典激进民众主义，后者有一些鲜明的特征，包括：魅力型领袖，组织无力，长期目标不明确，国家主义外交政策，支持民间部门的社会经济改革，倾向于绕开现有政治体制，将政治和社会推向

---

① 21 世纪拉美激进左派对于政治多样性和多元主义的接受在委内瑞拉得到了体现。查韦斯在 2007 年没有能够将委内瑞拉统一社会主义党打造成"唯一的左派政党"。由于来自多方的抵制，查韦斯只好后退，转而成立针对 2012 年总统选举的"爱国大杆"联盟。这个联盟吸收的不只是共产党和"祖国一切"——虽然它们拒绝消解自己，还有自愿承认查韦斯候选人资格的社会组织。一位委内瑞拉左派思想家为多样化的决定而鼓掌，理由是，它"会产生更加丰富的讨论"，而一个处于支配地位的左派政党的存在"会产生出傲慢"（Acosta，2009：13 – 14）。

极端两极化的话语。经典的激进民众主义（相较于20世纪90年代阿尔韦托·藤森支持新自由主义的"新民众主义"）的复杂性源于它潜在地要求实现广泛而深远的改造，这与它的许多原先支持者的目标和利益背道而弛。

21世纪的拉美激进左派运动由于其内部矛盾的多样性而显得更为复杂，拉美左派理论家已经不断地认识到这一点。例如，他们采取措施，力图克服组织上的缺点和促进参与式民主，虽然在某些情况下依然保留了一个拥有无上权力、执行强大行政权力的领导。此外，虽然缺少正统马克思主义有关长期变革的蓝图，可是，他们还是把自己界定为社会主义者，并且就不同的社会主义目标进行辩论，这与20世纪30—40年代在意识形态方面比较模糊的经典民众主义有所不同。确实，在意识形态方面不够清晰，可能是对苏联解体造成政权空白的一个逻辑上的回应，或者用拉克劳的话说是"一个构建相关政治意义的先决条件"。总之，好左派—坏左派命题背后的政治议程排除了对20世纪（经典民众主义）和如今的拉美非共产主义改造运动的细微分析，而且与那些证明其复杂性和充满变化本质的学术作品相抵触。

自从卡斯塔尼达和莫拉雷斯的《残余分子》出版后，关于好左派—坏左派命题的辩论聚焦在这两类范畴在何种程度上可以趋同。几部重要的著作将《残余分子》明确地界定为属于简单主义，认为它没有意识到这两个阵营中政府内部的多样性。例如，胡安·卢拉（Juan Palo Luna）、麦斯威尔·卡梅伦（Maxwell Cameron）和肯尼思·夏普（Kenneth Sharpe）、珍妮弗·麦考伊（Jennifer McCoy）和圣蒂亚戈·安利亚（Santiago Anria）发表在《拉美左转》上的文章对比了查韦斯和莫拉雷斯在自上而下决策方面的不同。莫拉雷斯作为工人和社会运动的领导者，据说更愿意与普通人士和一般群众进行谈判与调和。在同一本书中，卢拉提出拆开"社会民主类型"来证明好左派政府之间的根本区别。与此相类似，斯蒂文·列维茨基（Steven Levitsky）和肯尼斯·罗伯茨（Kenneth Roberts）总结说，"巨大的多样性是拉美左派的特点"，比如，在信奉宏观经济学的巴西和智利与持有"公开的国家主义政策和日渐威权的统治模式"的委内瑞拉之间，存在一个"广泛的中间情形"。①

　　本书力图从不同立场展现这场辩论。即便好左派—坏左派命题关于坏左派政府存在基本共同点的前提是可以接受的，这种提法在根本上也存在缺陷，因为它忽视了激进左派所面临的挑战的复杂性。这种复杂性源自三个因素：左派政府支持者在社会和政治方面的异质性；左派和右派在民主策略上存在的差距，这也是被批评的内容；相对独特的被追随的方式。基于这个原因，卡斯塔尼达和其他人所采用的民众主义分析框架具有误导性，这种分析把半威权主义和制度无能的特征放在了首位。与此类似，那种认为激进左派政策是不可持续的论断同样简化了眼下的变革进程，忽略了确定无疑的进展。

　　本书关注 21 世纪拉美当权激进左派的明显特征和面对的挑战。本书的基本论点是：21 世纪拉美当权激进左派经历的复杂性和所遇到的阻碍无论从数量还是质量来看都与 20 世纪左派掌权的情形大不相同。书中关注玻利维亚、厄瓜多尔和委内瑞拉的左派政府与运动，这些国家被看作对拉美左派的一个重要的参照点。来自不同政治立场的评论员也这么认为。② 由费德里科·富恩特斯、马克·贝克尔和笔者所著的章节描述了发生在这三个国家中持续紧张的社会和政治极化，并与过去的共产主义和社会民主政府相对照。对于那些质疑政府合法性的合法反对者，以及那些支持政府政策但对其持温和批评的中间阵营，本书并没有予以讨论。

　　在分析 21 世纪激进左派时，古巴也是一个重要的考察点。卡斯特罗在很大程度上影响了查韦斯，卡斯特罗的建议也是源自古巴在半个世纪里建设社会主义时所积累的经验。其中一个影响是古巴对待宗教组织的逐渐演变的态度和政策，正如笔者在本书最后一章中所讨论的那样，它们以宽容为基础，也受解放神学教义的影响。当然，一个国家对另一个国家的影响往往是双向的。正如卡米拉·皮尼罗·哈奈克尔（Camila

---

　　① 相比之下，保罗·马德里（Paul Madrid）、温迪·亨特尔（Wendy Hunter）和库尔特·韦兰（Kurt Weyland）（2010：180）捍卫了好左派—坏左派体系。他们通过将查韦斯、莫拉雷斯所代表的"竞争性左派"与温和左派相对比来为自己的二重聚焦做辩护。在他们的眼中，温和左派"已经绘制出一个更有前途的可持续历程，假以时日，就可以在一个运作良好的民主制中创造更好的经济和社会发展"。

　　② 参见本书所收录的雷比的文章。

Piñeiro Harnecker）在本书第八章中所讨论的那样，参与古巴政治和经济改革的辩论者们也把拉美左派掌权的经历考虑在内了。皮尼罗指出了两个标注，以疏导那些来自要求国家经济自由化和政治结构自由化方面的无情压力，使这场发生在古巴的辩论成为 21 世纪的一个特别现象。一方面，古巴人民警惕那种使资本主义在苏联复苏以及在中国可以服务于所有意图的改造模式；另一方面，激进左派掌权的事例鼓舞了古巴人民，比如，在委内瑞拉，民主与高度管控的市场经济结合了起来。此外，正如改革者盘算的那样，拉美左派和中间左派政府推行的新式社会主义项目所带来的显著成果也吸引了古巴人民的注意，这有助于国内一百万国有工人从公共部门中撤出。

委内瑞拉、玻利维亚和厄瓜多尔的左派面临另一个不同于 20 世纪革命进程的挑战，即，在这场渐进式改革中，有一部分政府职员是激进式改革的支持者。在第三章中，马塞尔·内尔森基于尼科斯·普兰查斯的国家概念框架分析了这一动态。国家在普兰查斯那里是一个需要掌权左派做出判断的高度碎片化的领域。旧秩序的代表试图控制部分领域，这就产生了复杂性，当一部分当权左派被这个旧秩序吸纳时，情形会变得更加复杂。内尔森认为，委内瑞拉的查韦斯政府在两股趋势中挣扎，一个是集权化趋势，这是为了应付来自右派的压力而不得不形成的，另一个是必须深化民主和巩固群众运动，这是推动深远变革的唯一有效策略。戴安娜·雷比在第二章中的观点与内尔森关于国家改造的看法是一致的，他们都认为国家改造需要经历一个符合葛兰西阵地战争理论的"复杂的、多面的过程"。雷比谈道，有关委内瑞拉政府角色的议题尤其激发了一场丰富而生动的辩论。她例举了一些参与辩论的杰出的分析家和参与者。乔治·斯加里罗·马赫在第十章中指出，激进左派政府对社会运动投入了更多的关注，他们比温和左派们更愿意倾听社会的需求。尽管如此，即使在委内瑞拉——在这方面走得最远的国家，这两派"有时也会陷入一个戒备的僵局而非同志间的讨论"。三个政府都把社会目标放在经济目标的前面，打破了传统左派的执政经历，但是从长远来看，这也许会带来真正意义上的改造。托马斯·普塞尔（Thomas Purcell）在第九章讨论委内瑞拉的社会生产公司时谈到了这一点。

本书的其他章节也谈到了 21 世纪拉美当权左派的突出特点及其面对

的具体挑战。罗杰·布尔巴赫（Roger Burbach）在第一章中强调了 21 世纪拉美政治思潮的异质性和当权左派的社会基础。事实上，本书从头到尾都是在谈左派思潮的多样性，来自老百姓和中间阶层的社会群体的多样化，以及左派思潮和社会群体的关系。在关于尼加拉瓜和萨尔瓦多的章节中，赫克特·彭勒和赫克特·克鲁兹·费里西安诺谈到了游击运动组织面临的困境，虽然它们最终赢得了全国选举。在这两个国家里，很高的期望和长远眼光与现实相冲突，为了确保稳定，左派不得不与那些右派团体达成协议。作者认为，这是最初的支持者们所不能掌控的必须被迫切实现的内容。最后，凯文·杨在第十一章中辩称，当商业媒体把当权左派刻画成不负责任民众主义左派时，它们忽略了政治环境的复杂性和多样性。

　　总之，本书各章揭示了拉美 21 世纪激进左派的全新和复杂的维度，对理解左派的策略而言，这些维度具有重要的意义。此外，它还抵制了好左派—坏左派的简单概念。例如，左派的试错路线有助于拒绝教条化的立场，认为并不存在什么事先就有的蓝图。他们没有先锋主义，不把某一社会群体放在优先于其他社会群体的位置上；他们接受多样性，愿意采取策略不同的（有时甚至是冲突的）利益和视角。最后，21 世纪拉美激进左派拒绝教条主义，赞美多样性和折中主义。这些丰富了有关左派的辩论，值得学术界去探究一番。

参考文献

Acosta, Vladimir, 2007. "El Socialismo Del Siglo XXI y La Revolucion Bolivariana: Una Reflexion Inicial," pp. 21 – 29 in Margarita Lopez Maya (ed.), *Ideas Para Debatir el Socialismo Del Siglo XXI*. Caracas: Editorial Alfa.

Acosta, Vladimil, 2009. "Perder el Temor a Hacer la Crltica." *Comma: Pensamiento Critico en la Revolucion*1: 11 – 19.

Alvarez, Victor R., 2010. *Delestado Burocratico al Estado Comunal: La Transicion al Socialismo de la Revolucion Bolivariana*. Caracas: Centro Intemacional Miranda.

Anria, Santiago, 2010. "Bolivia's MAS: Between Party and Movement," pp. 101 – 125 in Maxwell A. Cameron and Eric Hershberg (eds.), *Latin America's Left Turns: Politics, Policies, and Trajectories of Change.* Boulder, CO: Lynne Rienner.

Azicri, Max, 2009. "The Castro-Chavez Alliance." *Latin American Perspectives* 36 (1): 99 – 110.

Biardeau, Javier, 2009. "Es Necesario Replantear la Relacion Entre Socialismo y Democracia." *Comuna: Pensamiento Critico en la Revolucion* 1: 63 – 71.

Blanco Munoz, Agustln, 1998. *Habla el Comandante.* Caracas: UCV.

Boron, Atilio A., 2008. *Socialismo Siglo XXI: ¡Hay Vida Despues del Neoliberalismo?* Buenos Aires: Ediciones Luxemburg.

Burgmann, Verity, 2005. "From Syndicalism to Seattle: Class and the Politics of Identity." *International Labor and Working-Class Histoiy* 67: 1 – 21.

Cameron, Maxwell A., and EricHershberg (eds.), 2010. *Latin America's Left Turns: Politics, Policies, and Trajectories of Change.* Boulder, CO: Lynne Rienner.

Cameron, Maxwell A., and Kenneth E. Sharpe, 2010. "Andean Left Turns: Constituent Power and Constitution Making," pp. 61 – 78 in Maxwell A. Cameron and Eric Hershberg (eds.), *Latin America's Left Turns: Politics, Policies, and Trajectories of Change.* Boulder, CO: Lynne Rienner.

Castaneda, Jorge G., 2008. "Where Do We Go from Here?" pp. 231 – 243 in Jorge G. Castaneda and Marco A. Morales (eds.), *Leftovers: Tales of the Latin American Left.* New York: Routledge.

Castaneda, Jorge G., and Marco A. Morales (eds.), 2008. *Leftovers: Tales of the Latin American Left.* New York: Routledge.

Castells, Manuel, and AlejandroPortes, 1989. "World Underneath: The Origins, Dynamics, and Effects of the Informal Economy," pp. 11 – 37 in Alejandro Portes, Manuel Castells, and Lauren A. Benton (eds.), *The Informal Economy: Studies in Advanced and Less Developed Countries.* Baltimore: Johns Hopkins University Press.

Ciccariello-Maher, George, 2013. *We Created Him: A People's Histoiy of the Bolivarian Revolution.* Durham, NC: Duke University Press.

Dussel, Enrique D. , 2003. *Beyond Philosophy: Ethics, History, Marx-ism, and Liberation Theology.* Lanham, MD: Rowman & Littlefield.

Dussel, Enrique D. , 2008. *Twenty Theses on Politics.* Durham, NC: Duke University Press.

Dussel, Enrique D. , 2012. *Ethics of Liberation in the Age of Globalization and Exclusion.* Durham, NC: Duke University Press.

Ellibro rojo del General Lopez Contreras, 1936: Documentos Robados por Esplas de la Policia Politico, 6th Edition, 1985. Caracas: Ediciones Centau-ro.

Ellner, Steve, 1994. "Two Conceptual Approaches to Latin American Social Movements. " *Studies in Comparative International Development* 29 (3): 70 – 80.

Ellner, Steve, 2004. "Leftist Goals and Debate over Anti-neoliberal Strategy in Latin America. " *Science and Society* 68 (1): 10 – 32.

Ellner, Steve, 2011a. "The Rightward Drift of a Latin American Social Democrat. " *Science and Society* 75: 419—428.

Ellner, Steve, 2011b. "Venezuela's Social-Based Democratic Model: In-novations and Limitations. " *Journal of Latin American Studies* 43: 421 – 449.

Ellner, Steve, 2012a. "Latin American Unity Takes Center Stage at Car-tagena Summit. " *NACLA: Report on the Americas* 45 (2): 9 – 11.

Ellner, Steve, 2012b. "The Distinguishing Features of Latin America's New Left in Power: The Chavez, Morales, and Correa Governments. " *Latin American Perspectives* 39 (1): 96 – 114.

Esteva, Gustavo, 2009. "Another Perspective, Another Democracy. " *Socialism and Democracy* 23 (3): 45 – 60.

Fanon, Frantz, 1963. *The Wretched of the Earth.* New York: Grove.

Feijoo, Maria del Carmen, and Monica Gogna, 1990. "Women in the Transition to Democracy," pp. 79 – 134 in Elizabeth Jelin (ed.), *Women and Social Change in Latin America.* London: Zed Books.

GarciaLinera, Alvaro, 2010. "The State in Transition: Power Bloc and

Point of Bifurcation. " *Latin American Perspectives* 37 (4): 34 –47.

GarciaLinera, Alvaro, 2011. Lastensiones creativas de la revolucion: La quinta fase del proceso de cambio. La Paz: Vicepresidencia del Estado.

GarzonRoge, Mariana, and Mariano Perelman, 2010. "Consensus or Conflict? The Problem of an Anti-political Imagery of Democracy in Contemporary Argentina," pp. 69 – 84 in Brendan Howe, Vesselin Popovski, and Mark Notaras (eds.), *Democracy in the South: Participation, the State, and the People.* Tokyo: United Nations University Press.

Germani, Gino, 1962. *Politico y Sociedad en Una Epoca de Transicidn: De la Sociedad Tradi-cional a la Sociedad de Masas.* Buenos Aires: Paidos.

Goldfrank, Benjamin, 2011. *Deepening Local Democracy in Latin America: Participation, Decentralization, and the Left.* University Park: Pennsylvania State University Press.

Hamecker, Marta, 2007. *Rebuilding the Left.* New York: Zed Books.

Hamecker, Marta, 2008. "*The Communal Councils and Popular Power,*" *pp.* 65 – 69 *in JimMcllroy and Coral Wynter (eds.),* Voices from Venezuela: Behind the Bolivarian Revolution. Chippendale, Australia: Resistance Books.

Coral Wynter, 2010. "Latin America and Twenty-First-Century Socialism: Inventing to Avoid Mistakes. " *Monthly Review* 62 (3): 3 –83.

Haya de la Torre, Victor Raul, 1976 (1928). *El Antimperialismo y el APRA.* Caracas: Ediciones Centauro.

Informe21. com, 2009. "*Precandidato Presidencial Gustavo Petro Pide a Chavez que deje de Agredir a Uribe.* " http: //informe21. com/hugo – chavez/ precandidato – presidencial – gustavo – petro – pide – chavez – deje – agredir – uribe (accessed November 14, 2012).

Jelin, Elizabeth, 1990. Introduction, pp. 1—11 in Elizabeth Jelin (ed.), *Women and Social Change in Latin America.* London: Zed Books.

Kang, Liu, 1997. "The Legacy of Mao and Althusser: Problematics of Dialectics, Alternative Modernity, and Cultural Revolution," pp. 234 –263 in Arif Dirlik, Paul Healy, and Nick Knight (eds.), *Critical Perspectives on*

Mao Zedong's Thought. Atlantic Highlands, NJ: Humanities Press.

Knight, Nick, 1997. "The Laws of Dialectical Materialism in Mao Zedong's Thought: The Question of 'Orthodoxy'," pp. 84 – 116 in Arif Dirlik, Paul Healy, and Nick Knight (eds.), *Critical Perspectives on Mao Zedong's Thought.* Atlantic Highlands, NJ: Humanities Press.

Laclau, Ernesto, 1979 (1977). *Politics and Ideology in Marxist Theory: Capitalism, Fascism, Populism. London: Verso.*

Laclau, Ernesto, 1985. "New Social Movements and the Plurality of the Social," pp. 27 – 42 in David Slater (ed.), *New Social Movements and the State in Latin America. Amsterdam: FORIS Publications.*

Slater, 2005. *On Populist Reason.* London: Verso.

Laclau, Ernesto, 2006. "Consideraciones Sobre el Populismo Latinoamericano." *Cuadernos del CENDES* 23 (62): 115 – 120.

Laclau, Ernesto, and Chantal Mouffe, 1985. *Hegemony and Socialist Strategy: Towards a Radical Democratic Politics.* London: Verso.

Levitsky, Steven, and Kemieth M. Roberts, 2011. "Conclusion: Democracy, Development, and the Left," 399 – 428 in Steven Levitsky and Kenneth M. Roberts (eds.), *The Resurgence of the Latin American Left.* Baltimore: Johns Hopkins University Press.

Lopez Obrador, Andres Manuel, 2013. *Author interview, Merida, Mexico, January* 13.

Luna, Juan Pablo, 2010. "The Left Turns: Why They Happened and How They Compare," pp. 23 – 39 in Maxwell A. Cameron and Eric Hershberg (eds.), *Latin America's Left Turns: Politics, Policies, and Trajectories of Change.* Boulder, CO: Lynne Rienner.

Madrid, Raul L., Wendy Hunter, and Kurt Weyland, 2010. "The Policies and Performance of the Contestatory and Moderate Left," pp. 140 – 180 in Kurt Weyland, Raul L. Madrid, and Wendy Hunter (eds.), *The Performance of Leftist Governments in Latin America: Successes and Shortcomings.* Cambridge: Cambridge University Press.

Mao Zedong, 1971a (1937). "On Contradiction," pp. 85 – 133 in

Selected Readings from the Works of Mao Tsetung. Peking: Foreign Languages Press.

Mao Zedong, 1971b (1957). "On the Correct Handling of Contradictions among the People," pp. 432 – 479 in *Selected Readings from the Works of MaoTsetung. Peking: Foreign Languages Press.*

McCoy, Jennifer, 2010. "Venezuela Under Chavez: Beyond Liberalism," pp. 81 – 100 in Maxwell A. Cameron and Eric Hershberg (eds.), *Latin America's Left Turns: Politics, Policies, and Trajectories of Change.* Boulder, CO: Lynne Rienner.

Monedero, Juan Carlos, 2009. "La reinvencion de Venezuela Revolucionaria y los Fantasmas del Pasado." *Comma: Pensamiento Critico en la Revolucion* 1: 187 – 195.

Morales, Waltraud Q., 2012. "Social Movements and Revolutionary Change in Bolivia," pp. 49 – 87 in Gary Prevost, Carlos Oliva Campos, and Harry E. Vanden, *Social Movements and Leftist Governments in Latin America: Confrontation or Co-optation?* London: Zed Books.

Mouffe, Chantal, 2005. *On the Political*, London: Routledge.

Oxhom, Philip D., 1998. "Is the Century of Corporatism Over? Neoliberalism and the Rise of Neopluralism," pp. 195 – 217 in Philip D. Oxhom and Graciela Ducatenzeiler (eds.), *What Kind of Democracy? What Kind of Market? Latin America in the Age of Neoliberalism.* University Park: Pennsylvania State University Press.

Oxhom, Philip D., 2009. "Beyond Neoliberalism? Latin America's New Crossroads," pp. 217 – 231 in John Burdick, Kenneth M. Roberts, and Philip D. Oxhorn (eds.), *Beyond Neoliberalism in Latin America: Society and Politics at the Crossroads.* New York: Palgrave Macmillan.

Raby, D. L., 2006. Democracy and Revolution: Latin America and Socialism Today. London: Pluto Press.

Regalado, Roberto, 2007. *Latin America at the Crossroads: Domination, Crisis, PopularMovements, and Political Alternatives.* Melbourne: Ocean Press.

Sader, Emir, 2008. *Refundar el estado*: *Posneoliberalismo en America Latina.* Buenos Aires: Instituto de Estudios y Formation de la CTA.

Silva, Eduardo, 2009. *Challenging Neoliberalism in Latin America.* Cambridge: Cambridge University Press.

Smilde, David, 2011. "Introduction: Participation, Politics, and Culture: Emerging Fragments of Venezuela's Bolivarian Democracy," pp. 1 – 27 in David Smilde and Daniel Hellinger (eds.), *Venezuela's Bolivarian Democracy*: *Participation, Politics, and Culture under Chavez. Durham*, NC: Duke University Press.

Soto, Hernando de, 1989. *The Other Path*: *The Invisible Revolution in the Third World.* New York: Harper & Row.

Trinkunas, Harold A., 2011. "The Logic of Venezuelan Foreign Policy during the Chavez Period," pp. 16 – 31 in Ralph S. Clem and Anthony P. Maingot (eds.), *Venezuela's Petro-diplomacy*: *Hugo Chavez's Foreign Policy.* Gainesville: University Press of Florida.

Weyland, Kurt, 1999. "Populism in the Age of Neoliberalism," pp. 172 – 190 in Michael L. Conniff (ed.), *Populism in Latin America.* Tuscaloosa: University of Alabama Press.

Weyland, Kurt, 2010. "The Performance of Leftist Governments in Latin America: Conceptual and Theoretical Issues," pp. 1 – 27 in Kurt Weyland, Raul L. Madrid, and Wendy Hunter (eds.), *The Performance of Leftist Governments in Latin America*: *Successes and Shortcomings.* Cambridge: Cambridge University Press.

Weyland, Kurt, 2011. "The Left: Destroyer or Savior of the Market Model?" pp. 71 – 92 in Steven Levitsky and Kenneth M. Roberts (eds.), *The Resurgence of the Latin American Left.* Baltimore: Johns Hopkins University Press.

Wolff, Jonas, 2013. "Towards Post-liberal Democracy in Latin America? A Conceptual Framework Applied to Bolivia *Journal of Latin American Studies* 45 (1): 31 –59.

第一编

理论、历史和国际背景

21 世纪伊始，当由一部分左派引领的"粉红浪潮"在拉美推进时，掌握权力的激进左派政府和温和左派政府展现出共同的特征和一些分别属于它们自己的特性。激进左派人士在委内瑞拉、玻利瓦尔和危地马拉都成功当选总统。与此同时，巴西、乌拉圭和阿根廷的温和左派也在大选中获胜。在所有上述六国中，左派政党通过选举的方式保存了自身力量，并且执政时间较长，甚至在某些国家中对于左派政党来说是史无前例的。他们的成功反映出右翼和保守立场的衰退以及右派们没能找到一个可以替代新自由主义的方案，而新自由主义已经被证明是高度不受欢迎的。左派之所以有如此进展，无疑是因为它的一些政策颇具吸引力。在一些领域，激进左派和温和左派联合，得到了公众的支持，这包括：批评由美国发起的美洲自由贸易区（FTAA）、政府致力于开展社会项目。

　　有一个弱点存在于这样的命题中，即将温和左派列为"好"的，而将激进左派视为"坏"的或"民众主义的"。更糟糕的是，面对激进的、富有攻击性的对手时，这种命题往往不能意识到挑战的复杂性，而这些对手比执政的温和派更为决绝。

　　罗杰·布尔巴赫（Roger Burbach）对左派之间的争论做了一个概述，他认为这些争论讨论的是 21 世纪激进左派掌权现象的本质。巴西作家埃米尔·萨德尔（Emir Sader）主张，社会主义正在从 1991 年苏联解体所带来的打击中渐渐复苏。她将现阶段的拉美左派归类于反对新自由主义而不是反对社会主义。其他的理论家则指出拉美激进左派的社会主义倾向，不过，21 世纪的丰富的经历却表明，这是一个对社会主义再定义的过程。布尔巴赫为中间立场做辩护，他指出，不管是政府阶层还是草根阶层都"不可能是明确的社会主义者"，他们不过是"反对体系"而已。他还提到一个由马克思发明却被萨德尔借用的隐喻：社会主义作为一只鼹鼠在任何时代都是待在地底下的，但它总能够"在任何时间和地点毫无预兆地"突然出现。

　　除此之外，布尔巴赫还认为，拉美的社会主义运动在整体性上与过去相比也有所不及。于是，"许多社会主义团体和运动正在设想新的乌托邦"，而"对社会主义的过渡形式从两种、三种到许多种"也正在兴起。关于这一多样性的一个例子就是，非正统的观点认为"市场不应该被看成只专属于资本主义"，这是古巴改革者的一种辩护思路。与此同时，他们谨慎地对待意识形态的下滑。同样的状况也发生在中国。另一个多样性的例子是 21 世纪激进左派的工人基础，正统的马克思主义把有组织的工人阶级放在优先位置，而 21 世纪激进左派的工人基础远远超出工人阶级的范围，它还包括布尔巴赫所说的"其他经济"中的成员。顺着这些思路，布尔巴赫强调在正规经济和地下经济中小规模独立生产者"形成互相合作关系"的重要性。他主张，这是"自下而上建设社会主义社会的关键，也是区别于 20 世纪国家社会主义的关键"。

戴安娜·雷比在第二章中所处理的棘手问题与左派掌权的国家从资本主义向社会主义过渡有关。她试图驳斥左派人士，其中包括"传统的马克思主义者"，这些人把拉美激进左派政府描述为社会民主人士，认为它们的策略并不是社会主义的。左派指出，委内瑞拉、玻利维亚和厄瓜多尔的国有经济成分并未接近 50%，这些国家中的执政党在产业工人阶级中也不曾占有优势。雷比认为，这是一种教条主义的观点。她强调，激进左派的社会支持基础是多样化的，比如，在委内瑞拉就包含了军事人员。雷比承认，一国之内也并非所有人都是社会主义者。她声称，社会主义是一个"过程"，而不是一个通过突然掌握权力就能实现的静态模型（马塞尔·内尔森在第三章中赞同这个观点）。政府的权力并不是通过"一个单一的决定性的行为"而获得的，"社会主义必然是一个不稳定的过渡阶段，其间需要不断的斗争和随时保持警觉"。

雷比最后讨论了查韦斯、莫拉雷斯和科雷亚这些富有魅力的"民众主义者"的品质。她支持阿根廷政治哲学家厄内斯特·拉克劳（Ernesto Laclau）的看法，认为民众主义有它正面的维度。雷比说，"社会主义的民众主义"代表了一种"至关重要的初始阶段"，极端的多样化使这一阶段显得尤为必要。然而，这个阶段终将被一个更加高级的社会主义形式所取代。有效率的民众主义领导人和"先锋"（另一个被雷比再次提及的术语）根本没有呈现出一种中央垂直的领导风格，而是和民众进入一个就思想和建议进行双向交流的辩证关系。

马塞尔·内尔森强化了本书与复杂性有关的核心命题，拒绝把政府简单地看成统治阶级的"执行委员会"，也拒绝同样简单化的另一种观念，即认为政府完全独立于阶级构成。他支持尼克斯·普兰查斯关于政府自主权力的更加细致的论述。普兰查斯把政府定义成一个（用内尔森的话说）"自相矛盾的、高度分裂的、冲突性的战略阵地"。其中，统治阶级内部的不同集团及其下属们占据了政府机构里的不同位置，每一个集团都在促进它自身的利益。内尔森警告说，通过和平手段获得权力的革命者要意识到有被资产阶级政府吸收的可能，建立平行机构和发起群众运动以牵制来自上层的决策，则可以化解这种危险。

于是，内尔森将普兰查斯的概念运用到发生在生产商务部和查韦斯总统设立的一个平级部门［FTAA（Free Trade Area of Americas，美洲自由贸易区）总统委员会］的冲突性的情形里，这两个部门负责就华盛顿拟定的自由贸易提议进行谈判。在FTAA的谈判中，生产商务部更倾向于接受来自美国的关于自由贸易的观点，而不是来自与查韦斯政党（第五共和国运动）关系密切的总统委员会的观点。随着委内瑞拉政府变得越来越激进，查韦斯对美洲自贸区的批评不断增加，生产商务部渐渐地被笼罩在总统委员会的阴影下。与此同时，查韦斯政府"寻求通过社会运动来改造政府"。普兰查斯提出的"政府是战略阵地"的理论有助于解释在查韦斯总统任期内政府内部官僚人员之间的竞争和"权力关系的转变"。内尔森总结道，"在治理问题上的好左派—坏左派命题得出的是一个不充分的分析……在具体的社会和经济改革中，并不存在资本主义国家中所存在的真正意义上的反对立场"。

第一章 激进左派的动荡过渡：一个概览

罗杰·布尔巴赫

在 2005 年 1 月 30 日召开的第五届世界社会主义论坛上，委内瑞拉总统乌戈·查韦斯宣称："需要超越资本主义……通过社会主义，拥有平等和正义的真正的社会主义。"（Sojo，2005）在巴西阿雷格里港市的巨人体育场中，作为一万五千名咆哮的群众中的一员，笔者听到查韦斯继续说道："我们必须重塑社会主义，它不是我们曾见过的苏联那种类型的社会主义，当我们发展出一种以合作而非竞争为基础的新制度时，它就会出现在我们面前。"许多人认为，这标志着"21 世纪社会主义"的开端。

四年后，在巴西贝伦举办的 2009 年世界社会主义论坛上，厄瓜多尔总统拉斐尔·科雷亚（Rafael Correa）特别提到全球性的经济萧条。他说："让我们利用这场危机，利用当前资本主义衰弱的机遇，创造那崭新的、更美好的东西——21 世纪的社会主义。"（Canadian Centre，2009）1 月 29 日晚，在汉加尔酒店礼堂里，科雷亚与委内瑞拉总统查韦斯、玻利维亚总统埃沃·莫拉莱斯（Evo Morales）并排而坐。科雷亚宣称，与"传统社会主义"截然不同的新社会主义将促进性别平等和族群平等，要像"保护亚马逊雨林生态系统那样捍卫生命和社会价值系统（Osava，2009）"。莫拉雷斯告诉与会者："世界正面临诸多危机，例如，金融危机、能源危机、气候危机、食物危机和制度危机等。但是，所有这些危机都不过是资本主义经受的最大危机的组成部分。如果我们和全世界的人们都不能埋葬资本主义，那么，资本主义就会葬送我们这个星球……这个危机赋予我们一个绝佳的机会去创造一个不同的世界，只要我们愿意采取另一种模式。"（Canadian Centre，2009）

一些新事物正在拉丁美洲兴起。一种新秩序正在努力诞生，美国的霸权也日益消败。正如玻利维亚副总统阿尔瓦诺·加西亚·里勒亚（Alvaro Garcia Linera）在2011年所宣称的，"这个大陆可能正在经历其最进步的时刻，某种程度上，这是过去五十年来最革命的时刻"。我们正在见证"在这个大陆上，进步的、左派的、革命的政府的崛起，但是，并不一定都是社会主义的政府"（Walder，2011）。

没有哪个左派政府像1959年的古巴和1979年的尼加拉瓜那样，是依靠激烈的暴力革命而夺取政权的。通过选举上台的左派政府只是掌控了一部分国家权力，军队并没有被打败或是重组，而且，没有哪个选举上台的政府呼吁要与资本直接交锋。我们还发现，由于苏联模式的失败，当前美洲的左派并不愿意倡导基于公有制的社会主义经济。

然而，在拉丁美洲，对社会主义乌托邦的追求与世界其他地方颇有不同。美利坚帝国的衰落、反抗新自由主义社会运动的爆发、新左派政府的崛起以及该地区不同流派的日渐融合，使20世纪急剧溃败的社会主义焕发出新的活力。下面将陆续探讨其历史渊源、理论争论和21世纪的社会主义实践。本文的目的不是提出一个新的社会主义理论，而是阐述对当代拉美斗争的不同解释。

21 世纪的社会主义理论

综观拉丁美洲关于21世纪社会主义理论的广泛争论，乌戈·查韦斯的非正式顾问、政治理论家玛尔塔·哈内克尔（Marta Harnecker）总结了社会主义的五个关键要素。第一，社会主义是"关于人类的发展"，意思是指，用"旨在满足人类需求的人道主义和团结"来取代"对利润的追求"。第二，社会主义"尊崇自然、反对消费主义——我们的目标不应该是活得'更好'，而是要像安第斯山原住民文化所说的那样，要活得'幸福'"。第三，在借鉴激进经济学教授迈克尔·莱博维奇（Michael Lebowitz）理论的基础上，哈内克尔提出，社会主义建立了一个新的关于"生产、分配、消费的辩证法，它的基础是：第一，生产资料社会所有制；第二，工人组织社会生产；第三，满足公共需求"；第四，社会主义遵循新的效率理念，这一理念兼顾尊崇自然和寻求人类进步；第五，必须"合理使用现有的自然和人类资源，下放制订计划的权力，参与制订计划的进程"，这与苏联高度中央集权的官僚制订计划截然相反（Harnecker，2012a）。[①]

根据这些要素建设一个社会主义乌托邦将是漫长的过程，需要数十年和数代人的努力。正如史蒂夫·艾尔纳（Steve Ellner）所指出的，激进左派面临的"复杂性和挑战"是如此之多。今天，各种各样的尝试或是反霸权进程正在南半球进行着。正如阿图罗·埃斯科瓦尔（Arturo Escobar）——一位以后发展理论著称的哥伦比亚裔美国人类学家——在《十字路口的拉丁美洲》中写的那样：

> 有人认为，这种进程会导致社会主义的重塑；对其他人而言，紧要的问题是过去三十年来新自由主义政策的解体，即这一时代这一地区的进步人士圈子所熟知的"新自由主义长夜"的终结，或者是一个南美洲（同时也是反美国）集团的形成。其他人指出，一个潜在的新时代或许会重塑民主和发展，或者更激进地说，将终结过去两百年来建基在私有制和代议制民主上的自由主义社会的主导地位。社会主义的21世纪，多民族主义、文化间性、直接民主与代议民主、公民革命、人们向往美好生活的内生动力、领土与文化自治权、指向后自由主义社会的非殖民化事业等，这些都是不断变革过程中需要重新命名的概念。（Escobar，2010：2）

奥兰多·努涅斯（Orlando Nunez）是一名来自尼加拉瓜的重要的马克思主义理论家，他详细阐述了如何经由一条传统的路径过渡到我们所理解的社会主义。他拒绝用21世纪社会主义这个概念来表述当下在拉丁美洲所发生的事情，坚称这一地区正处于"向社会主义过渡"的预备阶段，而"我们不应该假装我们正在建设社会主义"。当然，我们正在与新自由主义对抗，而每个拉丁美洲国家都在"面对不同的情形"。他补充说，"资本主义逻辑不能解决当前主导制度的问题，在反抗这个制度的社会斗争中出现了新的旗帜"。它是一种"后新自由主义或后资本主义"的

---

① 包括哈内克尔在内的来自世界各地的六位学者对当代社会主义做了进一步的讨论，参见《科学与社会》的特刊（Harnecker，2012b）。

斗争，反对妇女不平等和男权政治，反对种族和性别歧视，反对环境恶化。更根本的是，它反对"野蛮的资本主义"和"新殖民主义"，无论是从内部还是从外部。（Nunez，2012：11）

在 2011 年出版的《新鼹鼠：拉美左派道路》一书中，巴西政治学家埃米尔·萨德尔提出，20 世纪社会主义所遭受的挫败是如此惨烈，以致在今天它还处于康复之中。社会主义可以被提上议事日程，但是最优先的事情必须是组织政府和政治联盟，以瓦解新自由主义，即使这意味着暂时接受一个广义上的资本主义制度（Sader，2011：104 - 105）。这在部分程度上解释了为什么在未来数年甚至数十年里建设社会主义将是一个多元化的进程，国家不同，其差别也将更大，不存在一个单一的定义或模式。

拉美历史上的社会主义

与此同时，萨德尔确信拉丁美洲的社会主义是不可阻挡的。他的专著标题中的"鼹鼠"一词就是借用了卡尔·马克思《路易·波拿巴的五月十八》中的片段。对萨德尔而言，拉丁美洲的社会主义就像一只鼹鼠，不停地在地下挖洞，然后在最让人意想不到的时间和地点突然跳出来。

拉美社会主义深厚的历史根基有助于解释其生命力，以及它为何无法被扑灭。社会主义最早出现在 20 世纪初的十余年，当时，社会主义和共产主义政党遍布拉丁美洲地区。第二次世界大战后，由于建立工会领导机制、参与联盟和人民阵线政府，这些政党遭到美国的干涉打击，特别是在中美洲和哥伦比亚地区。

1959 年，古巴在革命胜利之后的两年里建立了社会主义社会，这使拉美地区的意识形态景观发生了永久的改变。在此后半个世纪里，无论是处于高潮还是低谷，社会主义都处在就社会转型而开展的政治辩论和讨论的核心。古巴革命引发了一系列反帝国主义的游击战运动和社会主义运动，从拉丁美洲南部的玻利维亚、秘鲁蔓延到拉丁美洲北部的委内瑞拉、危地马拉和多米尼加共和国。1967 年，切·格瓦拉及其游击队在玻利维亚的失败暂时阻止了用武装斗争在农村夺取政权的战略。

智利人尝试了另一种不同的路径。智利总统萨尔瓦多·阿连德（Salvador Allende）（1970—1973 年在任）领导的人民联盟政府相信，选举和形式化的民主制度可以被用来促进社会主义。于是，这个政府开始实施一项社会主义项目，将铜矿国有化，并征用了最大型的制造业企业。然而，只是掌握了经济"指挥层"的权力和政府机构的行政部门，还不足以促进社会主义。受智利资产阶级和美国支持的智利军队策划了一场政变，推翻了这个世界上唯一一个通过选举产生的社会主义民主政府。为了根除深入人心的智利社会主义，这场镇压十分残酷和血腥。在独裁者奥古斯托·皮诺切特（Augusto Pinochet）的统治下，统治阶级针对老百姓和左派政治组织展开了一场赶尽杀绝的运动，企图清洗掉大众意识中的社会主义社会愿景。皮诺切特政权执政了 17 年之久。

尼加拉瓜的桑地诺民族解放阵线重新复活了游击武装战略，于 1979 年 7 月从独裁的索摩查家族手中夺取了政权。革命政府用自己的桑地诺军队取代了索摩查国民警卫队，并掌控了国民经济的要害部门。尽管桑地诺领导阶层具有社会主义方向，但它从未正式宣称要在尼加拉瓜建设社会主义。就连菲德尔·卡斯特罗（Fidel Castro）都建议桑地诺政府放慢接管经济的速度。与古巴不同，考虑到尼加拉瓜的边境很难控制，反革命武装（尼加拉瓜反抗军）和商品都能在边境肆意自由出入。于是，桑地诺政府试图构建一个尽可能大的联盟，包括部分资产阶级和小资产阶级。

然而，这一策略也未能避免对革命的反对。1990 年 1 月 25 日，在尼加拉瓜选举中，绝大多数人投票反对时任总统丹尼尔·奥尔特加（Daniel Ortega）和桑地诺解放阵线。究其原因，乃是因为他们意识到，除非是美国支持的候选人奥莱塔·巴里奥斯（Violeta Chamorro）当选总统，否则，暴力仍会永无止境。

桑地诺的选举失利与 1989 年 11 月柏林墙倒塌和 1991 年苏联解体遥相呼应。国家社会主义分崩离析。古巴进入了一个经济严重紧缩的"特殊时期"，"遗世独立"且缺少国际盟友。正是在这样一个间隙中，新自由主义巩固了它在拉丁美洲的势力。

社会运动的兴起和社会斗争理论

历史教给我们，自下而上的斗争从来不会被彻底根除。国家社会主义崩塌的同时，一波由农民和原住民群体领导的社会运动与组织在拉丁美洲的乡村地区崛起。到 20 世纪 90 年代中期，在挑战新自由主义的秩序方面，他们已经成为领头者，特别是在厄瓜多尔、墨西哥、玻利维亚和巴西。总体而言，与此前十余年在乡村地区成立的以阶级组织为基础的传统马克思主义政党相比，这些组织要更民主、更具参与性。一般来说，他们填补了工人阶级留下的一个空白。与工人阶级相比，他们所代表的群体更加碎片化、更加无序和更加分散，因此，他们也无法获得任何真正的领导权。这些新的社会运动所提出的利益需求更加宽广和多样化，其中包括本土的和环境的权利。这些都超越了现代主义的元叙事，无论是资本主义的还是传统社会主义的。

随着 20 世纪 90 年代接近尾声，新千年即将开启，社会斗争和人民反抗突然开始爆发，主要集中在城市地区，经常也与农村里的现有斗争相互交叠。在城市里，各个运动组织差别巨大，有的组织具有某一特定的阶级基础，有的组织则由不同阶级构成。

后马克思主义哲学家迈克尔·哈尔特（Michael Hardt）和安东尼奥·内格里（Antonio Negri）在关于新社会主义运动的理论路径的问题上，打破了经典马克思主义的看法。在《民众》一书中，他们宣称："一些关于政治行动主义、阶级斗争和革命组织的基础传统模式在今天已经不合时宜、不再适用了。"他们还认为："全球性的社会阶级重构，非物质劳动占据主导地位，基于网络结构形成的决策机制等都彻底改变了所有革命进程的状况。"（Hardt and Negri，2005：68－69）

对哈尔特和内格尔而言，墨西哥的萨帕塔运动拥有国内和国际网络，有民主决策程序，有同一阶层构成的组织结构，还有改变世界的坚定目标，萨帕塔就是他们所说的"民众"的一部分。旧的马克思主义理论将参与全球起义的所有群体都归为一个被称作"群众"的范畴，而民众这个概念承认了群体的多样性。哈尔特和内格尔还认为产业工人必须是任何革命运动的先锋队，这一观点也与经典的马克思主义信念有所区别。

在戈兰·瑟伯恩（Goran Therborn）还没有与经典马克思主义决裂得如此彻底和尖锐的时候，在《新左派评论》上发表的《21世纪的阶级》一文中，戈兰确实看到了一个新的社会的、地理的动力已经超越了20世纪："红旗已经从欧亚传递到了拉丁美洲，这里是目前全世界唯一的社会主义仍在进展的地区，委内瑞拉、厄瓜多尔、玻利维亚的政府都在倡导'21世纪社会主义'。和19世纪不同，20世纪是产业工人阶级推动了社会主义政治，新社会主义'将会在工人阶级和多样化的大众阶级中找到其基础，这个基础是所有平民阶级而不仅仅是无产阶级'。"他补充道，"莫拉雷斯、科雷亚和查韦斯所倡导的'社会主义'是一个新的政治现象，这迫使其独立于20世纪欧亚模式的左翼政治，而其本身是极为多样化的"（Therborn，2012：20）。

在描述当前的社会斗争和经济斗争时，奥兰多·纽内兹采用一种不同的路径，使用了卡尔·马克思的"自由人联合体"这一概念。这个名词的最初含义是指共产主义社会的工人可以像联合的自由人那样经营工厂和工作场所，从整体上设定国家目标和经济发展目标。今天，纽内兹提出"通过社团达到社会主义"，即通过下层生产者自下而上建构起社会主义的路径。纽内兹指出，在绝大多数第三世界国家，大型资本主义企业的正式用工正在被越来越多的个体经营者取代，大多数个体经营者正是他所说的"庶民经济"的组成部分。他们包括街头小贩、小微企业家、工匠、露天市场商贩、渔民、伐木工、小农场主、公交车和出租车经营者、卡车货运业者等。他们都是在贸易和流通环节中被剥削的无产阶级，其中的绝大多数人靠在市场上出售服务和商品赚取收入以维生，而市场实际上是被大型资本主义的跨国公司所控制和操纵的。

很多庶民经济的从业者通过信贷与生产商合作社、农商协会和运输联合体等机构成为自由人联合体的成员。他们为了资源向国家施压，并清醒地意识到他们被剥削的社会角色，要求一个更社会化的国家，能够提供全民教育、公共医疗卫生服务和信贷等诸多服务。与巴西激进派理论家马科斯·阿鲁达（Marcos Arruda）一样，纽内兹相信，一个稳定而团结的社会经济正在拉丁美洲逐步形成，这个经济的基础正是工人和独立生产者之间相互协作与平等交换的增值品。①

争夺政权

2011 年，《世界外交论衡》月刊发表了卡图·阿空纳达（Katu Arkon-ada）和亚力杭德拉·桑蒂利亚那（Alejandra Santillana）的一篇论文——《厄瓜多尔和玻利维亚：转型中的国家、政府和人民阵营》。文章提出了一个开创性的观点：如何发动社会武装和人民运动并开展斗争以掌控一个国家。他们断言，国家应当被视为"民众组织和本土人民的历史热望，也是政治争论的开放之地"（Arkonada and Santillana, 2011）。近年来，民众运动力图改变国家，让国家对他们的利益和需求有求必应。随着新左派政府的兴起，关于谁将控制国家的争论变得前所未有的激烈。阿空纳达和桑蒂利亚那认为，"领导权的建立来自公民社会"，意思是变革时期的"人民运动"表达出自己的事业与利益，期待在国家中争得更高地位。他们相信，随着国家变成实现"集体利益"和"普遍的政治目标"的工具，民众力量将获得领导权。

民众力量直面的一个核心问题是，需要建立什么样的民主制度。目前，从传统意义上说，由新左派当政的政治体系可以被归类为自由主义政治体系。广义上讲，这种自由主义的范例来自约翰·洛克和托马斯·霍布斯的哲学思想。它以私有财产、代议制民主、个人权利以及市场作为经济和社会生活的组织原则这些基本概念为基础。18 世纪，在美国独立战争、法国大革命和工业革命期间，这一理论得以巩固和强化。随着资本主义的兴起，主要的经济利益集团控制了国家，公民被允许每隔几年投票选举一些候选人，而这些候选人通常不会质疑资本主义秩序或是对人民的利益负责。今天的拉丁美洲，自由主义政府和代议制民主的幻想正在破灭。

民众力量设想了一种更真实、更完整、更具参与性、自下而上的民

---

① 有关马可·阿鲁达（Marco Arruda）对共济经济（solidarity economy）的进一步研究，参见 http://programaeconomiasolidaria. blogspot. com/2010/06/economista – marcos – arruda – lanca – amanha. html。

主形式。在拉丁美洲，社区自治受到前所未有的欢迎。我们知道，玻利维亚的原住民社群和墨西哥恰帕斯州的萨帕塔党都实行社区自治。2006年，瓦哈卡的市民控制了国家资本，组建了瓦哈卡公民大会，围困联邦军队数月之久，这令人回想起1871年的巴黎公社革命。过去的15年，成百上千的巴西市民纷纷参与本地社区的城市基金分配预算工作。委内瑞拉社区已经建立了超过三万个的邻里自组织社区委员会。此外，首先是在委内瑞拉，然后是在玻利维亚和厄瓜多尔，国民代表大会已经起草了新的宪法，允许更多数人民和过去被边缘化的全部民族的所有公民参与其中。

标志这三个国家已经升起社会主义旗帜的一个核心特征就是他们从根本上保证了民主程序。在乌戈·查韦斯当政的14年间，从他的第一次被选任开始，他共经历了16次选举或公投，而在埃沃·莫拉雷斯当政的7年间就有7次选举，在拉斐尔·科雷亚当总统的6年中也有6次选举。

对民主程序的保证意味着拉丁美洲的21世纪社会主义被束缚在选举性循环之中。在委内瑞拉、玻利维亚或厄瓜多尔都存在类似情况，现任总统或他们的指定接班人将逐步在选举中下野。这将标志着一个新的、无法预期的社会主义斗争阶段的到来。新的非社会主义领导者会不会力图推翻其前任施行的更为激进的所有深层改革措施？或者是他们已经接受了许多变革，尤其是那些惠及民众的经济改革措施？新的、开放的社会主义者候选人能不能在将来的选举中重新赢回总统职位呢？有迹象很好地表明，在委内瑞拉，乌戈·查韦斯的接班人尼古拉斯·马杜罗（Nicolas Maduro）将致力于推进社会主义。

这里有必要讨论一下古巴社会主义的发展轨迹及其与21世纪社会主义的关系。哈瓦那的杂志《美洲之家》的副主管奥雷里奥·阿隆索（Aurelio Alonso）区分了"社会主义在21世纪"与"21世纪的社会主义"的差异。字面的差异反映出，在拉丁美洲其他地区建构的社会主义在新千年里是独树一帜的，然而，在古巴，社会主义的历史则有更漫长的轨迹。阿隆索告诉我们，无论从时间还是政治上，"古巴与拉丁美洲其他地区的起点是不同的"："今天，古巴的模式是力图发展在20世纪已经取得成功的社会主义，而拉丁美洲大部分地区的左派则处于与寡头政治的持久战之中，为建立一个21世纪的新社会主义而斗争。"在不同地区，社会主义有极为不同的领导者和反对派。在古巴，反对派不是寡头政治，而是共产党内部的官僚政治及其团伙，他们试图继续用集权经济和威权政体来牢牢维持 20 世纪的旧秩序。

古巴与拉丁美洲大陆的另一个不同之处在于，其历史轨迹与其他 20 世纪幸存的社会主义具有相关性，特别是中国和越南。这三个国家在早期都以这种或那种方式采用苏联模式，如集体经济和生产资料国有化。由国家确定产品价格和制定五年规划以确定生产目标，市场只是一个无关紧要的角色。

亚洲这两个国家比古巴更早走向市场经济。1978 年，中国在邓小平的领导下实行"现代化"政策。为了解决大面积食物短缺和饥荒问题，越南在 1986 年开始了"复兴"计划。彼时，这两个国家在很大程度上都是农业国，许多改革措施都直接涉及农村地区并很快在农业增产方面获得了成功。虽然在古巴只有四分之一的人口是农业人口，但早期的经济改革目标仍是允许拥有十公顷以下土地使用权的小生产者在自由市场上出售一部分产品。与中国一样，古巴政府鼓励举办农村集体企业和合作社，以市场经济方式推进农村食品加工业和乡村轻工业制造业。为了鼓励众多小型企业和经济活动，政府制定了关于 171 种个体经营的产品、房屋和汽车允许公开售卖的政策。这一政策涉及一些经济活动的独立所有者（包括出租车、理发店、餐馆和生产厂商等）、商人和自由定价的生产者。①

中国、越南和现在的古巴认同了市场不应当是资本主义的专属，市场机制也有助于在社会经济中高效率地分配资源。然而，不能赋予个人绝对的自由去主宰和控制市场，市场本身需要加以规范。

对于在中国出现的大规模的私人资本积累和新兴资产阶级，古巴领导人并没有做出官方表态。但是，古巴学界甚至党内的一些领导人却承认，中国的贫富差距正急剧增大，中国共产党内部出现了新兴资产阶级。由此，古巴政府坚称，他们的改革进程将不同于中国和越南，因为它们是"亚洲社会"，而古巴是深深根植于"西方传统"的国家，两者在文化、历史、领导观和工农社会角色等问题上存在根本性的差异。地理差

---

① 关于古巴所进行的改造和争论的进一步讨论，详见 Burbach，2013a。

异和人口数量的不同也在很大程度上决定了一国社会主义市场经济将采用何种经济和政治体系。

在古巴，争论的关键是如何"提振"经济。卡米拉·皮尼罗·哈奈克尔（Camila Piñeiro Harnecker）在本书中概述了三个主要立场：国家主义立场——追求完美的自上而下的国家社会主义；经济主义立场——倡导市场化的社会主义；自我管理主义立场——主张在企业运营中的合作社化以及工人参与管理。

当政府和古巴共产党内部正在为经济发展方向争论不休时，古巴领导人已经明确了古巴将保留一党制国家模式。在这一点上，古巴与拉丁美洲其他新兴社会主义国家是不同的，这些国家已经明确采用多党选举制度。然而，政治制度和国家机器内部还是发生了重要的变革。胡安·巴尔德斯·帕斯（Juan Valdes Paz）是很多政府官员的顾问，他说，"随着菲德尔·卡斯特罗的退位和劳拉·卡斯特罗已经迈向八十多岁，新生代将越来越多地崭露头角"。劳拉已经宣布，他将在 2018 年放权。50 岁出头的米格尔·迪亚斯 - 卡内尔（Miguel Diaz-Canel）显然成为了副总统接班人。他在党内和治国方面拥有丰富的经验，尤其在省一级政府的工作经验很充足。古巴全国人民政权大会已经通过了法律，规定所有政府高层不得连任超过两个五年任期。在代表选举的竞争比过去激烈得多的今天，作为政策论证和讨论的中心，全国人民政权大会本身也变得更为重要。

经济挑战：攫取主义和社会主义

难以打破旧的经济模式正是这些反霸权和反体系化进程的阿喀琉斯之踵。新左派政府在很大程度上依赖开采资源的出口，例如委内瑞拉的石油、玻利维亚的天然气和矿产，以及厄瓜多尔的石油。乌拉圭社会主义者劳尔·兹贝奇（Raul Zibechi）认为，这意味着像玻利维亚和厄瓜多尔这样依赖开采资源出口的国家再次陷入新自由主义，并未逃脱对资本主义发展的依赖。不过，兹贝奇的批评太过尖锐和绝对了。拉丁美洲的经济一直以来都是靠出口开采资源来推动。寄望在 10 年左右改变这一现状是不现实的，特别是在跨国资本控制的全球体系之下更不可能实现。

短期内我们可以见证的是，这些国家决定从出口开采资源中获取更大份额的租赁金，并用这些收益扩大社会主义运动，鼓励内生性发展。兹贝奇与左派展开了一场关于如何开发此类自然资源的争论，很多原住民组织和环保组织坚持认为不应当掠夺地球资源，必须尊重自然环境。

在国际贸易的情境中，社会主义国家都在倡导创新产业。2004年，委内瑞拉和古巴成立了美洲玻利瓦尔联盟（ALBA）以促进公平贸易而非自由贸易，通过互补和团结促进一体化进程。玻利维亚于2006年加入该联盟，随后，尼加拉瓜、厄瓜多尔和其他五个加勒比国家也加入了联盟。

用古巴的医疗人员交换委内瑞拉石油只是美洲玻利瓦尔联盟早期达成的合作案例之一。古巴和委内瑞拉在美洲玻利瓦尔联盟体系下的合作还包括为其他美洲玻利瓦尔联盟成员国，如玻利维亚的民众提供读写训练。其核心理念是在国家间具有互补优势的领域进行公平的资源交换和交流，而不是让市场来决定价格。

与这些政府经济方案同时进行的还有发生在基层的对话，这是一场改革性、激进的对话，尽管不是明确的社会主义的，但也是反体制的。公民社会和地方运动质疑发展计划本身，认为它破坏了环境，还错综复杂地与资本主义相关联。社会主义运动和新左派政府中的许多人对发展计划的不满日渐增加。在玻利维亚，人们就一条公路进行了争论。这条公路可以将该国交通不便的地方连接上，但也将原住民与国家公园割离开来。于是，这个问题引发了关于发展问题、原住民自治权和地球母亲的权益等根本问题的讨论。

在厄瓜多尔，即便是在2013年2月拉斐尔·科雷亚再次成功当选总统以后，社会主义运动仍然批评他的国家石油和矿产资源开发计划是以牺牲地方利益为代价。作为厄瓜多尔国内最重要的原住民组织，厄瓜多尔土著民族联合会在采矿、用水权益、石油储备开发和保护世界生物多样性等领域公开挑战科雷亚的"唯发展主义"计划（参见马克·贝克尔撰写的关于厄瓜多尔的篇章）。

玻利维亚副总统阿尔瓦诺·加西亚·里勒亚（Alvaro Garcia Linera）给这些发展渲染上积极的色彩，强调这些冲突是改革过程中固有的。人民力量将分为不同派别，并想要根据其特殊利益和观点促成社会的走向。副总统称这是"创造性张力"，甚至提出这是社会和政治进步必需的要素。

在乌戈·查韦斯于 2005 年年初召集并在巴西举办 21 世纪世界社会主义论坛之后的 8 年间，委内瑞拉取得了重要的进步。2005 年年末，他敦促公民们组建社区委员会。公共议会组织法规定，这些议会是"以社区为基础的组织，是社会群体和公民参与、表达与联合的实例，允许有组织的人们直接进行公共政策和计划的管理"（La Asamblea Nacional, 2009）。迄今为止，已经有超过三万个社区委员会宣告成立。合作也是自下而上建设社会主义的一个主要途径。然而，由于长期的经济短缺和通货膨胀，通往社会主义的道路充满艰辛。就连查韦斯自己也承认，在他任期的最后日子里，委内瑞拉已经没有办法实现社会主义乌托邦了。

尽管有如此多的困难，乌戈·查韦斯还是留下了一个在政治、社会和经济方面的宏伟计划，其中充满社会主义的实践，这与自由主义者指责他是"威权统治"的批评相左。查韦斯的继任者尼古拉斯·马杜罗是一位充满活力的领导者，拥有工人阶层和工会成员背景，在担任副总统前曾出任外交部部长。跟查韦斯一样，他的历史使命是继续推进民主社会主义斗争。

迈向社会主义的过渡

这是一个动荡和转型的时期。与 20 世纪不同，这已经不是武装革命的年代了。21 世纪拉丁美洲的社会主义是横扫该地区的那场巨大变革的复杂进程的一部分。古巴在奋力发展经济，南美洲大陆社会主义旗帜正在以完全不同的节奏随风飘扬。在委内瑞拉，对社会主义的需求最主要是政治和经济上的，而厄瓜多尔关于社会主义的概念只是偶尔在公众演说中出现，弥合社会运动和科雷亚自我标榜的人民革命之间的鸿沟。玻利维亚则处于中间地带，关于革新的讨论在政府和社会运动内部及其之间展开，并将社会主义和原住民关于"美好生活"的概念联系在一起。

通过一系列社会运动家的努力，社会主义在其他国家有所显现。2011 年，智利学生的不服从引发了社会运动，并引起了人们对国家社会主义遗产的反思。在巴西，南半球最大的社会组织——无地农村工人运动——在它的活动平台和日常土地改革斗争中继续支持社会主义。它看起来不像是一个家长式作风的政权，并不像经常被批判的巴西前总统卢拉·达·席尔瓦（Lula da Silva）和总统迪尔玛·罗塞夫（Dilma Rousseff）推行的政策所展示的那样。无地农村工人运动力求其成员最大化地参与合作社和团体运营活动管理。

尽管文字表述并不表明其就是彻底的社会主义者，但是玻利维亚和厄瓜多尔的宪法还是要求人们要与"大地母亲"和谐相处，为"幸福生活"——历史上人们为之奋斗的宇宙观——而生活。这并不是一个白日梦，相反，它影响了现行的反对资本主义发展的政策。例如，安第斯山脉周边的国家将粮食主权看成幸福生活的一部分。它打破了传统的发展观，主张粮食生产不应当只是由市场特别是国际市场来决定。粮食主权意味着，无论是安第斯人还是非安第斯人，都能够拥有营养的、卫生的食物，而且是由当地生产者根据当地需要和饮食文化通过社区组织进行生产。厄瓜多尔社会学家弗朗西斯科·伊达尔戈·弗洛（Francisco Hidalgo Flor）在《土地：粮食主权与幸福生活》中声称："国家有义务为中小规模生产者提供帮助以促进生产"，保证他们有充足的技术支持和贷款（Hidalgo Flor, 2011）。土地应当被那些在土地上劳作的人控制或拥有。

作为构建社会主义经济的一个努力，对粮食主权之本土化生产的倡议，在巴西表现为无地农村工人运动组织，在玻利维亚则是原住民社区。确实，在迈向社会主义的国家以及资本主义国家中，共济经济（solidarity economies）的扩张是从底层建设社会主义社会的关键，也是与 20 世纪国家社会主义决裂的关键。工人自主经营的合作社、地方自治和社区所有制企业，旨在帮助小商品出口商、小额贷款银行以及为小生产者（通常是非正式行业的）提供贷款的社区基金的贸易公平运动等。所有这些活动以及其他很多活动正在产生出另一些经济形式，这些经济形式在拉美以及世界其他地方扎根下来。从资本主义经济过渡到社会主义经济如同从封建主义过渡到资本主义，这是一个渐进的过程。在这个过程中，除了经济之外，政治的和社会的替代性活动也在当地落地生根，日渐毁损现存秩序。[1]

---

[1] 关于其他经济的进一步讨论，详见 Burbach, 2001 中的第六章"真实存在的全球革命"。

新旧危机

埃米尔·萨德尔在《新鼹鼠》中写道："拉丁美洲正在经历一场涉及面甚广的领导权危机。"他补充说，斗争是葛兰西式的，将有"一场关于领导权的持久战，或是关于地位之战"①。这的确是一个动荡的变革时期。左派和社会运动所面临的挑战是要在推动新左派政府迈向新自由主义之后的社会与社会主义社会之间寻找到一个合适的平衡点，而不创造出有利于右派的分歧。

总之，拉丁美洲就是一个政治和社会动荡的大鼎镬。我们看不出有什么历史规律在推动这场动荡，不过，社会主义正是这场被社会运动和大众力量所搅动的交融混合中的核心部分。正如史蒂夫·艾尔纳所指出的，"21 世纪激进左派是无可否认的折中主义者，他们拥抱甚至庆祝通往社会主义的试错道路而欠缺明确的意识形态，这一欠缺却被他们当成对教条主义的一个修正"。与经典马克思主义所揭示的历史上资本主义与社会主义的直接冲突不同，我们如今见证的是历史上犬牙交错的过渡斗争和冲突。它们包括：古典自由主义与后自由主义政治；攫取主义（extractivism）与后发展主义；国际农业经济与粮食主权；全球资本主义与团结经济；男权主义与女权主义；排他性教育系统与自由民主的学习中心；由殖民者后裔控制的民族国家与新兴多元化国家。

如今，许多的群体和运动在构想新的乌托邦，而不是只有一种社会主义视角。萨帕塔主义者声称说，这是"一个可以容纳许多世界的世界"。简言之，21 世纪社会主义在任何一个已经树起社会主义旗帜的美洲国家中都有可能遭遇曲折或是经历挫折，这些国家包括委内瑞拉、玻利维亚、厄瓜多尔，或许还有最不可能的古巴。然而，社会主义不会消亡。社会主义在南半球的历史长河中静水流深，对动荡不安的全球资本主义秩序的改革需求也在前所未有地增加。

---

① Sader. Emir, 2011. *The New Mole：Paths of the Latin American Left*, p. 104, p. 158. London：Verso.

参考文献

Alonso, Aurelio, 2012. Interview, April.

Arkonada, Katu, and Alejandra Santillana, 2011. "Ecuador and Bolivia: The State, the Government and the Popular Camp in Transition." *Rebelion* [originally published in *Le Monde Diplomatique*], September 13. http://www.rebelion.org/noticia.php? id = 135502.

Burbach, Roger, 2001. *Globalization and Postmodern Politics: From Zapatistas to High Tech Robber Barons*. London: Pluto Press. , 2013a. "A Cuban Spring?" *NACLA Report on the Americas* 46. , 2013b. "Chavez Revived Latin America and Renewed Socialism." *The Progressive*, March 6. http://www.progressive.org/Chavez-renewed-latin-america.

Burbach, Roger, Michael Fox, and Federico Fuentes, 2013. *Latin America's Turbulent Transitions: The Future of Twenty-First-Century Socialism*. London: Zed Books.

Canadian Centre for Policy Alternatives, 2009. "Latin American Presidents Address the World Social Forum." *CCPA Monitor*, April, http://www.asadismi.ws/latinamericanrevolutionl.html.

Correa, Rafael, 2012. "Ecuador's Path: Interview." *New Left Review 11.*

Diaz Vazquez, Julio, 2011. "Un Balance Critico Sobre la Economia Cubana: Notas Sobre Direction y Gestion." *Temas*, April-June.

Escobar, Arturo, 2010. "Latin America at a Crossroads." *Cultural Studies* 24 (1): 1 - 63. http:// www.unc.edu/ ~ aescobar/text/eng/escobar. 2010. CulturalStudies. 24 - l. pdf.

Fuentes, Federico, 2010a. "Bolivia: When Fantasy Trumps Reality." *Green Left Weekly*, May 22. http://www.greenleft.org.au/node/44208.

Fuentes, Federico, 2010b. "Bolivia: Social Tensions Erupt." *Green Left Weekly*, August 15. http://www.greenleft.org.au/node/45140.

Fuentes, Federico, 2011. "Fuel Backdown Shows Pressures." *Green Left Weekly*, January 24. http://www.greenleft.org.au/node/46490.

GarciaLinera, Alvaro, 2011. *Las Tensiones Creativas de la Revolucion: La*

Quinta fase Del Proceso De Cambio. La Paz: Vicepresidencia del Estado.

Gilbert, Bruce, 2006. "Workers' Power and Socialism: A Study of Brazil's Movement of Landless Workers." *Situations*, *Project of the Radical Imagination* 1 (2): 73 – 86. http: //ojs. gc. cuny. edu/index. php/situations/index.

Hardt, Michael, and Antonio Negri, 2005. *The Multitude*: *War and Democracy in the Age of Empire*. New York: Penguin Books.

Hamecker, Marta, 2012a. "Cinco Reflexiones Sobre el Socialismo del Siglo XXI." *Rebelion*, March 26. http: //www. rebelion. org/docs/147047. pdf.

Hamecker, Marta, 2012b. "Designing Socialism: Visions, Projections, Models." *Science and Society* 76 (2).

Hidalgo Flor, Francisco, 2011. "Tierra: Soberania alimentaria y buen vivir." *La Linea de Fuego*, October 14. http: //lalineadefuego. info/2011/10/14/tierra – soberania – alimentaria – y – buenvivir – por – francisco – hidalgo (accessed October 15, 2011).

LaAsamblea Nacional de la Republica Bolivariana de Venezuela, 2009. Article 2. *Ley Organica de los Consejos Comunales*. http: //infocentro. gob. ve/archivos/locc. pdf.

Nunez Soto, Orlando, 2012. "La via Asociativa y Autogestionaria al Socialismo." *Revista Correo* 24. Osava, Mario, 2009. "World Social Forum: Presidents for Feminist Socialism." *Global Issues* 30. http: //www. globalissues. org/news/2009/01/30/483.

Portal ALBA – TCP, 2009. "Que es el ALBA – TCP?" http: //www. alianzabolivariana. org/ modules. phpname = Content&pa = showpage&pid = 2080.

Sader, Emir, 2011. *The New Mole*: *Paths of the Latin American Left*. London: Verso.

Sojo, Cleto A. , 2005. "Venezuela's Chavez Closes World Social Forum with Call to Transcend Capitalism." Venezuelanalysis. com, January 31. http: //venezuelanalysis. com/print/907.

Therbom, Goran, 2012. "Class in the Twenty-First Century." *New Left*

Review 78.

Valdes Paz, Juan, 2012. *Interview*, April.

Walder, Paul, 2011. " El Movimiento Social Empuja el Cambio Politico. " Interview with Alvaro Garcia Linera, vicepresidente de Bolivia. *Punto Final*, October 14. http：//ww. puntofmal. cl/ 744/movimiento _ social. php.

Zibechi, Raul, 2011. "Ecuador: A New Model of Domination. " *Latin America Bureau*, August 5.

第二章　关于今日拉美之政府、民主和革命的简单猜想

戴安娜·雷比

　　当代拉美所发生的进步性的变革无疑是全球场景中最鼓舞人心的发展进程，剥削、不平等、抗拒和战争是这一全球场景的特征。就激进主义的程度而言，拉美的各种变革差距巨大，然而，他们始终不断地在地区范围内，以多种多样的新计划、新制度形式相互连接和相互交织。在最成功的例子中，他们宣称建立"21世纪社会主义"的目标，而其他保守一些的派别（目前看来）则重视民主、主权和社会平等的理念。一些国家不过是开出了关于这些社会理想的空头支票，实际上仍囿于新自由主义和美国的霸权之下。

　　在主流的自由主义和马克思主义的分析中都很常见的观念（也是本书绝大部分章节都采用的）里，通常这些改革措施被分为两类——改良派和革命派、社会民主和民众主义、"好的"和"坏的"，这样看来，这一趋势只不过是部分地有效。当然，在委内瑞拉、玻利维亚和厄瓜多尔的改革范围和激进程度，与在巴西、阿根廷和乌拉圭的都有重大区别，但是，显然这两类国家都不约而同地在紧要关头相互提供外交支持。最近几个月，巴西、阿根廷和乌拉圭三个国家的领导人已经超越了最初的外交协定，该协定为乌戈·查韦斯（2012年10月）、后来也为尼古拉斯·马杜罗（2013年4月）的总统竞选提供了明确政治支持。

　　所有这些国家，包括古巴和尼加拉瓜在内，都积极参与组建摆脱华盛顿控制的地区性整合和独立机构，如美洲玻利瓦尔联盟、南美国家联盟、南方共同市场、拉美和加勒比国家共同体、南方电视网，以及南方银行和苏克瑞共同货币等，以此促进美洲玻利瓦尔联盟核心国家之间更

加团结协作。换个说法可能更准确，即有一个共同的、重申主权与社会正义的地区性发展趋势，这为一些国家进行更激进的改革提供了有利环境。

也就是说，整个地区计划的关键，以及我们分析的主要焦点，取决于玻利维亚、厄瓜多尔、委内瑞拉，以及上文提及的所有其他成员国家。乌戈·查韦斯的离世激起南美大陆（乃至全世界）空前的悲伤与团结，这绝非偶然。查韦斯被视为除菲德尔·卡斯特罗和切·格瓦拉之外无人可比的人民革命领袖和政治家（需要强调的是，古巴所处的地理位置要比人们通常意识到的重要得多：古巴是 20 世纪 90 年代社会主义低潮十年来仅存的社会主义岛国，为那些想要在恶劣的新自由主义荒原中创造新的反资本主义替代品的人们指明了方向，比如查韦斯）。世界范围内的人民运动和政治领袖都不得不承认，查韦斯是反帝国主义联盟的主要缔造者和灵感来源，给乔治·布什的单极"世界新秩序"制造了不少困扰。查韦斯和玻利瓦尔革命还从历史的灰堆里挽救了社会主义这一概念，也纠正了越来越孤立的传统极左派别的错误：他们之所以被孤立，源于他们不明白政治实践不能用抽象原则的线性变化来实现。

委内瑞拉改革（也可以说玻利维亚和厄瓜多尔改革）中最重要的到底是什么呢？或者像许多左派批评家仍然坚持的那样，社会主义者或社会主义变革中的人们是不是除了新社会民主改良就别无他路可走呢？有效地将石油工业重新国有化，其他一些能源工业与公共设施和制造业企业的国有化、社会责任、与美国在政治和军事上的决裂——所有这些都意味着一些更激进的、真正革命的东西。然而，正如反复被指出的那样，委内瑞拉（玻利维亚、厄瓜多尔）的大部分经济无疑仍然是资本主义的，每次选举活动都会威胁到改革计划的连续性。同样，许多传统马克思主义者质疑该项改革的社会主义特征，因为它最有力的支持有赖于来自不同地区的民众群体和军队的士兵，而不是无产阶级的工人阶层。

只要我们仍然沿用过时的分类法和方法论，这些问题就绝不会有一个令人满意的解决方案。绝大多数批评者仍然认为，要么社会主义意味着由中央集权的机构掌控一切，要么截然相反，社会主义只有通过国家的彻底破坏与解体才能实现。很多人也认为，委内瑞拉（玻利维亚、厄瓜多尔等）坚持的选举程序和宪法程序是资产阶级自由主义的标志，玻利瓦尔计划可能会遭遇与萨尔瓦多·阿连德和智利人民团结同样的命运。

　　否认这项计划的变化性当然是不理智的，不稳定的危险乃至失败的威胁一直都存在。但是，苏联和东欧的经验证明，就算暴力革命后，社会主义/共产主义秩序已经有了数十年的努力建设，资本主义依然有复辟的可能。在古巴，一种独立的社会主义模式幸存下来，但其特征和前途在国内与国际上依然有激烈的争论，而在尼加拉瓜，武装革命和十余年的人民民主实验也不足以防止破坏与失败。尽管近年来，革命的委内瑞拉和美洲玻利瓦尔联盟以环境保护的名义保留了此项计划复兴的根基。什么是社会主义，什么是革命，在帝国主义霸权掌控下的世界里，如何实现它们呢？

　　首先，人们要攻克的关键问题是托洛茨基分子和斯大林分子的陈词滥调，即关于"一国之内的社会主义"这个争论。正如古巴理论家杰西·阿尔波勒亚·赛韦拉（Jesus Arboleya Cervera）认为的，托洛茨基和斯大林都错了：有可能在一国之内建设社会主义，但对于继续推进社会主义计划而言，国际主义和来自其他国家的对革命运动的有力支持（如仅仅是反对苏联国家利益的外交和军事的防御）同样也是有必要的。其次，也是与上面一条直接联系的，"没有所谓的'社会主义变革'，因为社会主义本身就是一种变革。社会主义的（本质）特征就是自觉地转向无阶级社会"（Arboleya，2007：23）。

　　换言之，正如笔者在《民主与革命》一书中所说的，最为重要的是一个拥有革命性人民力量的国家的存在：在这个政治机构中，代表人民阶级的政府能够牢牢掌控必要的自然资源和生产工具，拥有为其服务的军队和动员起来的人群，可以为捍卫革命力量和推动革命前进而坚持不懈地奋斗。创建层峰式结构使社会化生产制度化和管理革命国家是必要的，但必须时刻保持民主的警惕性。只要全球资本主义和帝国主义秩序还在其他地区流行，这样的革命国家就绝不可能"消亡"。把革命计划传播到邻近国家去当然值得肯定，但只要资本主义依然控制着世界的其他地区，就算革命传播到整个拉丁美洲大陆，也不能解决过渡时期社会主义力量和不完全转型在本质上的两难境地。

　　一旦抓住这个本质的东西，我们就可以从另一角度去分析玻利瓦尔革命以及其他类似的计划。对一项社会改造计划来说，暴力夺取政权不再是必要的，也不足以使一项计划被合理地认为是革命性的，而且完全或近似完全地征用民营企业也不会被视为社会主义者的举动。不过，这并不意味着细微的、零星的改革或接受资本主义市场机制作为主导性经济原则是可行的，也不意味着选举的多数人和议会投票将自我控制根深蒂固的阶级利益。

然而，拉美新左派的战略——以乌戈·查韦斯和玻利瓦尔运动为先锋——却是真实的葛兰西学派的"地位之战"，用一种持久的、系统化的驱动力来动员穷人和无产者发挥他们的想象去改革社会以及占领和改变国家，利用选举和宪法程序，同时也发展新的民众力量组织和社会机构，借以向以前的统治阶级集团强制推行他们的意愿。这一战略的基础是，通过有计划地运用所有法律和宪法工具来取得合法性，使得相互联合的民众力量稳定地增长。参与选举是必需的要素。诚然，选举和公投在增加，选举体系变得越发缜密，但与此同时，合法使用其力量的群众组织和人民政府的人数也达到最大化。人们根本不能依靠和平主义的幻想。这项战略必须系统地准备好公开的对峙，但要把肇始暴力的责任归咎于保守派的反对，并力求将现实冲突最小化。

这项战略源自人们意识到武装暴动是不可行的：令人惊奇的古巴的成功案例只再现过一次，而且是昙花一现，即古巴革命成功后 20 年所爆发的尼加拉瓜革命。其他地方游击队革命的悲惨失利证明，古巴和尼加拉瓜是两例特殊的个案。随着 1992 年委内瑞拉军队两次起义的失败，查韦斯和他的玻利瓦尔同志们被迫承认，就算有武装军队的支持，暴动也有很多问题；要夺取领导权，除了采用政治的斗争，没有其他路径可走。

不过，接受一项根本上政治的、和平的战略并不意味着接受了改良主义或传统的代议制政体。当然，它需要系统的组织和动员大众阶级，以此改革自由派精英的民主制，即，参加竞选并赢得选举，尽可能发动人数众多的大多数人，然后依靠选举来占领和改变国家制度，同时建立新的人民力量的新制度。正如埃米尔·萨德尔构想的：

> 在这个拉美左派的第三项战略中，资产阶级没有其从属联盟，而改革派则有；统治阶级也没有被毁灭，而在暴动战略中则会毁灭之。然而，在葛兰西派看来，对领导权的争夺或地位之战会是一场

持久战。(Sader，2011：138)

构成这项战略的一个至关重要的要素是安东尼奥·内格尔（1999）所说的"制宪权力"以及建立新宪法的必要性：这不仅仅是一份法律文件，而是运用人民至高无上的权力重建共和国的明证。新宪法成为玻利维亚和厄瓜多尔改革计划的关键特征绝非偶然，它同样也是许多其他国家人民运动的核心需求。

这项战略的核心是逐渐渗透和改革军队，它包含了暴动、社会实践（即，在查韦斯首次就职典礼之后不久就开始的玻利瓦尔 2000 年计划和后续的一些任务）以及关于接受作为"武装人民"新身份的意识形态教育。不同于作为寡头政治的禁卫队或帝国主义的雇佣兵这一传统角色，军队成为反帝国主义的国家卫士，被认为是人民的共同体。正如查韦斯宣称的，"这是一场和平革命，但又是武装的革命"。

今天，在委内瑞拉，军队人士是革命和社会主义捍卫者中最积极的一部分。毫无疑问，仍有少部分低调蛰伏的保守派军官，但是，大多数人很明确地愿意为革命献身。令人吃惊的是，自 2002 年以来，任何时候反对派都没法动员军队以获得重要的支持。在过去的四年里，这项改革计划开始推广——尽管有点来迟了——到警察阶层，这就是玻利瓦尔国家警察武装。当韦伯式的"合法的垄断武装"被掌握在社会主义革命者手中时，继续坚称委内瑞拉仍是一个通常意义上的"资本主义国家"显然是有问题的。

按年代顺序简要回顾一下历史就可以确定，尽管主要是政治的和合乎宪法的斗争，但委内瑞拉计划根本说不上是在完全和平的情况下进行的，只能说改革是一系列暴力冲突和决裂的产物：1989 年的加拉加索起义；1992 年的两次军队起义；2002 年 4 月的反动政变及其失败；2002—2003 年的反对派罢工、闭厂及其失败；2004 年的"街道任意闭合"（反对派领导的暴动）及其后的公投……或许，2013 年选举结束后反对派的暴力进攻将会形成另一次决裂，领导一次更深远的人民运动。

此类对峙与决裂反映出该项计划的革命特征，以及斗争的真相是为了控制各方面的国家权力，也就是持续不断的地位之战。认为此类计划仅仅是改良主义的假设，完全是对政治动态的误解。

可以说，玻利维亚计划也是同样情况：所谓的天然气之战和水之战，2008 年在反对派控制省份发生的"半月"分离主义叛乱，拉斐尔·科雷亚首次选举获胜之前在厄瓜多尔持续数年的反复剧变，以及 2009 年未遂的政变。《拉丁美洲的湍流转捩》一文很好地分析了玻利维亚的案例：

> 和乌戈·查韦斯领导下的委内瑞拉一样，MAS 政府在推进其命令的道路上不可避免地要面对一场决斗……在 2008 年 7 月的罢免公投中，与美国大使馆步调一致的右翼反对派没能驱逐掉莫拉雷斯，它们发动了一场武装斗争，抢劫并攻占了政府大楼。反对派首领开始公开宣称"地方独立"。（Burbach，Fox and Fuentes，2013：90 - 91）

军队领导人拒绝服从莫拉雷斯，但他们遇到的是来自社会运动和莫拉雷斯的决然行动，他们驱逐了美国大使。和委内瑞拉一样，右翼势力首先诉诸武力，在潘多省筹划了一场针对手无寸铁的农民的准军事化大屠杀，至少有 13 人丧生。同样是在委内瑞拉，暴力行为事与愿违，民意却转而反对右翼势力。民众组成的军队要求上前线保卫自己本乡本土的兄弟姐妹。

在此必须指出，正如在委内瑞拉发生的那样，埃沃·莫拉雷斯领导下的玻利维亚革命政府已经从最初的积极动员变成改革军队。莫拉雷斯的首次选举得到爱国军官的支持，他当政后的第一项举措就是解除近 60 名反对派将军的职务，让进步派军官取而代之。他还重组了联合反恐部队（FCTC），终止了所有军队与华盛顿的联系，效仿委内瑞拉的做法，将合法的军队牢牢掌握在革命派手中。更紧要的因素则是，最近成立的南美国家联盟无条件宣布捍卫玻利维亚领土完整和宪政秩序。随着 2011 年 5—6 月在玻利维亚举办的战略防御研究中心成立大会的召开，此类国际阵线的重要性以及它们的政治影响得到显著增强。战略防御研究中心是为培训来自各国的军官而成立的，包括委内瑞拉和古巴。

那些坚持委内瑞拉仍然是资本主义国家的人必须承认，国际资本主义的主要机构对南美国家的政府抱有近乎冷酷无情的敌意。这包括华盛顿、华尔街、伦敦、跨国公司的董事会，以及世界贸易组织。当然，有时候他们也愿意与之协商，这是任何势力在遭遇倔强的对手时都会做的，也是因为现实而为之。他们清楚这些国家重申了国家经济主权，主张对碳氢化合物及其他自然资源的控制权，此外，还主张对公用事业和一系列关键制造业的控制权。为了回应那些把国有化仅视为改良主义的人，在此必须指出，2002 年以前（查韦斯再次主张控制国家石油公司，直接导致在全球体系范围内预谋的政变及随之而来的停工对抗），除了夕阳产业，国有化几乎成为禁忌。在今天新自由主义的全球秩序下，将一个重要的盈利性工业国有化的确是一个有勇气的、革命化的尝试，这与四五十年前的情形已经是天差地别了。彼时，国有化行动甚至在西欧都是平常事。

同样，在玻利维亚，在国有化之前，接近 82% 的天然气和石油税收都来自跨国公司，这一情况到 2006 年才得到翻转。玻利维亚将一些采矿特许权以及大部分电信和电力部门国有化，并在许多工业部门如食品加工、纸板箱、金矿等大力发展小型企业，意在使其转换为社区经营产业。玻利维亚副总统加西亚·利内拉这样说道：

> 今天，政府成为国家主要的财富生产者……我们试图优先考虑财富的使用价值而非交换价值。就此而言，国家并不扮演国家资本主义意义上的集体资本主义的角色，而是工人阶级的集体财富的再分配者，是农民、社区和城市手工生产模式的促进者，其中，农民拥有物质、技术和相关能力。

的确，如果我们承认社会主义并不等同国有化和科层国家控制，并且假设社会主义本身是一个变革阶段，那么就有必要追问什么样的结构才可以称为社会主义的。答案必须是，所有社会主义经济当然不能是资本主义的生产方式，必须是能够促进朝向无产阶级社会变革进程发展的社会主义构成要件。它们包括合作社、公社（由邻近社区委员会构成）、工人自治企业与国有或集体企业，其中，集体企业包括不同程度的社会控制与参股。革命化国家的职能是为国有经济提供保护，使其免受国际资本和国内资本主义经济的恶意倾轧，支持和促进改革进程的进一步发展；人民运动的角色则是通过社区委员会、公社和其他类似机构自下而上地构建人民力量，并持续不断地为推进所有国家机构的民主化而努力。因此，至关紧要的问题是政治的，在这个意义上，列宁主义依然适用，社会主义不可或缺的要素是夺得政治权力，创造一个由工人阶级（或者说在目前形势下，由人民大众阶级）控制的国家，即便这个胜利需要经历长期复杂的过程，而非毕其功于一役。

这是自治主义理论的致命弱点，现下十分流行。我们在内格尔和霍洛威的文章中发现了最清晰简洁的表述。埃米尔·萨德尔也再次很好地描述了这个问题！

> 内格尔和霍洛威终结了新自由主义自身构建的理论体系的困局，即公共与私人之间的对立，国家与市民社会的对立……界定新自由主义工程的不是私人领域……鞭策新自由主义计划的是"重商主义"或"商业化"……另一方面，反对方确实不是这个政府……事实上，市场领域的对立面是公共领域……民主化意味着去商品化……（它）意味着用市民来替代消费者。①

由此，政府——一个革命化的政府，或者是托马斯·穆尔所说的"革命中的政府"——对任何真正处于变革中的（社会主义的）计划来说都是必要的。只有一个革命化的政府，可以从绝对大众的支持中获取力量，能够改造公众立场，对抗全球领域中自由放任的重商主义暴虐，创造和保护社会经济环境、社会正义和人民权力。

我们必须知道，一个强大的资本主义地带依然存在，它是反对派的财政和组织基础。在委内瑞拉，资本主义控制了绝大多数商业活动、中小型工业、部分农业和私营媒体。但是，它失去了对石油、铝、钢铁、绝大部分公共事业和重工业的控制权，此外还包括新兴的政府与合作社农业部门、重要的分配领域（梅卡尔系统和国有连锁超市拜森泰尼亚尔）、部分银行业和运输业。它同样没能控制军队和大部分教育、医疗卫生和住房部门，还失去了在司法部门和其他重要机构的影响力。事实上，

---

① Sader, Emir, 2011. *The New Mole: paths of the Latin American Left*, pp. 131 - 132. London: Verso Books.

资本主义在国内岌岌可危，绝大多数国家机构和经济战略部门是争夺的焦点，人民和革命力量在这些部门中拥有强有力的掌控力。这也可以解释为什么反对派对查韦斯和玻利瓦尔计划如此不肯让步和充满敌意了。

反对派既然存续了下来，为何还在如此大的范围内若隐若现呢？原因有两点：首先，它的力量并不是来自委内瑞拉政府的掌控而是源于外国的政治和经济支持，如来自美帝国主义和国际资本的核心部门。其次，由于革命政府的失败与缺陷，它还保留了牢固的政治基础，甚至包括人民阶级中的重要部分。仅从最表面的选举结果来看，反对派在 2013 年 4 月的总统选举中获得 1.5% 的优胜。无论查韦斯是否缺席，他的魅力犹存。事实上，已经有清晰的警示提醒有些事情已经出问题了。2013 年 10 月的选举，病重的查韦斯全力以赴想尽办法，也只得到 56% 的选票：这个结果在绝大多数国家可以被看作一个巨大的成功，但仍意味着在革命胜利 14 年之后，有 43% 的选民倾向于选择一个可能威胁到整个社会主义事业的前精英候选人。相反，在 2006 年的总统选举中，查韦斯得到近 63% 的选票。近几年，反对派在总统选举中有了进展，并且在人民阶级中赢得了重要的部分，而人民曾经是革命的主要受益者。

选举上的弱势清楚地表明政治领导权上的部分失败。政府能够合法地指出反派媒体所导致的影响，以及他们干扰破坏基础工业和服务业，例如对能源的管制造成石油储量激增和商品囤积，但这些解释仍是不充分的。媒体宣传有效，如果能够在如此大范围内干扰破坏，只能证明当前政府在政治和管理方面存在缺陷：腐败、低效率和威权主义。这些问题导致玻利维亚激进分子内部持久的议论、不满和论战，他们强调说，革命性的变革根本没有完成。

这让我们想起革命化政府必须从根本上是民主化的事实：真正意义上的民主才可以表达人民的力量。的确，用乌戈·查韦斯的话说，就是参与性的、主人翁的民主制度。否则，就有可能无可避免地恢复到 20 世纪国家社会主义的独裁式统治，具体化的官僚体系会抵消掉人民革命的力量。所以，必须坚持发挥社区委员会和公社的作用，以保证真正的人民力量的最初真实表达，包括经济和政治上的，或者严格来讲，超越传统上严格的经济和政治的分离状态。从这个方面讲，穆尔再次提出一个有趣的构想，"组织化社会"这一概念，这是指在建设非资本主义社会关系过程中所产生的有群众基础的组织和有人民力量的集体机构。因此，这种"组织化社会"与自由主义和资产阶级的"市民社会"相对应，市民社会的基础是个人主义和社会契约。没有什么简单的模式可以保证人民民主改革的必然成功：社会主义注定是一个不稳定的变革阶段，需要不断的斗争与警醒。

这个复杂的、多层面的改革计划及其引起的葛兰西所说的地位之战，已经成为委内瑞拉学者间一场热烈的、成果丰硕的论战的主题，参加者包括卡洛斯·罗德里格兹，维克托·阿尔瓦雷兹，乔基·西奥达尼，嘉维尔·比亚尔多，海曼·特鲁迪。国际学者如伊斯万·迈泽洛斯，迈克尔·列勃维兹，玛塔·哈奈内克，卡洛斯·蒙奈德罗和托马斯·穆尔等也做出了非常重要的学术贡献。尽管不是直接提及委内瑞拉或拉丁美洲，大卫·哈维（David Harvey）的共同革命理论也非常重要。这一理论建基于非常广阔的行动之上，指向影响深远的改革之路。

乌戈·查韦斯也不时提及这些学者和其他理论家的著述。而在他还没有详尽阐述出一种关于新社会主义的全局性理论之前，广泛流传的趋势是把他的理念解释为"矛盾的、折中的思想体系"。这种解释是不公平的，它建基在一种对表面现象的概述之上，而不能阐明他的贡献的复杂性。因此，当查韦斯引用"有三条树根的树"这一说法（这是19世纪西蒙·玻利瓦尔、西蒙·罗杰格兹和埃泽奎耶尔·查莫拉的思想）讨论诸如梅萨罗斯、格拉米西兹或莱伯维兹等人的复杂理论问题时，与其说这暗示着犹疑不决的折中主义，倒不如说表明了他对从国家现实和传统中提取普遍理论概念之做法的赞赏。委内瑞拉的成就，玻利维亚、厄瓜多尔以及革新中的古巴和尼加拉瓜革命即将取得的成就，足以构成我们这个时代一个新的、更成熟的社会主义本体论的基础。

从这个分析我们还能看出，不同国家计划之间的相互连通至关重要，好比新兴的进步政府正在构建的新的地域性建筑，既有革命性又有（明显的）改良主义。美洲玻利瓦尔联盟是最激进的组织，通过强调公平与平等交易、社会主义和团结发展的理念，直接挑战资本主义规范。玻利维亚提出"人民贸易协定"的概念，以此加强欠发达国家间的团结，这就是今天的"美洲玻利瓦尔联盟—人民贸易协定"。委内瑞拉还发起了与非美洲玻利瓦尔联盟成员国签订美洲玻利瓦尔联盟授权的双边协议的理念和实践，涉及巴西、阿根廷和乌拉圭，并通过美洲玻利瓦尔联盟社会运动委员会进一步扩展了该项计划的范围，试图超越以国家为中心的联盟，鼓励社会底层的直接参与。

更大范围团体的创立，在现实中有助于强化地区性独立和反帝国主义的趋势，例如南美国家联盟、拉美和加勒比国家共同体。它们与哥伦比亚、智利和墨西哥的保守派政府相对立。在公开挑战美国政策方面，几乎毫无异议（也是史无前例）地要求一定要将古巴包含进来。的确，古巴禁忌的打破反映出这个社会主义孤岛的幸存的持续重要性。正如海伦·耶夫（Helen Yaffe）在穆尔关于美洲玻利瓦尔联盟的论文集中所提出的一个颇具说服力的观点，即古巴革命政府对新地区联盟在实践和意识形态方面的贡献不应当被过分夸大。

美洲玻利瓦尔联盟与其他一系列相关的倡议组织和平共处并相互交织，如加勒比石油计划、南方银行、苏克尔共同货币、南美防务委员会、南方大学等。现有的机构，如南方共同市场和安第斯共同体被重新导向，抛弃了新自由主义，以社会团结为重。其后果就是，产生了一个新的制度，能极大促进最进步国家中方兴未艾的人民革命和正在其他地区兴起的此类运动。这些星罗棋布的政策和机构相互区别又相互贯通，依次在经济、政治、军队、社会和文化等领域破坏了资本主义和帝国主义的霸权。这种联合与各国国内和国际范围内丰富多样的社会斗争运动一起构成穆尔所说的"全球多领域的地位之战"。许多此类活动处于发起时期，遭到对抗与弱化，然而，它们证明了地区性反资本主义和反帝国主义运动力量的存在及其社会主义意涵。

最后一个议题不能被忽视，即具有超凡魅力的领导人的核心作用。它不只是构成委内瑞拉进程的特征，而且还刻画了玻利维亚、厄瓜多尔以及其他欠发达和萌芽的拉美改革进程，如巴西和阿根廷的改革，甚至还包括50年前的古巴革命。在此前的文献中，[1] 雷比论述说，这些领导人可以被视为"革命民众主义"的表达，在积极意义上采用埃内斯托·拉克劳提出的这个颇具争议的词汇。在霸权主义的危机中，现存政党不能实现领导权，革命党首席领导人能明确提出"人民民主质询"，掀起一

---

① 参见雷比在2006年出版的两本书（Raby，2006a；2006b）。

场人民运动，有能力颠覆之前的成就而开始建立一个新的政权。的确，拉克劳继续强调，"在此意义上的'社会主义的民众主义'并非工人阶级最落后的意识形态形式，而是最先进的——工人阶级成功地运用自身的意识形态，将整体的民主意识压缩成了确定的社会主义模式"①。真正的革命总是让活跃的政治活动家和观察家大吃一惊：这里再次引用埃米尔·萨德尔的说法，"任何改革进程所涉及的方方面面都是全新的和非传统的，需要人们的理解，而不是将其变成理论原理，似乎任何细节都不可以有任何调整"②。

群众运动的基本力量通过果决的魅力型领袖被有力地表达出来，这正是拉克劳（和他在之前作品中）所讨论的内容。值得注意的是，正如马可·德埃拉莫（Marco D'Eramo）所说，对"民众主义"一词的贬义理解可以回溯到50—60年前，它与"平民""乌合之众""人渣"这几个贬义词相联系，换句话说，是指人民。

如果愿意的话，我们可以出于革命的原因回避掉这个令人讨厌的"民众主义"一词，但应当意识到，尽管它的领导者坚持其合法性、严肃性及连续性，它的敌人，无论是政治家、新闻工作者还是学者，都将继续使用这个标签。正如德埃拉莫指出的，这告诉我们更多关于"民众主义"的敌人的信息而非所谓民众主义者的信息。通过贬低它，他们真正所做的却展现出他们对普罗大众的蔑视。近年来在拉美真正取而代之的是"大众民主起义"：大规模的人民起义尽可能以和平方式进行，反对资产阶级秩序，拥护一个真正的必然是社会主义的民主制度，即主角民主制（protagonistic democracy）。

还有必要强调的是，卓越的领导者并非仅仅由于其具有卓著的表达能力或个人感染力，这些品质无疑是重要的。为了在大众心目中树立天纵英才的形象，典型的例子如菲德尔·卡斯特罗和乌戈·查韦斯，领导人必须证明其有适合的领导权和勇力，甚至是英雄主义，例如，1953

① Laclau, Ernesto, 1977. *Politics and Ideology in Marxist Theory*, p. 174. London：New Left Books.

② Sader, Emir, 2011. *The new Mole：Paths of the Latin American Left*, p. 143. London：Verso Books.

年 7 月 26 日卡斯特罗领导的蒙卡达突袭、在格拉玛和马埃斯特拉山脉的探险、1992 年 2 月 4 日查韦斯率领的起义以及 2002 年 4 月抵抗反动政变及其后的罢工和停工。这些行动让民众对领导人仰视，认为其胜过任何军队层级的指挥官，可以在一切运动中赢得政治权力。许多人视其为阶级战争的政治表达，大众民主起义就是通过这些活动来获得意识和方向的。跟任何运动一样，无论是武装的还是和平的，都需要有领导人，甚至用一个不那么流行的词汇来说，是先锋队。必须明确的是，先锋队不能孤立地从运动中武断地被创造出来或被任命，只有当其得到民众的认可并与民众运动相融合时，才能获得其真正和合法的职责，成为一个鲜活的先锋队。这正是菲德尔·卡斯特罗和 7 月 26 日运动、蒙卡达突袭及后续行动所取得的成果，也是 1992 年 2 月 4 日查韦斯和玻利瓦尔革命运动所取得的成就。这个先锋队的领袖人物，在拉丁美洲的语境中被称为指挥官，或者可以用另一个强有力的古老同义词——解放者来表述。许多波及大陆范围的系列运动都被称为拉丁美洲的（或是气血之地的、印加帝国，抑或是其他以印加文明遗产为特征的称谓）第二次"解放"。我们同样有必要坚持，这样的先锋队必须保持与赋予其合法性的民众运动的密切联系和对其的尊重之情：没有民众运动，它将会退化成另一种资本主义极权统治机构。正如萨姆尔·格鲁夫（Sameul Grove）敏锐指出的：这正是媒体权威试图通过长久以来盲目坚持自由主义标准的民主制和宪政制加以逃避的。由此，查韦斯在谈到其起义失败时的著名言论"就是当下"，以及民众对这一表述的热烈反应，就表明了"政变意图与言论准确无误地表达了自身：不是宣战，而是承认已经发动的战争，而他，查韦斯被认为一定会反击政府"，这个政府在加拉加索战斗中派军队屠杀了成千上万群众。格鲁夫提出，可以借鉴阿兰·巴迪欧（Alain Badiou）提出的"掌控"（mastery）一词来定义这种领导者角色。"领袖"对于克服不断蔓延的意识形态上的不安是必不可少的。"他们代表我们以全新的方式看世界，迫使我们重构了可以想象的世界，刺激我们重新审视自己的局限性。"巴迪欧的概念是严格的、哲学性的，具有极强的政治实践意涵。必须超越这种对"领袖"的最初依赖，这不是需要否定什么，而是对新革命目标来说的一个关键的初创阶段：一个真正的先锋队，一个反映了当今世界对马克思关于

"无产阶级政党"的最本初观念的人民政党。再说一次，这样的政党不能武断地被宣称或创造出来，这也是如此多左翼党派失败的原因，因为无论其结构和组织都是先验地决定的。然而，激进的先锋队的决定性行动在主张武装的民众运动（民主化的起义）实践中兴起，得到人民群体本能的承认和支持。

尽管这样的起义和先锋队是和平的，但他们对既得利益而言将永远是一种威胁。用格鲁夫的话说，这是为何"我们得十分小心对政治上不完美的人物的轻易认同与钦羡。我们对它的敌意可能会掩盖我们自己引人注目的政治进展"①。卓越的领导人菲德尔、查韦斯、莫拉雷斯、科雷亚或克里斯蒂娜·费尔南德斯·德基什内尔，是激进的先锋队的指挥官和解放者中的领袖人物。假如民众运动日渐成熟，最终将不再需要这样的领导人，但只要假设人民革命无需这样的领袖便可获得成功，那便忽视了意识形态的迷失、政治结构僵化、阶级霸权和全球帝国主义势力这些残酷的现实。

参考文献

Alvarez R., Victor, 2010. *Delestado Burocratico al Estado Comunal*: *La Transicion al ocialis-mo de la Revolucion Bolivariana*. Caracas: Centro Intemacional Miranda.

Aponte-Garcla, Maribel, 2013. "The New Strategic Regionalism in the ALBA-TCP: Alternatives to the Food and Energy Crises," pp. 119 – 137 in Thomas Muhr (ed.), *Counter-globalization and Socialism in the 21st Centuiy*: *The Bolivarian Alliance for the Peoples of Our America*. London and New York: Routledge.

Arboleya Cervera, Jesus, 2007. *La Revolucion del otro Mundo*: *Cuba y Estados Unidos en el Horizonte del Siglo XXL*. Melbourne: Ocean Sur.

Badiou, Alain, 2008. "Philosophy as Biography." *The Symptom*: *Online Journal for La-can.com*, http://www.lacan.com/symptom9_articles/badioul9.html (accessed April 16, 201.3).

---

① 参见格鲁夫的著作（Grove, 2013）。

Biardeau R. , Javier, 2007. "El Proceso de Transicion Hacia el Nuevo Socialismo del Siglo XXI?: Un Debate Que Apenas Comienza. " *Revista Venezolana de Economia y Ciencias Sociales* 13: 2. , 2009. "Esnecesario Replantear la Relacion Entre Socialismo y Democracia. " *Comuna*: *Pensamiento Critico en Revolucion.* Caracas: Centro Intemacional Miranda.

Burbach, Roger, Michael Fox, and Federico Fuentes, 2013. *Latin America's Turbulent Transitions*: *The Future of Twenty-First-Century Socialism.* Halifax and Winnipeg: Femwood; London and New York: Zed Books.

D' Eramo, Marco, 2013. "Populism and the New Oligarchy. " *New Left Review* 82, July-August: 5 – 28.

Diaz Castanon, Maria del Pilar, 2001. *Ideologia y Revolucion*: *Cuba*, 1959 – 1962. Havana: Editorial de Ciencias Sociales.

ElTroudi, Haiman, and Juan Carlos Monedero, 2006. *Empresas de Produccion Social*: *Instru-mento Para el Socialismo del Siglo XXI.* Caracas: Centro Intemacional Miranda.

Fuentes, Federico, 2011. "Bolivia Fights for Sovereignty over Military. " *Green Left Weekly* 7, August, http: //www. greenleft. org. au/node/48426 (accessed December 9, 2013).

Giordani C. , Jorge A. , 2009. *La Transicion Venezolana al Socialismo.* Caracas and Valencia: Vadell Hermanos.

Grove, Samuel, 2013. "Estoy con Chavez, soy un Chavista: Exploring the Political Appeal and Significance of Hugo Chavez. " Venezuelanalysis. com. http: //venezuelanalysis. com/ analysis/8294 (accessed March 22, 2013).

Hamecker, Marta, 2007. Gobiernos Comunitarios: *Transformando el Estado Desde Abajo. Caracas*: *Monte Avila. , 2008. Transfiriendo Poder a la Gente*: *Municipio Torres, Estado Lara, Venezuela.*

Caracas: CentroIntemacional Miranda. Harvey, David, 2010. "Organizing for the Anti-capitalist Transition. " Talk Given at the World Social Forum, Porto Alegre, http: //davidharvey. org/2009/12organizing – for – the – anti – capitalist – transition (accessed March 30, 2013).

Holloway, John, 2002. *Change the World without Taking Power*: *The Meaning of Revolution Today*. London: Pluto Press.

Laclau, Ernesto, 1977. *Politics and Ideology in Marxist Theory*. London: New Left Books.

Laclau, Ernesto, 2005. *On Populist Reason*. London: Verso Books.

Lanz Rodriguez, Carlos, 2004a. "*El desarrollo Endogenoy la Mision Vuelvan Caras.*" Caracas: Alcaldia de Caracas.

Lanz Rodriguez, Carlos, 2004b. "*Larevolucion es Cultural o Reproduced la Dominacion.*" Caracas: n. p.

Lebowitz, Michael A., 2006. *Build It Now*: *Socialism for the Twenty-First Century*. New York: Monthly Review Press.

Lebowitz, Michael A., 2010. *The Socialist Alternative*: *Real Hitman Development*. New York: Monthly Review Press.

Meszaros, Istvan, 2009. *El Desafio y la Carga del Tiempo Historico*: *El Socialismo en el Siglo XXL*. Caracas and Valencia: Vadell Hermanos.

Muhr, Thomas, 2012. "Reconfiguring the State/Society Complex: Venezuela's 'Revolutionary Democracy,'" pp. 19 – 33 in Barry Cannon and Peadar Kirby (eds.), *Civil Society and the State in Left – Led Latin America*: *Challenges and Limitations to Democracy*. London: Zed Books.

Muhr, Thomas, ed., 2013. *Counter-globalization and Socialism in the 21st Centuyg*: *The Bolivarian Alliance for the Peoples of Our America*. London and New York: Routledge.

Negri, Antonio, 1999. *Insurgencies*: *Constituent Power and the Modern State*. Minneapolis: University of Minnesota Press.

Raby, Diana, 2006a. *Democracy and Revolution*: *Latin America and Socialism Today*. London: Pluto Press.

Raby, Diana, 2006b. "*Elliderazgo carismatico en los movimientos populares y revolucionarios.*" Cuadernos del CENDES 62: 59 – 72.

Sader, Emir, 2011. *The New Mole*: *Paths of the Latin American Left*. London: Verso Books.

Webber, Jeffrey R., 2013. "Venezuela: Different Priorities." *Red Pep-*

per 189，April-Mav，pp. 36 – 37.

Yaffe, Helen, 2013. "Cuban Socialism：Inspiration to the ALBA-TCP," pp. 101 – 118 in Thomas Muhr（ed.）, *Counter – globalization and Socialism in the 21st Century*. London：Routledge.

第三章 制度冲突与玻利瓦尔革命：委内瑞拉的美洲自由贸易区谈判[*]

马塞尔·内尔森

对委内瑞拉的政府结构和政策来说，玻利瓦尔革命既是一种延续，又是一种中断。自1999年乌戈·查韦斯政府当政以来，其实施的改革一直都是约尔赫·卡斯塔涅达（Jorge Castaneda）关于拉美"坏左派"概念的核心之处。卡斯塔涅达区分了民众主义的"坏左派"和社会—民主的"好左派"，依据的是对其"出身"的分析，比如意识形态、选举运动的历史和党派的历史。根据卡斯塔涅达，"坏左派"领导人是"好的老派民众主义"的继承人，将权力视为终极目标，"经济状况、民主价值、纲领性成就以及与美国的良好关系都不是绝对必要的，而是一些错失真正目标的恼人的束缚"。可以肯定的是，诸多极左政府的意识形态和历史在其执政模式上扮演了重要角色。然而，通过关注其源起，卡斯塔涅达的分类倾向于决定论。它没有为各国政治力量发展的平衡和其制度环境的特殊性赋予足够的解释权重。

卡斯塔涅达所界定的"坏左派"的两个典型特征包括反美主义和制度建构的失败。出于评估的理由，这些特征将被认为与委内瑞拉对美洲自由贸易区（FTAA）的摇摆不定立场有关。本章将证明，委内瑞拉对美国——FTAA的首席倡议者——的政策，并非由民众主义的世界观或玻利瓦尔的意识形态主导的，而是国内和地区合力的结果。同样，人们还把查韦斯政府没能成功地推进制度化与委内瑞拉是一个政治上支离破碎的国家的现实联系起来，这一现实的确妨碍了制度发展和改革实施。实践

---

* 本章最初载于 *Latin American Perspective*，Vol. 40，No. 3，May 2013，pp. 169 – 183。

中，这意味着查韦斯政府要么得直面不合作的国家结构，要么得创造一种替代性的制度机制以完成其工作日程。它对美国的态度及其所谓的缺乏制度性将通过其与资本主义国家的"关系"路径得到检验。这种关系路径在玻利瓦尔革命中允许更微妙、更复杂的政策和制度化的考量。

本章先回顾尼科斯·普兰查斯（Nicos Poulantzas）关于资本主义国家的理论；然后分析委内瑞拉与 FTAA 的关系，以此作为案例研究，回顾查韦斯政府与美国的关系及其制度化历史和政府实践；最后，讨论在改革分裂的国家结构中追求真正的社会和经济改革时所遇到的冲突。具体而言，本章认为当政府正在寻求实质性改革时，对其制度化建设的评价必须考虑到此时国家结构的分裂性和敌视的本质。

国家作为力量关系的凝聚

普兰查斯将资本主义国家概念化为"关系"，这源自 20 世纪 70 年代新马克思主义关于资本主义政府本质的讨论。[①] 显然，他力图发展一种马克思主义的国家理论，可以解释其复杂性而又不将其缩减为某样"东西"或某个"主题"。他认为，这两个关于国家的错误概念的核心在于，与政府外部关系中的社会阶级的地位，以及行动者可以脱离与其他参与者的关系，便可以掌控权力。在普兰查斯看来，这是忽视了社会关系的构成作用，才导致了不正确的国家概念。当国家被视为某样"东西"时，它就被简单地视为某种社会统治阶级的"仪器"或"被动式工具"。当国家被视为某个"主题"时，它就被认为天生具有"合法性"和权力，可以在相互矛盾的社会阶级之间自主行事和进行仲裁。对普兰查斯而言，这两个关于国家的概念都不能解释通过机构间冲突表现出的政策矛盾和国家内部本身差异化的机构利益。这是因为，二者都预设了国家机构是"铁板一块似的"统一，而这在现实中根本就不存在。

普兰查斯提出，一个人只有从一个国家的"关系层面"入手来研究它，才能够重视该国内部的各种矛盾。这种关系研究路径强调经济生产关系的现有结构。这种关系路径把阶级冲突的形式看成存在于国家自身

---

① 有关国家研究"关系"路径的最新叙述是杰塞普关于国家的著作（Bob Jessop, 2008）。

制度实体中的一种"关系"。尽管如此，普兰查斯还是认为，国家不只是反映出一种生产关系，而且"也展现出一种对其自身的费解和抵制"①。重要的是，阶级力量间的关系在国内表现为一种"特殊的"或"调节的"模式的"缩影"。因此，生产关系的改变将不会"直接"或"立即"作用于国家机器，而是以一种"折射形式"在政府里"凝聚起来"。换句话说，只要它是矛盾和其表现出的阶级斗争的结果，就总是呈现出它们独特的形态。国家的相对自主权到目前为止就是其结构（政府即一种关系）所固有的，包括国家本身。国内矛盾的社会关系通过代表不同阶级与阶层利益的政府机构和分支组织表现出来。然而，让国家成为"阶级国家"的是统治阶级或阶层，而被统治阶级则通过其他方式表现自己。特别是统治阶级占据了"权力中心"，在国内建立了他们的统治地位，而被统治阶级则占据着那些被认为是"抵抗中心"的机构。

在普兰查斯看来，国家的相对自主权本质上源自国内对立的社会关系的存在。在生产关系上，政府的重要性具体表现在代表不同阶级的政府机构和机构本身。因此，政府表现为不同机构的制度矩阵，政府的统一及其提出的政策就不能设想成是先验的，而是诸多机构内部的机构和它们之间战略上相互影响的结果。

据普兰查斯所说，资本主义国家战略性选择的领域是通过建立"一个完整的确定机构从属链条，形成一个倾向于取悦统治阶级的网络所形成的，再者，就是通过控制一个特定的机构或分支组织（例如军队、政党或政府部门），以反映某个特定有决定权的机构的利益"②。然而，政府层面的权力不只是通过各阶级在生产关系中的地位表现出来，而且还通过它们在整个领域中的相对战略来表现出来。这意味着，在国家层面以政治力量形式出现的社会阶级，可以设法改变国家的战略领域以满足自身利益。于是，被统治阶级可以根据自己的情况，通过各种动员积极改变政府对内和对外的社会政策。因此，在普兰查斯看来，政府内部的政治权力通过一种互动表现出来，这种互动发生在结构内部的三个部分之间，它们分别是：制度领域中的高度不均衡部分、"战略性选择"部

① Poulantzas, Nicos, 1978, *State*, *Power*, *Socialism*, p. 130, London：NLB.
② Poulantzas, Nicos, 1978, *State*, *Power*, *Socialism*, p. 137, London：NLB.

分，以及各社会阶层的权力机构。正如乔治·斯加里罗·马赫所论述的，这凸显了在改造政府结构性权力时"上、下力量"之间所存在的"二分挑战"的重要性。

关系路径的分论点

就目前的分析而言，普兰查斯关于资本主义国家的理论有许多分论点。首先，国家内部"正式的"权力和"实际的"权力之间有着重要的区别。在普兰查斯看来，从形式上说，法律构成了"一个普遍的、抽象的、正式的规则体系……控制国家机构权力的运用"[1]。因此，权力的运用在不同国家各不相同，宪法及其他法律或原则规范着权力，如需要区分议会制和总统制。不过，由于其抽象性和形式化的本质，法律不能完全控制政府机构的权力运用。因而，国内和国际权力关系的变化不要求重新制定国家法律，但可以通过一些手段对其加以调整，如"重复"和"缩减"不同机构、创造特定的行政网络以强化特定的阶级或阶层。这意味着，尽管政府有正式的统一法律，国家仍是高度分裂、各战略性领域相互冲突的。因此，即便是一个非统治阶级的政府当选，它也很可能遭遇来自国内不同权力中心的抵制，阻碍其政策的实施。换句话说，选举产生的政府没法像操作仪器一样，让其计划顺利地得以执行。

至于委内瑞拉，即便在 1999 年，为了自身利益，查韦斯政府通过委内瑞拉第五共和国宪法修宪改变了国家的政治—法律结构，真正的权力与正式的权力之间的区别得到证明。它持续遭到委内瑞拉国内资产阶级对其计划的强烈反对。例如，2002 年，军队内部的反对派试图发动政变；2002 年和 2003 年石油工人罢工期间，委内瑞拉国家石油公司管理层也反对查韦斯政府。[2] 因此，卡斯塔涅达用于区分拉丁美洲"坏左派"和"好左派"的制度建设问题必须被放在分裂的，有时甚至是敌对的国家机

---

① Poulantzas, Nicos, 1978, *State*, *Power*, *Socialism*, p. 91, London: NLB.

② 由国家石油公司管理层号召的这次罢工引发了一场预计将搞垮查韦斯政府的经济危机，从而造成查韦斯的下台。参与号召的有来自委内瑞拉最重要的商业机构的官员和工会联合。这次罢工开始于 2002 年 12 月，工人停工，航运线中断，导致国家的石油生产严重受阻。然而，这依然没有成功地迫使查韦斯辞职。这场罢工于 2003 年 2 月结束。

器背景下来考量。

其次，普兰查斯理论的第二个分论点是，不能假设国家政策包括外交政策是先验地反映了国家的价值或目标，相反，它们需要被看成国家战略性领域间复杂的、相互影响的结果。因此，国家政策是不同机构之间互动的结果，而这些机构各自的利益和要求差别巨大。于是，政府人员为颁布他们所偏好的政策而采取的技巧就显得日益重要。普兰查斯解释说，尽管这个过程十分复杂，但是"政策仍然是可判读的，不仅是一种战略性考量，甚至更多的是一种明确的相互冲突和不同微观政策相互协作的结果"①。由此可见，一项普遍的政策，如委内瑞拉对 FTAA 和美国的政策，必须被概念化为不仅是超越国家政治发展的结果，还应当是国内矛盾的计划的结果。一个特定政府的源起可能暗含其想要实现的政治目标，但由于国家的分裂本质，在目标与实际政策之间常常存在差距。这表明了追溯政府在面对来自国内和国际反对时政策演化历史的重要性。

最后，普兰查斯关于资本主义国家理论的第三个重要分论点是左派政府掌权后所面临的现实问题。对普兰查斯而言，由于国家的分裂和关系性质，即便左派政府"真正控制了政府分支组织和机构，它也不一定能控制一个或多个在政府中占据重要位置的机构"②。此外，统治阶级通过机构与机构之间、机构内部结构性权力的"混乱与取代"，调节对一定机构的控制来适应左派。结果，为实施他们的计划，左派政府应当寻求改革一些重要的政府制度。普兰查斯提议，若要这样做，他们就应当与政府保持合适的组织距离，以保证不会完全被整合到统治阶级制度化的命令中去。调整国内的力量间关系可以通过调整对抗中心来完成，如"深化代议制民主的政治自由"和引入新的民主形式。

有趣的是，查韦斯政府已经通过多种措施力图改变委内瑞拉各种力量间的关系，包括创立平行的政府结构、引入替代性的民主程序以加强改革进程。然而，这些策略的前景堪忧。回顾委内瑞拉对 FTAA 态度的历史演进过程，可以证明普兰查斯提出的一些论点，如关于资本主义政府内的改革和延续、左派政府所面临的与政权有关的挑战，以及根据政府

---

① Poulantzas, Nicos, 1978, *State*, *Power*, *Socialism*, p. 136, London: NLB.
② Poulantzas, Nicos, 1978, *State*, *Power*, *Socialism*, p. 138, London: NLB.

起源来评估政府的不确定性等。

谈判初级阶段的委内瑞拉与 FTAA

FTAA 的谈判于 1994 年在美国迈阿密正式启动，最初在委内瑞拉经历了一段不顺利的时期。在卡洛斯·安德烈斯·佩雷斯（Carlos Andres Perez）的第二届任期（1989—1993 年）内，这个国家经历了数年的政治剧变。政治不稳定的原因，不仅是佩雷斯政府在当选后推行的新自由主义改革不受欢迎，还有"蓬托菲霍协议"合法且长期的侵蚀，该协议自 1958 年以来一直设计和控制着委内瑞拉的政治。二者相互关联，因为"蓬托菲霍协议"合法的政治体系很大程度上依赖通过保护主义网络构建的石油租借支付，受到委内瑞拉债务危机及随后而来的新自由主义改革的束缚。因此，委内瑞拉原来的社团主义者和僵化的政治领域变得"流动起来"。这种流动性在拉斐尔·卡尔德拉（Rafael Caldera）的第二届任期（1994—1999 年）内得到延续，其政府首次开启与 FTAA 的谈判。

卡尔德拉的谈判代表认为，卡尔德拉对与美国贸易协定的态度是矛盾的，指出卡尔德拉在事实上对于在经济上过度依赖美国历来是十分谨慎的。他同意为保持委内瑞拉在拉美的同步发展地位而参加 FTAA 谈判，但石油并非谈判的内容之一，这意味着委内瑞拉在建立自己的石油政策时不会受到限制。FTAA 从未成为卡尔德拉政府的首选，毕竟，参与协议谈判的责任始终维持在对外贸易部的副部级层面。

尽管如此，委内瑞拉的谈判代表在个人层面和部门层面确实是诚心诚意地进行谈判，但他们发现部门间缺乏协调，这使得谈判内容成为一项赌注，同时还缺少相关政府机构的参与。这些机构可以扮演协调人的角色。事实上，谈判代表团根据自己对委内瑞拉国家利益的理解，在构建政府在 FTAA 之地位的过程中起到了重要作用。用普兰查斯的话说，卡尔德拉政府对 FTAA 表现出的矛盾情绪，使得他们把协议谈判的责任放在一个远离政府权力中心和优先政策的位置，给谈判代表团以十分重要的自主权。对这一自主权的约束，不是来自委内瑞拉国内，而是来自安第斯共同体国家，他们决定调整自身的立场以在 FTAA 谈判桌上统一发声。然而，在查韦斯执政期间，FTAA 的重要性越来越显著，这使得双方矛盾不断激化，从而对委内瑞拉政府谈判地区整合项目的方式产生重大影响。

FTAA 与查韦斯执政早期

查韦斯执政的第一年，他的工作计划主要是修宪和国内改革。稍加回顾，他提出了对反对派的战略进攻："我们决定在政治—法律结构层面发起我们的进攻，因为这是他们最薄弱的环节，如你所见，我们是对的。"① 对委内瑞拉第五共和国宪法的修订，的确对委内瑞拉早前的政治—法律结构及其受益者产生冲击。然而，考虑到普兰查斯对实际权力和正式权力的区分，新修订的宪法绝不意味着最后的决定性胜利，也不意味着彻底打败反对派的政治制度。具体来说，它为委内瑞拉提供了统一的正式框架，可以合法地根据政府偏好改变其战略领域，但这并不意味着对国家重要性立竿见影的改革，政权的反对者依然控制着国家机构中的重要权力中心。因此，支持玻利瓦尔革命的国家机构与那些反对它或对其犹疑不定的机构两者之间存在着冲突。

就 FTAA 来说，1999 年查韦斯掌权之后并未立刻表现出与委内瑞拉前任外交政策的彻底决裂。可以肯定的是，支撑第五共和国运动的玻利瓦尔意识形态预兆了一个没有美国的拉丁美洲和加勒比地区的合作。此外，委内瑞拉第五共和国宪法中的条款，如第 153 条，明确提出拉丁美洲和加勒比地区合作是为着"人民的利益及其居民的集体安全"，标志着玻利瓦尔外交政策的雏形开端，可能与 FTAA 的目标产生冲突。尽管如此，委内瑞拉对美国暧昧不清的态度及政府发布的声明涉及需要强化与巴西、哥伦比亚和圭亚那的联系，更多地代表了对卡尔德拉外交政策的延续而非摒弃。即便查韦斯政府开始流露出更具体的外交政策主旋律，由于委内瑞拉国家的相对自主权，在总统办公室和立法机构成员宣布的事项与国家不同机构的执行之间还是存在一种迟滞。通过改变国内和国际政治动态，查韦斯政府的泛玻利瓦尔意识形态与国家机构的战略性调整及交互作用逐渐趋于一致，形成一系列可以与 FTAA 彻底决裂的政策。

① Chavez Hngo, Marta Harnecker, 2005. *Vnderstanding the Venezuelan Revolution*: *Hugo Chavez Talks to Marta Harnecker*, p. 56. New York: Review Press.

查韦斯带来的制度性后果

与其他国家机构如总统办公室相比，生产商业部谈判代表团享有的相对自主权开始减弱，因为委内瑞拉第五共和国在 2001 年 4 月魁北克召开美洲国家高峰会议之前，在国民大会内部成立了专门的 FTAA 委员会。生产商业部是 20 世纪 90 年代末由对外贸易研究所和其他部委合并而成。反对 FTAA 的动员活动由政府要员负责组织，把 FTAA 和对全球化的危害联系起来。然而，这些动员活动对谈判团队并没有产生立竿见影的影响。随着 2001 年美洲国家高峰会议召开，查韦斯公开批评 FTAA，并提出如果实施了 FTAA 的规定，会造成对委内瑞拉"宪政秩序的破坏"。谈判代表团开始接受来自其他国家机构的指令，这些指令是关于他们在各自谈判小组中将要采取的立场，包括采取一个维护委内瑞拉主权的更加强硬的立场。随后，更密切地与南方共同市场合作这个立场与决定导致安第斯共同体的破裂。这意味着委内瑞拉不再保证其立场必须与这个次地区性组织的其他成员国保持一致。与此同时，委内瑞拉不再像之前那样，对 FTAA 的提议积极地回应。

委内瑞拉对 FTAA 态度的另一重要变化源自总统办公室的努力，政府对这份协议不断地提出批评。委内瑞拉自认在促进拉丁美洲和加勒比地区团结协作上处于独特的地位，因为它位于两个地区的交汇处。此外，查韦斯开始提出这样的观点，委内瑞拉可以利用其石油资源作为工具加强区域合作。与这个趋势相吻合，在 2001 年美洲国家高峰会议后，依靠石油收益的国家建立了美洲玻利瓦尔联盟，作为一个地区性合作机构取代了 FTAA。

政治激化与 FTAA

在委内瑞拉对 FTAA 的态度发生改变之后，查韦斯政府进入了激进时期。首先，2002 年发生了一次政变，其间查韦斯被囚入狱，其后由于大量的查韦斯支持者举行街头示威，政变策划者没能获得军队关键部门的支持，查韦斯再次执政。其次，当年的稍晚时候，反对派试图通过石油业罢工打击政府。在查韦斯恢复了几位被解职的高级管理人员职务，以此向追随政变的反对派伸出橄榄枝之后，国家石油公司的管理部门参与了这次罢工。这些事件强化了政府与委内瑞拉社会的反对派和诸如国家石油公司之类的国家机构之间的紧张与不确定关系。

委内瑞拉中央大学的朱迪思·瓦伦西亚（Judith Valencia）是 FTAA 总统委员会的重要人物。她解释说，2002 年系列事件之后，政府知道了民众动员超越单纯选举的重要性。她指出，政府力图通过社会运动来改革国家，以社会来假设政府的"任务"。① 她声称，这一战略与新宪法相一致，都是号召人民参与国家改革。有趣的是，查韦斯政府运用新宪法允许的雄词诡辩的手段，开始让一些政府部门参与进来。这些部门要么站在反对派一边，要么并不完全与政府一致。事实上，来自国家石油公司罢工运动的主要组织者证明，委内瑞拉的国家结构条块分割严重，成为了反对 MVR 的抵抗力量的中心，控制了行政部门和立法部门。正如玛塔·哈奈内克所解释的，2003 年以后，处理这些抵抗中心的主要方法是创造一个平行的国家机构，如医疗卫生和教育领域的使团。与此同时，查韦斯政府直接遭遇了国内的反政府力量。例如，查韦斯在罢工期间宣布，"是时候发动为了石油的伟大战争了"②。在罢工的余波中，国家石油公司管理部门内部的反政府力量被解职，替换上忠于政权的干部，国家石油公司与私人资本的合资企业也被重新收归国有。政变及国家石油公司的冲突可能会对 FTAA 的谈判产生重要后果，他们把政府的注意力集中在国家这个冲突领域上。

政变和罢工的另一重要后果是导致委内瑞拉对美国采取更为激进的态度。这些事件发生之后，查韦斯前所未有地攻击或公开谴责美国。控诉美国与失败的政变之间的联系，这成为美国与委内瑞拉关系的重要转折点。例如，在关于政权的措辞中，提及美国时，"帝国主义"一词的使用频率变得非常高。因此，在南半球，FTAA 与美国的帝国主义形象越来

---

① 指代 misiones 的一个说法。它是由查韦斯政府推行的一系列社会项目，旨在执行建设国家结构的具体任务。这些项目包括提高文化素质和为委内瑞拉的穷困人口改善医疗水平。

② Ellner, Stave, 2008. *Venezuelan Politics: Class, Conflict, and the Chctvez Phenomenon*, p. 119. Boulder, CO: Lynne Rienner.

越紧密地联系起来，美国政府也因此被视为委内瑞拉国内国际革命目标的对立面。

政治激化与制度转型

2003 年 2 月，FTAA 总统委员会在这个国家与政治关系激化的背景中正式成立。生产商业部谈判代表认为，这个平行机构成立的原因是官方谈判代表团被认为对新自由主义的批判性不够，因此没有与政府保持一致态度。结果，生产商业部享有的制度谈判余地逐渐被削弱。事实上，FTAA 总统委员会与总统办公室和其他制度性机构密切联系在一起，他们中间有与总统高度一致的第五共和国运动立法会成员。因此，随着与查韦斯政府一致的权力中心对 FTAA 关注的逐渐增加，生产商业部谈判代表团所处的制度环境也随之改变。对政府而言，由于广泛的经济、政治和社会发展目标，地区性合作和 FTAA 谈判变得越来越错综复杂。事实上，总统委员会渐渐取代了生产商业部谈判代表团与 FTAA 的谈判，生产商业部谈判代表团受到预算费用控制，限制了其参会能力，还有效地使其在谈判进程中被边缘化。实际上，因为制度领域的变化，生产商业部谈判代表团失去了谈判的相对自主权。也是由于这种制度性调整，委内瑞拉才能支持它对 FTAA 最激进的批判。结果，总统委员会当权后，委内瑞拉在谈判中的角色从与 FTAA 绝大多数成员国一致的一方变成积极主张终止FTAA 或至少要彻底改革它的结构。

委内瑞拉对 FTAA 的挑战

2003 年 4 月，FTAA 会议召开之初，委内瑞拉提出一系列备忘录批判FTAA，并发布了一个替代性发展模式。例如，当年稍晚时候，在墨西哥普埃布拉召开的一次 FTAA 会议上，委内瑞拉表达出一种关切，即提出的自由化政策不能真正保证该地区民众的利益。文件论证说，华盛顿共识的政策已经不能刺激拉丁美洲的经济增长，并补充说，应当给予有潜能实现"平等、民主和环境可持续发展"的国家以更多重视。通过重新强调国家在管理经济达到预期目标中的作用超越了单纯地促进经济发展，委内瑞拉还引入一些不太容易与 FTAA 框架及其潜在的意识形态相适应的概念。尽管委内瑞拉对谈判的不欢而散并未起到一个决定性作用，然而，它的表现却让人们感到 FTAA 并非不可避免，并对这个综合工程提出了一种重要的意识形态批判。

委内瑞拉对 FTAA 态度的演变证明，无论是其态度的改变还是延续，都是国内外发展的结果。重要的是，它表明在对 FTAA 的态度上，最初并没有一个具体的、敌对性的反美立场。可以确定的是，影响了查韦斯政府的玻利瓦尔意识形态肯定是倾向 FTAA 和美国，然而，历史的发展决定了委内瑞拉的国家政策，例如 2002 年的政变企图、石油业罢工以及来自国内的重大干扰。因此，在政府意识形态和国家政策之间存在一定重要的落差，这就对完全从委内瑞拉对待美国的最初立场来分析委内瑞拉的对美立场提出了质疑。

委内瑞拉随后的外交政策

在 2002 年政变企图结束后的政治激化过程中，生产商业部的内部改革与更大范围的委内瑞拉外交政策的制度结构改革是一致的。委内瑞拉外交部前部长阿里·罗杰格尔（Ali Rodriguez）解释说，对外联络部官员必须要完全赞同玻利瓦尔革命的目标。这意味着新入职的外交官员被寄予厚望，能改革外交事务。制度化的重组与委内瑞拉的"人民民主"相结合，力求以强化其与美洲玻利瓦尔联盟政府的关系为中心任务。美洲玻利瓦尔联盟最初专注于与石油相关的协定，逐渐扩展成一个基于"经济的团结与互补并尊重主权"的地区性合作计划。自 2004 年成立以来，美洲玻利瓦尔联盟持续扩展，目前已经有六个成员国。正如 FTAA 的谈判在政府和反对派的广泛冲突间变得尤为复杂一样，美洲玻利瓦尔联盟也一直是反对派控诉，美洲玻利瓦尔联盟以及成员国用打折支付石油的方式来换取物品和服务，是造成国内社会经济问题的一个原因。反对派指控政府挪用国家集体财富来追求它在海外的狭隘的党派目标。费尔南多·科罗尼尔认为，这些指控已是委内瑞拉政府中的陈词滥调。尽管查韦斯政府自上台以来就把委内瑞拉的外交政策与其党派的优先利益结合在一起，但是，对其外交政策的严重反对在海外一直没有中断过。

结论：分裂国家中的制度改革

委内瑞拉与 FTAA 关系的演变为我们提供了这样的洞见，即当政府试图在严重两极分化和分裂的社会中实施实质的、激进的改革时，矛盾就在这样的背景中产生了。即便得到了民众授权并成功修宪，查韦斯对委内瑞拉国家和社会的最初改革尝试仍然遭遇制度化的挑战。因此，尽管拉美的"坏左派"政府因某些方面没能促进制度化和组织的增长需求而被指控得过分严重，但是我们在分析时必须考虑政府执政的社会背景和制度背景。

没有仔细考察各国的制度特征就去评估诸如委内瑞拉此类国家的制度化，必然会得出不完备的结论。恰恰是这个疏漏允许卡斯塔涅达从政权根源的基础上将拉美的左派区分为"好的"和"坏的"。可以肯定的是，构成拉美极左政府的政党意识形态和历史，肯定在决策和制定政策过程中起了重要作用。然而，由于国家内在的分裂和复杂性，意识形态与政策之间存在差距，所以这些要素只说明了部分事实。像查韦斯领导下的政府开展的根本制度改革，必须放在国际国内政治冲突背景中，可能鼓励引入一些异常的制度机构来改变国家的战略领域。

从长远来看，力图改革国家以便对抗反对派核心力量所带来的严重危险可能破坏他们想要实施的改革。FTAA 总统委员会的创立，反映了中央集权的趋势。尽管生产商业部谈判代表团在卡尔德拉执政期间和查韦斯执政第一年参与了 FTAA 的建设性谈判，但它与新自由主义意识形态的结合程度，以及其对政府针对 FTAA 更为激进政策的阻碍程度是不明确的。绕开它并建立一个平行的、与总统办公室紧密联系的谈判机构的决定强化了中央集权的趋势。此外，生产商业部与 FTAA 总统委员会的关系并未明确且一直含混不清。然而，这种模棱两可本身并不是与常规的国家实践从根本上的决裂。的确，它与制度策略相一致，与国内权力关系的变化相关联。尽管如此，正如普兰查斯警示的，在涉及国家的民主社会主义改革的利益领域时，应当十分谨慎，并保证大多数人的民主参与。如果做不到这两点，就可能导致滑向中央集权，以至于改革只能自上而下直接开展。此前历史上其他社会主义改革都有此缺陷。

利用委内瑞拉第五共和国宪法这一手段，查韦斯政府已经着力在国内增加人民民主参与度。然而，这并不意味着民主制已经一以贯之和一帆风顺地在国内实现了。当改革追求在某些制度决策上的更大分权和参与度时，主要是在邻里与社区层面，他们没有排除在国家其他领域的中央集权趋势，如 FTAA 总体委员会的创立。比如，乔纳森·伊斯特伍德（Jonathan Eastwood）就提出，查韦斯政府设立的参与性机构是否增加了国内参与度，或者说他们引入直接与中央集权相联系的新制度是否增加了恩庇主义。因此，从普兰查斯理论作品的精髓来看，要对查韦斯政府在改革国家上的努力及其引导国家走向民主社会主义进行较为合理的评价，需要考虑到国内民主进程不均衡的现实。特别是，必须决定哪些真正掌握国家权力核心的机构实行了民主化，这是否代表了与此前非民主的社会主义国家实践的决裂。换言之，需要检验参与性制度的制度环境，人们才能评估他们组建的是恩庇主义的机制还是参与性机制。

史蒂夫·艾尔纳暗示说，尽管第五共和国运动及此后的委内瑞拉联合社会党（PSUV）正在国内开展的通过社区参与推进民主化遇到了一些问题，例如组织机构的能力不足和来自国家官员的制度阻力，然而，这项计划还是得到继续推广。无论玻利瓦尔革命是否会沿着民主社会主义道路前进，也无论尼古拉斯·马杜罗（Nicolas Maduro）政府是否会在允许社区委员会和公社自治的基础上，与在委内瑞拉联合社会党内部推广民主参与进程一样，委内瑞拉会继续在国内其他领域扩大民主化进程。

回到卡斯塔涅达的论述，针对"坏左派"在制度建设方面的不良记录，要仔细分析极左政府追求的计划，必须在政治现实与国家分裂的领域及改革过程的潜在危险中找到一种平衡。关注执政中的问题，例如实质的社会和经济改革上的弱制度化，而不考虑与之相关的资本主义国家的现实反对势力。这样做会产生一种不完全的分析，没有考虑在高度分裂的国家中执政的复杂性。另外，此类分析不能说明政策的演进。政策可能建立在政治运动的意识形态或领导人的世界观基础之上，但肯定不是由此决定的。卡斯塔涅达的分析低估了复杂的具体制度环境在塑造激进左派政府政策上的重要性和支持政府的运动的多样化。

参考文献

Alonso, Jesus Maria, 2001. "Venezuela Has Reservations on Declaration's 'Democracy Clause.'" *EFE News Service*, April 22. http://global. factiva. com. proxy. queensu. ca/ha/ default. aspx (accessed February 11, 2009).

Bolivarian Republic of Venezuela, 1999. Constitution of the Bolivarian Republic of Venezuela. http://axisoflogic. com/artman/publish/Article _29881. shtml (accessed November 5, 2011).

Bolivarian Republic of Venezuela, 2003. *Venezuelan Position in Relation to the Free Trade Area of the Americas.* Caracas: Ministerio de la Produccion y el Comercio.

Castaneda, Jorge, 2006. "Latin America's Left Turn." *Foreign Affairs* 85 (3): 28 - 43.

Castaneda, Jorge, and Marco Morales, 2008. "The Current State of the Utopia," pp. 2 - 17 in Jorge Castaneda and Marco Morales (eds.), *Leftovers: Tales of the Latin American Left.* New York: Routledge.

Chavez, Hugo, and Marta Harnecker, 2005. *Understanding the Venezuelan Revolution: Hugo Chavez Talks to Marta Harnecker.* New York: Monthly Review Press.

Coronil, Fernando, 2011. "Venezuela's Wounded Bodies: Nation and Imagination during the 2002 Coup." *NACLA Report on the Americas* 44 (1): 33 - 39.

Eastwood, Jonathan, 2011. "Introduction: The Revolution in Venezuela," pp. 1 - 36 in Thomas Ponniah and Jonathan Eastwood (eds.), *The Revolution in Venezuela: Social and Political Change under Chavez.* Cambridge, MA: Harvard University Press.

Ellner, Steve, 2008. *Rethinking Venezuelan Politics: Class, Conflict, and the Chctvez Phenomenon.* Boulder, CO: Lynne Rienner.

Fawcett, Louise, 2005. "The Origins and Development of the Regional Idea in the Americas," pp. 25 - 51 in Louise Fawcett and Monica Serrano (eds.), *Regionalism and Governance in the Americas: Continental Drift*. New York: Palgrave Macmillan.

GarofaloLaya, Fidel, 2009. Interview, Caracas, April 1.

Guevara, Aleida, 2005. *Chavez, Venezuela, and the New Latin America: An Interview with Hugo Chavez. New York: Ocean Press.*

Hellinger, Daniel, 2003. "Political Overview: The Breakdown of Puntofijismo and the Rise of Chavismo," pp. 27 – 54 in Steve Ellner and Daniel Hellinger (eds.), *Venezuelan Politics in the Chavez Era: Class, Polarization, and Conflict.* Boulder, CO: Lynne Rienner.

Daniel Hellinger, 2011. "Obama and the Bolivarian Agenda for the Americas." *Latin American Perspectives* 38 (4): 46 – 62.

Jessop, Bob, 2008. State Power: A Strategic-Relational Approach. Cambridge: Polity Press.

Naim Soto, Nayvilis, 2003. "La polltica de integracion de Hugo Chavez: Un proyecto para Latinoamerica." *Cuadernos Latinoamericanos* 14 (24): 11 – 37.

Parish, Randall, MarkPeceny, and Justin Delacour, 2007. "Venezuela and the Collective Defense of Democracy Regime in the Americas." *Democratization* 14: 207 – 231.

Pearce, Stephanie, 2013. "Chavez in the Americas: Increasing Autonomy in Latin America and the Caribbean." *NACLA: Report on the Americas* 46 (2): 40 – 44.

Porcarelli, Eduardo, 2009. Interview, Caracas, March 29.

Porcarelli, Eduardo, and Fidel Garofalo Laya, 2005. "Evolucion de la Paiticipacion y la position de Venezuela en las Negociaciones del ALCA," pp. 117 – 138 in Rita Giacalone (ed.), *Venezuela en el ALCA Entre Realidadesy Fantasias.* Merida: GRUDIR.

Poulantzas, Nicos, 1978. *State, Power, Socialism.* London: NLB.

Poulantzas, Nicos, 2008. "The Capitalist State: A Reply to Miliband andLaclau," pp. 270 – 293 in James *Martin* (ed.), *ThePoulantzas Reader: Marxism, Law, and the State.* London: Verso Books.

Romero, Marla Teresa, 2011. "Imposing the International Bolivarian A-genda," pp. 68 – 76 in Ralph Clem and Anthony Maingot (eds.), *Venezuela's Petro-diplomacy: Hugo Chavez's Foreign Policy.* Gainesville: University of Florida Press.

Ruiz, Jose Briceno, and Rosalba Linares, 2004. "Mas alia del Chavismo y la oposicion: Venezuela en el proceso del ALCA y la propuesta ALBA." *Geoensehanza* 9 (1): 19 – 46.

Saguier, Marcelo, 2007. "The Hemispheric Social Alliance and the Free Trade Area of the Americas Process: The Challenges and Opportunities of Transnational Coalitions against Neo-liberalism." *Globalizations* 4: 251 – 265.

Valencia, Judith, 2005. "El ALBA: Un cauce para la integracion de nuestra America." Paper presented at the international symposium Dialogo Sudamericano: Otra Integracion Es Pos-ible, Quito, Ecuador, November 21 – 22.

第二编

21 世纪委内瑞拉、玻利维亚和厄瓜多尔的当权激进左派

近年来，委内瑞拉、玻利维亚和厄瓜多尔的政府已成为分析极左派与拉美政治的一个重要集团和参照点。这三个国家在某些方面有相似之处，有的方面则不同。几十年来，委内瑞拉一直是坚持民主的标志，而厄瓜多尔和玻利维亚则成了拉美政治多变性的同义词。然而，在 20 世纪即将结束之际，三个国家都爆发了对新自由主义的暴力抗议，导致许多政府倒台。另一个共同点是他们的能源依赖型经济（很大程度上依赖碳氢化合物工业），在 21 世纪初兴盛的商业活动中为政府经济提供了急剧增长的收益。

这三个左派激进政府具有同样的基本特征，那就是它们都在激烈的政治、社会冲突和两极化背景中进行了渐进但深远的改革。在所有这三个案例中，魅力型领袖都致力于实现受公众特别是贫困人群欢迎的社会主义和民族主义。与此同时，他们的运动加强了动员能力，召集追随者按照组织方针去行动。经济方面的民族政策和立法使得财政收入增加了，这些收入来自跨国公司对自然资源的开采。政府用这部分收入资助一些旨在树立政府权威的新的社会项目。但在一些事例中，原住民群体基于生态因素的考量对这些开采持质疑态度。这三个国家的总统都与精英们发生了正面碰撞，包括传统的政治和工人领袖、媒体、教会阶层、有组织的商业利益，以及美国政府。

第四章以乌戈·查韦斯总统的征用政策为例，论述左派政府与私人部门之间的激烈斗争，这场斗争代表着更冗长、更复杂的改革进程，较 1959 年革命后的古巴等国家的情况更甚。此外，这场斗争也将委内瑞拉的三个社会集团与查韦斯运动中的三个主要政治流派联系起来。第一个流派很好地代表了工人阶级，举起工人参与公司决策的旗帜，提出了诸如工作安全之类的要求；第二个流派主要代表中产阶级，提出国有企业管理的效率优先，并对工人的控制权表示谨慎；第三个流派认为，即便是以高速增长的经济和效率为代价，也要毫不动摇地支持社会项目，反映了民众中未加入社团的群体的愿望。同时，第四章还讨论了与遭到其他集团严格排斥的特定非经营社会集团相关的特殊行动、提议和态度。

查韦斯特别擅长把这些不同的群体统一起来，运用大胆的政策和措施赢得他们的支持。他的接班人尼古拉斯·马杜罗延续了这一战略。

费德里科·富恩特斯在他的文章中表明，玻利维亚的深化改革进程伴随着非精英群体之间不断激化的冲突。在案例部分，富恩特斯讨论了矿业工人、矿业合作社成员和周边原住民社群之间的冲突。他提出，政府必须坚持促进这些群体之间的对话，以克服"政府及其社会基础内部和之间的紧张，以此增进二者的共同目标"。为进一步阐述事情的复杂性，富恩特斯引出了国内与旧秩序特别是警察机关密切联系的"抵抗中心"，并以此引导读者阅读马塞尔·内尔森所著的那一章，即国家在向社会主义逐步过渡时所展现的特质。并非所有分析家都会意识到这种复杂性。富恩特斯批判左翼批评家把埃沃·莫拉雷斯总统视为"坏的"，把社会运动视为"好的"，并由此简单化了所发生的事情，跟右翼用"好的"或"民众主义的"来区分拉美激进政府的做法极为相似。左翼批评家们视莫拉雷斯为伪装下的新自由主义者，而忽视了政府在矿业政策上所发挥的强大作用。政府所颁布的这个新宪法和近期所签订的一些协议将天然气储备收归国有，并且控制了下游产业。

马克·贝克尔所著的那一章论述了支持拉斐尔·科雷亚政府的左翼原住民运动所发起的挑战，阐明了民众力量的多样性。科雷亚政府与原住民社会运动的决裂程度比玻利维亚的情况更紧张。贝克尔指出，从社会运动进程的角度对21世纪左派激进运动所进行的分析可以揭示出社会运动家们所面临的复杂挑战，而这一挑战的复杂性经常被学院派研究所忽视。在厄瓜多尔，他们最紧迫的困难在于挑战"来自左派的科雷亚，却没有强化来自右派的共同敌人"。考虑到不同策略和意识形态，在某种程度上，与群众基础上的社会分裂是一致的。贝克尔表明，他倾向于科雷亚的左翼社会运动活动家支持的具体政府措施，例如征用隶属于以赛亚集团的195家公司，以此弥补由于企业腐败导致消费者损失的资产。与此同时，他指出，科雷亚对社会运动的处理，特别是其政府宣判他们活动的非法性，与莫拉雷斯和查韦斯的记录相比是不恰当的。的确，科雷亚的支持基础是无组织的城市底层阶级而非社会运动。总之，与那些简单地把这三个国家的政府分类为"坏左派"的做法相比，科雷亚政府的优点与缺陷是"更加含混交织的"。

第四章　委内瑞拉的民主改革道路与社会和政治多样化[*]

史蒂夫·艾尔纳

迅速开展的改革和激进化是乌戈·查韦斯总统任期的特色，自1999年以来，尼古拉斯·马杜罗就用不同方法影响着非精英社会集团，他有时候还会牺牲一方的利益以取悦另一方。各个阶段都有不同的项目、目标和口号，查韦斯运动内部的思潮也有所不同，各个阶段都有其独特的意识形态内涵。激进化进程虽然受到社会运动中政治抱负、社会派别以及领导的意识形态观念的影响，但它仍在很大程度上是对政府反对者的行为和策略的回应。

查韦斯政府经历了以下五个阶段：1999—2000年，温和经济政策和温和言论时期；2001—2004年，其在立法上的显著特征是反对新自由主义；2005—2006年，重新定义私有财产、言论上支持社会主义，一个新的经济模式浮现出来；2007—2008年，基础工业国有化；2009—2013年，政府征用大量公司，主要是为了对抗私营经济。

这些改革在疏离一些社会群体成员的同时，也得到了另一些社会群体成员的支持。例如，第一阶段对现存政党体系的批判吸引了中产阶级，他们是在1998年第一次总统选举和2000年第二次总统选举中给查韦斯投票的重要力量。随后的激进化和明显偏向于贫困阶层的做法，吓到了许多中产阶级人士，他们开始越来越多地批评政府并举行大规模抗议，领导了2002年4月的政变企图和8个月后的大罢工。

普遍的政治改革和特殊的社会主义建设造成尖锐的国内矛盾，让他

---

* 本章最初载于 *Latin American Perspectives*, Vol. 40, No. 3, May 2013, pp. 63–82。

们在不同的交锋中精疲力竭，严重破坏了查韦斯政府和运动的凝聚力与生命力。① 跟查韦斯运动中的阶级分裂一样，查韦斯党人的政治潮流和派别与世界范围内左派的独特传统相一致。因此，在第三阶段，政府提出通过分配大量资金想方设法应付工人合作社，以此吸收民众中边缘化派别的许多成员。当大量穷人进入这项计划时，许多工会会员开始怀疑计划生产的可行性，并批评它回避了劳工法案和工会组织。此外，像共产党这样的传统马克思主义者和部分托洛茨基派坚称，合作社和后来的社区委员会没有"发生与资本的矛盾"，因此它必然会"优先考虑工会事务"②。

与之类似，在第四阶段和第五阶段，被征用企业里的工人要求在劳动收益和绝对的工作安全方面得到实质提升，认为这才能与查韦斯的"人道主义的社会主义"旗帜相符，并坚持工人进入决策层这一社会主义终极目标。相反，属于中产阶级的查韦斯党人更同情国企经理，他们害怕工人参与决策，因为这代表着一种实现过度的、不切实际的经济收益的手段。他们呼吁工人区别对待国有企业和私营企业，对前者的要求应当更温和，同时，查韦斯党人谴责劳工运动中更激进的一方，认为他们强化了破坏性，威胁到圭亚那地区国有钢铁、铝业和其他重工业的存在。

三个主要社会群体的成员从不同方面认同查韦斯，他们捍卫不同的有时甚至是冲突的利益。这些群体由工人阶级、中产阶级和历史上无组织、无合作的派别（非正式经济的成员、大部分农村劳动力以及其他在小公司工作、缺乏劳资集体谈判协定和统一代表的工人）组成。③ 后两个

---

① 到 2012 年，查韦斯运动的内部冲突已经让查韦斯一方处于严重的不利地位，反对查韦斯的政治党派正在打造反查韦斯联合战线。他们通过这样做克服了曾经让传统党派们相斗的分歧，这些党派有行动民主党（AD）、独立政治选举组织委员会（COPEI）和反对最新党派正义第一党（Primero Justicia）分裂出来的 UNT。该党公开宣称与过去告别，虽然它还是支持新自由主义。

② Figuera, Oscer, 2011. "*Discurso do Oscar Figuera enolacto de Instalacion del 14 Congreso del PCV.*" Tribuna Popnlar 193（14）：Especial 1 – 2.

③ 20 世纪 80 年代和 20 世纪 90 年代的全球化与新自由主义政策让各个阶层的地下经济得以膨胀，而在石油经济繁荣的 20 世纪 70 年代，这些地下经济是非常萧条的。2011 年，国际劳工组织报道，在地下经济中的就业占了委内瑞拉非农业劳动力的 47.5%，这可能还是一个保守数字。这个百分比在南美国家中排在倒数第三（ILO, 2011：7, 11）。

群体很大程度上缺乏社会阶级的政治凝聚力，没有界限清楚、组织缜密的地位。① 这三个社会群体所关注的优先事项，所支持的具体口号、项目和目标，虽然大部分都比较相同，但是就其程度和强度来说，却是有差别的。

除了社会群体多样化、需求和优先事项各有不同之外，查韦斯运动内部长期以来还并存着三种观点，每一种观点都对应一个社会主义传统。第一种观点坚持传统的马克思主义观，认为有组织的工人阶级是社会主义改革的核心代表。第二种观点极端崇拜切·格瓦拉，强调团结之类的革命价值并热切要求"各取所需"的共产主义原则。第三种观点集中关注经济目标和工业发展，沿袭了苏联社会主义存续 75 年间实行的战略与优先事项。第一条思想路线不相称地吸引了有组织的工人阶级，第二条路线则吸引了历史上非合作社成员，第三条路线的对象是中产阶级。

委内瑞拉初现端倪的经济模式，暗含着查韦斯党人不同的社会出身，其也是政府一系列应对强势对手破坏措施的最终结果。因为需要有效应对这些行动并同时保持前文提及的三个不同社会群体成员的有效支持，委内瑞拉必须在民主环境中进行复杂的长远改革。假如政府只是在意识形态基础上做出决定，只重视查韦斯党内部政治派别之间的关系，以及那些总体而言支持和反对社会主义的力量之间的关系，那么，查韦斯党面对的挑战将相对简单得多。查韦斯党运动内部的意识形态流派与具有民主自由背景的社会群体的高度冲突，查韦斯党内部与外部的动员及其反对派使得社会主义改革的任务复杂化了。这些运动导致委内瑞拉在 20 世纪都是非民主化的社会主义经历。

为了弄清查韦斯政府和改革的总体方向，本章将研究委内瑞拉的近期发展情况。具体来说，本章将探讨影响委内瑞拉国内思潮和支持查韦斯党的社会群体的三个重要领域：国有化和征用、查韦斯工人运动中的紧张，以及社区委员会运动的团结。本章通过对征用的分析试图明确为何即便可能对所有重要的社会计划造成破坏，政府（在其他任何情况下都应当支付赔偿金）也要进行这样一项代价高昂的事情。

---

① 尽管一些研究地下经济的学术文献强调阶层流动的可能性，但是本章突出了他们当中大多数人不被融入和边缘化的状态。

本章对分配、行动和社会群体关系的讨论，目的是为一场理论争论做出贡献，这场论战是关于近期多问题领域革命性变革的多样性及其中介而展开的。笔者在本章的导言中借鉴了极左思想家们的构想，如拉克劳和阿尔都塞，他们都强调冲突与矛盾的不同等级不仅存在于支持和反对长远改革的集团中，同样存在于反对集团内部，这标志着改革进程的复杂性。本章阐明了对 21 世纪拉丁美洲左派而言民主改革道路的复杂性，论述了在民主背景下，漫长的社会主义道路面临两个挑战，且没有很好的解决办法。一是拥有合法的和法律管辖权之外策略的敌人逼迫政府做出回应，往往会引起新的问题和紧张冲突；二是运动成员之间的分裂，成员们拥有不同的利益和观点，以及与过去通过非民主的方式实现社会主义的情况相比成员们具有更大的群众动员能力。

征　用

到处征用大中型企业已经成为查韦斯总统任期第四、第五阶段的典型特征。这一手段开辟了一种混合型经济，以国家控制基础工业为本，如钢铁、电力和电讯，以及国家与私营经济在某些关键领域形成竞争，特别是食品加工业、分配领域和银行业。改革以不同的方式影响着不同社会群体和政治派别。对被征收企业的前业主支付赔偿金对国家而言是一项沉重的负担，这阻碍了国家首要的社会计划，即让群众中绝大多数未组建社团的群体成员受惠。与此同时，征用将政府的大量注意力转移到生产部门（与团体相对），并由此为有组织的工人阶级实现不同目标提供了机会。在他们中间，工人参与决策、工人受益且工人运动得到统一。最终，征用标志着改革进程的深入，尤其是得到了查韦斯党激进派的赞同，他们青睐更快的改革节奏而不是运动内部更温和的派别。

在委内瑞拉，征用证明了进行中的改革的复杂性。总体来说，查韦斯运动中的社会潮流与政治潮流对决策者产生了重要影响。然而，一旦政府拒绝妥协和让步，征用政策就会受环境所迫而被强制推行。它反过来构架了议题（如国有企业中有组织劳工的具体待遇）并帮助确定国内查韦斯党的流派定位。这种强调复杂性的解释与反对派领袖基于两种左派理论（在导论和本书其他部分都有介绍）提出的观点是对立的。

　　征用的浪潮，与查韦斯党激进潮流所预想的意识形态规划完全不同，是对私营经济在政治和经济上挑战的回应，而私营经济是与委内瑞拉反对派紧密联系在一起的。[①] 更重要的是，经济团体正如他们历史上所做的那样，当他们认为到自己的利益受到威胁，便会故意制造重要商品的紧缺。在2002—2003年持续两个月的大罢工期间，在2007年12月政府发起宪法改革的全民公投举行前的几个月里，在2013年4月大规模反对总统选举的抗议中都是如此。基本上，有四个要素在起作用：紧缺、价格投机、政府经济管制和征用。每个要素都相互引发，产生一种螺旋效应。例如，政府在2003年2月大罢工中对政治诱导性紧缺进行了回应，紧缺抬高了价格，政府便实行价格和外汇管制，并在此后数年内逐渐增加体系内的产品数量。这些措施刺激私营经济减少生产，并建立一种替代性的分配模式，包括将商品出口到邻国。政府通过征用企业来填平市场的鸿沟。这些手段也意味着迫使私营经济将生产和分配都维持在正常水平。因此，改革工程好比一场地位争夺战，革命者一次只走一步，这不仅关系到自己想要的力量关系的结果，提升自己的能力，而且是对敌人发起挑战的回应。

　　相比而言，通过将征用视为等同于社会主义法令或被攻击的社会主义，政府批评家们构想了一个真正的"战争策略"。反对派代言人既强调国家层面威严的社会主义的经济目标，又需要能够对敌人阵营产生强烈打击的政治目标。例如，反对派领袖特奥多·佩特科夫在他的报纸 *Tal Cual* 上撰文写道，"查韦斯痴迷于斯大林主义。国家收购（工业）并不是为了经济效率这个目标，而是纯粹的政治目标；目的是实现政府及其领袖的最大化集权"[②]。阿尔弗雷德·科莱尔是一家支持反对派的调查公司的领导人，他宣称通过征用企业，政府力图剥夺反对派政党的资金来源，

---

　　① 确实，征用几乎不太可能为社会主义规划铺平道路。查韦斯时期的知识分子及前重工业和矿业部部长维克多·阿尔瓦雷斯指出，由于国有经济只占30%，因此，"不太可能制订出一个合理的生产计划，因为主要的经济都被掌握在私人手中"（*El Mundo Economia y Negocios*，December 17, 2010）。

　　② Teodoro Petkoff, 2009. "Chavez Esta Ebrio de Estalismo y Nos Esta Llevando a la Ruina Economica." Tal Cual, October 15, pp. 93 – 99.

即"通过控制反对派的私有企业，可以控制大多数工人"①。另一位认同反对派的调查公司领导人刘易斯·文森特·里奥（Luis Vicente Leon）坚称，征用是查韦斯"惩罚"反对派领袖的办法。最终，支持反对派的报纸将征收外资企业归咎为"对胆敢在委内瑞拉食品分配领域投资的外国人的民族主义仇恨"②。

不仅是受到政治和意识形态（或种族）目标刺激，2007 年后的征用是一系列肇始于 2003 年宣布调控基础产品价格以来，国营与私营企业斗争的逻辑结果。这一手段被用来应对由于持续两个月的大罢工引发的物价上涨。例如，在过去，1989 年 2 月 27 日爆发群体性事件的前几周里，委内瑞拉的价格管制已经引起投资缩减和囤积居奇，二者都导致了物资短缺。然而这一次，强烈的两极化促使政府在政治方面直接对抗私营经济和不愿支持查韦斯的流派，使他们像过去那样在商业上做出让步，造成紧张和战术的升级。

有一个可以解释物资紧缺的要素是政治因素。顶级商业集团工商业联合会（FEDECAMARAS）的罢工决议旨在推翻查韦斯政府，这是它的第一次公开政治活动，而它作为主角以超越经济需求之阐述的姿态进入政治领域已经 60 年了。后来，严重的物资短缺持续了好几个月，直到 2007 年 12 月修宪全民公投，商界认为这危害了他们的重要利益，特别是这次的修宪公投似乎将损害私有财产制度。

除了政治原因外，物资短缺在很大程度上还是由于价格管制背景下分配环节获利巨大的利益驱动。的确，某种产品的政府定价与市场价值之间的差距越大，出现的非法机制就越复杂、越广泛。例如，假设汽油价格是世界最低价，政府必须在国内的加油站实行定量配给，以防止汽油非法运输到邻近的哥伦比亚。同样，2010 年的货币管理委员会（CADI-VI）针对委内瑞拉的海外旅游者用优惠价兑换美元制订了严格而累赘的规则，以此阻止试图利用官方汇率谋利的不正当交易，而官方汇率只有自由市场的一半。后来，问题进一步恶化，到 2014 年这个差额达到 9 比 1。在建筑工业领域，批发商只将钢筋和水泥卖给大型建筑商，与个体劳

---

① Union Radio, 2010.
② EFE News Service [Madrid], 2010. "Venezuelan Takeover." Jannary 18.

动者相比，大型建筑商更不可能谴责批发商违反了法定价格，而个体劳动者最终只能遭遇必需原材料的紧缺。食品批发商更是典型地以高于法定的价格将产品卖给食品杂货店，杂货店又将产品卖给街头小贩和其他以私人直销方式（如卖给朋友和邻居）出售商品的小商贩。在这条产业链的某些环节，一些商品被囤积起来制造人为的紧缺以便增加黑市交易。"中间商"通过定价买入和在黑市上非法售卖，成为分配链条上的固定环节。用阿奇门德斯·巴里奥斯（Arquimedes Barrios）的话来说，为人民提供商品和服务保护委员会（INDEPABIS）的区域协调人是负责实施价格管制的机构，"大生产商常常用小桩商品来应付价格管制。它将为国家付出超人的努力与所有这些行为作斗争"。巴里奥斯表示遗憾，他的委员会不能指望靠与小规模零售商业的合作去记录大规模生产商和经销商的非法活动，以此为反对他们而使用惩罚性手段①。

通过 INDEPABIS 和一揽子计划，政府试图叫停黑市交易。普通民众举报非法商业活动，政府紧接着征收并分配管制商品，这种事情变得十分常见。此外，国有钢铁企业 Sidor 帮助建立了七家名为 Ferresidor 的五金店，只对社区委员会出具证明，为自建房购买材料的人出售钢筋（有时也出售水泥）。此外，2010 年 2 月，国民大会授权社区委员会对基础商品的分配与销售开展官方检查。同年 11 月，政府还采用其他一些手段取缔非正式经济中管制商品的非法销售。2011 年 8 月，政府通过了《成本与公平价格法》，为进一步推开价格管控机制，创设了价格调节的监管权，并预想了对经济的全面调查。后来，为保证贸易利益，马杜罗总统出台政策实施控制，以保证用优惠价的美元进口商品，而不是在黑市上出售美元。

征用的主要目的是用于应对紧缺，但有的征用同时实现了其他目标。在第四阶段（2007—2008 年），国家控制包括钢铁、电讯、电力、石油等在内的基础工业，这是自 20 世纪 30 年代以来民族主义运动的一个目标，并被写入了 1961 年宪法（第 96 条）。此外，2009 年，政府在苏利亚州征用了超过 75 家国家石油公司和其他与圭亚那公司相关的服务性承包商公司，试图以此为工人提供职业安全，抑制外包业务的发展。这个目标已

---

① Barrios, Arquimedes, 2011. Interview, Barcelona, Angust 24.

经成了查韦斯的标语。

此外，征用跨国公司的理由是价格投机、走私以及不能根据查韦斯政府的反帝国主义目标满足国内市场需求。比如美国伊利诺州玻璃公司（在委内瑞拉经营了 52 年）、美国嘉吉公司（食品加工业）、莫纳卡（墨西哥食品公司）、FertiNitro 石化公司（科氏工业集团拥有三分之一股权）以及 Agroislena 公司（西班牙农业企业）。在 Sidor（其所有人是一家拉美财团）和 FertiNitro 的案例中，尽管通过补贴（被人为压低价格）原材料而从中受益，这两家企业仍不顾国家需要对外出口终端产品，因此政府对其采取了征用行动。查韦斯还谴责美国伊利诺州玻璃公司对特鲁希略的环境破坏，控诉另一家被征用的大型企业 Sidetur（委内瑞拉钢铁制造商）违反了与劳资纠纷相关的健康和安全标准。

简言之，征用的决议本质上是对敌对的私营经济商业活动的回应。然而，其他利害攸关的问题及政策反映了支持查韦斯党的运动的特殊利益和立场。因此，查韦斯党的工人领袖对清除外包业务施加压力，这是征用的作用所在，而国企经理并不会同样决定中断外包业务。此外，查韦斯党内的激进派尤其赞同征用的原因在于，他们似乎要证明，委内瑞拉的"革命进程"没有停滞。相反，至少有一个属于执政联盟的温和左派团体领导人帕特里亚·帕拉特罗（Patria Para Todos）批评了征用政策。在 2010 年，许多温和左派团体离开了查韦斯阵营。

查韦斯阵营的工人运动

在查韦斯执政的 13 年间，尤其是 2007 年征用运动以后，工会激进分子经常被提醒：查韦斯支持他们的事业。这给一些工会主义者带来了期盼，他们以为会授予工层更多的权力。总之，他们认为，查韦斯应当强化他们的角色并支持工人的关键要求。这方面的第一次行动发生在 2005 年，政府征用了 Invepal 纸业公司、Inveval 阀门公司以及数家好几年前就已经由工人接管的其他公司。而后，2008 年，政府国有化了 Sidor 钢铁公司，以此回应在劳资双方谈判协定之下扩大的暴力冲突。在此过程中，工会宣称管理层会计工作的错误使国家损失了大量税收。第二年，为发展圭亚那社会主义计划，执行委员会在圭亚那工业地区发起了研习会，号召工人参与决策并导致由工人推选出的工会激进派领导了许多国家主要企业。与此同时，查韦斯第一次指出，在社会主义道路上，工人阶级应当扮演领导角色。委内瑞拉联合社会党称其为"要求在复杂阶级斗争背景中领导革命的运动力和主角"①。最近，工会会员对有影响力的Sidor执行经理路易斯·委拉斯奎兹的指控让其锒铛入狱，罪名是走私委内瑞拉国内短缺的由哥伦比亚公司生产的舵轮。工会会员此前在工厂大门前发起针对委拉斯奎兹的纠察，并给公司的管理层发了一个报告，报告中指出了委拉斯奎兹奢侈的生活方式以及其他的错误行径。②

自2003年建立了全国工人工会（UNETE）以来，支持查韦斯的工会会员分为两派。两派的宗旨都与他们关于阶级的概念，以及所构想的、与有组织工人阶级和查韦斯政府及运动之间的关系密不可分。其中一派可以称之为"自治论者"，坚持对政党或政府的忠诚必须从属于为争取工人利益而开展的斗争。另一派可以叫作"非自治论者"，谴责自治论者受到了"外国因素"的影响。教条的马克思主义计划（有时与托洛茨基立场相联系）和对国家官僚制度持续不断的攻击变得比捍卫查韦斯政府更重要了。它批评自治论者采用的方法忽略了更大的政治图景，导致额外的经济需求或经济主义。这两派的绝大部分诉求相一致，但自治论者在战略上更为激进，在对政府政策和举动的批评上更为直言不讳。

非自治论者一派的领袖在国家层面的影响力最大，毫无疑问，这是因为他们与国家领导人和委内瑞拉联合社会党领导层的紧密联系。非自治论者受到奥斯瓦尔多·维拉（Oswaldo Vera）（委内瑞拉联合社会党工人先锋队——工人社会主义阵线的发言人）的引导，并得到时任外交部长尼古拉斯·马杜罗（前工人领袖）的指点。2010年国会选举后，维拉成为唯一的委内瑞拉联合社会党工会副主席，他的接任者是前地铁工人代表弗朗西斯·托瑞巴（Francisco Torrealba），也被认为是非自治论者一派。相反，曾长期与托洛茨基派工会会员斯大林·佩雷斯·博尔赫斯

---

① PSUV (Partido Socialista Uni do de Venezuela)，2010. Documentos Fundamentols：Libro Rojo，June，p. 85，Caracas：PSUV.

② 自2008年以来，笔者组织了34次和社区委员会及劳工领袖的深度访谈。关于查韦斯劳工运动的部分也得益于和费德里科·富恩特斯的会谈：一次是2011年8月9日在澳大利亚的悉尼，另一次是2013年8月14日在澳大利亚的堪培拉。

（Stalin Perez Borges）一起的马塞拉·马斯佩罗（Marcela Maspero）成为 UNETE 最重要的领导人，而博尔赫斯是以私营经济为基础的制药工人联盟的主席。

2006 年 UNETE 大会上，两派成员发生了肢体冲突。随后，维拉领导下的非自治论派开始组织一个新的联盟，于 2011 年创立了社会主义工人社会党（CBST）。在决议中，他们提到减少经济需求，特别是公共部门的经济需求，强调政治目标并坚持新联盟的定位是明确的社会主义者。因此，他们提议外交部应当在全世界的大使馆内建立劳工联盟，以此为"国际主义"做出贡献，有隶属于工会的工人应当将自己与拉丁美洲及其对工人的影响联系在一起。

关于用一项提案的劳工法取代 1990 年《组织劳动法》的长期讨论，证明了自治论派与非自治论派以及诸多查韦斯运动中政治流派之间的分歧。最具争议性的问题是遣散费体系，这一体系于 1997 年在新自由主义影响下进行了修订，在当时受到查韦斯党人的坚决反对。实际上，1997 年的改革有助于工人获得遣散费。当最需要钱的时候，工人可以按年度基准领取遣散救济金，而非像以前那样在辞职的当时领取一大笔钱。自治论派倾向于恢复计算遣散费的旧方法，温和派查韦斯党政治领袖认为这项提议对国家和私营经济来说都是沉重的负担。非自治论派更倾向于查韦斯党政治领袖商议一个更折中的处置办法，后者拒绝对该系统做任何重要改革。在一次有助于控制自治论派的行动中，2012 年 4 月通过的新《组织劳动法》（LOTTT）重建了 1977 年之前就已经生效的法律体系。

争论的另一个焦点是劳工委员会自治权的法律认可问题，它最先是由自治论派积极倡议的。但许多非自治论者担心，劳工委员会可能与工会竞争，甚至削弱工会。在有些企业中，他们宣称自治论者将执行劳工委员会的战略。然而，其他非自由论者接受了劳工委员会但部分地将其作为刺激生产的工具，包括义务劳动，这在石油工业和其他领域都已经被倡导过。

减少工作周的提案也在国内分为两派。查韦斯将一周 36 小时工作制写入宪法修正案，但在 2007 年的选举中被否决。在 2011 年 5 月的再次选举中，他翻转了自己的立场，提出国家必须"增加国内生产以克服石油食利者模式"。自治论派（以及许多非自治论者，但不包括查韦斯党内的政治温和派）批判这一变化，并同意查韦斯党内激进派的观点，认为工作周的减少是一个机会，一个可以加强工人文化、教育熟练程度，特别是提升工人管理层实际操作技能的机会。最终，关于劳工法案的争论与清除外包的提案结合起来，而外包是查韦斯党人经常反对的（一般来说，工人领袖也反对，而国企经理常常拒绝这个提案）。这些具体问题上的差别显示出，与自主论者相比，非自主论者更倾向于避免与查韦斯党内的温和派发生正面冲突。

在很多方面，2011年的LOTTT吸引了自治论者，因此证明了查韦斯，也是马杜罗（率领总统委员会制定了该法律）的决定，避免了激进派的变节。除了重建陈旧的遣散费赔付体系，LOTTT同时还取缔了外包业务，并把一周工作时间降低为40小时。尽管要求更进一步缩减至36小时，但是UNETE仍欢庆这一立法是一次巨大的突破。

尽管非自治论派获得了来自部分政府官僚机构和委内瑞拉联合社会党领导层的支持，但查韦斯和国家政权采取的其他立场鼓舞了自治论派。比如，2008年国有化Sidor的同时，查韦斯更换了劳动部长何塞·拉蒙·里韦罗。里韦罗与前任劳动部长玛丽亚·克里斯蒂娜·伊格莱西亚斯一起，在调解查韦斯党人劳工派别的努力中扮演了积极角色。自治论者还受到政府其他方面的鼓舞，包括倡导为"圭亚那社会主义计划"设计的员工车间，以及接受在该地区由工人提名的人担任国有企业领导人。在Sidor的案例中，属于自治论派的激进工人在公司"工人主席"卡洛斯·德奥利维拉的鼓励下，监控了很多部门的生产。通过这样做，自治论派试图能抑制国企经理的影响，并克服由于官僚主义的低效或破坏活动导致的零部件和原材料不足的问题。

Alcasa铝厂的新主席艾里奥·萨雅戈试图割断企业与跨国公司的联系。在"2月21日运动"中，控制了Alcasa铝厂工会的非自主论群体指控萨雅戈不尊重合约协议，当冲突阻滞了工厂的大部分常规运营时，还一度组织工人投票弹劾他。自主论派声称，真正的问题在于萨雅戈力图实行对企业官僚制度的彻底整改。查韦斯党人的等级差异促成了其在2011年8月与反对派政党的选举竞争中获得微弱优势。托洛茨基主义者及其他自治论者得出结论，认为没有国家的绝对承诺以保证其可操作性，私有企业中，工人控制权注定会失败。他们呼吁征用产业链中位于上游和下游的其他企业，并（鉴于铝业并不乐观的世界市场）在这个产业注入大量资金。

在圭亚那地区及其他战略部门中，自治论派与非自治论派之间存在冲突的根源在于查韦斯的工会会员对待国有企业的方法。2007 年以来，大规模征用的论争尤其多。国家石油公司的案例有着特殊的意义，因为石油对委内瑞拉来说有高于一切的重要性。公司主席拉斐尔·拉米雷斯明确表示，无论什么情况下，他都不允许重现政府丧失对石油工业的控制权的情况，包括对石油工人运动的控制，这使得 2002—2003 年的大罢工成为可能。他承认，非自治论者威尔斯·兰赫尔（Wills Rangel）在2009 年石油工人联盟选举中只以微弱优势胜出，获得的支持率看起来极为不稳定。他也采取措施，在工会之外提升职工大会的地位并达成劳资双方谈判协议，彻底边缘化石油工人联盟。拉米雷斯对可接受和不可接受情形的干预与规划表明，自治论派和非自治论派对工会都持批判态度。

两个工人流派之间的分野有着阶级意涵，阐明了查韦斯运动的政治策略与社会分裂之间的关系。自治思潮赞成一种观念，认为在社会主义建设中，工人阶级是先锋队，其他社会阶层及其捍卫的政治目标处于从属地位。非自治论者，同样也致力于维护工人利益，预设了委内瑞拉联合社会党内部可以形成一个更广大的联盟。这个区别不局限于理论争论，还产生了尖锐的，有时甚至暴力的冲突，就像 2006 年 UNETE 大会上发生的那样。2008 年 Sidor 国有化之前以及 2010 年 Sidor 和 Alcassa 公司的工人推举企业领导就任之后，也发生了同样的情况。

社区委员会与未加入社团的群体

社区委员会跟那些在医疗卫生服务、餐饮店、高中教育和大学教育等领域推行的社会主义项目一样，主要设立在贫困地区。2006 年社区委员会法通过后，委内瑞拉全国的议会数量激增，且具有前所未有的独特设计、资金募集渠道，执行公共事务的计划。参与到他们的行动中来，就是对未组建社团的民众明确造成某种影响。他们中的绝大部分此前根本没有直接参与此类决策的经验。值得注意的是，跟他们经历过的不同类型组织认同，即工会成员身份相比，对工人阶级社区委员会成员的影响可能不那么激动人心。[①]

　　参与社区委员会的经历逐渐让许多成员对政府官僚组织产生不信任。这个问题部分源于他们与国家公务人员在交往互动中产生的挫折与误解，公务人员怀疑社区计划的可行性，还由于社区领导人缺乏组织能力，因此批准其提案时十分谨慎。[②] 此外，社区委员会成员常常厌憎被为查韦斯服务的国家公务人员摆布，他们试图通过控制社会组织来实现其政治抱负。这种批判态度与查韦斯激进派（包括托洛茨基派和自由主义者）的反集权主义教条汇集在一起，他们视"旧国家"是反革命的，倡导"革命中的革命"。[③]

　　2010年年初，一些进展似乎标志着社区委员会计划的日渐缩减或退出。查韦斯的言论开始强调工人阶级的革命角色，以此回应赢得最近征用企业的生产战斗的需要。这种夸张的变化显示出抛弃社区委员会的可能性，与社区委员会成立时成千上万的工人合作社丧失了重要性的情况一模一样。此外，2009年12月通过的《社区委员会组织法》要求，社区委员会要进行一系列结构性的再调整以保持其合法地位，这是一项该法律的制定者称为"外伤性"的计划。国民议会采取具体措施，要求通过授权法案（或称条例）实施调整计划使得任务复杂化，最终失败。结果，大量社区委员会没能在法律规定的180天内巩固其法律地位。

　　然而，到2011年，不少新进展有助于恢复社区委员会运动的活力，并证明政府继续为未组建社团的民众提供额外的改革计划。首先，国家筹资机构越来越确信，资金直接分配到社区委员会以执行公共事务项目（通常是雇用社区居民来完成这项工作），比政府通过建筑公司采购合同来执行更可取。理由是，只有当社区委员会掌握了资源时，它才能最好地高质量完成其使命。其次，政府政策与立法将社区委员会纳入一系列

---

　　① Barrio Adentro使命还给予了非法人团体以特别优待。许多加入工会的工人和专业人士都享有私人保险计划、社会保险和雇主支付的健康项目，于是，Barrio Adentro的利润较少一些。

　　② 一些政府官员的强硬立场有时招致了批评，甚至在政府内部也有类似的批评，认为他们"煽动民情"，背离了弱势社区中已确立的政策的灵活性（Direccion General，2010：3；Garcia Puerta，2011）。

　　③ 前计划部副部长和社会活动家Roland Denis对查韦斯政府越来越不满，他也被划为自由人士。Denis把整个政府和PSUV官僚体制看成阻碍了社区委员会的发展和总体上的群众运动（参见Ellner，2011：441-442）。

国家发起的行动，包括从执行基本商品价格管制，以及到挑选政府紧急住房计划的受益人，就是其中一个项目。另一个显示出稳定性和团结性的信号是，大量社区委员会已经成功地完成三项及以上的项目，结果得到政府筹资机构的优惠待遇。

最终，政府对社区委员会计划的承诺，经过将杂乱的社区委员会整合成"公社"的努力得到体现。政府将在更广的地域范围内实行更多令人瞩目的计划，还决定引领社区委员会进入一个新的改革阶段。与社区委员会相比，公社被构想成代表第四层级的政府（位于中央政府、州政府和市政府之下），应当在与国家计划保持一致的更广范围内制订计划。到 2011 年，全国范围的社区委员会已经建立了 120 个等待法律认可的"过渡时期公社"，并开始施行比独立委员会要求更多资金的项目。2013年 8 月，马杜罗总统试图通过宣布一个新的此类组织的普查活动，以此促进公社与社区委员会的"联合"。而且，他意图在各州保持开放的内阁会议，以便与其成员保持联系。

查韦斯党内冲突性的利益和观点

尽管查韦斯党人言辞热切，2005 年后也承诺进行社会主义改革，但查韦斯运动中温和派的影响并未急剧降低，这反映了中间阶层的态度和利益。温和派对过度强调工人利益和缺乏有效控制的社会计划保持审慎态度。他们得到军队的强有力支持，更多地敦促国家管理者制定专家治国标准。1999—2000 年间，温和派的领导人是查韦斯的得力助手刘易斯·米奎来拉，后来则是退休空军军官刘易斯·阿方索·达维拉，这两个人在各个阶层都有自己的追随者。米奎来拉和达维拉拒绝在委内瑞拉实行古巴模式，倾向于巩固实绩而不是更加激进化。在 2003 年查韦斯党内选举失利后，达维拉及其追随者纷纷退出运动，另一位退休官员、前副总统迪奥斯达多·卡贝略（参加过 1992 年查韦斯领导的政变企图）成为温和派的领袖。

卡贝略（对发动军官产生了重要影响）和担任了六年多外交部长的马杜罗（与前国民议会主席弗拉里斯是夫妻），成了在政府和政党领袖中追随者最多的国家级查韦斯党领导人。马杜罗在工人运动中有特殊的影响力，他倾向于支持工人改革。卡贝略是一位温和派，也是一位社会问题和经济问题的实用主义者。他在与反对派的关系上是一位强硬路线者，倾向于压制他所认定的颠覆性威胁。当查韦斯党激进分子指责卡贝略和声名狼藉的官僚网络体系联系紧密时，马杜罗则优先假定了总统坚决拒绝他们的激进批评。

与卡贝略和马杜罗不同，许多查韦斯党的普通激进分子强烈批评政府和查韦斯党的官僚体制，倾向于更激进的政策。① 他们的立场反映了工会自治论者的想法，他们反对国家对工人运动的干涉，提倡工人参与管理，而社区委员会领导人将他们的组织问题归咎于国家官员制造的障碍和过度控制。查韦斯党中的知识分子也提出了激进的和批判的立场，他们与米兰达国际中心智囊团和支持查韦斯党的网络出版物《阿波里》（Aporrea）有密切联系。

许多激进分子都是社会运动的成员，热衷于选举，隶属于更广义的查韦斯党人联盟之类的政治组织（而不是委内瑞拉联合社会党），如"伟大的爱国主义"（Gran Polo Patriotico）。当创建委内瑞拉联合社会党这样的"左派唯一政党"的努力明显宣告失败之后，2007—2010 年间，查韦斯在大选中的得票率降低就是明证。查韦斯借用安东尼·葛兰西（Antonio Gramsci）提出的词汇，将 Polo 称作"历史性集团"。Polo 不仅接受极左派别，还接受社会运动。在全国范围内完成了初始的人员汇集之后，Polo 变成一个只有极少组织形式的松散结构，但它开启了通过把不同社会运动集合到一起来创造空间的可能。所有构成组织中最重要的是那些代表了土地移民的组织，当查韦斯在抵制侵占抛荒土地时，曾鼓励无家可归者特别是因自然灾害而成为难民的人进行土地移民。Polo 结构上的缺陷表明，在查韦斯党内的普通人士和其所归属的社会运动之间正存在一个两难困境。Polo 的组织弱势表明委内瑞拉联合社会党存在的必要性，但是他们的动员能力以及最具战斗力的查韦斯党人的能力证明了他们所扮演的重要角色。

支持查韦斯的激进派和平民人士都赞同查韦斯的一系列任命，包括2010 年任命前游击队队员费尔南多·索托·罗哈斯（Fernando Soto Ro-

---

① Sujatha Fernandes（2011：86 – 87）论证说，普通成员的立场超越了物质需求，他们的看法与官僚人员和党的领导层的思维模式相冲突。关于查韦斯政府的激进派、普通职员和温和派的具体问题的讨论，请参见 Ellner（2008：第 6 章和第 7 章）。

jas）为国民议会主席，2011 年任命直言不讳的瓦雷拉（Iris Varela）为监狱部长。2013 年，新当选的总统尼古拉斯·马杜罗选择了爱德华·多萨曼（此前任商务部长，曾因与私营商业利益发生冲突被解职）担任 IN-DEPABIS 的首领，这同样超出了激进派的预期。与此同时，他也害怕他的权威被削减。这些任命表明，查韦斯（以及马杜罗）在保持其追随者的团结一致，并打消政府被温和派和"官僚"（或军官）主导的恐惧上做到了炉火纯青，而且已经放弃了对长远改革的承诺。

查韦斯政党内部的多样性和复杂性排除了在运动内部的社会群体与政治表达之间的简单关联。劳工运动严重分裂，因而缺乏一致的"工人"立场，而并非所有高级军官都是温和派。委内瑞拉联合社会党副主席和国内武装部主管一度篡夺了激进派的位置，因为他们与温和派在政府和运动中的对应位置正好相冲突。尽管如此，某些总体的趋势明确了查韦斯团体的偏好，界定了社会领域与政治领域的关系，以及国内冲突的根源。我们举两个例子说明这种紧张结果。

第一个例子是，查韦斯的劳工领袖普遍认为，在查韦斯运动和政府中存在一种反联盟的情绪。因此，工会会员将国家管理者拒绝批准某些领域的工会化的理由归结为"安全"问题，如机场、领导层秘书人员以及"军队智库"等领域。此外，许多查韦斯党温和派怀疑激进派工会提出的工人管理的口号事实上不过是过度物质需求的幌子。

最终，反联盟意见在政府支持的社区计划中得以表达。通常在国家官员的建议下，社区委员会领导人更乐意直接雇用社区居民而不是委托公司，因为他们害怕遭到那些被犯罪团伙控制的假冒建筑工人工会的暴力措施的伤害。国家官员和邻国领导人号召公共事业工程雇用的工人，把自己的不满告诉社区委员会的就业委员会而不是工会。查韦斯的劳工领袖意识到黑社会侵入工会的危险性，认为黑社会很可能为了洗钱而这样做，劳工领袖为此与内政部长会晤，探讨了这一问题。然而，他们坚持，真正的工会而不是社区委员会是解决劳动争议最合适的机构。

查韦斯运动中，有关社会分裂的政治表达的第二个例子是，政府政策为社会底层人士提供免费商品和服务造福了他们，却引起社会中间阶层对不负责的财政政策的恐惧。历史上，这种举措常常与粗陋的民众主义联系起来，比如说政府为了保住选票而向棚户区居民许诺向他们提供锌皮屋顶。在查韦斯这里，围绕某些社会项目的言论可以合并成两个议题：社会正义，以及商业实践在社会主义制度下的经济存活力。政府调整免费的或重点资助的商品和服务，如笔记本、教科书，给飓风灾民的房屋和某些商品，给60岁以上老人提供地铁票以及为一般人群提供经典文学书籍，以此作为"人道主义的社会主义"的明证。此外，低于市场价格出售对穷人贷款条件特别优惠的商品，从电器（对最贫困人口是零利润）到"社会主义的黄油玉米饼（这是委内瑞拉人的一种主食）"都有，有助于揭露经济的不平等和新自由主义模式中资本主义的超高利润。然而，查韦斯党人提出，强调国家对社会底层人士的"社会债务"，则是质疑政府避免国有企业损失和向欠债的穷人收债的这个最初目的。

公共机构曾试图建立有效的机制（如支付可行性分析和从工资中自动扣除等）来保证消除借贷和抵押。然而，这些努力与查韦斯偶尔的用来抨击资本主义制度的金融活动——如抵押品要求——的言论不一致，这些措施就是歧视穷人的。反对派领袖利用政府的豪言，要区别对待，反对派为社会底层人士提供免费商品和服务，一方面，接受了为特定目标客户生产商品的商业战略；另一方面，又抱怨"民众主义的施舍物"。反查韦斯人士认为政府过度慷慨和仁慈的断言，在一定程度上得到中产阶级的查韦斯党人的认可。①

在2013年3月查韦斯逝世后，尼古拉斯·马杜罗接任总统。在位期间，他继续沿用查韦斯吸引不同政治流派和非经营社会群体的基本策略。尽管马杜罗被视为与委内瑞拉联合社会党是同类人，但是他通过宣称自己为"来自街头的政府"，继续像查韦斯那样保持了与人民的直接联系，确保人民对国家大事的直接参与。此外，从2013年总统竞选伊始，他对PCV做出一项特殊呼吁。PCV是一个更为激进的组织，伟大的爱国主义党（Gran Polo Patriotico）则代表着以查韦斯党为基础的激进社会运动。在查韦斯党内极左派颇为赞同的一次行动中，马杜罗宣布对腐败全面作战，并许诺对商人交易的情况进行调查（当时绝大多数成员受雇于反对派）。这些人被他称作玻利瓦尔资产阶级，也是一些与政府相关的声名狼

---

① 同样，查韦斯的向邻国出口石油的石油岩项目，将国际团结的目标和商业多元化结合起来。不过，这引起领导层中反对派的困惑，他们错误地指责政府放弃了石油。

藉的经济团体。在他于 2013 年 4 月当选后的头一百天，103 名官员因腐败被捕，其中包括：支持查韦斯的国家钢铁公司的前任主席，查韦斯党的瓜里科州前任州长及其顶级助手，为人民提供商品和服务保护委员会、货币管理委员会、税务机构以及民事登记服务机构的重要官员，以及为政府和公共服务（如住房福利和退休救济金）受益人提供中介服务的一个 13 人的团伙。马杜罗还延续了查韦斯的征用政策，2013 年 4 月，国家接管了两家由强大的祖洛加（Machado Zuloaga）家族控制的钢铁加工企业。

这些行动以及马杜罗与查韦斯党内的温和派领袖卡韦略（Diosdado Cabello）的友好关系暗示了，尽管具有独特的阶级背景和党派身份，但新总统可能会避免在运动中采取偏狭的手段。这一由查韦斯发起的战略，排除了联合政府中任何团体的优先权，而每个团体都有不同的期望、利益和观念。

结　论

在 13 年的总统生涯中，在热情支持运动多样化的而且常常是相互冲突的团体以及避免分裂方面，乌戈·查韦斯扮演了决定性角色。一方面，他对国内反对官方路线的异议者相当严酷。例如，有一次，他责骂他的友党 PPT，其中包括加拉加斯前市长伊斯特鲁兹（Aristobulo Isturiz）和其他忠诚的支持者，导致该党拒绝在 2000 年 7 月的总统大选中认可他的候选资格。当另一个友党共产党在 2008 年的国家—市州选举中在不同州都小规模参选时，查韦斯抨击它是"反革命"。另一方面，他在保持温和派与激进派之间均衡的同时，保持了查韦斯党的军官优先权，而军官更倾向于温和派阵营。因此，在 2003 年，他越过威廉·劳拉（William Lara）（达维拉的竞争对手，排位在他之后）。劳拉的追随者在第五共和国（委内瑞拉联合社会党的前身）国内选举中大获全胜，并任命军队派的弗朗西斯科·阿梅利亚（Francisco Ameliach）为党派总干事。

此外，查韦斯党领袖提出的某些口号与立场相当于受到赞叹的"空能指"（Laclau，2005），不同政治派别和社会团体都根据自己的特定考虑和利益对其进行不同的解读。因此，查韦斯党内的普通人士通常认为查韦斯多次提出的口号"团结、团结、更团结"意味着消灭不同的思想和风格，以面对共同的敌人。那些维护中央集权路径的人如卡贝略和马杜罗，将这一口号运用在更具体的情境中。他们提出，激进派和普通民众关于净化所谓机会主义者的国家官僚制度的呼吁是参差不齐的，被敌人玩弄于股掌之中。相反，2010年，当查韦斯提倡一个更大范围的党派和运动联合体（就是所谓的"第五战略路线"）时，持不同政见的查韦斯党内的激进派用团结口号来证明成立更左倾的委内瑞拉联合社会党政府的合法性，而它最终变成伟大的爱国主义党（Gran Polo Patriotico）的一部分。

同样，不同的查韦斯党人对查韦斯无节制地对古巴及其领导人的赞美也有不同的反应。查韦斯党内的温和派仅仅将它理解为对国家主权的辩护，而更激进的一派则视其为对古巴政府所推行的社会主义政策的辩护。认为革命优先于人类价值的查韦斯，把革命看成一个将国际团结置于委内瑞拉物质利益之上的呼吁。

在几次事件中，查韦斯通过支持党内的普通人士而突然地向其运动中的官僚阶层和党的领导层发起挑战。这些事件让那些支持自下而上走激进路线的人们（如工人运动中的自治论者）相信，查韦斯是真的站在他们一边的。第一个例子是，2008年血腥冲突期间征用Sidor公司的决定，使得工会直接反对查韦斯党内的最高领导层；2010年号召通过国内选举选拔委内瑞拉联合社会党候选人来反对国家和地方领导人建议的决定，这是第二个例子。第三个例子是，政治温和派花了很长时间在国民议会上提出LOTTT（《劳动与男女劳动者法》），许多关键性条款最终得到通过。不过，与此同时，尽管属于温和派的迪奥斯达多·卡贝略受到平民派的广泛质疑，但是查韦斯仍委任他以政党和政府的最高职务。

本章分析了查韦斯运动的多样性所带来的挑战，以及反对派阵营的行动给查韦斯和马杜罗政府带来的挑战。所有政府都面对同样的困境，但委内瑞拉的情况放大了他们的影响。最重要的是，长远改革的民主道路在严重的社会和政治两极分化背景下经历了一个重要的时期，给战斗双方的社会团体和政治团体都提供了特殊的机会。敌人的进攻策略导致政府的脆弱性，这迫使它尤其需要对其运动中平民阶层成员的需求做出回应，以便能够继续依靠他们不断地采取积极行动。此外，与智利和玻利维亚相比，委内瑞拉传统工会相对虚弱；与 1922 年的苏联和 1949 年的中国相比，委内瑞拉工人阶级政党在领导革命进程中的缺席……这都增加了查韦斯运动中社会和政治的分裂与复杂性。

政府对查韦斯运动中民众派别的回应，排除了与强权经济团体的让步和谈判，但与此同时，它对民主的承诺排除了对经济破坏的镇压。因此，政府对物资紧缺做出的反应是制定错综复杂的法律，这使得问题更加复杂化，最终导致大规模的征用。这些连续发生的事件反映出，委内瑞拉与苏联政府在 20 世纪 30 年代清算富农阶级造成紧缺的情况形成鲜明对比。

查韦斯运动中，不同团体的利益与观点的差异与国内紧张局势紧密相关。例如，UNETE 领导人提出诸多诉求，包括工人管理权、减少工作周、绝对工作安全和恢复以工人最终月工资为基础的旧遣散费体制等。查韦斯一度似乎支持所有这些要求。他将一周 36 小时工作制写入 2007 年宪法改革提案，减少石油、钢铁和电力工业的外包业务以保证更大的工作安全，还发起了圭亚那社会主义计划。然而，许多委内瑞拉联合社会党领导人对这些措施持很大保留态度，他们害怕的并非经济上的可行性。他们的忧惧解释了为什么提案的劳动法——包括对工人委员会的确权、减少工作周、对触犯法律的雇主实行严厉措施以及恢复旧的遣散费体制等内容——长时间没被国民议会通过。国家石油公司主席试图绕过石油工人联盟的领导权，就是为了抵制查韦斯工人的斗争。尽管石油工人联盟的成员都是查韦斯党人，这些人也得到劳动部的认可，他仍将其称为"Adeco"（民主行动的信徒）。

查韦斯党人内部的冲突与对抗并没有在运动中产生分立，最终委内瑞拉的情况与玻利维亚和厄瓜多尔是不同的，后两个国家的极左派政府面对了来自左派的强大挑战。尽管他们此前曾在运动中明确了自己的派别，但这一模式在马杜罗总统治下仍得以延续。有一个例外是，UNETE 对政府和委内瑞拉联合社会党的批评变得越来越尖锐，而且极为克制地支持马杜罗的总统候选人资格，因为马杜罗与其对手 CBST 联系十分紧密。然而，伴随 UNETE 的强硬立场，它对工会的领导权转到 CBST 那里，而 UNETE 丢掉了相当的影响力。

然而，UNETE 高举的工人管理旗帜依然引起工人的动荡不安。2013

年，迪安那（Diana）食品加工公司的工人与公司董事长发生冲突，他们批判公司董事长此前的私营经济经理人的身份和限制工人参与管理的做法。尽管大肆抨击农业部部长要降低工资的威胁，工人仍坚持了他们对马杜罗总统的忠诚。2013 年 8 月，跟查韦斯党激进派一起，工人们热切欢迎马杜罗更换公司董事长的决定，新任的外来董事长承诺会倾听来自雇员们的呼声。

查韦斯运动中体现出的差异化的优先级别、观念和偏见表明他们各有其社会基础。例如，许多中产阶级和未组建社团的群体的查韦斯成员对工会的角色持保留态度，并支持采取措施将其边缘化。因此，政府官员就鼓励社区委员会同意直接雇用社区里的工人来完成国家出资的公共事务项目，而不是委托企业。这种安排被认为不那么容易受到来自工会和假冒工会的压力。他们有的采用强制措施来妨碍雇工，最终导致生产被破坏。此外，圭亚那的工人骚乱已经导致建筑材料紧缺，这也造成许多查韦斯党人对工会的批判态度。最终，查韦斯的敌人抱怨政府的免费或大尺度补贴商品和服务的政策。一些特权阶层，包括部分查韦斯党人，都批评这是在向穷人分发政策宣传品。

每个查韦斯党政治参与者从积极到消极的形象贯穿了政治领域和社会领域。中产阶级官僚从多方面被视为玻利瓦尔革命参与式理性的阻力，还被认为试图阻断社会底层人士极端的、不真实的诉求。查韦斯党内激进的社会主义者，被认为运用了破坏手段来达到不可实现的物质利益，提倡社会主义民主必须由工人管理。未组建社团但组织了工人联盟的群体成员及社区委员会的群体成员被视为因缺乏内部控制而浪费了巨额公共资金，或是对阵国家官僚以实现纳入了 1999 年宪法的"参与性民主"理想。

通过现阶段大规模的征用，以查韦斯和当前马杜罗为首的查韦斯党领导人试图保持本章所讨论的三个社会流派之间，以及运动中和平共存的各种社会观念和理念之间的均衡。政府一度看起来可能将减少跟未组建社团的群体相关的利益和措施。查韦斯的言论确认了工人阶级是革命的核心代言人。与此同时，他提出需要增进生产以对抗紧缺，因此将注意力更多地放在生产上，而不是社会计划上。此外，2009 年 12 月通过的社区委员会法可能妨碍新的社区委员会的建立，也会阻碍现有社区委员会的发展。然而，社区委员会的团结及其长期存在，驳倒了那种认为他们跟前些年的合作社运动一样已经失势了的观点。

近年来，尽管各自都有了更高的目标，在对政府的批评上也更加直言不讳，但三个社会流派的相对力量并未产生大的变化。在面对冥顽不灵、拒绝承认查韦斯政府合法性的敌人时，查韦斯依靠的是工会激进派和未加入社团的人士的坚强支持，尽管两者常常与支持查韦斯的官僚们发生冲突。与此同时，革命的主观条件和政治团结并未得到充分发展，不足以宣告一个工人阶级国家的存在，或是发动一场反对中产阶级价值观的"文化革命"，抑或是推行"革命中的革命"来净化官僚制度。简言之，尽管改革在深化，查韦斯党人运动仍保持了它的特征，即由于内部多元化紧张而形成的多阶级性、意识形态多样化的联盟。

参考文献

Barraez, Victor, 2011. Interview, Caracas, September 15.

Barrios, Arquimedes, 2011. Interview, Barcelona, August 24.

Corrales, Javier, 2011. "Conflicting Goals in Venezuela's Foreign Policy," pp. 32 – 48 in Ralph S. Clem and Anthony P. Maingot (eds.), *Venezuela's Petro-diplomacy*. Gainesville: University Press of Florida.

Delgado Herrera, Jose Gregorio, 2010. *Comentarios a la nueva Ley Organica de los Consejos Comunales*. Valencia, Venezuela: Vadell Hermanos.

Direccion General de la Investigacion y Desarrollo Legislativo, 2010. "Papel de los consejos comunales?" *Debatiendo las Pollticas Sociales* 1 (1): 2 – 4.

EFE News Service [Madrid], 2010. "Venezuelan Takeover." January 18.

Ellner, Steve, 2007. "Trade Union Autonomy and the Emergence of a New Labor Movement in Venezuela," pp. 77 – 98 in Steve Ellner and Miguel Tinker Salas (eds.), *Venezuela: Hugo Chavez and the Decline of an "Exceptional Democracy."* Lanham, MD: Rowman & Littlefield.

Ellner, Steve, 2008. *Rethinking Venezuelan Politics: Class, Conflict, and the Chavez Phenomenon*. Boulder, CO: LynneRienner.

Ellner, Steve, 2010. "The Perennial Debate over Socialist Goals Played

Out in Venezuela. " *Science and Society* 74（1）: 63 – 84.

Ellner, Steve, 2011. "Venezuela's Social-Based Democratic Model: Innovations and Limitations. " *Journal of Latin American Studies* 43: 421 – 449.

Ellner, Steve, 2013. "Just How Radical Is President Nicolas Maduro?" *NACLA Report on the Americas* 46（2）: 45 – 47.

Eusse, Pedro, 2010. "The Labor Movement and Socialist Struggle in Venezuela Today. " Interview by Susan Spronk and Jeffery R. Webber. *The Bullet* 394, July 22. http: //www. socialistproject. ca/bullet/394. php（accessed November 2, 2011）.

Fernandes, Sujatha, 2011. "Everyday Wars of Position: Social Movements and the Caracas Barrios in a Chavez Era. " *Colombia International* 73: 71 – 90.

Figuera, Oscar, 2011. "Discurso de Oscar Figuera en el acto de instalacion del 14 Congreso del PCV. " *Tribuna Popular* 193（64）: Especial 1 – 2.

Garcia Puerta, Francis, 2011. Interview, Caracas, September 15.

Hawkins, Kirk A. , 2010. *Venezuela's Chavismo and Populism in Comparative Perspective*. Cambridge: Cambridge University Press.

Hellinger, Daniel, 2012a. "Chavez and the Intellectuals. " *NACLA Report on the Americas* 45（4）: 51 – 52.

Hellinger, Daniel, 2012b. "Venezuela: Movements for Rent?" pp. 137 – 168 in Gary Prevost, Carlos Oliva *Campos, and Harry E. Vanden, Social Movements and Leftist Governments in Latin America: Confrontation or Cooptation?* London: Zed Books.

ILO（International Labour Organization）Department of Statistics, 2011. *Statistical Update on Employment in the Informal Economy*, June. Geneva: ILO.

Itriago, Carlos, 2011. Interview, Barcelona, June 29.

Laclau, Ernesto, 2005. *On Populist Reason*. London: Verso Books.

Lebowitz, Michael A. , 2010. *The Socialist Alternative: Rea! Human Development*. New York: Monthly Review Press.

Leon, Luis Vicente, 2010. Interview. EntrePeriodistas, Televen, November 1.

Livingstone, Grace, 2011. "The United States of America and the Latin American Right," pp. 26 – 43 in Francisco Dominguez, Geraldine Lievesley, and Steve Ludlam (eds.), *Right-Wing Politics in the New Latin America*. London: Zed Books.

Monedero, Juan Carlos, 2009. "La reinvencion revolucionaria de Venezuela y los fantasmas del pasado. " *Comuna: Pensamiento Critico en la Revolution* 1, July-September: 187 – 195.

Petkoff, Teodoro, 2009. "Chavez Esta Ebrio de Estatismo y Nos Esta Llevando a la Ruina Economica. " *Tal Cual*, October 15.

Petkoff, Teodoro, 2010. *El Chavismo como problema*. Caracas: Editorial Libros Marcados.

PSUV (Partido Socialista Uni do de Venezuela), 2010. *Documentos Fundamentals: Libro Rojo*, June. Caracas: PSUV.

Rodriguez Rodriguez, Jesus Gerardo, 2011. Interview, Caraballeda, Vargas, September 14.

Rondon, Franklin, 2011. Interview, Puerto de la Cruz.

Sayago, Elio, 2009. "El protagonismo de los trabajadores para lograr la transformacion socialista de las empresas basicas de Guayana. " *Comuna: Pensamiento Critico en la Revolution* 1, October-December: 94 – 113.

Union Radio, 2010. http: //www. uniomadio. net/actualidadur/nota/visomota. aspx7icG58391& & tpCont = l&idSec = 3 (accessed April 18, 2012).

Vea [Venezuela], 2011. " INDEPABIS arrecia fiscalizacion en Rio Chico. " July 21, p. 8.

Webber, Jeffery R. , and SusanSpronk, 2010. "Voices from Venezuela on Worker Control and Bureaucracy in the Bolivarian Revolution. " *Against the Current* 148, September-October. http: //www. solidarity – us. org/site/node/3023 (accessed June 12, 2012).

第五章 "坏左派政府" VS. "好左派社会运动"：玻利维亚改革进程中的创造性张力[*]

费德里科·富恩特斯

2005 年 12 月，古柯种植者工会领袖埃沃·莫拉雷斯（Evo Morales）当选为玻利维亚第一位原住民总统。这件事是"坏左派"力量的崛起，还是因为激进左派组建了"社会运动的政府"，这要看你当时问的是谁。对卡斯塔涅达来说，莫拉雷斯是一个代表着"思想尖锐且封闭的民族主义者"的坏左派[①]。就在莫拉雷斯就任前夕，卡斯塔涅达还预言莫拉雷斯将会做"此类民众主义者总是会做的事：痛斥华盛顿并迎合其核心选民——来自查帕雷的古柯种植者"。他推断说，如果华盛顿的牌打对了，免于落入莫拉雷斯的陷阱的话，民众主义领导人可能"制造新闻，但不是历史"。[②]

激进的马克思主义者、新当选的副总统阿尔瓦罗·加西亚·里勒亚（Alvaro Garcia Linera）认为，莫拉雷斯的胜利是拉丁美洲激进左派内部一项新要素——Evismo——的显现。Evismo 的兴起不仅代表着选举出某个人，它还是玻利维亚社会运动的综合性结果，在 20 世纪 80 年代从地方抵抗中改变了立场，20 世纪 90 年代缔结联盟，21 世纪初又发动了一场为争夺权力的全面斗争。在这个过程中，它推翻了好几任总统（Harnecker and

---

* 感谢 Kiraz Janicke 和 Richard Fidler 在本章写作中所提出的建议。

① Castaneda, Jorge, 2006. "Latin America's Left Turn." *Foreign Affairs* 85, May-June: 24 – 43, p. 29.

② Castaneda, Jorge, 2006. "Bolivia's New Presidont Is No Che Guevara." *The New York Times*, January 18.

Fuentes，2008）。加西亚·利内拉声称，Evismo 的核心构成是其基于国家斗志昂扬的社会运动之上的权力争夺战略。于是，它建立了一个"社会运动的政府"。第二个关键要素是玻利维亚原住民主要群体的角色。与过去由麦士蒂索人①和中产阶级领导的民族主义经历不同，这次 21 世纪的努力将"印第安"放在新玻利维亚计划的核心位置。

在莫拉雷斯的第一届任期内，政府国有化了国家的天然气储备，根据原住民的平等地位要求，主持通过了一部新宪法，并以其在极右团体的一次政变企图中起了作用为由，驱逐了美国大使。最终，莫拉雷斯以前所未有的 64% 的高支持率再次当选。历史似乎没有站在卡斯塔涅达一边。然而，莫拉雷斯的第二届任期就引起某种不同的"两个左派"理论的争论，即不是来自右翼的（跟卡斯塔涅达的情况一样）而是争论双方都是左派的。这一理论占了围绕近期反对玻利维亚社会运动的分析的大部分，最显著的是对政府提议修建横穿爱斯波罗（Isiboro）原住民飞地和国家公园（TIPNIS）的公路的抗议。②

这种"两个左派"理论认为，政府的经济政策强化了玻利维亚近期的许多冲突。他们提出，尽管莫拉雷斯提出反资本主义和环保主义口号，但社会主义运动（MAS）政府既未走上"重建新自由主义"的道路，新自由主义已经通过跨国公司扩张并控制了玻利维亚的自然资源，也不是新攫取主义，新攫取主义会认为国家在资源获得上变得更可靠。MAS 政府中一个"好左派"取代了"坏左派"的例子，让社会运动反对派的观点得到证明。在此背景下，我们被告知团结工会活动人士的责任不能被限制在反对帝国主义的入侵，它还承担着弥合政府口号与实际效用之间差距的任务。

本章的目的在于衡量这个新左派理论在分析玻利维亚的改革进程时所发挥的作用。首先，笔者将一般地概述政府的经济计划，解释它与新自由主义或新攫取主义者的目标有何差异（在口号和现实上）。事实上，笔者将证明 MAS 的战略既植根于其所继承的玻利维亚的现实之中，又来自其不同的社会基础提出的改革诉求。简言之，它周旋在实现两个玻利

---

① 译者注：拉丁裔和印第安裔的混血儿。
② 参见富恩特斯的著作（Fuentes，2012）。

维亚社会运动的核心诉求之上：通过国民代表大会和自然资源的国有化与工业化（主要是天然气）"重建"一个多民族国家。这两个步骤被认为可以从根本上保证更多的玻利维亚资源财富留在国内，给予玻利维亚多样化的社会运动中的经济活动（包括农民、非正式工、街头小贩、合作社矿工、运输司机、古柯种植者、小微企业主等）以更大的社会资助和支持力度（主要是私人经营的），以此实现对历史上被排斥在外的原住民主要群体进行再分配。恰恰是这个观念被郑重其事写入了新宪法，在2025年爱国规划中也有清楚的体现。2025年爱国规划是MAS提出的用于2014年国家大选，关于继续和深化改革进程的纲领性规划。[①]

其次，笔者将探讨几个案例，看这一策略是如何在与容易发生冲突的矿业领域的政府政策中起作用的，特别是2012年发生在这一领域的两个关键分歧，将论证这个"两个左派"理论不足以解释21世纪拉丁美洲左派面对挑战的类型和复杂性。加西亚·利内拉关于"革命内部的创造性张力"这一概念是一个更有用的框架。最后，笔者将论及什么可能对团结的活动人士有意义，特别是需要一种更精妙细微的方法，而不仅仅是关于坏政府与好的社会运动这样过分简单的二分法。

MAS 经济战略的口号

MAS的批评者们很大程度上没有分析到玻利维亚社会运动的经济观念。事实上，总体而言，MAS的经济战略反映了玻利维亚社会运动中压倒性的诉求。当施行速度与范围存在差异时，MAS战略也没有更激进的替代方案（无论是社会主义还是后攫取主义的）可以使用。

宪法草案中有由国家社会运动支持玻利维亚经济的观念，这一草案被命名为"统一协定"（Unity Pact, 2006）提交给国民代表大会，团结起了玻利维亚主要的原住民和农民的组织。[②]"统一协定"提倡一种包含了六个派别的经济结构：小规模的城市和乡村产业、合作社、现代资本

---

① 参见 Morales Ayma，2013。

② 参与对统一协定的提议进行阐述的组织有：CONAMAQ、CIDOB、CSCB、FNMCIOB、ANARESCAPYS、CPESC。

主义企业、混合型、公共型以及公有制的。在这一形制内，尽管要做得"不影响私营经济"，但国家仍积极参与经济以增加公有制成分和小规模的城市和乡村产业。自然资源应当属于人民并由国家管理。草案并没有对以获取资源为目的的跨国承包商实施禁令；然而，"国家保留了终止某类合同的权利，该类合同允许在自然资源开采方面给予让步"。① 对采矿工业的坚决反对同样不存在；相反，"国家促进采矿工业同国内生产设备与工业生产派别之间的经济衔接；其目标是保证自然资源和原材料的更大程度增殖，以造福所有玻利维亚人"。②

这一观念与新宪法③中的内容和政府的经济战略惊人地相似。据在莫拉雷斯时期担任经济与公共财政部长的刘易斯·阿瑟·卡塔科拉（Luis Arce Catacora）称，政府计划的"新的经济的、社会的、共产主义的和生产的模式"由四个方面构成——国家、个人、家庭和社群，其中，国家被认为是最重要的。这种模式依靠两个支柱：创造租金的战略部门（如碳氢化合物工业和采矿业）和创造收益与就业的生产部门（如制造业、旅游业、建筑业、农业等）。为了打破对原材料出口的经济依赖，为促进自然资源的工业化，增加社会资助金额和提升生产部门，政府提出在战略部门实施转移租赁模式，同时强调公有制、合作社及以家庭为单位的产业。

这一战略还体现在 2025 年爱国规划中。当注意到玻利维亚仍然依赖采矿业和天然气工业时，它承认，"我们的挑战是建设一个多元的经济，以恢复、强化和增进我们所有的潜能、主动权和能力，（同时）完全尊重地球母亲的权利"。其实现有赖于国家对农业生产、手工业和制造业，以及服务部门（商业、旅游、运输和通信等）的促进，以及"全面推动中小生产者和国有经济组织经营的生产型企业与创新型企业"。

阿瑟·卡塔科拉写道，这一战略的总体目标不是直接朝向资本主义生产模式的改革，相反，它力图将实现社会主义的改革基础，放在通过

① 参见 Pacto de Unidad, 2007：70。
② 参见 Pacto de Unidad, 2007：70 - 71。
③ 尽管被批准通过的那个宪法版本充分地阐释了很多要点，还加上了新的内容，然而，统一协定提议中的看法也很明显地被大部分带到最终的宪法文本中，特别是宪法第306条、第307条、第309条和第311条。

"渐进地解决社会问题，通过足够的经济剩余分配巩固经济基础"上来。加西亚·利内拉简要概述了为什么这些经济措施可以被视为整体战略的构成要素，不仅是"后自由主义的"，还是"后资本主义改革"的一个组成步骤。

> 受原住民运动的影响，（政府计划）从国外势力手中夺回自然资源（天然气、石油、某些矿产、水、电力）的控制权，将它们重新回归国家掌握，而其他资源，如政府土地、大额房地产以及森林等都归原住民群体民众和农民社区掌握。
>
> 今天，政府是国家财富的主要创造者。财富不是被视为资本；它通过奖金、租金、直接社会福利、冻结社会统一利率和基本能源价格以及补贴农产品等方式在社会上重新分配。我们力图让财富的使用价值超越其交换价值。

他补充道：

> 从这方面考虑，国家不是表现得像一个国家资本主义意义上的全体成员的资本家，而是将集体财富在工人阶级之间进行再分配，是农场主、社区、城市手工业生产模式的促进者，农场主拥有物质、技术和联合的能力。我们将超越资本主义的希望放在耕地和城市社群的壮大上，要知道这是一个全球性的任务，而不是只属于某一国家的任务。

诸如此类，MAS 的战略可以被认为是一部分拉丁美洲激进左派的一种尝试，是史蒂夫·艾尔纳在本书导论中提及的一个问题，即社会基础的异质性。取代单一的革命阶级，加西亚·利内拉提到了工人阶级，这个概念源自将玻利维亚视作"五彩缤纷的结构"，其中有许多不同类型的社会关系和经济关系以一种不平等、不连接的方式共存。通过同时明确玻利维亚工人阶级（城市的、乡村的、非政治的、个体经营的等）中的团结与分歧，加西亚·利内拉还允许我们更进一步地走向某种政治和社会的同质性，正如乔治·斯加里罗·马赫告诉他们的那样，即强调"革命的选民"。这一概念似乎并不允许国内差异性存在的空间，并对这些选民的影响力持保留态度。埃尔纳分析委内瑞拉改革进程中各派别的表现时，提及关于委内瑞拉的一些东西就是追求团结优于激进化。

在玻利维亚，使用"原住民工人阶级"这一概念甚或更为恰当。它不仅更好概述了玻利维亚阶级结构的种族性本质，还帮助我们延伸到埃尔纳关于激进左派集中关注的"包含"与"合并"问题。MAS 明确将自己的口号更多地朝向非正式经济雇员（工人中的大多数），并强调其高于一切。这种做法打破了原本多元化工人阶级所有派别之间的大团结，却将历史上被国家边缘化的群体"印第安人"联合了进来。

MAS 维护"多元化经济"的一系列举措，强调国家对经济战略领域控制权的必要性，同时尊重且在很多情况下还需要促进私营经济要素。与 20 世纪左派的策略不同，同质的革命工人阶级基础可能会破坏资本主义国家并征用生产资料。MAS 意识到，当今的玻利维亚没有哪个阶级能够完成这样一项社会工程。相反，21 世纪多元化的工人阶级，正是当下激进左派面对的理论和实践的复杂挑战之一，从而要求采取不同的战略。然而，就 MAS 的战略目标在于提升现状而言，这并非一种静态观点。如韦伯所说，它不是某种观念的前提，而是为社会主义创造民族资产阶级的必要先决条件，可以推动玻利维亚朝着资本主义的方向发展。然而，加西亚·利内拉解释说，在这个过渡时期，在不废除私有财产的同时，政府的经济战略集中在加强玻利维亚"社群主义的社会主义"的两个来源——无产阶级工人阶层和乡村社群主义者上。关于后者，加西亚·利内拉解释说，玻利维亚"存在着农民农业结构，意味着我们的社会主义斗争具有社群主义的社会主义特殊性"。

最后，加西亚·利内拉明确指出，作为一项国际化工程，"社群主义的社会主义"不能在一国范围内建成。这是左派批评家们常常忽视的重要问题。超越资本主义和攫取主义不仅意味着要遭到帝国主义的各种干涉，如以资助反对派团体或煽动政变的形式出现的对抗。玻利维亚在哥本哈根气候变化大会的谈判专家安吉里卡·拉瓦罗（Angelica Navarro）是这样解释的：

> 无数人……正在遭受一个他们不应为之负责的问题所产生的影

响。除了面对越来越恶劣的气候，像玻利维亚这样的国家不能像富裕国家那样，用廉价而肮脏的能源来促进经济增长，因为这最多只会增加气候危机——然而他们负担不起转而使用风能和太阳能等新能源将要付出的巨额花费。[①]

克服这一由帝国主义导致的不平等情形，要求全球权力关系的根本性重塑，这是一个安第斯山区内陆小国无法独立完成的任务。就此而言，MAS 政府也明白，它在国内推进改革的能力是与国际力量交互关系的变化情况交织在一起的。

MAS 经济战略的真相

如何把握玻利维亚当下的真实情况呢？社会运动的关键诉求和这种新经济模式的核心要素是碳氢化合物产业的国有化。论及"新自由主义国有化"和关于跨国公司继续攫取玻利维亚大多数天然气，是错误理解了国有化进程的本质。[②] 鉴于新自由主义之下的国有碳氢化合物公司 YPFB 几近解体，国家为了采矿需要跨国公司的服务。然而，新合同和新宪法赋予了国家对天然气储备的所有权，跨国公司对天然气采伐没有话语权。相反，它必须将所有产品交回 YPFB。YPFB 运输系统和输油管线的重新国有化，让 YPFB 控制和监督了油气的分配与商品化过程。委内瑞拉用这种方式与阿根廷和巴西（目前玻利维亚唯一的出口市场）重新商谈了出口合同，提高了天然气价格。与此同时，政府着手重建 YPFB，征用了以前私营的精炼厂，由此可以全权负责所有采伐作业。

重要的是，现在天然气工业超过 80% 的利润通过税收、利金及其他途径收归国家所得。这是国家征收税收和利金增加的关键要素，它们从 2004 年占 GDP 的 28% 增加到 2010 年占 GDP 的 45%。它同样导致公共债务的急剧减少，从 2003 年占 GDP 的 90% 降低到 2012 年占 GDP 的 31.5%。莫拉雷斯政府还在采矿、电讯、电力等战略部门实行国有化政

---

① 引自 Klein，2011。
② 参见 Kaup，2010。

策，也创建了许多新的国有企业。这些举措意味着，国家已经成为唯一的最大经济参与者，从2005年占GDP的18.6%增加到2011年占GDP的34%。经济整体轨迹是朝着"跨国公司对玻利维亚国家和经济的控制整体下滑"的趋势发展，这给了莫拉雷斯政府"近代史上比任何管理者都多的喘息空间"。

政府的策略促进了经济的增长，增长速度从2006年到2012年每年平均达到近5个百分点。全球经济衰退时期的这种增长可能部分反映出它对全球市场的依赖在降低。事实上，自2006年以来，海外需求整体上对经济增长起到负激励作用，而国内需求陡然上升，2006—2012年的年平均值达到5.2%。

国内需求的汹涌大潮是财富大量再分配的结果，避开了跨国公司，而倾向于穷人。当政府依然用同样的手段摆脱承接的巨额社会债务时，必须做出某些计划。许多手段，如增加医疗卫生和教育投入、引入社会保障福利、增加工资、管控主要食品价格等，都可以让穷人变得富有，并减少财富不平等。例如，贫困人口比例从2005年的60.6%降低到2011年的48.5%。2005年，最富的10%的人的收入与最穷的10%的人的收入差距是128:1，到2012年，这个差距缩小到了60:1。

政府还利用新积聚的财富促进自然资源的工业加工产业，鼓励发展生产。一家液化气分厂已经投产，另一家企业也将在2014年完工。这两家国有企业将有能力满足玻利维亚所有汽油和液化石油气的需要，还可以将剩余天然气出口海外。第三家液化气分厂的建设也在规划之中，能让国家的柴油自给自足。政府还开始兴建一家尿素和氨肥厂，这是一项玻利维亚历史上最大规模的国家投资单项项目。在制造业方面，对GDP增长的贡献比采矿业或碳氢化合物工业都要高。还有一个惊人的飞跃就是注册企业数量，从2005年不到20000家增加到2013年的超过96000家。总体来说，失业率在下降，在正式经济中就业的工人比例在上涨。

为了帮助培育社区，政府在食品加工和生产硬纸箱的小型国有企业开展实验，计划是将这些企业交给地方社区。社区还得到政府农业政策的优先待遇：超过3500万公顷的土地被移交作为社区财产或交由原住民直接掌管。国家还保证，小生产者在设备、物资、零利息借贷和国家资助市场等方面有优惠通道。

事实上，跨国公司依然影响着玻利维亚，而攫取型工业仍然存在；玻利维亚的经济依旧是资本主义和资源依赖型的。而且，一直存在围绕政府在执行经济战略时出现错误的合法性争论，包括改革实施的速度与范围。不过，总体而言，政府的经济手段已经证明，莫拉雷斯政府的确已经突破前任政府遗留的新自由主义和攫取主义的樊篱以及国际关系力量的逼迫，取得了重大进展。

此外，在试图改变玻利维亚与国际资本的关系上，MAS政府也扮演了重要角色，起初是努力建立与美国的另一种关系，即以"主权、尊严和互惠"为基础的新关系。此外，政府还追求建立与新盟友的贸易和政治关系，最重要的举措就是玻利维亚加入美洲玻利瓦尔联盟。玻利维亚于2006年加入美洲玻利瓦尔联盟以来，积极倡议建立人民贸易协定（TCPS），以代替美国倡导的双边自由贸易协定（FTAS，或西班牙语的TLCS）。玻利维亚还在南美国家联盟的成立中扮演了重要角色，并力求进入南方共同市场（Mercosur）。

这些新关系并没有限制政府的活动范围。MAS政府还领导了两次与全球社会运动密切相关的重要国际运动。它牵头提出要全球共同应对气候变化，特别是通过在科恰班巴召开世界人民应对气候变化的峰会。另一个重要的国际运动是将古柯合法化，作为破坏美国"向毒品宣战"行动的合理性手段。

最重要的是，它证明了MAS的国内政策和外交政策战略持续不断地得到绝大多数玻利维亚原住民工人阶级的鼎力支持，而不仅仅是在选举期间。对MAS来说，赢得执政权并不等同于获得了国家权力。相反，选举的胜利引发了阶级斗争的激化，最终酿成全面的权力之争，最终结果由这些阶级的决定性干涉而决定。感知到MAS政府施加了政治和经济的权力，玻利维亚传统资本主义精英做出了相应反应，反革命的攻击利用了一切必要手段阻止新宪法的通过。极右势力攻击的巅峰是2008年9月那场未成功的政变企图。这一时期阶级动员的最深刻本质，以及MAS坚定不移扩张和联合以原住民工人阶级为主，包括军队和国际力量在内的支持基础的能力，都是MAS具有粉碎极右势力反叛能力的保证。提到这些事件，加西亚·利内拉说：

政府军队对政变所做出的坚强有力和坚定不移的反应，与朝向圣克鲁兹的社会动员战略一起，创造了一个良善的玻利维亚政治历史上罕见的"国家—社会"的良好融合。

伴随着阶级对抗，新宪法为人民所接受，并巩固了可以被称为 MAS 领导下的原住民工人阶级力量的新霸权集团。他们不是抗议完毕就各自回家，实际上，玻利维亚的社会运动一直在持续抗议，完全超越了派别诉求。自 2008 年以来，冲突的数量急剧增加（2009—2011 年发生了 2421 起，而此前的三年内只有 881 起）。莫拉雷斯时代是自 20 世纪 70 年代以来，有记录的冲突最多的政府。然而，民间测验表明，莫拉雷斯将在 2014 年再次毫无疑问地赢得选举，任何其他政治力量，不论是比他左的还是比他右的，都将继续消失，不会存活下来。

采矿业的发展

采矿业为我们探究 MAS 政府面对的复杂性与挑战开启了一扇窗。在新自由主义的统治下，被操控的全球矿产价格被用来调控整个玻利维亚私营采矿业。最大的受益者是采矿企业 COMSUR，其大部分股权归前规划部长和 20 世纪 80 年代新自由主义政策的关键缔造者洛查达（Gonzalo Sanchez de Lozada）所有。另外，私有化留下了近三万失业矿工，还破坏了矿工联盟这个曾经的玻利维亚工会运动的支柱。在这一进程中，碳氢化合物取代了采矿业成为玻利维亚的核心出口工业。[①] 自从莫拉雷斯当选后，2012 年，采矿业对出口的贡献再度上升到出口总额的 31.5%。对批评者而言，这恰好进一步证明了莫拉雷斯的新攫取主义定向。然而，反常的是，除了 2012 年，自 2007 年以来，对采矿业的投资骤然减少，矿产的出口也同样暴减。我们该如何解释这一现象呢？事实上，政府的经济战略与这种翻转几乎无关。相反，这是一系列因素的结果，主要包括高

---

① 虽然出口矿产的份额在 1999 年占到 38.1%，是当年出口份额占比最大的部门，可是到了 2005 年，它的份额已经跌落到 19%。相较而言，在同一时期，天然气的出口份额从 7.2% 增长到 50.3%（Aranibar Bacarreza, 2013: 2）。

昂的矿产价格、矿工合作社作用的凸显以及莫拉雷斯当政后优先发展的 San Cristobal 矿业项目的投产。①

这就是政府之所以试图将其多元化经济理念植入采矿业的背景因素。这种理念在新宪法中再次得到体现。宪法中陈述说，矿产是玻利维亚人民的财富，应当仅仅由国家"按照集体的利益"进行管理（CPE，2009：137）。国家也"被视为应当通过公共的、合作社的或社群主义的实体对自然资源进行勘探、开发、工业化、运输和市场化，可以转而与私营企业合作和建立合资企业"。总体而言，当国家恢复对矿产储备的控制权后，产业链、矿业利润、私营企业与合作社的继续存在以及新的社区企业都受到了尊重。对不同类型生产企业的承认与该产业的现状密切相关，COMIBOL 实际上被支解，越来越多的资本密集型企业以及合作社在为110000 名矿工或是 85% 的矿业劳动力提供就业机会中扮演着重要角色。

政府试图通过多种途径改进其矿业政策。

· 2007 年 5 月，莫拉雷斯签署了一道法令，下令将除了此前有特别许可之外的所有矿产资源收归国有。在新宪法下，私营矿业公司必须向国家交还特别许可，签订反映国家作为矿产储备唯一所有者角色的新合同。国家通过 COMIBOL 直接控制了瓦努尼、科尔基里和马尔库霍塔（Mallku Khota）地区矿产资源的勘探和生产。

· 进一步的国有化指向重新控制此前出售给 COMSUR 的矿业产品，即后来又被嘉能可（Glencore）接管的受到矿工工会拒绝的业务。最近，政府开始重新签订新的合同取代旧有的特别许可，就是从嘉能可的矿产所有权开始的。新条款意味着 COMIBOL 控制了矿产资源并得到了 55% 的利润；剩余利润则由具体经营矿场的私营企业获得。考虑过征收的税收和利金之后，政府得到的部分大概是 90%。

· 玻利维亚政府在试图重新全面控制采矿业时，面对重大的财政限制和技术限制。有鉴于此，政府签订了联合生产协议，对 Corocoro 矿场的铜矿和 Mutun 的铁矿进行开采和工业化。当 Corocoro 项目被提上日程，政府于 2012 年解除了 Mutun 的协议。Mutun 的未来尚

---

① San Cristobal 占全国矿产品的 45%。

不明朗，尽管政府暗示说，随着玻利维亚中央银行持有的国际货币储备的巨额增长，它很可能独立出来。

·作为增加自己在工业化进程中的直接影响的一部分，政府国有化了 Vinto 锡冶炼厂，并着手重新启动 Karachipampa 的银和铅冶炼厂，且已投入并投产了一个可以生产碳酸锂的前期项目，这是对据称世界上最大锂矿的工业化的第一步。

·政府还向合作社提供支持。合作社是重要的就业途径，同时增进地方乡村经济的发展，这比私营的和国有的经济更具有承受力。这包括允许新的采矿特别许可、减税政策和信贷政策。

所有以上举措的结果就是，COMIBOL 复苏成为"该行业的核心策划者，就像重要地下资源的所有者一样，像有着许多私营部门的合作者，像工业化的倡导者，还像一个独立生产者"[1]。

科尔基里与马尔库霍塔

所有这些进步都发生在特定背景之下，即采矿业的反对派人数急速增长，尤其是 2008 年以来，已经超过过去新自由主义政府所面对的冲突程度。这些冲突大多采取占领煤矿的方式，并借口称"我们原住民有权利开发我们自己的自然财富，没有哪个私营企业主能把我们从自己的土地上撵走"[2]。与这个理由形成对比的是，工会为工资和工作环境进行罢工。他们直接与矿产资源复杂的或"多元的"所有权模式相关。因为新宪法不断增加原住民社群的权利，这些张力仍在不断加剧，而原住民社群已经得到了大多数煤矿的所有权。

批评家将这些冲突怪罪于政府，要么是因为缺乏清晰的政策和采矿立法，要么是因为拒绝代表工人的军队的介入。然而，它的行动很大程度上指向避免使用国家权力，相反，是促进矿工之间以及矿工与原住民社群之间的对话，以此作为克服政府内部和政府与其社会基础之间张力

---

① 参见 Crabtree and Chaplin, 2013：80。

② 参见 Fundacion Jubileo, 2013：37。

的必要前提，以促进公共目标。科尔基里与马尔库霍塔的例子清楚表明了这一点，除此之外，运用两个左派的框架来透视这些冲突，存在一些不足。

杰弗瑞·韦伯（Jeffery Webber）提出，科尔基里 2008 年和 2009 年的锡矿与锌矿工人斗争表明，"重构新自由主义就是激发其自身的深层次矛盾"，将会不可避免地导致"左派的对抗"。然而，韦伯的评论中漏掉了关键问题。例如，政府早在 2006 年 10 月就提倡将科尔基里矿场国有化，并在其他领域提出国有化的可能性，最近的例子是 2011 年 4 月的国有化措施。[①] 煤矿工人工会认为国有化会使他们的工资和境遇处于危险之中，因为当地矿工工会的反对，政府每次都被迫向后退让。

当 1200 人的"2 月 26 日"合作社于 2012 年 5 月 31 日开始占领矿场时，科尔基里发生了震动。该合作社曾控制了科尔基里其他一些被过度采伐的矿场，现在则要求进一步控制新的矿场区域。受雇于嘉能可的 400名矿工的最初反应是，要求政府强制性撤出占领。当玻利维亚矿工工会联盟（FSTMB）和全国合作矿工联合会（FENCOMIN）将其与自己当地的事务联系起来时，冲突迅速蔓延到全国范围。

2012 年 6 月 5 日，在一次试图解决这种情形尝试中，来自 FSTMB 和 COMIBOL 的代表以及矿业部长举行了一次会晤，会上，政府代表提出了国有化措施。[②] 当 FSTMB 和科尔基里矿工工会（最初曾反对此提议）都同意之后，涵盖了另一些私有矿场的矿工工会宣布他们坚决反对"政府的态度是利用合作社占领私营企业工人控制的矿场，其目的是国有化被占领的矿场"[③]。他们声称，政府的态度与其所述的理念背道而驰，反而支持"混合型经济"。FENCOMIN 及其当地联盟成员也反对国有化。为了调解差异，政府宣布，继续进行国有化的同时，它将会在次日授予合作

---

① 就连一直以来都坚定主张国有化的玻利维亚矿工贸易联盟，在 2012 年 5 月的全国会议上也通过了一项决议，这是在国有化之前一个月所发生的事情。这次大会呼吁政府尽快和各国签署新的协议，"以在科尔基里、玻利瓦和波科的采矿区里保证矿工正常劳作和工人的稳定"（FSTMB，2012）。

② 在科尔基里的事例中，"国有化"仅仅等于撤销承担共同风险的合同，嘉能可公司在这份合同里持有少数矿业份额（45%）。国家已经控制了 55% 的股份，拥有全部的矿床。尽管如此，所有各方在争论中都使用"国有化"一词，无论是支持这个提议还是反对它。

③ 参见 La Patria，2012。

社某些矿场的特殊许可资格,但这个提议被 FENCOMIN 拒绝了。

这就是嘉能可试图着手捍卫自身利益,发动更广泛对抗的背景。6 月 7 日,政府、FSTMB 以及科尔基里矿工工会聚集在一起商讨国有化的细节问题。嘉能可与"2 月 26 日"合作社签订了一份协定,允许其进入富矿区 Rosario。作为回报,合作社将会把它的产品出售给嘉能可。矿业合作部副部长梅勒塞斯(Issac Meneses)见证了这一交易的有效性。

这个方案之所以自相矛盾,并不是由于缺乏清晰的政策,而是正如马塞尔·尼尔森提出的论题(在尼克·普兰查斯作品基础上提出的)——国家的政策和执行应当被视为"国家战略领域复杂交互作用的结果"。国家的分裂性质和国内不同阶级、阶层的表现都是在评估即将出台的政策时需要考虑的重要因素。这显然关系到政府的整体矿业政策,它受到 FENCOMIN 和 FSTMB(反过来,其内部也分为私营企业矿工和国有企业矿工两部分)的影响与质疑。这都是通过与国家的直接对话(通过选出代表担任矿业部部长和副部长),或是动员影响政府相关机构的成员进而对政府施加压力。事实上,在所有关键矿业部门的公告和谈判中,缺席的嘉能可公司(或其他跨国公司)证明了玻利维亚诸多原住民工人阶级(及其相互冲突的利益)对国家政策的影响力到底有多大。

当"2 月 26 日"合作社被允许进入 Rosario 地区时,COMIBOL 据此全面控制了科尔基里地区的经营权。然而,协定排除了与跨国公司有关联的合作可能。此外,"2 月 26 日"合作社的成员都得到了被矿场雇佣的机会(这一协议涉及 800 个合作社)。从这个意义上讲,这一结果不仅是国家增加了对矿业部门的控制权,还加强了矿工力量内部的无产阶级元素。①

另一个类似的结果几乎同时发生在马尔库霍塔。那是一个位于 PO-

① 值得一提的是,2012 年 9 月,当政府颁令明确罗萨里奥矿脉有多少可以给合作方开采时,紧张的态势又一次被点燃了。尽管最初谈话的结论是,它会被全部移交,然而,合作方仅仅被允许开采 70% 的矿脉。不过,它现在成了矿工们一个被急剧扩大的小分队,他们抗议并要求 COMIBOL 来开采这座矿。当 FENCOMIN 关闭高速公路影响了全国的商贸时,冲突又一次地爆发了。当相互竞争的单位在拉巴斯发生冲突时,一位在科尔基里工作的前合作方成员在一次被甘油炸药引爆的爆炸中丧生了,那时,他已经决定接受一份和 COMIBOL 有关的工作。最终,他们在 9 月底达成了一份新的协议。在这份协议里,合作方对罗萨里奥矿脉的开采权被进一步减少至允许开采 45% 的矿脉(参见 Ribera Arismendi,2012)。

TOSI 以北 200 公里的群落，坐落在世界上最大的未开发银矿和钢矿产区。2012 年 5 月，情况迅速升级失控，社群之间爆发冲突，发生了一系列绑架案，警察的镇压导致了至少一名当地参与者的死亡。批评家声称，在这次冲突中，"政府的主要策略是保护 SASC（南美银矿公司）的运作"，同时拒绝了当地原住民社群的事前协商。他们提出，尽管如此，原住民社群还是想方设法将资源采掘问题提上公共议事日程，从而暴露了政府的攫取主义矿业政策，最终迫使政府实行国有化。[1]

然而，现实更为复杂。事前协商在反对现有开发合同的人的言论中有很多表述。当这些行业的人感受到新的授权时，合同本身是先于宪法和莫拉雷斯政府存在的。不过，政府坚持说，将在任何开发之前咨询社群意见，2012 年 5 月，政府宣布同意建立一个评估废除合同的委员会。它对任何国有化提出的唯一前提是，无论 SASC 的继续存在提供了多么强有力的支持，都应当与当地人民达成一致。[2]

当许多与提案项目相关的环境问题成为提案背后的驱动力量时，没什么证据支持反对者的言论，即用任何一种后攫取主义的方案代替 MAS 的矿业政策。相反，反对者似乎被该地区的极度贫穷所刺激，当地人也感觉到只要他们掌握了矿产资源，就能从中获取极大的经济机会。事实上，反对者想用一个当地合作社取代 MAS 作为攻克贫困的途径。[3] 它恰好还是 MAS 利用就业、贫穷、经济利益许诺来掌握和分化当地社群的手段。在受雇工人所生活的社区，SASC 的支持率依然是最高的。一位地方领导人评价争议的 SASC 的角色时说，"通过给我们的社区组织投资，他

---

[1] 在科尔基里的事例中，国有化仅仅等于撤销 SASC 的勘探协议。

[2] 正如 Garces 和 CEDIB（2012b）解释的那样，当地大概包括 46 个原住民社区，其中 43 个社区支持该公司的持续开采，虽然我们并不知道每一个社区的人口数量。

[3] 当反对者于 2012 年 5 月底在拉巴斯游行时，他们的要求不再是国有化，而是要求"通过我们的主要组织'北波特西原阿鲁斯联盟'来管理我们位于北波特西原阿鲁斯的自然资源，这符合在国家政治纲领中已经被确立起来的内容"（FAOI-NP，2012）。该联盟的领袖表达了这次要求背后的内容，他说，"我们想成为农业矿工"（Quispe，2012）。甚至在 2012 年 12 月国有化之后，这个当地的联盟依然在谴责 COMIBOL 没有足够快速地开展项目，它要求给合作方立即开采矿业的权利。"我们要求国有化，这样，我们的人民才会有工作"，另一个当地原住民联盟的领导这样说道（Erbol，2012）。

们让我们相互竞争"。①

毫无疑问,这些事件迅速超出了政府的控制。国家的反应很慢,当国家反应过来时,又处于一种极度矛盾的态度。在马尔库霍塔,这些矛盾不仅是不同阶层对国家政策施加影响的结果;他们还证明,当"核心权力"掌握在玻利维亚原住民工人阶级手中时,敌对阶级力量仍然在国内未经改革的"抵抗核心"中拥有强大的势力(正如内尔森所说)。举个例子,政治力量在历史上曾高度政治化和军队化,从20世纪80年代起越来越受到美国大使馆的影响。在莫拉雷斯政府的辖治下,国外影响在政治力量上的渗透力很大程度上被限制了,国内改革依然悬而未决。

革命内部的创造性张力

总体而言,这两种冲突都为我们提供了弥足珍贵的窗口,可以从中发现加西亚·利内拉概括为"革命的创造性张力"的存在。他提出,2008年与右翼势力的冲突取得胜利后,社会力量的汇集开启了玻利维亚当代革命的新时代,一个"不是以敌对集团的冲突或不可调和的社会计划间的矛盾为表现的"时代,迄今为止,"是以人民集团内部的矛盾为标志,也就是说,这是领导改革进程的不同派别之间的张力"②。我们并不排除可能产生别的此类张力。加西亚·利内拉强调了玻利维亚改革进程中出现的四种关键张力:国家和大众的中央集权与社会运动接受了决策的分权特性之间的张力;保留必要的、广泛的跨阶级联盟,以推进改革进程与联盟内部原住民工人阶级的领导权之间的张力;特定社会派别的特殊利益与社会的普遍需求之间的张力;在保护环境的同时,保证满足基本人类需要之间的张力。他说,重要的是,这些张力"并不仅仅是次级的,而是创造性的,因为他们有可能有助于推动改革事业本身"③。

这些张力在下面两个案例中都能找到。在科尔基里,很明显,只有通过争取矿工及合作社支持,承认国有化是政府用以对抗嘉能可最坚实

---

① 参见 Andean Information Network, 2012。

② 参见 Garcia Linera, 2011:24。

③ 参见 Garcia Linera, 2011:24。

可靠的社会基础。当需要合作社的矿工（MAS多元化社会基础中的一支关键力量）做出不平等的妥协，其总体结果当然是视普遍利益超过合作社的诉求。此外，它还增强了无产阶级元素在科尔基里的存在感（政治上和数字上的）。在马尔库霍塔也是同样的情况。科尔基里并没有提出环境问题，马尔库霍塔却同时提及了平衡环境问题与满足基本需求之间的矛盾，反对SASC的那些社群基本上也存在这一矛盾。这两起冲突都揭示出政府所面临的挑战，有时它发现自己需要做出决断，有时面对紧急事件，行动的同时还必须考虑到非集中社会运动的愿望，也就是我们看到的，深入渗透并实施对国家的控制。

正如加西亚·利内拉所说，这类张力是不可回避的现实，只能通过持久的斗争与冲突来解决。这里面有自下而上的重要斗争，将此类张力摆到台面上，并允许创造一种力量间的相互联系，以便最好地推进改革进程。从这个角度出发，乔治·斯加里罗·马赫的论述——"革命群众的支持是这些进程存续与激进化的关键所在"是合理的。然而，我们不能不重视潜在的"任命的权力"——或者在玻利维亚就是"社会运动的政府"——在即将到来的斗争中能够扮演的批评角色。在科尔基里和马尔库霍塔的案例中，它通过促进"任命的权力"构成不同派别的对话实现了这一点，同时还以规定政治领袖和施行国有化作为最好的方式，来强调人民控制矿产财富，以及民主地惠及所有人进行矿产财富再分配。人们不再将注意力放在革命主题与国家的相关性上，如"制宪权力"与"宪法权力"，理解玻利瓦尔计划动态的更好办法是将阶级引入进来。从这个意义上讲，迄今为止的整体路径是，国内的原住民工人阶级巩固其领导权，在国内和国际运用其阶级力量作为维护和推进改革进程的一部分。鉴于玻利维亚原住民工人阶级的本质，"创造性张力"不仅存在于社会运动与政府之间，还出现在社会运动和政府内部也就不足为奇了。

团结行动主义的意涵

这对团结行动主义意味着什么呢？首先，了解玻利维亚改革进程需要一种更精妙的方法，而不是像韦伯提出的那样，用过分简单化的坏左派政府与好社会运动来描述。这种"两个左派"的方式不仅迫使我们要采取一个与真实的现有改革进程做出公开敌对的立场，而且，它还会导致与玻利维亚本地工人阶级的有选择的、有条件的团结，并优先关注那些斗争方式看起来更符合预先期望的派别。在韦伯看来，对抗政府的社会运动都是反对派"重建新自由主义"（无论其政策到底是什么）的明证。当冲突爆发，以反对在改革进程中占据重要地位的其他社会运动时，这些力量就变成了阶级敌人，例如"特权阶层的合作社工人"或"古柯富农阶层"，不再被视为斗争的同盟军。

在那些声称 MAS 实行的是新攫取主义的人中间，也明显存在同样的思路。例如，布莱特·古斯塔夫（Bret Gustafson）说："在一个极度贫穷的国家，天然气被视为拯救国家的出路，几乎没有什么人会反对采伐天然气"。只有这样，北方团结运动的积极分子才有可能伪造出这样的结论，即玻利维亚在很大程度上受限于"那些城市边缘群体，特别是年轻人、乡村人口和受攫取主义影响的社群"。

因此，双方的关注点忽视了非特权部门之间涉及冲突性利益的斗争的复杂性，以及可以与卡斯塔涅达相媲美的简单化。此外，假如这些观点被国外非政府组织利用来操纵玻利维亚，可能会刺激玻利维亚原住民工人阶级的分裂，最终削弱他们进行更激进改革的能力。对这两个案例的研究表明，只有通过在不同社会运动间达成一致，才能重整改革的社会基础（不是一方倾轧另一方），推行他们的总体改革进程。

两个左派理论的第二个问题是，在我们执行反对外国干涉势力的重要任务时，它让我们缴械了。尽管韦伯和其他人不断地宣称我们主要优先考虑的是反对"帝国主义的干预"，然而，他们也认为，这不能同时阻止我们消解在莫拉雷斯政府的口号与现实之间的差距。有时候，这些实践证明左派忘记了他们自我宣称的优先权。作为 TIPNIS 分歧期间警示帝国主义干涉的反应，韦伯没有选择不投资和抨击此类行动，而是批评此类言论其实是莫拉雷斯企图用反帝国主义口号来中伤持不同政见的社会运动（波斯特罗所说的"反对派主义"），并刺激对他提出的政策的支持，其受益者正是他的主要群众基础——古柯种植者。莫拉雷斯政策的特性反映出上文引用的卡斯塔涅达的评论。

更重要的是，它还消解了团结运动的积极分子，因为错过了关键问题，即我们怎样才能在玻利维亚的现状与玻利维亚人最理想的状态间架起一座桥梁。玻利维亚面对的挑战不能被简单地归纳为"帝国主义的干预"这个问题，它是数个世纪的殖民统治和帝国主义压迫的直接结果。这决定了玻利维亚在世界经济中的角色就是原材料出口依赖型的。玻利维亚任何一个向后资本主义和后攫取主义转向的机会，都取决于新的国际秩序的创立，并始于重塑南半球的关系。这恰恰是玻利维亚政府一直致力于此的原因。从这个意义上讲，在发起者之间并没有隔阂，如科恰班巴气候峰会，韦伯承认它是"在国际范围内建立生态学意识和组织的重要集会"，并理解社会主义不能在一国内建成这一现实。

建立团结运动的基础性前提植根于反帝国主义的框架内。这一框架并未忽视玻利维亚多元化社会运动之间以及其与国家的关系之间的差异，但它明白，最终只有他们能解决这些问题。这并不意味着抑制住了批评，因为有效的团结必须给予玻利维亚国内以及玻利维亚与帝国主义之间的争论和冲突以情景化的解释。但它的开端是明确的：帮助玻利维亚社会运动的最好途径是构建改革进程中所有社会力量的统一战线以对抗共同的敌人。今天，这个统一战线无疑包括 MAS 政府和继续支持政府的大多数社会运动。

然而，与人们如何看待 MAS 政府无关，我们可以帮助玻利维亚社会运动的主要途径仍然是赢得"北方"（北半球发达国家）工人的支持，与玻利维亚保持团结一致。实现这一目标的最佳路径不仅仅是反对"帝国主义的干预"，还要建立一个反对帝国主义体系的国际运动。这要求花更少时间关注 MAS 政府的口号与现实之间的差距（这是在任何一个未竟的解放斗争中都存在的差距），而将更多时间用在解释，为什么只要帝国主义存在，玻利维亚的改革进程必然要继续面对巨大的阻碍与危险。重要的是，它要求我们重新关注面对的最大差异，即绝大多数帝国主义国家中极度疲弱不堪的工人阶级的现实和"只有一场空前范围的人民起义才能刺激北半球国家，认真担负起他们对地球其他地区的责任，并控制住那些会束缚像玻利维亚这样的国家的强制力量"的认知之间的差异。

结 论

无论我们谈论的是像卡斯塔涅达这样的极右批评家还是像韦伯这样的极左批评家的观点，MAS 政府都是"坏左派"的一部分。本书的其他篇章都致力于揭示卡斯塔涅达的两个左派理论的最简单的本质，笔者试图解决类似某些左派人士解释的最简单的两个左派框架，即将所谓坏左派政府与好的社会运动简单对立起来。此类框架的问题在于，它不能解决 MAS 政府治下的现实问题，玻利维亚已经开始抛弃新自由主义和攫取主义。此外，只有玻利维亚国内外的原住民工人阶级继续支持和动员起来，他们才可以与其他国家建立国际联盟，共同对抗帝国主义。

当然，只要改革进程中存在冲突或"创造性张力"这一事实，人们就还有很多事要做。这些冲突通常都涉及 MAS 政府多元社会基础的不同派别，他们具有竞争性观点和利益，在关于他们共同的"多元经济"理念的具体实施中有持续不断的争论，彼此消耗殆尽。科尔基里和马尔库霍塔的斗争是这样，TIPNIS 分歧也是这样，他们目睹不同的本地农民社群为竞争和合法诉求而动员起来，而这注定需要一系列复杂的对抗、谈判、妥协和局部协定。

社会运动动员在三种情况中都十分关键，并引发重要的公众讨论。然而，政府一般会通过打开对话空间和提供领导职位以扮演积极角色，尽管它在试图用旧资本主义国家来实施它的政治目标时仍面对重大的困难。要在这些复杂情形中达到尽可能好的结果，就要要求不同社会运动之间达成一致，且要与跨国公司和帝国主义政府的利益发生冲突。从这些争论和经历中我们能理解和认知到的对团结行动积极分子来说很重要。只有我们超越了"两个左派"理论，这才可能做得到。

参考文献

Achtenberg，Emily，2012. "Renegotiating Nationalization in Bolivia's Colquiri Mine." *NACLA Report on the Americas*，October 1. https：//nacla. org/blog/2012/10/l/renegotiating-nationalization-bolivia's-colquiri-mine（accessed July 16，2013）.

Aguirre, Jessica Camille, and Elizabeth Sonia Cooper, 2010. "Evo Morales, Climate Change, and the Paradoxes of a Social-Movement Presidency." *Latin American Perspectives* 37 (4), July: 238 – 244.

Andean Information Network, 2012. "Mallku Khota Mining Mess: Analysis." July 20. http: // ain – bolivia. org/2012/07/mallku – khota – mining – mess – analysis (accessed July 16, 2013).

Aranibar Bacarreza, Enrique, 2013. *Boliviay el boom Exportador.* La Paz: Fundacion Milenio.

ArceCatacora, Luis, 2011. "El nuevo Modelo Economico, Social, Comunitario y Productivo." *Economia Plural, Publicacidn Mensual del Ministerio de Economia y Finanzas Publicas* 1 (1), September.

ArceCatacora, Luis, 2013. *El Nuevomodelo Economico Beneficia a Saludy Educacion con mas Recursos. La* Paz: Ministerio de Economia y Finanzas Publicas.

Burbach, Roger, Michael Fox, and Federico Fuentes, 2013. *Latin America's Turbulent Transitions: The Future of Twenty-First-Century Socialism.* London: Zed Books.

Castaneda, Jorge, 2006a. "Bolivia's New President Is No Che Guevara." *The New York Times*, January 18. http: //www. nytimes. com/2006/01/18/o-pinion/18iht – edjorge. html? _ r = 3 HYPERLINK " http: //www. ny-times. com/2006/01/18/opinion/18iht – edjorge. html? _r = 3&" & (accessed August 1, 2013).

Castaneda, Jorge, 2006b. "Latin America's Left Turn." *Foreign Affairs* 85, May-June: 24 – 43.

CPE, 2009. *Constitucionpolitico del Estado.* La Paz: Asamblea Constituy-ente.

Crabtree, John, and Ann Chaplin, 2013. *Bolivia: Processes of Change.* London: Zed Books.

Cunha Filho, ClaytonMendonfa, and Rodrigo Santaella Gonpalves, 2010. "The National Development Plan as a Political Economic Strategy in Evo Morales's Bolivia: Accomplishments and Limitations." *Latin American Perspec-*

tives 37 (4), July: 177 – 196.

De LeonNaveiro, Omar, 2011. "Bolivia: La Construction Participativa del Desarrollo," in *Nuevas estrategias economicas en America Latina*. Madrid: Catarata.

EFE, 2006. " Morales Estudia Expropiacion de Minas Que Eran de ex President. " *El Economista*, October 23. http://www.eleconomista.es/empresas – finanzas/noticias/90339/10/06/Morales – estudia – expropiacion – de – minas – que – eran – de – ex – presidente. html (accessed July 24, 2013).

Erbol, 2012. "Comunarios de Mallku Khota Rechazan a Comibol Para Explotar Mina. " 17, December, http://www.conflictosmineros.net/contenidos/4 – bolivia/11624 – comunarios – de – mallku – khota – rechazan – a – comibol – para – explotar – mina (accessed July 16, 2013).

Fabricant, Nicole, and Kathryn Hicks, 2013. "Bolivia vs. the Billionaires: Limitations of the 'Climate Justice Movement' in International Negotiations. " *NACLA Report on the Americas* 46 (1): 27 – 31.

FAOI – NP, 2012. "Plataforma de Lucha de los Suyus Charka Qhara Qhara FAOI-NP. "

Francescone, Kirsten, and Vladimir Diaz, 2013. "Cooperativas Mineras: Entre Socios, Patrones y Peones. " *Petropress* 30, January: 38.

FSTMB, 2012. "Resoluciones del Ampliado Nacional Minero. " Ampliado Nacional Minero de la FSTMB, Santa Cruz, May 15. http://ferreco. blogspot.com.au/2012/05/resoluciones-del-ampliado-nacional.html (accessed July 24, 2013).

Fuentes, Federico, 2011. "Bolivia: Wage Disputes Pose Challenges. " *Green Left Weekly*, May1. http://www.greenleft.org.au/node/47466 (accessed July 24).

Fuentes, Federico, 2012. "The Morales Government: Neoliberalism in Disguise?" *International Socialism* 134.

Fundacion Jubileo, 2012. "Renta Hidrocarburifera: Mas alia de las Regalia y del IDH. " *Serie Debate Publico* 24.

Fundacion Jubileo, 2013. *Diagnostico del Sector Minero* 2012. La Paz:

Fundacion Jubileo.

Fundaempresa, 2013. *Estadisticas del Registro de Comercio de Bolivia Junio* 2013. http: //www. fundempresa. org. bo/docs/content/junio_694. pdf (accessed August 5, 2013).

Garces, Celia, and CEDIB, 2012a. "Mallku Khota: A Briefing on South American Silver's Actions in Bolivia." *The Ballet* 646, June 5. http: //www. socialistproject. ca/bullet/646. php (accessed July 26, 2013).

Garces, Celia, and CEDIB, 2012b. "Bolivia's Mine Nationalizationof-South American Silver in Mallku Khota." *The Bullet* 666, July 17. http: //www. socialistproject. ca/bullet/666. php (accessed July 26, 2013).

Garcia Linera, Alvaro, 2006. "Elevismo: Lo Nacional Popular en Accion." *OSAL, Observatorio Social de America Latina* 6 (19): 25 - 32.

Garcia Linera, Alvaro, 2010. "ElSocialismo Comunitario, una Aporte de Bolivia al Mundo." *Revista de Analisis, Reflexiones Sobre la Coyuntura, February.*

Garcia Linera, Alvaro, 2011. *Lastensiones Creativas de la Revolucion: La Quinta Fase del Proceso de Cambio.* La Paz: Vicepresidencia del Estado Plurinacional.

Gudynas, Eduardo, 2013. "Development Alternatives in Bolivia: The Impulse, the Resistance, and the Restoration." *NACLA Report on the Americas* 46 (1): 22 - 26.

Gustafson, Bret, 2010. "When States Act Like Movements: Dismantling Local Power and Seating Sovereignty in Post-neoliberal Bolivia." *Latin American Perspectives* 37 (4), July: 48 - 66.

Gustafson, Bret, 2013. "Amid Gas, Where Is the Revolution?" *NACLA Report on the Americas* 46 (1), Spring: 61 - 66.

Hamecker, Marta, and Federico Fuentes, 2008. *MAS-IPSP de Bolivia: Instrument Politico Que Surge de los Movimientos Sociales.* Caracas: Monte Avila/Centro Intemacional Miranda.

Hernandez Navarro, Luis, 2012. "El Pueblo Boliviano vive la Mayor Revolucion Social." *La Jornada*, February 7: 2 - 3.

Kaup, Brent Z. , 2010. "A Neoliberal Nationalization? The Constraints on Natural-Gas-Led Development in Bolivia. " *Latin American Perspectives* 37 (3) , May: 123 – 128.

Klein, Naomi, 2011. "Climate Rage. " *Rolling Stone*, November 11: 2 – 3. http: www. naomiklein. org/articles/2009/11/climate-rage (accessed August 2, 2013).

Kohl, Benjamin, 2010. "Bolivia under Morales: A Work in Progress. " *Latin American Perspectives* 37 (3) , May: 107 – 122.

La Patria, 2012. "Gobiemo plantea nacionalizar Colquiri para poner fm al conflicto minero. " June 6. http: //lapatriaenlinea. com/? t = gobiemo – plantea – nacionalizar – colquiri – para – poner – final – conflicto – minero&nota = 109223 (accessed July 24, 2013).

Ministerio de Economia y Finanzas, 2013. *Memoria de la economia Boliviano* 2012. La Paz: Ministerio de Economia y Finanzas.

Molina, Fernando, 2013. "Por que Evo Morales sigue siendo popular? Las fortalezas del MAS en la construction de un nuevo orden. " *Nueva Sociedad* 245, May-June: 4 – 14. Trans. Richard Fidler. http: //lifeonleft. blogspot. ca/ 2013/07/why – is – evo – morales – still – popular. html.

Moldiz, Carlos, 2012. "De la Democratizacion Polltica a la Democratizacion Economica. " *La Epoca*, March. http: //www. la – epoca. com. bo/index. php? opt = front&mod = detalle&id = 2200 (accessed July 21, 2013).

MoralesAyma, Evo, 2013. *Agendapatriotica* 2025: *13 pilares de la Bolivia Dignay Soberana. La Paz: Ministerio de Comunicacion.*

Oporto, Henry, 2012. "La Minerla en la Encrucijada," in Henry Oporto (ed.), *Los dilemas de la mineria.* La Paz: Fundacion Vicente Pazos Kanki.

Pacto de Unidad, 2007. "Acta de Acuerdo de las Organizaciones del Pacto de Unidad: Constitution Polltica del Estado Boliviano. " http: // www. constituyentesoberana. Org/3/ propuestas/osio/propuesta – cpe – pacto – unidad. pdf (accessed July 30, 2013).

Postero, Nancy, 2010. "Morales's MAS Government: Building Indigenous Popular Hegemony in Bolivia. " *Latin American Perspectives* 37 (3) , May:

18 – 34.

Quispe, Aline, 2012. "Dan 72 Horas Para Revertir Concesion de Mallku Khota." *La Razon*, July 31. http: //www. la – razon. com/economia/Dan – revertir – concesion – Mallku – Khota_0_1660633971. html (accessed July 16, 2013).

Ribera Arismendi, Marco Octavio, 2012. "El Conflicto de Colquiri y las Ambigiiedades de la Nationalization." http: //www. lidema. org. bo/documentosPIMA/CONFLICTO. percent 20 Minero percent 20 de percent 20 percent 20 COLQUIRI percent 20 y percent 20 ambiguedades percent 20 de percent 20 al percent 20 nacionalizacion. pdf (accessed July 24, 2012).

Sivak, Martin, 2010. "The Bolivianisation of Washington-La Paz Relations: Evo Morales' Foreign Policy Agenda in Historical Context," in Adrian J. Pearce (ed.), *Evo Morales and the Movimiento al Socialismo in Bolivia: The First Term in Context*, 2006 – 2010. London: Institute for the Studies of the Americas.

Stefanoni, Pablo, Franklin Ramirez, and Maristella Svampa, 2009. *Las vias de la Emancipacion: Conversaciones con Alvaro Garcia Linera*. Mexico City: Ocean Sur.

Svampa, Maristella, and Pablo Stefanoni, 2007. "Entrevista a Alvaro Garcia Linera: 'Evo Simboliza el Quiebre de un Imaginario Restringido a la Subaltemidad de los Indigenas.'" *OSAL, Observatorio Social de America Latina* 8 (22), September: 143 – 164.

Webber, Jeffery R., 2011. *From Rebellion to Reform in Bolivia: Class Struggle, Indigenous Liberation, and the Politics of Evo Morales*. Chicago: Haymarket Books.

Webber, Jeffery R., 2012. "Revolution against 'Progress': The TIPNIS Struggle and Class Contradictions in Bolivia." *International Socialism* 133.

Zuazo, Moira, 2010. "Los Movimientos Sociales en el Poder? El Gobiemo del MAS en Bolivia." *Nueva Sociedad* 227, May/June: 120 – 135. Trans. Richard Fidler. http: //lifeonlefi. blogspot. ca/2013/07/the – mas – govemment – in – bolivia – are. html.

第六章　拉斐尔·科雷亚和厄瓜多尔社会运动[*]

马克·贝克尔

随着 2013 年 3 月 5 日委内瑞拉总统乌戈·查韦斯的逝世，南美洲复兴左派的领导权杖似乎传递到了厄瓜多尔总统拉斐尔·科雷亚手中。查韦斯的逝世正好是在 2013 年 2 月 17 日科雷亚在厄瓜多尔总统大选中获得压倒性胜利后不久。之后，科雷亚又在第一轮选举中胜出，得到 57% 的选票，比 2009 年选举中获得的 52% 的选票有了明显提升。科雷亚掌控的国家联盟（AP）获得了国民议会选举 52% 的选票。然而，选票换算成 100 比 137，或是 73% 的国民议会席位，为总统赢得了三分之二的国会多数席位，能允许他越过反对派的通过立法法案。进一步合法化科雷亚胜利的是过多的无效票和毁损票数量明显降低。弃权现象也明显减少，从 2006 年科雷亚第一次参选时的接近 28%，在 2013 年降低到了不到 19%。尽管厄瓜多尔强大的地方主义传统有可能导致选举结果的高度分裂，但科雷亚的胜利仍扩展到了全国范围。他唯一失手的是在亚马逊省的拿坡，前总统和科雷亚政敌卢西奥·古铁雷斯（Lucio Gutierrez）（2001—2003）的家乡。更明显的是，科雷亚在滨海的瓜亚斯省赢得了 63% 的多数票，该省有厄瓜多尔最大的城市瓜亚基尔，近几十年是保守派的大本营。

2013 年的选举表明，科雷亚的选举人力量和政治团结在他执政后的六年内持续增长。他享有拉丁美洲所有领袖中最高的支持率，其成就得到国际赞誉。所有社会指标都指向积极的发展方向：贫困率降低，就业

---

　　[*] 本章最初载于《拉美视角》，题为"拉斐尔·科雷亚和厄瓜多尔社会运动之间的激烈关系"，参见 *Latin American Perspectives*，Vol. 40，No. 3，May 2013，pp. 43 – 62。

率提高，薪资提高，教育和健康水平提高，平等差距在缩小。① 在道路、医院和学校方面的沉重社会支出在 2011 年增长到 8%，而此前一年的比率为 3.8%，超出政府预期的 6.5%。这一戏剧性的增长率——拉丁美洲最高的——由于资本主义全球性危机成为无法控制的外部压力，包括石油价格的变动和国际债务的减少以及移民家庭的汇款。科雷亚在克服政治不稳定、不平等方面的成功以及弱的经济导向，使得经济学家贾亚蒂·加霍什（Jayati Gahosh）描述厄瓜多尔是"世界上最激进、最激动人心的地方"。

尽管科雷亚的这些经济成就获得了国际赞誉，长期为一个更平等、更具参与性的社会而斗争的厄瓜多尔极左社会运动仍然高度批判科雷亚政府的不足。厄瓜多尔土著民族联合会是厄瓜多尔组织得最好、最激进的社会运动，其主席汉博托·查朗哥（Humberto Cholango）谴责攫取主义政策允许跨国矿业公司和石油公司的商业经营，没有事前得到会在这些商业活动中遭受消极后果的社群的允许。由于政府不能找到并集中关注原住民运动的政治意愿，查朗哥的主张包括开展一场土地革命、重新分配水资源和创造一个多民族国家。此外，查朗哥公开谴责，声称将社会反抗刑事定罪，认为这导致行动者为了使自己免于恐怖主义的控诉和政治上妨碍政府的攫取主义政策实行而退缩。与科雷亚的远离新自由主义漫漫寒夜的豪言壮语相反，查朗哥指责政府从根本上延续了前任政府的经济政策和社会政策。②

政府支持者将对社会运动的批评视为无关紧要的或少数人的观点，

---

① 贫困率从 2007 年科雷亚就职时的将近 37% 跌至 2010 年的 32.8%，2011 年又下跌了约 4 个点，为 28.6%。在科雷亚第一个五年执政时期，贫困率总共下降了 9 个点。失业率在 2011 年从 6.1% 跌至 5.1%，未充分就业的比率则从 47.1% 跌到 44.2%。衡量平等的基尼系数也得到改善，在 2011 年从 0.54% 下降到 0.47%（INEC, 2012）。联合国拉美和加勒比海地区经济委员会报道，2010 年，在消除贫困方面，厄瓜多尔是仅次于秘鲁的最成功的国家。尽管在人均社会开支上有着戏剧性的增长，厄瓜多尔依然显著地落后于地区平均指标，社会投资总量也没有达到古巴所获得的总量（ECLAC, 2011: 12）。

② 笔者在其他地方已经探讨了原住民运动和科雷亚政府之间紧张态势的不同方面，在一些文章中也写到了 2008 年新进步主义的宪法（Becker, 2011）和竞争性的选举运动（Becker, 2012）。在这一章中，笔者的研究主题是社会运动在承认科雷亚方面依然抱有迟疑，虽然他的总体的社会政策得到左派的支持，且是进步的。

甚至更糟糕的是，将其视作保守派对压倒性的人民左派代表的攻击，而我们承诺拉丁美洲的社会正义应当谨慎对待此类轻率地放弃这些考量的做法。根本没有代表反动派或甚至是无政府主义的政治主张，厄瓜多尔的社会运动在厄瓜多尔土著民族联合会之类组织的带领下，在激进左派组织努力的漫长历史中浮现出来。

然而，批评政府的危险始终存在，这表明，作为左派的一部分，这样做事实上可能鼓励了右派。例如，政治科学家埃米尔·萨德尔警告说，反对正面进攻友好政府的社会运动正"与敌人形成摇摆不定的联盟"。他主张，尽管政策温和且自相矛盾，但这些新政府与前任政府仍是不同的。他敦促社会运动弄清他们的积极前景，目标是加强这些部分并"同政府的进步阶层联合起来，集中力量攻击金融资本的霸权"。他指责教条主义和极左的立场，即提倡批评、谴责和抽象地要求"脱离具体实际的"社会主义的做法。在确认基层阻力的重要性时，他还指出需要权力机关的介入。尽管这些政治斗争十分困难，充满妥协与冲突，萨德尔仍然主张，假如社会运动回缩进了自治的空间，他们就会孤立和边缘化自身。有一种对社会运动积极分子的挑战是学会如何向政府施压，让其在不破坏自己阶级利益和政治进程的前提下更加负责。

从社会运动进程的角度来接近当前"粉红浪潮"政府，这向许多学者对此项事业的假设提出了挑战。加里·普雷沃斯特（Gary Prevost）、卡洛斯·奥利·瓦坎波斯（Carlos Oliva Campos）和哈利·范登（Harry Vanden）注意到，关于左派政府与社会运动之间互动的学术研究相对空白，从而引起对这一关系问题的探索。社会运动是继续对新政府施压还是暂时放他们一马呢？他们是独立活动还是变成政府政策的啦啦队长呢？进步的政府视他们为可以在政策上咨询商议的合作伙伴、一种必须联合的政治力量，还是掣肘的反对派呢？政府会将运动中的积极分子引入核心领导层吗？或者说，会像前政府一样将他们看作对国家机器的挑战吗？最后，有没有任何一个社会运动或左派政党在没有其他支持、压力和机构的情况下能达到社会正义的公共目标呢？

参与政治的社会运动是夯实新左派政府基础的关键，保持对左派改革进程的成就和进展的批评。厄瓜多尔的例子证明，左派政党不能在没有大量社会运动的激情和能量的前提下，通过反对传统寡头政治根深蒂固的经济利益和政治利益获得力量，社会运动也不能在没有获得政府机构控制权的情况下达到他们激进的改革目标。正如史蒂夫·艾尔纳所说，向左迈进所需的实际步骤总是相互矛盾且不可避免会相互冲突的。具体到厄瓜多尔，积极分子质疑一位压制了他们运动力量且具有超凡能力的总统的智慧。这位总统并不是他们中的一员，他在挑战那些被剥削、被压迫人民边缘化的机构的问题上是左右摇摆的。

许多左派

尽管一直以来都呼吁检视拉美粉红浪潮的多样性，许多学者仍然将政府简单地分为"好的"左派或温和左派与"坏的"左派或激进的和民族主义的左派。在这种体制中，厄瓜多尔的拉斐尔·科雷亚不可避免地与委内瑞拉的乌戈·查韦斯、玻利维亚的埃沃·莫拉雷斯一起，成为南美洲激进左倾政府的三驾马车。右派[1]、左派[2]及中间派[3]的学者和积极分子都遵循了这一模式，常常对厄瓜多尔情况的独特性有一些理解或赞赏。这种简单化的对比不能表明潜在的多样化的复杂性，以及不同政府对待社会运动组织的相对关系。正如庞斯雷穆瑞（Jon Beasley-Murray）、麦斯威尔·卡梅伦（Maxwell Cameron）和赫斯伯格（Eric Hershberg）警示说："将左派一分为二成为激进民众主义者和社会民主派的做法，合宜地重塑了革命与民主和全球化新背景下的改革之间的旧裂痕"。萨德尔注释说，"所有新革命进程都产生于非正统潮流中，看起来与社会主义理论的预期是相互抵触而非正向强化的"，而改革的公式无法重复。正如艾尔纳提出的，"多样化与复杂性是这三个国家政治图景的特征"，在这三个国家中，厄瓜多尔尤其需要更深层次、更细致的研究。

2006 年 11 月，科雷亚第一次赢得厄瓜多尔总统大选，将自己定位成拉丁美洲左派浪潮的一份子，许诺创造一个更具参与性的政府构架。在任期间，科雷亚采纳了与乌戈·查韦斯相似的战略，以此巩固其权力。

---

[1] 参见 Castaneda and Morales, 2008。

[2] 参见 Harnecker, 2011。

[3] 参见 Weyland, Madrid and Hunter, 2010。

首先是总统竞选，科雷亚在五年间赢了六次选举。2007 年 4 月，80% 的厄瓜多尔选民赞同举行公投，召集大会重修宪法。2007 年 9 月，科雷亚的新政治运动 AP 赢得了国民代表大会的多数席位。一年后，近三分之二的选民赞同新宪法的大部分代表权掌握在科雷亚手里。与 1999 年委内瑞拉宪法的情况一样，厄瓜多尔的新"大宪章"如此深刻地重构了厄瓜多尔的政治构架，需要举行新的地方的、议会的和总统的选举。科雷亚还主导了这些竞选，包括赢得 2009 年 4 月的总统选举，即便是 AP 丢掉了在 2008 年国民代表大会上赢得的多数席位，科雷亚还是获得了 52% 的选票。2011 年 5 月，选民勉强同意举行公投，将权力进一步控制在总统手中。2013 年的总统选举中，科雷亚成功赢得了第七次选举。这次连任让他可以再任职十年，比厄瓜多尔长期不稳定的政治历史上其他任何领导人的任期都长得多。

尽管卡斯塔涅达和莫拉雷斯批判"民众主义左派"是一种不体面的民主体制，但无论是查韦斯、莫拉雷斯或是科雷亚都不可以被合理地称为反民主的，特别是假如我们将民主局限地定义为自由和公平的选举。他们三位都极大地依靠选举程序来巩固其权力，并通过公务员机制进行统治。坚持民主机制并将其与 21 世纪的社会主义区分开来，在不同的历史节点上，拉丁美洲的左派领导人将选举作为一种获得权力的重要途径。一般来说，左派政府的这波新浪潮的特征是从代议制政府转向参与式政府。

韦兰（Weyland）、马德里（Madrid）和亨特（Hunter）批评激进的民众主义政府利用国民代表大会重构政治规则并将权力集中在行政机构。这种观点不仅罔顾史实，还无视了厄瓜多尔当前的政治环境。与智利和美国相反，玻利维亚和厄瓜多尔频繁修改它们的宪法，以服务这场运动中占主导地位的政治利益。在科雷亚刚执政时，厄瓜多尔的一个共同观点是，现行宪法是十年前才修订的，而且已经获得了一些成就，控制了宪法修订的社会主导部门为了让宪法发挥作用做了太多妥协。许多人认为，厄瓜多尔需要一个更强大的行政机构去应对频繁而额外的宪法修订带来的权力变化问题。修订宪法长期以来都是一个关键的社会运动诉求，对宪法最终版本的强有力支持表明，这种改革进程有深厚的民众基础。

维兰德主张，他成为"论辩式"左派的对抗性路径并未给恒久的改革创造一个坚实的基础。然而，假如反对派害怕激进民众主义政府带来的失稳效应，厄瓜多尔的经验并不能为之证明。在经历了一系列高度分裂化的新自由主义政府之后，科雷亚的当选造成一个始料未及的政治稳定局面。这种稳定部分是由于人民支持他的政策和政治规划，部分是由于国家在经历频繁而额外的宪法修订后的权力穷竭。在事实上碾压了传统政党和保守党反对派之后，社会运动左派对科雷亚政府提出了最大的挑战。这些积极分子不满意改革的步伐，但剥夺科雷亚的权力并不符合他们的长远利益。

社会政策

执政期间，科雷亚实行了向贫困人口和社会边缘群体倾斜资源的政策。他的许多举措不利于为他赢得广泛群众赞誉的保守派寡头政治。例如在2008年7月，他征用了195家隶属于以赛亚集团的企业，以恢复由于1998年企业腐败导致Filanbanco银行破产造成消费者损失的部分资产。2008年12月，他拖欠了30多亿美元的外国债券而获得了进一步支持。尽管财政部有偿还能力，但拒绝偿付是捍卫国家主权的政治态度。科雷亚高调地将债务标注为前任政府签订的"非法的、不合理的和腐败的"合约且只惠及上层阶级。他提出，厄瓜多尔应当牺牲债务偿还而不是削减社会投资。此前，厄瓜多尔的绝大多数石油税收流失国外，科雷亚试图扭转这一局面。2010年7月的一项法案将政府享有的石油收益比例从13%提高到87%，这项改革将国家的收益提升了近10亿美元。更重要的是，政府还提升了征税能力，尤其是对公司的征税能力。这相当程度地增加了可用于基础设施建设投资的社会支出的可支配税收，且不会增加国家债务，而增加债务是许多保守党反对派所害怕的。

卡斯塔涅达和莫拉雷斯批评激进民众主义政府强调社会工程甚于经济生产。新拉丁美洲左派接受经济绩效的妥协，以换取授权、参与式民主和民间组织的支持。厄瓜多尔的经济增长模式意味着科雷亚极力避免的那种权衡取舍。相反，在追求资本主义效率的同时，他信奉社会主义的人道主义。在为2013年2月的总统选举做准备时，他提高了银行的税收以便增加惠及社会最贫困阶层的专项基金。除了在教育和医疗卫生上的资金投入增加了三倍之外，他还增加了对单亲妈妈和小农的额外补贴。支持者们赞誉私有财产要从属于公共利益，而总统的社会政策对厄瓜多尔赤贫的大多数人是极为友好的。

一些社会运动积极分子或许会同意卡斯塔涅达和莫拉雷斯或维兰的观点，即温和政府要比激进政府更好地凸显出新自由主义的失败，减少不平等或深化民主制度。尽管害怕走向反面，税收的增加，包括石油的额外收益，似乎并没有阻碍国外投资的开展，政府仍然继续与跨国公司签订采矿和石油开发协议。跟委内瑞拉一样，相关指标显示出，在科雷亚治下经济呈现戏剧性的增长。可以肯定的是，科雷亚的执政有许多可圈可点之处，相当程度上增加了社会支出，以减少贫困人口和降低经济的不平等。

科雷亚满足了许多人民需求，包括驱逐驻扎在曼塔空军基地的美国军队、拒绝与美国签订自由贸易协定和召集国民代表大会。2012 年 6 月 27 日，科雷亚宣布他决定带领厄瓜多尔摆脱美国陆军学校的控制，许多积极分子为之欢呼雀跃。美国陆军学校培养了数千名拉丁美洲军官，其中许多人领导或参与了反对民选政府的叛乱。2012 年 8 月 16 日，他又决定授权维基解密的创始人朱利安·阿桑奇（Julian Assange）政治庇护，进一步赢得左派对他的赞赏。2013 年 6 月，厄瓜多尔一度再次成为国际瞩目的焦点，其时外交部部长进一步为国家安全局的告密者爱德华·斯诺登（Edward Snowden）提供政治庇护，斯诺登因触犯美国《反间谍法案》的数项罪名被美国通缉。尽管科雷亚做了让步，显然是迫于时任美国副总统乔·拜登（Joe Biden）的压力，他仍然利用这个机会提出了罗贝托·以赛亚（Roberto Isiah）和威廉·以赛亚（William Isaias）的类似例子，指出国际法应用中潜在的不平等。以赛亚两兄弟在 1998—1999 年厄瓜多尔银行危机中涉嫌贪污公款，却在迈阿密逍遥，厄瓜多尔多次要求遣返他们都未果。

然而，如果不理会或无视社会运动对科雷亚政治立场的批判也是不对的。与卡斯塔涅达和莫拉雷斯相比，积极分子抱怨总统太过希望牺牲权力和更大范围的人民参与权以实现更好的经济效益，尤其是在采掘行业。他们认为，科雷亚的社会政策既非革命的，也非许多观察家所期望的那样是社会主义的。尽管有激进的口号，科雷亚既没有摆脱厄瓜多尔的政治左派也没有脱离强有力的社会运动，不停地挑战传统保守主义寡头政治的霸权。环保主义者反对他的国家中心主义发展计划，这导致采矿、石油和其他采伐工业政策的紧张。他的土地政策有利于大范围的经济发展，因此离间了厄瓜多尔以强有力的原住民运动为基础的乡村社群。激进派谴责科雷亚为了巩固他的选民基础而从事救济品捐赠项目，而不是提出压迫和剥削的结构性议题。

维兰德回避了用"激进的"这个标签来形容南美洲左派政府，因为他们比许多20世纪的社会民主派更温和，也没能着手进行全面的、系统的社会经济和政治架构分析。没有哪个现任左派政府能接近20世纪60年代古巴革命时期、20世纪70年代智利的萨尔瓦多·阿连德政府时期以及20世纪80年代尼加拉瓜桑蒂斯运动时期的结构性改革。21世纪拉丁美洲面对的政治和经济环境与此前几十年已经天差地别。经历了数十年的新自由主义统治之后，随着企业经济利益的急剧扩张，国家权力严重收缩。尽管有着强有力的口号和民族主义立场，没有哪个新粉红浪潮的左派政府真正努力去限制出口或对外贸易和投资。此外，科雷亚追随查韦斯和莫拉雷斯的脚步，越来越依赖出口主导型发展战略。

提高经济效率和社会改革的目标充满了张力，改革政策也需要时间和妥协。但许多厄瓜多尔的激进社会运动质疑，科雷亚是否真的力图将国家带向左倾。他们没有意识到许多社会运动左派为之奋斗一生的希望和梦想，科雷亚的政策似乎将厄瓜多尔带向一个更温和或从根本上保守的方向，其主要受惠者并非边缘社群而是富有的资产阶级。科雷亚的支持者批评反对派是"极端左派"，认为他们逼迫或希望政府采取更激进的立场，而社会运动积极分子常常不愿接受政治领袖为继续执政而不得不做的调整。看似和谐的政府，其近期的政治历程让许多积极分子犹豫不决是否要接受部分承诺，即采用暂时的行政手段以满足他们对更好未来的期望和梦想。

许多社会运动领袖对另一位总统还有着苦涩的记忆，他曾让许多人期待有一番翻天覆地的改革。2000年1月21日，卢西奥·古铁雷斯上校领导了一场原住民军官政变，在贾米尔·穆哈德（Jamil Mahuad）实行了不受欢迎的新自由主义政策后将他赶下了台。尽管政变失败了，古铁雷斯仍利用它赢得了两年后的选举。其时，支持者庆祝他的成功当选是长期以来社会运动目标的实现。然而，当他实行了跟前任一样的新自由主义经济政策，违背了支持他上位的人们的利益时，他们的期望迅速幻灭了。他的举措显然表明了民众主义领导人的反复无常，他们附和左派的言论以赢得选举，一旦执政后就倾向于那些能让他们保持权力、强有力的经济利益体和政治利益体。社会运动和原住民组织兴起于古铁莱斯全面崩溃的脆弱阶段，并谨慎地与运动之外的卓越领导人进行联盟。

社会运动

尽管从不同角度来说，所有拉丁美洲左派政府都与社会运动有着极为复杂的关系，但科雷亚却是最为艰难的那一个。在国际环境中，如世界社会主义论坛上，科雷亚比他的战友们更迫切地接纳社会运动计划和更广泛的左派。他还是政治轨迹变化最大的那一位。例如，乌戈·查韦斯长期以来都在致力于重组委内瑞拉军队的改革活动。埃沃·莫拉雷斯则长期是玻利维亚古柯种植者联盟的领袖人物（即便当选总统后，他依然长期担任这一职务）。乌拉圭总统何塞·穆希卡是前游击队领袖。巴拉圭总统费尔南多·卢戈是受自由主义神学影响的天主教主教，曾长期与穷人和边缘群体工作在一起。丹尼尔·奥尔特加在 20 世纪 70 年代引领桑蒂斯运动获得了执政权。相比之下，正如《经济学家》杂志合宜地观察到的，拥有伊利诺斯大学经济学博士学位、掌握流利法语和英语的科雷亚"不像是一位革命者"。

毫无疑问，科雷亚的成功当选是长期社会斗争和人民斗争的巅峰，主要受到原住民运动和厄瓜多尔土著民族联合会主导的 20 世纪 90 年代新自由主义运动的影响。假如不是迫于这些社会压力，科雷亚不可能赢得总统之位。正如莫拉雷斯（与阿根廷的内斯特·基什内尔一样），科雷亚利用反体制力量获得了权力。然而，他并不是通过参与强有力的起义，在前十年内驱逐了三位总统。当抗议和反对震动全国时，科雷亚只是一所精英私立学校的一位籍籍无名的经济学教授。他最初获得的公众形象是作为 2005 年卢西奥·古铁雷斯政府倒台后接任的阿尔弗雷多·帕拉西奥（Alfredo Palacio）政府的经济部长，而在这个职位上的成功为他在次年成功竞选总统奠定了基础。

　　强大而组织严密的社会运动不时震动厄瓜多尔的政治格局。科雷亚与其之间的联系不仅十分脆弱，而且他还力图代替或取代这些运动。科雷亚政策目标与粗糙统治方式的结合造成他同最初十分支持他的社会运动之间的嫌隙。维兰德称左派政府是"论辩式的"而不是"激进的"，因为要保持追随者的忠诚度，领导人必须与其对手开展对抗式政治活动。然而，科雷亚似乎像对抗其保守党反对者那样，与他表面上的社会运动左派盟友进行对抗。当科雷亚提出一个新的评估体系削弱了教育工作者联合会（UNE）在教师中的霸权时，教育工作者联合会也站到反对他的一方。国家农民、原住民和黑人组织联盟（FENOCIN）也因为政府的土地政策和水资源政策而疏离了政府。作为回应，科雷亚转向更小、更边缘化的组织，如厄瓜多尔印第安人联盟（FEI），或是创造新的报业组织来打造一个社会运动仍支持他执政的假象。前任政府（尤其是古铁雷斯政府）中有许多原住民领袖担任部长和其他政府高层，科雷亚的政府中却没有这样的代表席位。事实上，莫尼卡·楚基（Monica Chuji）最初是科雷亚的新闻发言人，以"原住民"的形象出现在政府中，后来由于政府攻击了原住民积极分子，他坚定地转到反对政府的一边。而许多来自学术界和非政府组织的科雷亚执政联盟的顶层成员越来越感到其受到前政府新自由主义政策的排挤。

　　当查韦斯，尤其是莫拉莱斯面对来自社会运动异见者的压力时，科雷亚更加远离了这些潜在的支持基础。委内瑞拉并不是强有力社会运动的发源地，但查韦斯利用政府机构鼓励草根阶层组织的发展。玻利维亚历史上有过激进的社会组织，莫拉莱斯在这个传统上建立并巩固其政府。与之相反，科雷亚除了削弱现有组织的成就外，并不利用其行政能力为基层社会运动组织创造新的空间。他并不建立在委内瑞拉玻利瓦尔革命中代表不同阶层的组织，如玻利瓦尔朋友圈（Bolivarian Circles）之类的机构或社区委员会，也不授权给基层组织或直接资助地方层级机构。的确，他的公民革命很难代表大众起义。

　　原住民、环保主义者和其同盟多次从左派立场挑战这位总统，即使他们欢呼查韦斯和莫拉莱斯是自己的盟友。从他们的立场看，科雷亚从他的位置中获益，而这个位置是社会运动者们之前所创造和持有的，却不能利用他的位置为他们谋取利益。他们声称，科雷亚已经是"左派"

总统俱乐部中的一员。这种声称是从表面的相似性来判断的，而非对科雷亚政策的意图和后果的深层次理解。从表面来看，这些总统会从他们的政策中获益最多。历史学家帕布罗·奥斯皮纳（Pablo Ospina）将科雷亚政府归类为左派，因为它寻求破坏传统寡头政治的权力，但即便从言论和政策上吸纳了许多社会运动的规划，它仍然不是一个社会运动的政府。奥斯皮纳认为，假如科雷亚消失两个星期，他的政治运动就会土崩瓦解。重要的是，与之相反，假如某些类似的情况发生在其他领导人身上，如刘易斯·马卡斯（Luis Macas），社会运动的组织目标仍会继续前进。对那些比科雷亚更激进的人来说，他的政府似乎成为另一个卓越的民众主义领袖为了一己私利试图颠覆他的左派主张。

没有将政府植根于现有社会运动组织成就或是为新的社会组织开创空间，科雷亚在无组织和边缘化的城市下层阶级中建构了自己的选举基础。此外，科雷亚没有构建一个工人阶级，他拉拢了小企业主和城市中产阶级（亡命之徒），他们在 2005 年 4 月赶古铁雷斯下台的街头游行中扮演了核心角色。尽管得到很高的支持率，科雷亚并没有一个强有力、有组织的社会运动支持他，对他的支持总是人尽皆知的"广而不深"。从一开始，他就显然不可能是一位传统上的左派领袖，在过去的十余年间也没有哪个强有力的、组织规范的社会运动不断扮演着拥立者的角色。在与更激进派别的不断冲突中，科雷亚似乎并不认为，他的选举成功要归功于此前工人领袖、环保主义者、原住民积极分子以及其他群体长期参与这一历史进程。尽管他进行了十分有效的参选，但缺乏坚定的运动作支持可能会让他的政治规划遭遇一系列宪法以外的挑战，如 2002 年 4 月查韦斯在委内瑞拉面临的那种挑战。

除了排斥社会运动的政治权利，结构性的局限还减弱了厄瓜多尔土著民族联合会此前表达下层人士思虑的强大呼声。乡村向城市的移民改变了厄瓜多尔土著民族联合会在乡村社群中历史上的人口平衡。由来已久的城市运动领袖及其与乡村基础间的断裂导致了他在战略、战术和政策上的冲突。当厄瓜多尔土著民族联合会的一派 Pachakutik 转向种族主义立场并除名了许多麦斯蒂索成员时，它开始疏离其他社会运动，而此前在反对新自由主义秩序中他们曾是盟友。最终，首先是古铁雷斯，然后是科雷亚，他们都喜好更小但更具竞争力的联盟，如厄瓜多尔福音派土著人民和组织理事会（FEINE）、农民原住民黑人组织联盟（FENOCIN）和厄瓜多尔印第安人联盟（FEI）。它们正式承认削弱了厄瓜多尔土著民族联合会此前为所有原住民发声的宣言。所有这些因素都阻碍了厄瓜多尔土著民族联合会推进其社会运动议程的能力。

科雷亚与社会运动之间的张力表现为2011年5月7日左右开始的争论，对10个关于宪法的、正义的、政治的和社会的问题举行了公投。人们没有支持总统，许多更激进的积极分子加入了一项运动，即敦促选民拒绝一位人民领袖。尽管事实上，公投在很多方面对左派有着深层次的吸引力，积极分子们仍反对举行公投。他们将两个具有争议的问题归罪于不公平的财富所有制和要求雇主将其雇员在社会保障机构登记在册，特别是那些惠及穷人和边缘人群的政策。举行公投，或者更广范围来说，科雷亚的执政计划着重强调此类政策，它可能很容易赢得绝大多数人的热切支持。然而，2011年5月选举的关键问题是考虑到对科雷亚认为是腐败且低效的司法制度的改革。事实上，公投一开始仅仅是修改刑法典的事件，后来扩展到为保证公共安全而对嫌疑犯的审前羁押时间问题。来自左翼和右翼的反对派都害怕科雷亚会利用犯罪率增长作为借口，以增加他的行政权。

对社会运动而言，政府提升公共安全的努力引起对定罪异议的关心。人们的担心已经变成现实，189名积极分子因反对攫取主义政策而被指控为破坏和恐怖主义。在另一桩更显著的案例中，四位领导人——厄瓜多尔土著民族联合会主席马龙·桑迪（Marlon Santi）和副主席佩佩·阿卡科（Pepe Acacho）、厄瓜多尔原住民运动主席德尔菲·特尼萨卡（Delfin Tenesaca）、一个地方联盟的主席马可·瓜地马（Marco Guatemal）——因为领导了2010年6月在厄瓜多尔奥塔瓦洛举行的美洲玻利瓦尔联盟反对集会峰会，他们面临同样的指控。特尼萨卡宣称说"这个政府已经向原住民宣战了"，他谴责对他的指控是社会控制的手段而已。

赢得更大范围关注的2011年5月公投问题就是寻求削弱寡头政治对媒体的控制权。当保守派痛斥所谓媒体自由的崩塌时，事实上，媒体仍牢牢掌控在传统寡头政治手中，他们依然掌握着生产资料。像在委内瑞拉和玻利维亚一样，主流媒体所有者坚决反对现政府，并将媒体作为反对政府政策进程的武器。拉丁美洲新左派政府明白，实行他们的政策目标需要创造性地利用媒体将信息传播到公众中去。当然，查韦斯主导了委内瑞拉的《你好，总统!》，科雷亚则有追随他的《公民连线》。科雷亚尤为迫切地运用媒体，大规模扩张国有媒体数量以传播其信息。这一扩张伴随官方宣传资金的大幅度增加，从前政府时期的两百万美元增加到2012年的九百万美元。在这一进程中，他排挤了独立的和社群的广播电台，而它们在2005年4月将古铁雷斯赶下台的街头抗议中起了关键作用。

由于2013年选举后AP占领了绝对多数优势，国会最终通过陷入僵局四年之久的通信法案。社会运动长期推动该项立法，因为这可以重新分配广播频率，使广播媒体最终分为私有、公共和社区几类。此外，与委内瑞拉早前的另一项法案相似，法律规定50%的音乐和60%的节目必须是厄瓜多尔本土的，以此保证文化的繁盛。与此同时，保守派反对者批评该法案，因为害怕它可能摧毁新闻自由，让研究型期刊的日子更加难过。

激进民众主义政府的批评者抱怨他们令人毛骨悚然的威权主义。但是，正如埃尔纳和凯文·杨（Kevin Young）所提到的，这些指控太言过其实了。在厄瓜多尔，最臭名昭著的案件是科雷亚指控 *El Universo* 杂志发动社论诽谤和诋毁他作为总统的行为举动。尽管该案件在关于新闻自由是否应成为首要考虑要素这一问题上引起左派的分裂，一些社会运动积极分子主张，对自由和个人权利的关注不能指明社会中有更重要的潜在的结构性错误。围绕科雷亚对新闻自由的所谓指控，并没有建构起一个共同联盟，许多社会运动左翼人士并没有足够耐心应对保守派对科雷亚政府的批评。舒舒服服地自我放逐在佛罗里达，*El Universa* 的主编艾米里奥·帕拉西奥（Emilio Palacio）很难赢得边缘群体和有组织社会运动的多少同情。然而，这些问题只不过强调了富有的资产阶级的个人利益而已。

更鲜少有人注意到就在通信法通过的前一天国会通过的采矿法案。该项法案旨在促进采掘工业，这一目标在发布之前几天才受到打击，即加拿大 Kinross 公司刚刚从厄瓜多尔最大的金矿 Fruta de Note 撤资。Kinross 不愿支付高达70%的意外利润税，而科雷亚打算用这笔钱资助社会工程。当科雷亚转向中国寻求投资资金时，原住民群体提出，在他们的土地上开发任何工业前应征询他们的意见。

尽管科雷亚遵循了与查韦斯和莫拉雷斯相似的执政策略，还常常乐于与其他左派政府结成联盟，但从社会运动积极分子的角度来看，他们的具体政策目标还是太过不足了。他们与科雷亚的问题并不在于他太过激进，而在于他对帝国主义的态度太和稀泥，拒绝与厄瓜多尔新自由主义的过去一刀两断，也不能开创一个参与性空间。简言之，许多激进分子担心科雷亚还不够"左"派。在他们看来，左翼政治理论不会轻易放弃他们的权力。此外，科雷亚政府还缺乏实行他们苛求的、更激进的政治提案的政治力量。

采掘业

厄瓜多尔2008年宪法修订进程是大多数人民运动和其他左翼政治力量盼望已久的行动，包括重新主张政府对石油、采矿、交通、电讯及其他经济部门的控制，而这些部门此前都被私有化了。科雷亚坚持采掘业经济活动能刺激经济，增加就业，为社会项目提供资金，这一切都不会造成节外生枝的不利的环保影响。他倾向于大规模采矿管理的社会责任应归于强大国家掌控之下，以保护环境及保障工人权利，还认为贫乏的常规小规模采矿对环境的破坏更严重。他强调获利途径的必要性，即资源采掘可以为社会项目提供强有力的资金支持。为了施行这些政策，科雷亚再次追随了查韦斯率先在委内瑞拉试验，而莫拉雷斯在玻利维亚也采纳了这一策略。在保守派评论家们嘲讽地称为"石油民众主义"的计划中，所有这些政府都力求用石油租金资助社会项目，鼓励内生动力发展。

科雷亚的论调没能说服许多左翼反对派，采矿业带来明显的物质利益，而他扩张采掘业的做法导致其与农村社群及环保组织间的张力日渐增加。进步政府没能摆脱依赖采矿业或农工业的采掘经济，同样导致社会运动的挑战，这跟莫拉雷斯在玻利维亚、卢戈在巴拉圭、毛里西奥·福内斯在萨尔瓦多，以及秘鲁的奥良塔·乌马拉面临的情况是一样的。在各个国家，环保主义者和原住民反对者批评政府没有从根本上打破西方经济发展模式，即以原材料采伐和无限的经济增长为预期。

农村社群强烈要求，在他们土地上的采矿活动必须事前征得他们的同意，而科雷亚却想让中央政府保留决定何时何地可以进行采矿作业的权力。2008 年宪法许诺社群有受征询的权利，但却没有说采矿必须得到他们的同意。决策是社会运动力量的主要来源。环保组织 Accion Ecologi-ca 主席伊冯·拉莫斯（Ivonne Ramos）提出，宪法不能保护地方社群的权利，意味着国家并没有打破自然资源开发依赖型僵局，依然将自然资源开发作为其主要收入来源。比斯利·莫里（Beasley-Murray）、卡梅伦（Cameron）和赫斯伯格（Hershberg）注意到，"原住民应当有权参与民主自治并享有开发自然资源的经济机会，这一观点只在维持现状的角度来看是激进的，即认为市场经济背景下不能满足基本的人类需求的基本自由权利和自由"。考虑到亚马逊地区关于石油采掘的卑污历史，环保主义者注意到，那些首当其冲受到采掘工业生态影响的人，几乎不能从中获得经济利益。

前矿业部长、2008 年国民代表大会主席、科雷亚最初的最亲密的内阁成员之一、经济学家艾尔贝托·阿科斯塔（Alberto Acosta）与总统在关于采掘工业的问题上谈崩了，他认为总统与新宪法强调的"幸福生活"（sumak kawsay）相违背。"幸福生活"是盖丘亚族人的一个概念，认为人的需要应当优先于资本的需要。阿科斯塔认为，"我们有义务尽量完善采掘业，使其不对环境和社会造成破坏"。厄瓜多尔需要意识到从每桶原油中可能获得的最高社会利益，而不是考虑产量的最大化。他补充道，"开发自然资源并不能促进发展"，然而，"生产和发展的首要元素是人"。阿科斯塔坚称，"那种谴责我们国家作为原材料生产者和出口者的观点"认为，厄瓜多尔必须改革在历史上居于全球资本主义边缘的不发达经济状况。原材料加工业的附加值归于发达工业经济，而不是给了厄瓜多尔。人们常说，国家每开采一桶原油就越加损失一美元。在阿科斯塔看来，幸福生活应当导向另一种本质上完全不同的发展观。这与厄瓜多尔未来把政府与其最坚强的支持基础拆散开来的观点是截然相反的。

阿科斯塔之类的反对政府政策者将石油称作"资源诅咒"，在反驳诸如此类的反对意见过程中，科雷亚坚持可以不择手段，而且一定要利用厄瓜多尔的自然资源来创造一个积极发展的模式。他指出，建构一个采掘经济的替代性经济是一项长期议题，短期内依靠采矿业获利和创造就业机会是必不可少的。罗杰·布尔巴赫（Roger Burbach）、迈克尔·福克斯（Michael Fox）和费德里科·富恩特斯（Federico Fuentes）在讨论科雷亚的辩称时说,"拉丁美洲的经济总是受到采掘出口业的驱使","期望在十年左右的时间内改变这一现状是完全不现实的"。经历了数个世纪的殖民和资本主义经济压迫,拉丁美洲经济的重建是无法一蹴而就的。

在原住民看来,这种冲突不仅涉及农业经济之类的物质要素和环境因素,还威胁到原住民的宇宙观。部分反对科雷亚的意见则依靠新宪法的某些理念,如宣称厄瓜多尔要成为一个多民族国家应当具有可操作性而非仍然是象征性的。反采矿运动积极分子卡洛斯·阿里亚罗(Carlos Aorrila)主张说,出口原材料、进口成品商品延续了可以追溯到殖民时代的经济依赖模式。此外,他还认为,"厄瓜多尔的大规模采矿不可能像宪法保证的那样不触犯到自然的权利"。为此,索里亚成立了反对政府采掘工业的联盟。积极分子想要一个与根深蒂固的资本主义利益更加对抗的政府,包括实施参与性管理可以帮助结束历史上社会边缘群体受压迫的状态。

为应对来自基层的压力,科雷亚试图以生物敏感和多元的亚苏尼国家公园为由进行谈判终结石油开采,以此换取国际债务免除和发展援助。亚苏尼是瓦拉尼人的家园,他们从石油经济中获益甚少。2007 年 11 月,苏尼亚地区长期积聚的分歧达到白热化。在达乌玛镇,抗议石油采伐的当地居民占领并控制了部分油井,在当地社区的支持下,要求经济发展和环境保护的资金。科雷亚用铁腕手段应对这次骚乱,派遣军队阻止了反抗行为,并谴责反对者是不爱国的破坏者。政府逮捕了 45 人,指控其为企图阻碍石油采掘发展的恐怖主义。科雷亚号召反对者们尊重法律。"不再罢工,不要暴力",他说,"一切通过对话,绝对不要武力"。[1] 他暗示自己不会因为社会运动的压力而动摇。总统断定,反对者没有强有力的支持且他们的领导人缺乏真正的代表性。"三五个人就能闹出足够大的动静来",他说,"但是,老实说,他们缺乏群众支持"。然而,他宣称自己乐享广大民众对矿业法案的支持,而这种支持转化成了对其政府的选举认可。

在这些冲突中,总统抱怨"幼稚的环保主义者"给经济发展造成了不良影响。他解散了一些反对他的团体,把他们视为加入试图毁掉政府

① 参见 Saavedra,2008:4。

的政治保守主义阵营的、"原教旨主义者"组成的"幼稚左派"。社会运动成员拒绝科雷亚给的标签。比如，阿科斯塔清楚地表明，尽管他与科雷亚有分歧，他也绝不会与任何右派结成战略或战术的联盟。他是一个极讲原则的左派，因此不会参与这种机会主义的政治安排。查朗哥也说，"我们不跟右派结盟"。相反，积极分子从左翼挑战科雷亚，迫使他与厄瓜多尔新自由主义的过去一刀两断。查朗哥许诺说，会一直战斗到新自由主义被摧毁的那一天。他声称，"我们不会允许改革的进程被缩减、被阻滞或半途而废"。①

　　由于环保主义积极分子致力于可持续发展，科雷亚对其反对者的压制似乎与针对此前右翼新自由主义政府的手段有所不同。政治学家马蒂奥·马丁内兹（Mateo Martinez）比较了科雷亚对环保主义者的攻击和秘鲁的阿伦·加西亚（Alan Garcia）对环保主义者的态度，加西亚将反对采掘发展模式的人视为对现代化的攻击，并谴责反对他的人是懒惰、荒谬、受外在利益驱使的。在20世纪初持续动员反对新自由主义经济政策的时期，马丁内兹观察到，社会运动积极分子从未面临过恐怖主义的控诉，而在现在这个更友好、更和谐的政府之下，却面临这样的指控。原住民科学与文化研究所（ICCI）批评科雷亚背叛了"近年来签署的关于殖民领地最激进的提案"，包括他想要为采矿、私有化生物多样性以及增加石油采伐大开方便之门。不只这个问题，关于采矿的冲突表明了科雷亚与社会运动之间还有广泛的、不断增加的，甚至看起来无法填平的鸿沟。

　　社会运动对科雷亚政府的挑战还表现为反对所谓的水资源私有化计划。反对者抱怨说，提出水费账单会让跨国矿业公司、装瓶公司和大地主从事农产品出口事业，如鲜切花和香蕉等，以适应水储量，但这明显违背2008年宪法。鲜切花和采矿业都需要消耗邻近地区的大量水资源。科雷亚回应称，水费私有化完全是谎言和误会，他的提案根本意不在此。他坚持认为，立法提案禁止水资源私有化，也是水资源供应管理的需要。他认为，社会运动试图动摇他的政府，已经变成极右翼势力"有用的白痴"。他谴责顽固的激进团体被玩弄于保守派利益的股掌之中，破坏了他许诺给国家公民革命的积极成果。2009年9月，随着厄瓜多尔东部的舒

---

① 参见 CONAIE，2009。

阿尔人和阿丘雅人用棘铁丝阻断了高速公路，反对水费账单的示威游行变得愈发紧张。作为同年 6 月秘鲁亚马逊地区反抗的回音，这次阻断行动导致数十人死亡。随着舒阿尔族的教师博斯克·维苏姆（Bosco Wisum）遭到枪击，厄瓜多尔人的示威游行进入白热化状态。维苏姆的死亡似乎震撼了科雷亚，他号召停止暴力行动。

为进一步疏离环保主义者和原住民积极分子，2013 年 8 月 15 日，科雷亚宣布会在亚苏尼国家公园进行石油开发。专家最初评测认为，Ishipingo Tiputini Tambococha（ITT）油田可以产出 70 亿美元的利润。根据亚苏尼－ITT 计划，为了不放弃在公园内钻探，国际投资者应当将石油的一半价值捐给联合国开发计划署（UNDP）用于厄瓜多尔的卫生保健、教育和其他社会项目。科雷亚抱怨说，这项提议牺牲了厄瓜多尔的主权，而减贫计划迫切需要这笔石油租金。批评者指责科雷亚依然试图利用采掘发展模式来建设国家经济而罔顾环境后果。

尽管查韦斯和莫拉雷斯都与反对他们以采掘工业为基础的发展模式的环保主义者和原住民团体纷争不断，但他们对批评的回应与科雷亚有根本的不同。即便是激进民众主义政府的反对者也赞赏查韦斯和莫拉雷斯开启了政治参与，特别是针对原住民群体。例如，尽管莫拉雷斯最初强力支持在 Isiboro-Secure 原住民飞地和国家公园（TIPNIS）修建一条高速公路，但反对者改变了他的立场，他随即制订了一项政策，被恰帕斯的萨帕塔主义者称为"顺应民意进行统治"。然而，科雷亚走向反面。当莫里卡·朱基（Monica Chuji）指控科雷亚的政务部部长西奥·阿尔瓦拉多（Vinicio Alvarado）资产非法增加时，政府则以毁谤罪起诉莫里卡，她为此被判处一年监禁和 100000 美元罚金。莫里卡最终被赦免，但她的支持者们认为这起案件是另一个对社会运动的刑事定罪案例，威胁到了司法的独立性。

与危险人物共舞

尽管卡斯塔涅达将科雷亚归于"坏"左派一类，但是他的执政记录却比这个简单分类所暗示的要复杂得多。当厄瓜多尔呈现了许多积极的社会经济学指标而科雷亚倾向于采用左派的方法进行统治，他的一些具体政策目标则让厄瓜多尔绝大多数的激进社会运动感到失望。在他们看来，他被涵盖在拉丁美洲左倾主张之内，更多的是由于他的民族主义论调和支持者们的期望，而不是某个朝向更平等的参与性社会的社会运动的结果。有利于商界的《拉美周报》质疑科雷亚改革的激进主义："更多投资在健康、教育和减贫计划上，当然很好，但这只能称为社会民主政策。"《拉美周报》概括说，他提议的国家机构改革"似乎更多地在于政府模式而不是其他方面"。

在21世纪最初十年左派奇迹般崛起掌权之前，许多学者和积极分子视社会运动为发展社会正义与民主权利的主要驱动力。当选举突然成为掌权的现实且可行的途径时，许多观察家开始过分重视社会运动在实现这些目标中的重要角色。同时，社会运动积极分子和左派政治家们致力于杂志记者本杰明·当戈（Benjamin Dangl）所说的"与危险人物共舞"的活动，即就那些还没有受到学界足够重视的目标和利益进行不断的、复杂的谈判。正如乔治·斯加里罗·马赫和马塞尔·内尔森所观察到的，误导的好左派—坏左派二元分立的棱镜并不能解释科雷亚的行动，厄瓜多尔的近代史最好解释成制度—国家权力与选民—社会运动力量之间复杂和流变关系的一部分。

科雷亚与社会运动之间的交互关系是另一场大型舞蹈的组成部分，即战略和意识形态在某种程度上反映了民众基础上的社会分裂与冲突。结果的复杂性表明了对左派的重要挑战。对社会运动来说，长期的困难在于从左翼挑战科雷亚，而不借助共同的敌人右翼势力的力量。从他们弱化的、妥协的立场出发，社会运动积极分子质疑服从民众主义模式的统治（个人领导权、组织的弱化，意识形态的模糊化）不能促进腐败的、压迫边缘群体的机构的改革。从这个角度出发，社会运动在建设更加公正和平等社会的进程中仍然扮演着关键的角色。

参考文献

Achtenberg, Emily, 2011. "Road Rage and Resistance：Bolivia's TIPNIS Conflict." *NACLA Report on the Americas* 44, November-December：3－1.

Acosta, Alberto, 2008. "El buen vivir, una Oportunidad por Constrain," *Ecuador Debate* 75, December：33－47.

2009. "Siempre mas Democracia, Nunca Menos: A Manera de Prologo," pp. 19 – 30 in Alberto Acosta and Esperanza Martinez (eds.), *El Buen Vivir: Una via Para el Desarrollo*. Quito: Abya-Yala.

Amazon Watch, 2009. "Indigenous Blockades Escalate after Police Violently Attack Protest in the Ecuadorian Amazon." October 1. http: //amazonwatch. org/newsroom/view _ news. php? id = 1933 (accessed October 1, 2009).

Artieda, Lenin, 2011. "Correa no ha Aprendido a vivir en Democracia." November 1. http: //www. vistazo. com/ea/pais/? eImpresa = 1061&id = 4670 (accessed November 1, 2011).

Ayni Solidaridad, 2008. "La CONAIE toma Distancia con el Gobierno." 2, June: 8.

Beasley-Murray, Jon, Maxwell A. Cameron, and EricHershberg, 2010. "Latin America's Left Turns: A Tour D' Horizon," pp. 1 – 20 in Maxwell A. Cameron and Eric Hershberg (eds.), *Latin America's Left Turns: Politics, Policies, and Trajectories of Change*. Boulder, CO: Lynne Rienner.

Becker, Marc, 2008. *Indians and Leftists in the Making of Ecuador's Modern Indigenous Movements*. Durham, NC: Duke University Press.

Becker, Marc, 2011. "Correa, Indigenous Movements, and the Writing of a New Constitution in Ecuador," *Latin American Perspectives* 38 (1), January: 47 – 62.

Becker, Marc, 2012. "Social Movements and the Government of Rafael Correa: Confrontation or Cooperation?" pp. 116 – 36 in Gary Prevost, Carlos Oliva Campos, and Harry E. Vanden (eds.), *Social Movements and Leftist Governments in Latin America: Confrontation or Cooption?* London: Zed Books.

Becker, Marc, 2013. "Ecuador: Indigenous Struggles and the Ambiguities of State Power," pp. 213 – 232 in Jeffery R. Webber and Barry Can′ (eds.), *The New Latin American Left: Cracks in the Empire*. Lanham, MD: Rowman & Littlefield.

Burbach, Roger, Michael Fox, and Federico Fuentes, 2013. *Latin America's Turbulent Transitions: The Future of Twenty-First-Century Socialism*.

London: Zed Books.

Castaneda, Jorge G., and Marco A. Morales (eds.), 2008. *Leftovers: Tales of the Latin American Left*. New York: Routledge.

Conaghan, Catherine M., 2011. "Ecuador: Rafael Correa and the Citizens' Revolution," pp. 260 – 282 in Steven Levitsky and Kenneth M. Roberts (eds.), *The Resurgence of the Latin American Left*. Baltimore: Johns Hopkins University Press.

CONAIE (Confederation deNacionalidades Indigenas del Ecuador), 2009. "Pueblos indigenas del Ecuador rechazan declaraciones del presidente Correa, quien acuso al movimiento indlgena de ser desestabilizador de la democracia en el pais." Quito, January 18. http: // www. conaie. org/es/ge_comunicados/20090119. html (accessed January 18, 2009).

CONAIE (Confederation deNacionalidades Indigenas del Ecuador), 2012. "ReunionRigoberta Menchu y Humberto Cholango presidente de la CONAIE." January 14. http: //ecuarunari. org/portal/noticias/Reuni% C3% B3n – Rigoberta – Menchu – y – Humberto – Cholango – Presidente – de – la – CONAIE (accessed January 15, 2012).

Correa, Rafael, 2009. "Ecuadorian President Rafael Correa on Global Capitalism." *Democracy Now*, June 29.

Dangl, Benjamin, 2010. *Dancing with Dynamite: States and Social Movements in Latin America*. Oakland, CA: AK Press.

de la Torre, Carlos, 2010. *Populist Seduction in Latin America*. Athens: Ohio University Press.

Dosh, Paul, and NicoleKligerman, 2009. "Correa vs. Social Movements: Showdown in Ecuador." *NACLA Report on the Americas* 42, September-October: 21 – 24.

ECLAC (Economic Commission for Latin America and the Caribbean), 2011. *Social Panorama of Latin America* 2011. United Nations: ECLAC.

Economist, 2010. "Spearheading Dissent." July 17: 44.

El Comercio, 2008. "Las ONG dejan su huella en Ciudad Alfaro." July 6.

Ellner, Steve, 2012. "The Distinguishing Features of Latin America's New Left in Power." *Latin American Perspectives* 39 (1): 96 – 114.

Ghosh, Jayati, 2012. "Could Ecuador Be the Most Radical and Exciting Place on Earth?" *The Guardian*, January 19.

Guerrero, Rafael, Heman Ibarra, Pablo Ospina, and Mario Unda, 2008. "Una Caracterizacion del Gobiemo y la Asamblea Constituyente: Dialogo sobre la coyuntura." *Ecuador Debate* 73, April: 7 – 22.

Hamecker, Marta, 2011. *Ecuador: Una ntteva izquierda en busca de la vida enplenitud.* Quito: Abya-Yala/UPS Publicaciones.

Hoy, 2011. "ONG: 189 indigenas estan acusados de terrorismo y sabotaje." July 19.

ICCI (Instituto Cientifico de Culturas Indigenas), 2008. "Uno es el discurso ... otra la realidad." *Boletin ICCI-ARYRimay* 9, December: 2 – 6.

ICCI (Instituto Cientifico de Culturas Indigenas), 2008. "Plurinacionalidad, Territories y Democracia: Los Limites del Debate." *Yachayku-na* 8, April: 5 – 9.

INEC (Instituto Nacional de Estadistica y Censos), 2012. "La pobreza en Ecuador bajo a 28, 6% en 2011." January 17. http: //www. inec. gob. ec/ inec/index. php? option = com_content&view = article&id = 477% 3Ala – pobreza – en – ecuador – bajo – a – 286 – en – 2011 (accessed January 17, 2012).

Latin American Weekly Report, 2008. "Correa Appears to Backtrack on Debt." WR – 08 – 47, November 27: 4.

Latin American Weekly Report, 2009a. "Correa Sworn in for Second Term." WR – 09 – 32, August 13: 3.

Latin American Weekly Report, 2009b. "Correa's Get-Tough Stance Founders on One Fatality." WR – 09 – 39, October1: 6 – 7.

Martinez, Mateo, 2011. *El Cascabel Delgatopardo: La Revolucion Ciudadanay su Relacion con el Movimiento Indlgena.* Quito: FLACSO.

Perez, Orlando, 2012. "Entrevista Rafael Correa: El desafio de Rafael Correa." *El Telegrafo*, January 19.

Prevost, Gary, Carlos Oliva Campos, and Harry E. Vanden, 2012. Introduction, pp. 1 – 21 in Gary Prevost, Carlos Oliva Campos, and Harry E. Vanden (eds.), *Social Movements and Leftist Governments in Latin America: Confrontation or Co-option?* London: Zed Books.

Renique, Gerardo, 2009. "Law of the Jungle in Peru: Indigenous Amazonian Uprising against Neoliberalism. " *Socialism and Democracy* 23, November: 117 – 135.

Saavedra, Luis Angel, 2008. "*The Good with the Bad.* " Latinamerica Press 40, January 23: 4.

Sader, Emir, 2011. *The New Mole: Paths of the Latin American Left.* London: Verso Books.

Weyland, Kurt, 2010. "The Performance of Leftist Governments in Latin America: Conceptual and Theoretical Issues," pp. 1 – 27 in Kurt Weyland, Raul L Madrid, and Wendy Hunter (eds.), *Leftist Governments in Latin America: Successes and Shortcomings.* Cambridge and New York: Cambridge University Press.

Weyland, Kurt, Raul L. Madrid, and Wendy Hunter (eds.), 2010. *Leftist Governments in Latin America: Successes and Shortcomings.* Cambridge and New York: Cambridge University Press.

Whitten, Norman E, Jr. , 2003. "Epilogue, 2003," pp. 355 – 373 in Norman E. Whitten Jr. (ed.), *Millennial Ecuador: Critical Essays on Cultural Transformations and Social Dynamics.* Iowa City: University of Iowa Press.

Zibechi, Raul, 2009. "Ecuador: The Logic of Development Clashes with Movements," in *IRC Americas Program.* Silver City, NM: International Relations Center, http: //americas. irc-online. org/am/5965 (accessed March 17, 2009).

Zorrilla, Carlos, 2011. "Large-Scale Mining to Test Rights of Nature in Ecuador. " *Upside Down World,* July 1. http: //upsidedownworld. org/main/ecuador – archives – 49/3105 – large – scale – mining – to – test – rights – of – nature – in – ecuador (accessed July 1, 2011).

第三编

21 世纪激进左派在尼加拉瓜、萨尔瓦多和古巴的影响

任何一本论述 21 世纪拉美当权激进左派的著作都需要讨论发生在尼加拉瓜、萨尔瓦多和古巴的激进左派掌权事例。不过，激进左派在这些国家中的经历在几个重要的方面与前面章节中所讨论的委内瑞拉、玻利维亚和厄瓜多尔的模式有所不同。在本编讨论的国家中，没有一个国家的当权左派高举制宪大会的旗帜来彻底改造本国的政治制度。进一步说，没有一个国家的激进左派是通过选举胜利来获得权力的，而查韦斯、莫拉雷斯和科雷亚却正是以这种方式获得了深远变革的授权。其他委内瑞拉、玻利维亚和厄瓜多尔所具有而在尼加拉瓜、萨尔瓦多和古巴那里并不明显的突出特征是，在持续激进化的环境下与那些反对变革的人士进行对峙，以及左派在策略上排除了对右派政治人士的妥协和退让。

尽管如此，尼加拉瓜、萨尔瓦多和古巴还是与我们对新兴左派模式的讨论有关，因为这两组国家之间存在一些重要的汇聚领域。委内瑞拉、玻利维亚、厄瓜多尔、尼加拉瓜和古巴同属于美洲玻利瓦尔联盟（AL-BA），这是一个在大陆团体中（例如南美洲国家联盟和美洲组织）捍卫激进立场和国家主义立场的重要集团。进而言之，除了在 2009 年助选萨尔瓦多总统的马蒂民族解放阵线（FMLN）之外，这五个国家对美国外交政策予以了强烈的批评。最后，在这些国家中夺取政权的运动（厄瓜多尔除外）要么开始于武装斗争，要么就是源自激进的社会斗争（例如在玻利维亚），他们的领导人在大半生里都不是职业政客。

赫克特·彭勒（Hèctor Perla）和赫克特·克鲁兹·费里西安诺（Hèctor Cruz-Feliciano）讨论了尼加拉瓜的桑地诺解放阵线与萨尔瓦多的马蒂民族解放阵线。他们看好打破"先前单一概念""更加灵活变通而不教条"的左派的发展，即使这意味着不把重心放在激进的结构改变上。彭勒和费里西安诺建议，在讨论变革的步伐时，必须将落后国家的生产力考虑在内。同时，他们不同意那些不顾发展水平、一味认为拉美可以且应该主动向社会主义转变的主张。他们提供了一些采取务实决策的具体事例，其中有一些决策是非常难以做出但却必须做出的。一个是马蒂民族解放阵线选出毛里西奥·福内斯（Mauricio Funes）去竞选总统，即使他的立场是温和的。另一个是桑地诺解放阵线愿意接受国际货币基金组织的监管以摘除其头上对财政不负责任的名声。这个恶名源于他们的政府在20世纪80年代第一次掌权时就在极端恶劣的环境下大肆花钱。虽然如此，他们辩称，这两个党派都"拥护那些会让社会在本质上变得更加正义的变化"。而且，它们还推行了对财富进行再分配的政策。基于这个理由，他们否认来自左派（包括尼加拉瓜的特雷斯和萨尔瓦多的古铁雷斯）的批评。这些批评认为，桑地诺解放阵线和马蒂民族解放阵线已经停止了革命。考虑到务实派和更为教条的左派之间的分歧以及其中牵涉的棘手议题，以上两位作者对"好左派—坏左派"的命题提出质疑，呼吁建立"另一个对左派内部和其政策之多样性予以理解的理论框架"。

卡米拉·皮尼罗·哈奈克尔（Camila Piñeiro Harnecker）指出了在后菲德尔时代古巴建设社会主义的三条理论路径：一条保留了强大的中央集权政府；另一条将经济权力转让给私人企业；还有一条路径是促进工人的自我管理。皮内罗指出，"自我管理主义"主要是受到流行于委内瑞拉、玻利维亚和厄瓜多尔的"21世纪社会主义概念的激发"，这些国家在决策中引入了大众民主。她预料这三种理论路径将会综合在一起。就21世纪社会主义面临挑战的复杂性和左派多元主义的理论基础而言，她的预测强化了本书关于这方面的核心论证。皮内罗还声称，尽管之前遭到反对的私人创业和私有财产现在已被广泛地接受为合法的，但是未来古巴改革的限度还是将由革命的基本伦理原则来决定，尤其是团结和平等。

第七章　萨尔瓦多和尼加拉瓜的 21 世纪

社会主义道路：弄清明显的悖论[*]

赫克特·彭勒　赫克特·克鲁兹·费里西安诺

　　桑地诺解放阵线在 1979 年取得革命的胜利，激起拉美左派们的极大的乐观情绪。一个当时在中美洲地区颇为流行的预言性标语将这一被普遍感染的情绪表达了出来，即"如果尼加拉瓜可以战胜，那么，萨尔瓦多也可以战胜"。这个标语体现出这样一个信念：这两个国家有着共同的革命命运，该命运既是由它们为社会正义而做出的奋斗所决定的，也是由两位标志性政治人物——桑地诺和法拉本多·马蒂——为这一目标而付出的共同努力所决定的。

　　今天，桑地诺民族解放阵线（FSLN）和马蒂民族解放阵线（FMLN）是拉美仅有的两个通过民主选举而掌握政权的前游击组织。马蒂民族解放阵线赢得选举的候选人并不是一个政党激进分子，而是在温和派和中间阶层的选民们中具有强大的号召力。于是，记者毛内西奥·福内斯（Mauricio Funes）在 2009 年担任了总统职位。他并没有恪守法拉本多的革命理想，他的行政管理机构以一系列进步的社会政策为特色，偶尔与马蒂民族解放阵线对峙，但是与本地精英达成重要的妥协，同时也安抚了美国。相比之下，桑地诺解放阵线在因失掉选举从而终结其革命政府的 17 年后再次夺回总统权力。尽管这个党以较大的优势赢得了选举，但是选民的构成并不算多样化。丹尼尔·奥尔特加（Daniel Ortega）政府并没有抛弃其传统的反对帝国主义和支持工人阶级的言论。在 2007 年，它

---

* 这篇文章最初载于 *Latin American Perspectives*，Vol. 40，No. 3，May 2013，pp. 83 - 106，题为"21 世纪萨尔瓦多和尼加拉瓜的左派：理解明显的不一致和批评"。

开始了一项被桑地诺民族解放阵线称作"公民权力模式"的项目，该项目强调公民委员会在贯彻公共政策中的参与作用。尽管如此，桑地诺民族解放阵线的政策和行动经常与其言论相左，使人们不得不怀疑他们对左派政策议程的恪守程度。

于是，当前萨尔瓦多和尼加拉瓜政府的一些立场看起来与20世纪80年代中美洲地区被神话的游击队的形象和原则相冲突，那时，游击队正在为权力而奋斗或者已经掌了权。这些明显冲突的事例包括：两个国家继续遵守中美洲自由贸易协定（CAFTA）和人工流产犯罪化；在萨尔瓦多维护美元经济；桑地诺民族解放阵线对国际选举评论持保留意见。

本章揭示萨尔瓦多和尼加拉瓜受环境驱动的政府行为与立场，并鉴于已经出现的明显的不一致和批评，试图弄清这些行为和立场。首先，我们考察这两个国家中左派工程的显著特征，从他们各自的左派目标出发评价其积极的或消极的发展程度。其次，撇开"好左派""坏左派"这个在分析方法上站不住脚且充满政治性的概念，提出另一个框架来解释，为什么一些左派政府在政治上更容易被美国而不是其他国家所接受。再次，解释为什么桑地诺民族解放阵线和马蒂民族解放阵线可能在意识形态方面看起来不一致。最后，思考在当前这两个国家中是否有可能提及"革命性"的左派政府。

两个左派工程的显著特征

几个拉美左派政府第一次加入制度化的区域合作，以促进各国的社会经济和政治目标。美洲玻利瓦尔联盟已成为这一倡议的先锋。它由国家和次国家机构组成，各成员认同在财富分配领域内的根本变革，增加南南合作，改变南北合作关系。在这方面，萨尔瓦多和尼加拉瓜采取了独特的道路。桑地诺民族解放阵线甚至在赢得总统宝座之前就加入了美洲玻利瓦尔联盟的倡议，将能源优惠地卖给桑地诺民族解放阵线的市政区域。既然桑地诺民族解放阵线重新执掌了政权，那么，尼加拉瓜也开始成为该联盟的一个正式成员。

对外政策

　　尽管美洲玻利瓦尔联盟是桑地诺民族解放阵线在对外政策上的主要参照点，但是桑地诺民族解放阵线政府依旧和这一联盟之外的其他许多国家保持了外交关系，包括美国。尽管奥尔特加保有针对华盛顿的一贯的反对帝国主义的腔调，可是他在谈及奥巴马时还是谨慎地使用了相对温和的言辞。反过来，当尼加拉瓜反对派指责桑地诺民族解放阵线政府时，奥巴马政府表示了担忧。然而，除了取消"千年挑战账户"基金之外，奥巴马政府依然与尼加拉瓜保持了友好关系。

　　相比之下，萨尔瓦多的外交政策一直受福内斯对美国的调和态度所指导。例如，福内斯政府在洪都拉斯政变中的立场，以及违背马蒂民族解放阵线的意愿而让萨尔瓦多军队驻扎在阿富汗的决定。这一立场得到奥巴马政府的回报。这表现在几个事例中，例如，重新批准美国境内 30 万无证件的萨尔瓦多人的临时受保护身份，支持萨尔瓦多向国际货币基金组织申请非常规贷款以获得暂时经济激励的请求，通过"千年挑战""桥梁项目"和"增长合作"增加资助。

　　尽管如此，萨尔瓦多的对外政策还是存在一些重要的变化。在福内斯当选总统后的首批政令中，有一项就是将萨尔瓦多与古巴的外交关系正常化。由马蒂民族解放阵线领导的国民议会为了回应奥巴马的访问，批准了保护移民及其家庭的法律。通过中美洲议会，马蒂民族解放阵线召集资深议员和来自中美洲、墨西哥和萨尔瓦多移民社群的公民社会的领导人，摆出了关于美国境内移民权利的联合区域姿态。被称作《圣萨尔瓦多宣言》的最终文件被递交给福内斯和奥巴马，呼唤华盛顿尊重移民、寻求庇护者和难民的权利。

　　美国政府通过其大使馆向萨尔瓦多政府施压，希望它能通过《公私合作法案》以作为经济增长激励合作的一部分，这是奥巴马在 2011 年为增加外国投资而提出的倡议。这份法案将开放公共服务并给予许可高达 40 年。这等于开启了新一轮的私有化。根据美国大使阿庞特所言，这是和千年挑战公司签署第二份契约的先决条件。当马蒂民族解放阵线反对通过该项法案时，福内斯表示了支持，并且说，他将争取其他党派的投票。这项法案最终获得通过。不过，马蒂民族解放阵线还是在法案中加入了一项条款，即阻止健康、教育和饮水的出让许可。

经　济

加入美洲玻利瓦尔联盟，使得桑地诺民族解放阵线政府有机会追求它自己的政治议程。美洲玻利瓦尔联盟在尼加拉瓜运营的法人是一个私有企业，名为 ALBANISA。① 其股权的 51% 被掌握在国家石油公司手中，国家石油公司在尼加拉瓜的 PETRONIC 公司则掌握了剩余的 49%。尼加拉瓜通过 PETRONIC 公司进口委内瑞拉石油，将钱付给 ALBANISA，AL-BANISA 反过来将 50% 的钱付给国家石油公司。其他的 50% 则流进美洲玻利瓦尔联盟的口袋里。这 50% 中的一半打入美洲玻利瓦尔联盟成员国的社会基金里，另一半给了美洲玻利瓦尔联盟——卡鲁纳，这是一个为各国政府分配和管理资金的准国家银行。2012 年，这个国家通过该机制接受了 5.51 万亿美元和另外的以金融和直接方式投资的 2.15 亿美元。这是委内瑞拉和尼加拉瓜进行官方外部合作的最大资金来源，占总体资金的 57%。

尽管依赖委内瑞拉的资金，这个政府还是与其他国家保持了重要的经济关系。美国以 7.65 万亿美金继续成为尼加拉瓜的主要出口目的地，紧追其后的是中美洲地区的 5.03 万亿美金和委内瑞拉的 4.44 万亿美金。2012 年，尼加拉瓜总体经济增长达到 5.2%，超过了中美洲地区的其他所有国家。最后，新兴的经济为尼加拉瓜带来了重要的投资，包括巴西的图马林发电厂、俄罗斯的 YOTA 网络供应商和公共汽车、中国香港—尼加拉瓜运河发展投资的跨峡运河项目、中国信威集团的资产。

相反，在萨尔瓦多，福内斯保证当选后不加入美洲玻利瓦尔联盟。接受美洲玻利瓦尔联盟，意味着与玻利维亚和委内瑞拉结盟。即使马蒂民族解放阵线正式支持加入美洲玻利瓦尔联盟，这一举动还是将疏离福

---

① 因为 ALBANISA 是一个私有企业，它的支出不需要经过国民议会的批准。显然，桑地诺民族解放阵线利用这个机制阻止反对派修改或实施社会工程项目，确保这个党在未来失去大选后依然可以获得美洲玻利瓦尔联盟的资助。

内斯支持者中的重要部分。然而，福内斯的立场并没有阻止马蒂民族解放阵线通过其辖治的当地市区与美洲玻利瓦尔联盟合作。2006年，马蒂民族解放阵线的市长们聚集在一起，设立了一个名为"萨尔瓦多能源"的公司，并且和国有石油企业PDVP公司签署了一份协议，以组建名为ALBAPDEL的联合企业。这个企业的成功也成为帮助许多萨尔瓦多人克服对美洲玻利瓦尔联盟和社会主义恐惧的因素之一。福内斯甚至走得更远，以致认同他的副总统——也是2014年马蒂民族解放阵线的主席候选人的观点，表示萨尔瓦多加入石油岩公司将在经济上让这个国家受惠。

虽然福内斯政府还没有开展根本性的经济变革，但是马蒂民族解放阵线已经通过它所控制的立法议会做出或试图做出几个重要的变化，以消除不平等。有时，这个党和行政机构同意联合工作，但是他们经常意见不同，处于辩论之中。在就职后的几天内，这个政府就宣布了反危机计划，其中包含"立即终止公共医院里的医疗费用，向学生提供免费的校服和供给，在最贫穷的社区为70岁以上老人提供基本的养老金，一个大规模的低收入房屋计划，为千万名农业工人提供财产权利"。① 此外，所有学生开始接受学校里免费的牛奶和午餐。这些项目受到极度的欢迎。在萨尔瓦多所有政府部门中，教育部和卫生部得到了最高的赞赏率。

此外，马蒂民族解放阵线为了让税收体系更加进步，还试图增加企业税和富人税，增加酒精、香烟和枪支税，要求对年收入超过7.5万美金和超过30万美金的人进行审计，以打击避税行为。尽管人们期望这些改革可以带来显著的税收变化，以资助社会项目和政府在基础建设上的投入，但是只有避税提议和对烟酒的增税最终落实成法律。其他的要么在立法议会中没有得到通过，要么被总统行使了否决权。于是，马蒂民族解放阵线提出向最富有的公民征税，以资助减少暴力犯罪的措施。

国内政策和公共政策

在2006年获得选举胜利后，马蒂民族解放阵线许诺将推行一个名为"公民权力"的新的经济、政治和社会发展模式。这个公民权力模式的政

---

① 参见 Garrett, 2010：10。

治模块是基于公民参与的直接民主。它的参与渠道是一个新兴的当地机构，叫作公民权力内阁①，它体现了人民做主的概念。根据该安排，每一个社区委员会选出协调者在 16 个部门中表达社区的需求，通过决策程序制订提案。②

　　这一结构是许多政府社会项目得以有效贯彻的关键。这些委员会不但是向社区解释政府项目的重要桥梁，而且还（通过内部考虑）选出这些项目的受益人。③ 在政府已经研发和推行的项目中，有针对贫困社区分配锌屋顶的 Plan Techo 项目，以补贴价购买食物必需品的 PDE 项目，在农村分配牧畜、种子以及向妇女提供技术指导的 BPA 项目，以及为小企业发展提供小额贷款的 UC 项目，为白内障病人提供免费眼睛检查的 OM 项目。这些新方案是在两大重要改革的背景下发生的：免费医疗和免费教育。2009 年，政府宣布农村摆脱了文盲。在全国识字运动的学习中，农村的识字率达到 95%。当地的独立分析人士估计，识字率至少有 85%。尽管如此，这种进步无论如何都是重大的。

　　这些项目对减少贫困做出贡献。政府的国家发展信息机构在 2009 年生活水平测量中发现，与 2005 年相比，贫困率减少了 5.8%，尚有 42.5% 的人处在贫困中。独立报告虽然与政府的估计有所偏差，可还是显示出，在桑地诺民族解放阵线执政时期，贫困人口持续性地直线下降。由尼加拉瓜非政府组织 FIDEG 开展的三项研究（由瑞士合作机构资助，荷兰与世界银行提供技术支持）结果表明，尼加拉瓜的贫困率从 2005 年的 48.3% 跌落到 2009 年的 44.7%，无论在农村还是城市都有所减少。另一项研究（FIDEG, 2012）表明，这一趋势在 2011 年仍在持续，那一年的贫困率跌至 44.1%，而且脱离贫困的人口主要集中在农村地区。FIDEG 研究指出，2012 年贫困人口进一步减少，在全国范围内，贫困人口

---

① 其最初的名字是 consejos del poder ciudadano。虽然它的名字后来改了，可是，大多数人还是用其最初名字的首字母缩写来称呼。

② 这 16 个工作领域是：促进公民权利；沟通与宣传；公共安全；妇女权利；青少年和儿童权利；老年人权利；健康；教育；环境；交通和基础设施；发展；文化；体育；对当地政府谏言；促进就业；自我创业、社区工作、一般协调。

③ 这一机制产生多种复杂的结果。在一些社区中，受益者不属于某一政治团体，可是在另一些社区里，受益者主要是桑地诺民族解放阵线的支持者（Cruz-Feliciano, 2009）。

已经减至 42.7%。

　　萨尔瓦多的情形与尼加拉瓜有一些极为相似的地方。卫生部消除了病人去医院就诊时的"主动配额"，在减少开支的同时增加了药品的供给。该国偏远地区医疗诊所的数量也有所增加。在执政头两年，卫生部在全国四个中等城市开设了公立医院，雇用了 408 名医生以充实医疗队伍，向周边的几十万人口提供医疗服务，这些人之前所接触的医疗条件极为匮乏。

　　教育部取消了公立学校向家长征收的"主动配额"，这使没有能力付得起学费的学生的入学率得以提高。为了鼓励学生到校上课，公立学校向所有学生提供两套校服、一双鞋子和每学年的校园供给。在这个项目实施的第一年，2.2 万名学生入学。此外，为了提高学业表现，学生可以喝上一杯免费牛奶，吃免费的早餐和午餐。这些项目也为那些制作校服和食物的小中型企业与农场主提供了工作。最后，教育部还发动了全国扫盲运动，目标是到 2014 年，将文盲率从 17.97% 降至 4%。该项目由教师志愿者们进行，他们利用周末和假期走入城市和农村社区。因此，这个项目对志愿者和参与者来说比较灵活。①

　　在 2011 年年末，福内斯和马蒂民族解放阵线就谁来领导司法和安全部的问题发生了公开的碰撞。自福内斯任命前游击队司令官梅尔加（Manuel Melgar）作为他的司法和安全部部长后，虽然暴力犯罪还是这个国家的一个大问题，可是谋杀和其他暴力犯罪问题有所下降。据马蒂民族解放阵线内的消息人士说，美国政府对福内斯施压，让他罢免梅尔加，因为梅尔加在内战中是马蒂民族解放阵线的领导人。还有一些人说，让他辞职是这个国家接受经济增长合作资金的前提条件。福内斯任命了退休将军佩叶斯接替梅尔加的位置，这位部长违背和平协议成立了由他监督的全国国内警察组织，这是一个完全非军方的机构。作为回应，马蒂民族解放阵线通过了一项国家预算，将拨给司法、安全和国防部的资金减少大约一千万美金，并将这些资金重新拨给教育部和卫生部。这次事

---

　　① 在和教育部携手组织读写队伍的机构中，有"萨尔瓦多美洲国家联盟""分享萨尔瓦多""与萨尔瓦多人民同舟共济承诺""萨尔瓦多大学生联盟"。第一批志愿者于 2012 年夏天加入。关于同舟共济的重要性，请参见 Perla（2008）。

件几乎终止了福内斯和马蒂民族解放阵线之间的联盟。最后，福内斯不得不做出安抚的姿态，默许马蒂民族解放阵线大幅增税的要求。

选举政策

除了与从 20 世纪 80 年代就结怨的前对手结成重要的选举联盟之外，桑地诺民族解放阵线最具重大意义的联合是与红衣主教奥班多·布拉沃结盟。奥班多·布拉沃是前马那瓜大主教，也是革命时期桑地诺民族解放阵线的坚定的反对者。意识到奥班多在许多尼加拉瓜天主教徒中享有号召力且很受尊重，奥尔特加争取到了红衣主教的支持。他公开请求奥班多原谅他"过去犯下的错误"，询问奥班多可否主持他的婚礼仪式。在 2006 年大选前夕，他指示桑地诺民族解放阵线的立法议员投票赞成将人工流产犯罪化。赢得选举后，奥尔特加立刻任命奥班多为和平与调解委员会首脑，负责战后退伍军人的需求。虽然奥班多的政府角色一直没有得到天主教统治集团的认可，可是很多神父依然把他视作导师而追随。这就在教会阶层内部产生了轻微的分歧，天主教徒们不再加入教会上层对政府的攻击。于是，一个潜在的对手被部分地中间化了。

2011 年 11 月 6 日，桑地诺民族解放阵线在民意测验中面临分化、对立的情形，它在公民的民意测验中获得了实质性的领先地位。尽管很多人质疑最高法院允许奥尔特加享有连续竞选权利的决议，然而，有关选举欺诈的指控对奥尔特加任职总统的合法性提出了一个更大的挑战。这一话题追溯到 2008 年的市政选举。当时，选前民意测验结果显示，桑地诺民族解放阵线将在大多数选区获胜。民意测验调查结果显示，桑地诺民族解放阵线很难获胜的选区中有马那瓜，选战中的反对派候选人是前总统候选人爱德华多·蒙特亚莱格雷（Eduardo Montealegre）。当大选逼近时，该国一些非政府组织响应反对派关于选举存在非正常行为的断言。最高选举委员会（SEC）决定不对这些非政府组织签发观察员证书，理由是这有损非政府组织应该保有的客观性。在非政府组织和反对派的谴责声中，最高选举委员会的这项决议进一步助燃了对选举欺诈的怀疑。当桑地诺民族解放阵线赢得所有自治市区 62% 的选票时，蒙特亚莱格雷领导了一场运动，呼吁各国暂停国际资助和援助项目直到最高选举委员会重新计票。反对派们相信,重新计票会让那些票数被盗的持反对立场的候选者得到认可。尽管有几个外国政府表达了对选举结果的担忧,可是,没有哪一个国家像美国那样表现得如此激烈。美国暂停了对千年挑战账户的发放,随后又取消了援助项目。

桑地诺民族解放阵线认为,选举观察一直被用来当作外国干预的一种手段。于是,最高选举委员会决定,允许对2011年总统和立法选举进行国内与国际观察,并提出了一个新的法律概念,叫作"陪同选举"。反对派和当地的非政府组织发现,这些规则太具有限制性。于是,有两家反对这些规则的非政府组织继续要求保留观察员身份,但是被拒绝了。最终,国际观察员证书被签发给了欧盟、美洲国家组织、拉美选举专家代表委员会。只有两家国内机构接受了观察员证书,它们是全国高校委员会和大西洋沿岸发展中心。在反对派眼里,这两家机构都与桑地诺民族解放阵线走得很近。

尽管相对来说选举开展得比较有秩序,可是反对派依然声称,其党内一些被授权的观察员被拒绝进入投票中心。桑地诺们回应说,如果真是这样,反对派完全有权对所涉场地的投票结果提出异议。然而,在最后一天,只有24个(共有12960个)场地的投票结果受到争议。美洲国家组织和欧盟的观察员代表对选举进程提出担忧,可是却没有拿出任何欺诈的证据。此外,美洲国家组织秘书长和欧盟观察员代表负责人在随后发表的声明中承认,桑地诺民族解放阵线在大选中以绝对的优势赢得了历史性的胜利——62%的选票支持奥尔特加,90个议会席位中有62个被桑地诺民族解放阵线(69%)赢得,使得该党成为国民议会中绝对的多数派政党。反对派们拒绝接受选举结果,然而,奥尔特加的胜利却得到许多国家的支持,包括巴西、厄瓜多尔、俄罗斯、乌拉圭、萨尔瓦多、古巴、洪都拉斯、委内瑞拉、秘鲁、玻利维亚和智利。尽管奥巴尔总统不愿意承认奥尔特加当选总统,可是在2012年4月,美国还是确认了菲利斯·鲍尔斯担任美国驻尼加拉瓜新大使。

在萨尔瓦多,立法议员和市政选举在2012年3月举行。由于投票率很低,马蒂民族解放阵线在立法议会赢得的席位从35个下降到31个,而ARENA政党赢得了33个席位。在市政选举中,左派在地方政府中赢得95个席位,与上一任期中的96个席位相差不多。然而,马蒂民族解放阵线在赢得人口密度较低的乡村地方政府的同时，失去了许多在圣萨尔瓦多大都市地区人口密度较高的选区，而大多数扶贫项目的目标正是那些乡村地区。

由于最高法院宪法办公室的决议，萨尔瓦多的选举政策发生了几个变化。第一，它修改了萨尔瓦多的选举法，允许个人在没有党派支持的情况下参与选举。第二，它判决选民有权就独立候选人进行投票，而不是从竞争性的党派中选择。这两项动议在无形中奖励了个人的野心而不是党派纪律，从而损害了这个国家在历史上的强大政党体系。于是，在 2012 年中期选举中，选民不仅可以把选票投给政党组织，以作为该党所有得票中的一张选票，而且还可以投给任何一个单独的个人，无论此人是作为政党中的一分子在竞选还是独立地竞选。几个独立的候选人，包括一些来自移民社区的候选人，明显是在没有任何政党支持的情况下竞选立法席位，他们中没有一位获得靠近能够当选的票数。最后，在一项激怒右派的动议中，地方法院"取消了两个传统右翼政党——国家调解党和基督教民主党——的合法地位，因为它们在 2004 年总统选举中所得票数低于必需的 3% 门槛，并且移除了它们在最高选举裁判所的席位"。①

经过十年的讨论，国民议会全体无异议通过一项法律，允许居住在海外的萨尔瓦多公民在未来的总统选举中投票，此类投票开始于 2014 年。据估计，大约有 20 万萨尔瓦多海外公民有资格投票，可是，截至 2013 年 8 月 5 日，只有一万人收到萨尔瓦多的身份证件，注册为选民。在身份证件确认中心，由于缺乏足够的资金和人力资源，被认证为海外选民的投票进程不仅开展得迟，而且也受到了影响。投票较迟和缺乏资源主要是由 ARENA 党和 GANA 党的反对造成的，他们用海外投票花费太高的借口拖慢了进程。允许海外选民投票的法律在 1 月 24 日通过。由于争论，相关拨款拖延了几个月，身份证件确认中心直到 5 月底才开始处理事务，实际上只留给人们两个月的时间去取身份证和注册为选民。

---

① 参见 Freedman, 2011。

超越"好"和"坏"的社会主义

拉美地区对 21 世纪"新"社会主义的某些特征具有广泛的共识，然而，这并不意味着存在一个单一的社会主义模式。形成这一共识的主要原因是反对新自由主义和帝国主义。另一个原因是新兴的左派工程不能关注马克思主义的阶级斗争概念——工人阶级对抗资本家，而是以牺牲其他形式的压迫为代价。新社会主义议程要求拉美在政治、经济和公民社会方面的民主化，把环境保护、妇女权利、当地自治、性别多样化和人权放在突出的位置。

尽管如此，每一个国家的特殊情形使得左派政党在本国背景下侧重于特定的议题。这是一个受欢迎的进展，它打破了之前庞大而单一的概念体系，要求更高的灵活性和更少的教条主义。之前的单一概念在某些情况下阻止了左派有效地提出大众愿望。在中美洲，针对贫困和社会融入的斗争依然是上层关心的内容。

于是，我们可以理解，为什么桑地诺民族解放阵线和马蒂民族解放阵线（即使不是福内斯政府）都把社会经济放在比代议制民主更重要的位置上。桑地诺民族解放阵线还主张，一个局限于选举制度竞赛的民主制并不是一个真正的民主。相反，每一份努力必须被用来确保人民有能力满足他们的基本需求，即使这会绕开代议制民主中某些被西方看成是神圣的方面。相比之下，马蒂民族解放阵线寻求在自由代议制民主的限制中为其革命工程增强支持力。它的策略体现了基于汉达尔（Shafick Handal）民主革命概念的社会主义建设观点。该观点认为，将萨尔瓦多的政治、公民和经济社会民主化是社会主义革命的一个先决条件。汉达尔这样解释：

> 长期以来，对我们来说一直比较明确的是，社会主义革命，特别是在不发达国家中，有一个民主革命的前奏……在某些情形下，需要一个非常长的时间。即使当一场胜利的革命是由支持社会主义的力量领导时，也必须首先完成民主革命进程，这对过渡到社会主义来说是必不可少的。

他的论点与马克思在《哥达纲领》中的看法相似。马克思主张，必须在现有的资本主义社会和社会主义社会之间打造一个民主共和国。他说，"在布尔乔亚社会这一最终的国家形式里，阶级斗争必须被奋斗到予以告终"。[1]

这里，我们可以看出一些思想家之所以将拉美左派二分为好左派或坏左派，实质原因是左派政府、政党或运动乐于挑战市场和私有财产的神圣性，质疑代议制民主之于经济和参与式民主的优越性。那些敢于破釜沉舟的人就是所谓的坏左派，而不愿意这么干的人就被描述为温和的、有理智的或"好的"。我们提出另一个框架来理解左派内部及其政策立场的多样性，而不是为他们对自由民主规范的不断蔑视做出辩护，他们这种行为是中美洲政治阶层的历史传统。

理解这场争论的关键在于思考这样一个问题："拉美的生产力已经足够成熟到允许立刻进行社会主义改造吗，还是说，一个逐步发展的资本主义阶段对启动社会主义进程来说是必要的？"[2] 重提这场争论可以更好地理解尼加拉瓜和萨尔瓦多模式中的所谓的矛盾性。拉美的革命家们已经对这个问题做出肯定的回答，并且开始挑战主流生产模式——将重要的自然资源国有化。这些革命家被看成激进的。另一些人则倡导逐步发展的资本主义阶段，他们被看成温和的，即便这两派都在寻求自主的社会主义发展。虽然桑地诺们和马蒂民族解放阵线并没有提倡立即跳跃到社会主义，可是他们都公开宣布社会主义是他们的目标。正如汉达尔所坚称的：

> 为了发展，第三世界国家必须朝着一个方向前行，即，超越资本主义、走向社会主义……在不发达国家中，由支持社会主义的力量所领导的政治革命让原本不存在或部分存在的物质基础的建设得以可能，从而向社会主义过渡——没有完成或结束了资本主义阶段……从观念上看，我们必须清楚，这是一场且是同样的一场革命，

---

① 参见 Marx, 1977a。

② 参见 Katz, 2007。

正如它首先展现出来的那样，它将首先完成历史上未解决的民主任务，然后在这条路上继续向社会主义过渡。

桑地诺党员奥兰多·努涅斯（Orlando Nunez）将这一观点用更具体的语言展现了出来。他解释了当前桑地诺党对于革命概念的理解，写道（2009：242）：

> 桑地诺民族解放阵线的胜利首先意味着对新自由主义的抑制和新自由主义手段的结束。其次，它是在面对美国和欧洲干预的情况下征服了主权……再次，公民权力的建构，作为恢复公民权利的手段……意味着将代议制民主革命化及通过直接民主来克服其局限的可能性。最后，但并非不重要的一点，它表明工人、中小企业生产者通过合作与联合可以形成一个联合的、自我管理的组织……其目的在于，收回市场流出的过剩，提高对管理政府和市场的参与。我们相信，在拉美或第三世界的任何一个国家里谈论革命斗争，都必须谈到这四个要素。

站在桑地诺党员的立场来看，仅对政治体制和经济体制进行改革是不够的，重要的是，必须采取有效的方式切断对北方的附属。于是，尼加拉瓜的革命工程被纳入区域改造的一部分，这项改造已经通过美洲玻利瓦尔联盟的倡议着手推动了。[1] 美洲玻利瓦尔联盟在其各成员国成立了建筑街区以开展重要的工程和改造，它提供经济资助，推动联盟内部的优待协议。如果没有志趣相同的左派政府的支持，尼加拉瓜在执行其最重要的社会主义改造工程时将会变得非常困难。

萨尔瓦尔通往社会主义的道路伴随着与美国的和解，它与美洲玻利瓦尔联盟的成员国联系较少。不过，当福内斯和马蒂民族解放阵线形成权力分享式的联盟后，这一情形变得复杂起来。当福内斯政权寻求和当

---

[1] 在使用"革命"这个术语时，我们没有就桑地诺派政府能否被看成真正的革命派做出判断。相反，我们用这个词来区分那些声称走革命道路的政府和那些没有做出此类宣称的政府（例如乌拉圭、巴西和秘鲁）。

地经济界精英共建良好的合作关系时，马蒂民族解放阵线却怀抱一个清晰的经济计划，这就导致这个党与这些同样的行动者频频发生碰撞。同样，在外交领域，福内斯希望与参与玻利瓦尔革命的政府保持距离，而马蒂民族解放阵线却试图培养这种关系，包括在 2009 年参加由委内瑞拉举办的旨在成立第五社会主义国际的会议。不过，在 2013 年 9 月，福内斯表示支持马蒂民族解放阵线加入石油岩项目（Petrocaribe）的提议。他说，"我们相信，加入石油岩项目并不会违反我们的主权，也不会改变我们国家的方向，相反，石油价格也许会大幅下跌，从而带给我们好处"。①

表面上的不一致

桑地诺民族解放阵线和马蒂民族解放阵线的实践与其历史上的革命意识形态存在明显不一致的地方。这有两个根源。第一，来自左派的批评人士，特别是两党过去在军队共事的同志，根据当初用武装斗争反对独裁统治的观念来判断他们，认为革命是政治的而非社会的。第二，政治观察员特别是两党内部的反对者都有一个倾向，总是把左派的策略性的决定和他们的战略目标混合起来。他们在质疑左派对革命原则的信念时，指责两党的政治选举决策（为了获得策略性的政治优势而结成联盟）和其对社会经济结构（与有力人士共同建设独立的资本主义）的分析。

定义革命：政治的和社会的

无论是桑地诺民族解放阵线还是马蒂民族解放阵线，都因为其治理方式而遭受严厉的批评。他们的游击队出身和在武装斗争时期打造出的英雄形象，影响了他们被认识的方式以及人们对于他们的期待。当批评来自左派阵营时，前游击队司令官们一直都是最突出的发言人。在尼加拉瓜，泰勒兹（Dora Maria Tellez）主张，桑地诺民族解放阵线不能再被看成革命性的政党。他说：

---

① 参见 Moran，2013。

革命政府源于革命，革命意味着去除现有的法律制度，建立起一个新的制度，到这里还没有完成……这个政府是专政的，然而，它在规则里运作。这是一个以选举方式获取权力的政府……它不是一场革命。革命是"擦木板"。从选举中不太可能产生出一个革命性的政府。这不可能。你可以幻想用任何方式打造一个政府，却不能是一个革命性的政府。

在萨尔瓦多事例中，古铁雷斯（Dagoberto Gutierrez）指出，马蒂民族解放阵线的领导层甚至都不再是左派的：

不是人民恐惧马蒂民族解放阵线，而是马蒂民族解放阵线恐惧人民……除了具备理论的、哲学的和政治的立场，（左派）还代表了看待世界和解释现实的一种方式，准确地说是颠覆它和否定它。左派的目的是颠覆现实。马蒂民族解放阵线的领导层不是左派的，而是右翼。

这些批评都是成问题的。根据泰勒兹的观点，如果政府的形成不是通过建立全新的政治法律制度，那么，这个政府就不可能是革命的。同样，古铁雷斯的革命概念关注的是一个有问题的政府，提倡建立一个新的政府，因为左派的角色就是颠覆现实。游击队的领导人寻求推翻独裁政权，这符合他们的出身，两位思想家都将革命等同于去除或推翻现有政府或国家。换言之，他们将其等同于政治革命。

然而，只是推翻政府或国家并不能作为唯一的标准，因为革命的特征不只是包括寻求改变（比如民主化）国家或政府机构，还最终包括改造生产关系。换言之，社会主义革命必然是一场社会革命，而不只是一场政治革命。正如马克思在《德意志意识形态》里所说的，"共产主义与之前所有的运动不同，因为它颠覆了之前所有生产关系的基础"。掌握政府仅仅是通往目标的手段。控制国家是改造社会生产关系的一个机制。当社会生产关系变得越来越民主时，这个国家也会变得越来越民主。

将策略和战略相混同

政治观察员们倾向于将这些政党的策略性决议和他们的战略目标混同起来，这种逻辑上的谬误是把注意力放在基于结果的行动上而造成的。正如斯加里罗·马赫在第十章中所谈论的，在委内瑞拉的事例中，选举的迫切重要性有时迫使政治领导人跳一场"复杂的舞蹈"，以传递一个看似违背其本质的强烈信息。这只是在为和其长期目标相一致的进一步改革而铺路。因此，一些政治评论家认为，桑地诺民族解放阵线和马蒂民族解放阵线与资本领域或中间阶级发展良好工作关系的原因是，他们不再致力于用社会主义来改造这个社会。这一指控尤其发生在经济领域，在这里，桑地诺民族解放阵线和马蒂民族解放阵线与有力人士们建立关系，试图通过一个独立的资本主义阶段来创造发展机遇。①

最明显的一个例子是，桑地诺党员们乐于接受国际货币基金组织对其经济实绩的监管。因为经济不景气且以出口为主，尼加拉瓜高度依赖外国资源，失去这一项，它几乎不太可能应对本国许多亟须处理的需求。正如奥尔特加总统在 2013 年"五一"劳动节向工人致辞中所说的：

> 我们已经向国际货币基金组织提出了很多政策上的疑问。但是，除了与国际货币基金组织合作之外，我们无路可走，因为我们的情况是，我们不是自给自足的，我们是依赖性的。

从桑地诺民族解放阵线的视角看，接受国际货币基金组织的监管可以确保持续地得到资助，而这个声誉良好的资助源又可以带来更多的融资。② 此外，接受国际货币基金组织的监管，有助于重塑尼加拉瓜被严重破坏的经济声誉。连绵的战争、征用以及在 20 世纪 80 年代对财政纪律的

---

① 关于尼加拉瓜的部分，请见 http：//www.confidencial.com.ni/articulo/770/la－economia－politicadelorteguismo；关于萨尔瓦多的部分，请见 http：//www.elsalvador.com/mwedh/nota/nota_completa.asp？idCat＝6351&idArt＝5210692。

② 尼加拉瓜加入的国际货币基金组织中期优惠贷款部门把"帮助提高额外外国援助"列为其目标之一。

缺失，损害了投资者对尼加拉瓜特别是桑地诺民族解放阵线的信心，正如杨（Young）所述，桑地诺民族解放阵线在传统上一直被国际媒体刻画成负面的形象。国际货币基金组织的年度进展报告和财政纪律给桑地诺政府增添了商业和财政上的信誉，这个国家正被展现成一个安全的投资目的地。桑地诺民族解放阵线认为，这不只是一个必要的恶，而且是一系列过程中的第一步，其中包括他们设想以后尼加拉瓜联合其他国家如阿根廷、巴西和委内瑞拉脱离国际货币基金组织的资助和条件。

萨尔瓦多同样处于相互矛盾的立场中。其中，马蒂民族解放阵线决定让毛里西奥·福内斯作为他们的总统候选人，而福内斯是一个在意识形态上比较务实的无党派人士。在党内，大多数人支持这一决议，希望罢黜ARENA这一派的权力。作为一个受欢迎的记者，福内斯被看成吸引中间道路选民和增加马蒂民族解放阵线胜选概率的理想候选人。然而，这却要求党内赋予福内斯和其支持者们掌控特定政府机构与政策的权力，尤其是处理经济和外交事务的权力。到目前为止，这一妥协限制了马蒂民族解放阵线对该国经济模式进行深层结构改造及影响外交决策的能力。就后者而言，2009年洪都拉斯政变之后所发生的事情就是一个例子。当时，在福内斯第一次正式会见奥巴马后不久，外交部部长马蒂涅兹（Hugo Martinez）就开始积极地寻求与洪都拉斯现政府关系的正常化。在会面之后的几天里，奥巴马重新确认了居住在美国境内的萨尔瓦多公民的临时受保护身份，萨尔瓦多也收到了国际货币基金组织的贷款，这让萨尔瓦多具备了刺激性支出的资格。理所当然地，福内斯成为美洲第一位支持洪都拉斯在美洲国家组织中恢复地位的总统，即使马蒂民族解放阵线坚定不移地反对他的这一决定。

这些策略性的选择并不表示这个党已经将其对政治项目的控制权转让给了福内斯，也不表示这个党已经放弃了对社会主义的追求。当一位司令官被问起马蒂民族解放阵线的目标是否还是建设社会主义社会时，他回答说："当然！只要我们……不改变我们的章程，就永远是这样。章程第一条就是，'马蒂民族解放阵线是一个民主的、革命的、社会主义的政党'。"参与委内瑞拉第五国际，以及这个党的其他政治实践，都印证了它对21世纪参与式社会主义的信奉。具体来说，福内斯和马蒂民族解放阵线都同意的政府计划是通过公开的社会对话进程而得以形成的。这是一个参与式民主的实践，它包含了全国范围内乃至移居社群中的萨尔瓦多公民的积极贡献。萨尔瓦多通往社会主义的这一进程在今天依然处于建设之中，这是对汉达尔民主革命概念付诸实践的尝试，同时，它突出了马蒂民族解放阵线在和福内斯结盟时所面临的重要挑战，即这个总统没有能力也不愿意进行深远的变革以解决萨尔瓦多人民最为迫切的问题。汉达尔简明扼要地概括了这一挑战，他这样睿智地写道：

> 换言之，革命力量应该用来开展变革，这个时刻已经到来，耽误了历史性的变革会让发展停滞不前，以这种方式确保前进，一步一步，迈向社会主义……革命面临的一个巨大挑战是让大多数人与这项工程保持联系。为了做到这一点，有必要证明它的效能。这项工程的效能将通过这种方式得到证明，即，它将迅速地解决人民日常生活中最为迫切的问题：食物、医疗、住房、教育和人民自身的参与。

福内斯—马蒂民族解放阵线政府的特征通过对这五个领域的强调而得到准确的体现。

其他相关议题

在尼加拉瓜，那些把自己看作桑地诺民族解放阵线的人从 1994 年起就开始分化了。没有迹象表明，在可以预见的未来，这种情况会有所改变。为了 2001 年的选举，桑地诺革新运动党与桑地诺民族解放阵线进行了短暂的联合。随后，在 2008 年选举中，它安排自己的党员作为总统候选人；在 2008 年的市政选举中，桑地诺革新运动党又与宪法自由党联合进行竞选；在 2011 年的总统选举中，它又与自由制度党联合。尽管桑地诺发言人穆里奥（Rosario Murillo）缺乏勇气地要求持不同意见者回归"桑地诺家族"，可是结果变成，桑地诺民族解放阵线在今天并不代表桑地诺的意识形态，而是一个被称作"奥尔特加主义"的新品牌。分裂的产生在很大程度上是因为意识形态方面的差距，个人之间的分歧加大了这一差距，只要那些主导这场分裂的人还在继续主导政治场景，就不太可能出现和解。马蒂民族解放阵线自1994年以来也经历了几次分裂的小剧情，但是与尼加拉瓜的情形比起来，这些闹分裂的集团没有一个声称自己是真正的"法拉本多党人（Farabundistas）"。相反，几个集团已经开始着手成立自己的社会民主党。例如，人民革命军的领导层试图在1994年创立民主党，另一个改革派团体则在2005年试图成立革命民主阵线党。在另一个极端，一个名为"迈向革命"的团体分裂出去，它试图发动旨在推动参与式民主的"新乡村运动"。在这场运动的过程中，它逐渐变成一个政党。

虽然马蒂民族解放阵线和桑地诺民族解放阵线对人工堕胎禁令的坚持成为它们在妇女权益纪录上的一个不可磨灭的污点，可是这两个党都同时采取支持妇女权益和参政的政策。在尼加拉瓜，2012年的市政法体现了这一点，这要归功于参与市政竞选的一半候选人都是妇女。虽然一些群体攻击说，这项议案只是局限在市政层面，然而，在国民议会中，它获得了全体无异议的赞成票。这项法案实质性地改善了尼加拉瓜妇女的政治参与状况，使得尼加拉瓜妇女的参政情况位列美洲第二、世界第九。在萨尔瓦多，马蒂民族解放阵线中身处要职的妇女批评福内斯将在强奸、乱伦、威胁母体健康和胎儿发育不良情形中的堕胎犯罪化，还批评他的政党不愿意为妇女的生殖权益去奋斗。即便如此，福内斯的政党还是在立法上做出一些改变，以提高妇女的物质条件，包括性别平等法案和反对家庭暴力的法案。

提到中美洲自由贸易协定，桑地诺民族解放阵线最初是一个反对者，可是后来还是尽可能地利用这一协议来提高就业和促进稳定的劳工关系。从2010年开始，桑地诺党在政府、工会和自由贸易区工厂主之间引进了"三方协议"。协议规定，"从2011年到2013年，年收入逐步增加9%，允许外国公司如实地拟定人工成本而无须按法律要求每半年就最低工资重新谈判。为了换取工资上的让步，工会承诺了在健康、教育和交通领域内的一系列社会福利，以及从安那巴斯的国家食品库中补贴工人的菜篮子"。① 虽然这个协议并不是万能之计，但是它为政府的调停模式打下了基础，而这个模式可以为各方带来更多的利益。与此同时，福内斯政

---

① 参见 *Nicaragua Dispatch*，2012。

府拒绝重回中美洲自由贸易协定，即使马蒂民族解放阵线和劳工组织一直在要求它重新加入。不过，马蒂民族解放阵线和支持它的工人运动组织还是提出改革《自由贸易区法》的要求。目前，国民议会正在讨论这项改革要求。最后，现任桑地诺政权明显没有考虑那些在 20 世纪 80 年代盛行的基于征用的激进的农耕改革方案，取而代之的是，政府把目光放在产权证的合法化和分配上。这些产权证中有很多从 20 世纪 80 年代以来就处于无主的状态。官方数据表明，在 2007—2013 年的前三个月中，桑地诺党总共分配了 114625 张包括城市和农村在内的产权证。

结 论

在迈向社会主义的道路上，桑地诺民族解放阵线和马蒂民族解放阵线面临了许多共同的挑战，从担心冷战政策的重新实施到国内外敌人企图通过心理战让它们产生永久的畏惧。但这些困难都被它们克服了。然而，为了选举的需要，它们与并不能恪守革命议程的行动家结成联盟。另一个挑战是，它们可以获得的经济资源非常有限，在这种情况下，它们还要着手改造给它们各自社会带来贫困的新自由主义环境。

虽然这两个党在迈向社会主义的道路上存在一些重要区别，然而，桑地诺民族解放阵线和马蒂民族解放阵线仍具有几个共同的特征。第一，两党都把政府看成重要的经济人，认为政府不只是有规划和管理的职能，而且是经济中的积极参与者。第二，两党都强调经济正义，颁布了有利于社会最贫困人群的政策，以减少贫困和不平等。第三，两党都寻求在与美国维持良好外交关系的同时扩大国际支持基础。第四，两党都愿意在重要的议题上与当地精英和强大的国际力量对抗，例如洪都拉斯政变和再分配政策。

然而，迄今为止，两党之间的共同点依然有其局限性，尤其是自从马蒂民族解放阵线没有直接掌控行政权以来。这一差别也体现在桑地诺民族解放阵线乐于在国际关系中挑战美国的权威，例如和伊朗建交以及加入美洲玻利瓦尔联盟。利用美洲玻利瓦尔联盟提供的资源，桑地诺民族解放阵线不用增税就可以资助社会项目。相反，马蒂民族解放阵线成功迫使福内斯政府提高税收以补贴新增加的社会开支。不过，萨尔瓦多既没有加入美洲玻利瓦尔联盟，也没有在国际事务中挑战美国的权威。虽然马蒂民族解放阵线在意识形态上比福内斯政府更倾向一个独立的外交政策，但是这两者却一直在发送强烈的外交信号，以表明它们并不希望对抗美国，其中包括马蒂民族解放阵线的候选人在最近几次访问中会见了美国国务卿、议长和其他官员，并在该党的政府网站、电视宣传片和公告中高度地吹捧这几次会面。

一旦我们理解了人们总是从两党发家时的革命神秘性去衡量它们，也明白人们总是将两党策略性的决议和它们战略性的眼光相混同，那么，最初看起来在两党意识形态和实践中不一致的地方，现在看来与他们战略性的革命目标实际上是完全吻合的。桑地诺民族解放阵线和马蒂民族解放阵线实行了很多积极的变革，特别是在针对赤贫阶层的分配政策领域。两党政府都实施了改革，以增加在教育、医疗和扶贫项目领域里的开支。尼加拉瓜严重依赖美洲玻利瓦尔联盟，而萨尔瓦多是通过从美国接受资助和调整税收结构来增加收入。当面对美国在该地区的霸权时，两个国家最初都反对洪都拉斯的政变。然而，萨尔瓦多的立场很快与美国保持一致，虽然马蒂民族解放阵线对此表示反对。

与此同时，虽然国际上的力量联合起来反对它们，可是，这两个政党还是在很大程度上改善了其公民的日常生活。两个党都支持有可能让社会变得更加正义的改革。到目前为止，虽然它们并没有在经济上做出结构性的改造，可是也没有宣布未来不会这样做。而且，这两个党始终都在表露它们的社会主义抱负。

参考文献

Agencia EFE, 2013. "Parlamento Salvadoreno Aprueba voto en el Exterior para Elecciones de 2014." *Prensa Libre*, January 24. http：//www. prensalibre. com/intemacional/Parlamento – salvadoreno – aprueba – exterior – elecciones_0_853114922. html（accessed September 19，2013）.

Alegria, Damian, 2011. Interview, Santa Cruz, CA, January 15.

Amson, Cynthia, and Adam Drolet, 2011. "The Administration of President Mauricio Funes：A One-Year Assessment." Woodrow Wilson Center Latin America Program, Washington, D. C. http//www. wilsoncenter. org/sites/

default/files/Funes_One_Year. pdf (accessed August 17, 2012).

Asamblea Nacional de El Salvador, 2011. "Ley contra la violencia intrafamiliar." http://www. asamblea. gob. sv/eparlamento/indice – legislativo/buscador – de – documentos – legislativos/ley – contra – la – violencia – intrafamiliar (accessed November 9, 2012).

Avelar, Lorida Martinez, 2010. "Aumenta Recaudacion en Impuestos por Alcohol y Cigarros." *La Prensa Grafica*, August 12. http://www. laprensagrafica. com/el – salvador/social/ 136292—aumenta – recaudacion – en – impuestos – por – alcohol – y – cigarros. html (accessed May 1 2012).

BCN (Banco Central de Nicaragua), 2013a. "Informe de Cooperation Oficial Externa 2012." http://www. bcn. gob. ni/ (Accessed June 21, 2013).

BCN (Banco Central de Nicaragua), 2013b. "Nicaraguaen Cifras 2012." http://www. bcn. gob. ni/ (accessed June 21, 2013).

CISPES (Committee in Solidarity with the People of El Salvador), 2012. "Public-Private Partnership Law Fact Sheet." http://www. cispes. org/wp – content/uploads/2012/12/ APPFactSheetfmal. pdf (accessed September 17, 2013).

ContraPimto, 2009. "El FMLN se suma a V Intemacional Socialista en 'exitosa' convention." December 13. http://www. contrapunto. com. sv/cparchivo/politica – partidos/el – fmln – se – suma – a – v – intemacional – socialista – en – exitosa – convencion (accessed May 18, 2012).

CP-FMLN (Comision Politica FMLN), 2012. "Comunicado Oficial Comision Politica FMLN." *ContraPimto*, April 18. http://www. contrapunto. com. sv/cparchivo/documentos/ comuni cado – oficial – comision – politica – fmln (accessed May 18, 2012).

Cruz – Feliciano, Hector, 2009. "Los CPCs en Nicaragua: Un Analisis Sobre la Articulation, el Diseno y la Implementation del Poder Ciudadano." Paper prepared for the 2009 Congress of the Latin American Studies Association, Rio de Janeiro, Brazil, June 11 – 14. http://es. scribd. com/doc/73673477/Los – CPC – en – Nicaragua (accessed June 24, 2013).

Cruz Tomay, Maria, 2012. "El Empoderamiento de las Maquilas. " Rebeli6n. org, November 7. http: //www. rebeIion. org/noticia. php7idM58777 (accessed November 9, 2012).

Diario CoLatino, 2010. "Presidente Funes se reune con Barack Obama. " March 8. http: //www. diariocolatino. com/es/20100308/editorial/77591/ (accessed May 18, 2012).

El 19 Digital, 2011. "Insulza: Resultado de Elecciones Fue Claro. " November 9. http: //www. ell9digital. com/index. php? option = com _ content&task = view&id = 32189&Itemid = 12 (accessed May 15, 2012).

El 19 Digital, 2012a. "Representante UNESCO en Nicaragua Refuta Cifras de CEPAL sobre analfab – etismo. " April 14. http: //www. ell9digital. com/index. php/noticias/ver/1416/representante – unesco – en – nicaragua – refuta – cifras – de – cepal – sobre (accessed June 22, 2013).

El 19 Digital, 2012b. "Nicaraguacircula Informe del CSE Sobre Elecciones en Seno de la OEA. " December 9. http: //www. ell9digital. com/index. php? option = com _ content&view = article&catid = 21: politica&id = 33539: nicaragua – circula – informe – del – cse – sobre – elecciones – en – seno – de – la – oea&Itemid = 14 (accessed May 15, 2012).

El Mundo, 2011. "Salvadorenos en EE. UU. por Candidaturas Independientes. " El Mun – do. com. sv, January 19. http: //elmundo. com. sv/salvadorenos – en – eeuu – por – candidaturas – independientes (accessed May 15, 2012).

El Nuevo Diario, 2006. "Murillo Aspira a Unidad Sandinista. " July 12. http: //impreso. elnuevodiario. com. ni/imprimir/2006 – 07 – 12/23943 (accessed October 10, 2012).

FIDEG (Fundacion Intemacional Para el Desafio Economico Global), 2010. "Nicaragua Logro Reducir Pobreza Extrema en el Periodo 2005 – 2009. " *El Observador Economico*, October, Special Edition 207.

FIDEG (Fundacion Intemacional Para el Desafio Economico Global), 2012. "Informe Deresultados de la Encuesta de Hogares Para Medir la Pobreza en Nicaragua. " http: //www. fideg. org/investigaciones – y – publicaciones/96

– resultados – de – la – encuesta – paramedir – la – pobreza – en – nicaragua – 2011（accessed July 31, 2012）.

FIDEG（Fundacion Intemacional Para el Desafio Economico Global）, 2013. "Informe Deresultados de la Encuesta de Hogares Para Medir la Pobreza en Nicaragua, FIDEG 2012." http: //www. fideg. org/proyectos/5 – encuestas – lineas – de – base – e – investigaciones/107 – 2013 – 06 – 26 – 00 – 53 – 17（accessed June 27, 2013）.

Feinberg, Richard, 2011. "Daniel Ortega and Nicaragua's Soft Authoritarianism." *Foreign Affairs*, November 2. http: //www. foreignaffairs. com/features/letters – from/daniel – ortega – and – nicaraguas – softauthoritarianism （accessed July 31, 2012）.

Freedman, Elaine, 2011. "What's behind Decree 743?" *Envio* 360. http: //www. envio. org. ni/ articulo/4376（accessed May 15, 2012）.

French, John, 2009. "Understanding the Politics of Latin America's Plural Lefts（Chavez/Lula）: Social Democracy, Populism, and Convergence on the Path to a Post – neoliberal World." *Third World Quarterly* 30: 349 – 370.

Galeano, Luis, 2009. "Albanisa es un pulpo." *El Nuevo Diario*, September 28. http: //www. elnuevodiario. com. ni/nacionales/58180 （accessed May 15, 2012）.

Garrett, Linda, 2010. *El Salvador: Expectations for Change and the Challenges of Governance*. Washington, DC: Center for Democracy in the Americas.

Gutierrez, Dagoberto, 2012a. "El FMLN deberia retirarse del gobierno de Mauricio Funes." *Tendencia Revolucionaria*, March 15. http: //tr. org. sv/ index. php? option = com_content& view = article&id = 176: el – fmlndeberia – retirarse – del – gobiemo – de – mauricio – funes&catid = 1 1: dagoberto – gutierrez&Itemid = 12（accessed May 1, 2012）.

Gutierrez, Dagoberto, 2012b. "Entrevista a Dagoberto Gutierrez en *La Pdgina* sobre su candidature." http: //minuevopais. org/2012/ll/entrevista – a – dagoberto – gutieiTez – en – la – pagina（accessed May 1, 2012）.

Handal, Shafick Jorge, 1993. "Socialism: An Alternative for Latin America? Socialism in the Underdeveloped Countries and a Proposal for El Salvador," pp. 3 – 80 in Shafick Jorge Handal and Carlos M. Vilas (eds.), *The Socialist Option in Central America.* New York: Monthly Review Press.

Handal, Shafick Jorge, *2006. Unaguerra para construir la pa.* New York: Ocean Sur.

INFOLATAM (Information y . Analisis de America Latina), 2012. "America Latina: Participation de las Mujeres en la Politica." http://www. infolatam. com/2012/03/09/america – latina – participacion – de – las – mujeres – en – lapolitica (accessed October 10, 2012).

Informe Pastran, 2013. "A1 oido." http://www. informepastran. com (accessed May 2, 2013).

Intendencia de la Propiedad, 2013. "Documentos de Propiedad Emitidos de 2007 a 2013." http: / /www. intendencia. gob. ni/images/stories/portada/documentosemitidos20072013. pdf (accessed June 24, 2013).

Katz, Claudio, 2007. "Socialismo o neo-desarrollismo." Lahaine. org, November 27. http://www. lahaine. org/index. php? p = 18867 (accessed November 10, 2009).

LaPrensa, 2012. "Especial Elecciones 2011." http://www. laprensa. com. ni/2012/04/26/ elecciones (accessed May 15, 2012).

LaPrensa Grafica, 2011. "El FMLN Muestra Fuerza ante sala." http: // www. laprensagrafica. com/el – salvador/politica/202333 – el – fmln – muestra – fuerza – ante – sala. html (accessed June 1, 2011).

Lopez Mendoza, Rafael, 2011. "Asamblea avala $ 4, 203 millones de presupuesto." *El Diario de Hoy*, November 23. http: //www. elsalvador. com/mwedh/nota/nota_completa. asp? idCat = 47673&idArt = 6408944 (accessed February 19, 2012).

Maldonado Salinas, Carlos, 2012. "Informe Finalacusa falta de Transparencia en las Elecciones 2011 UE Advierte 'Retroceso Democratico' en Nicaragua." CONFIDENCIAL. com. ni, February 22. http: //www. confidencial. com. ni/articulo/5911/ue – advierte – quot – retroceso – democratico – quot – en – nicaragua (accessed May 15, 2012).

Martii Puig, Salvador, 2009. "El Frente Sandinista de Liberation Nacional (FSLN), 1980 – 2006: Analisis de una Mutation," pp. 33 – 58 in Salvador Marti i Puig and David Close (eds.), *Nicaragua y el FSLN* (1979 – 2009): *¿Que Queda de la Revolucion?* Barcelona: Edicions Bellaterra.

Marx, Karl, 1977a. "Critique of the Gotha Program," pp. 10 – 38 in David McLellan (ed.), *Karl Marx Selected Writings*. New York: Oxford University Press.

Marx, Karl, 1977b. "The German Ideology," pp. 159 – 190 in David McLellan (ed.), *Karl Marx Selected Writings*. New York: Oxford University Press.

Mejia, Amilcar, 2011a. "FMLN pide reformar impuesto sobre renta." *La Prensa Grafica*, November 16. http://www. laprensagrafica. com/el – salvador/politica/231106 – fmln – pide – reformar – impuesto – sobrerenta. html (accessed May 1, 2012).

Mejia, Amilcar, 2011b. "El FMLNprefiere un Impuesto a la Seguridad." *La Prensa Grafica*, August25. http://www. laprensagrafica. com/el – salvador/politica/213486% e2% 80% 94el – fmln – prefiere – un – impuesto – a – laseguridad. html (accessed May 1, 2012).

Mejia, Amilcar, 2012. "Gonzalezlamenta que pals no Ingrese a ALBA." *La Prensa Grafica*, April 19. http://www. laprensagrafica. com/el – salvador/politica/258780 – gonzalez – lamenta – que – pais – no – ingrese – aalba. html (accessed May 1, 2012).

Ministerio de Education, 2010a. "Programa de Alfabetizacion." Ministerio de Educacion de El Salvador, May 17. http://www. mined. gob. sv/index. php/temas/alfabetizacion. html (accessed February 19, 2012).

Ministerio de Education, 2010b. "Gracias al Plan SocialEducativo se incrementa la matrlcula." Ministerio de Educacion de El Salvador, November 11. http://www. mined. gob. sv/index. php/novedades/ noticias/l – institucional/4665 – gracias – al – plan – social – educativo – se – incrementa – la – matricula. html (accessed February 19, 2012).

Moran, Otto, 2013. "Funes Avala Futuros Negocios con Petrocaribe."

La Prensa Grafica, September 3. http：//www. laprensagrafica. eom/2013/09/03/funes – avala – futuros – negocios – con – petrocaribe（accessed September 19, 2013）.

Muhr, Thomas, 2008. "Nicaragua Re – visited: From Neo – liberal 'Ungovernability' to the Bolivarian Alternative for the Peoples of Our America（ALBA）." *Globalisation, Societies, and Education* 6（2）: 147 – 161.

Nicaragua Dispatch, 2012. "Are Labor Conditions Improving under CAFTA?" May 4. http：// www. nicaraguadispatch. com/news/2012/05/are – labor – conditions – improving – under – cafta/ 3722（accessed October 10, 2012）.

Notimex, 2013. "El Salvador inicia DUI en mayo para votar en el exterior." *La Opinion*, April 24. http：//www. laopinion. com/El – Salvador – emitira – DUI – mayo – votar – desde – exterior（accessed September 19, 2013）

Nunez Soto, Orlando, 2009. "El Regreso del FSLN," in *La revolucion rojinegra*. Managua' CIPRES.

Ortiz, Cecilia, 2010. "Inauguran el Hospital de San Vicente: El Remozado Nosocomio es el Principal de la Zona Paracentral." *La Prensa Grafica*, December 10. http：//www. laprensagrafica. com/el – salvador/departamentos/157160 – inauguran – el – hospital – de – san – vicente. html（accessed May 1, 2012）.

Pantoja, Ary, 2010. "Gobierno Reporta Reduction de la Pobreza." *El Nuevo Diario*, August 19. http：//www. elnuevodiario. com. ni/politica/81548（accessed October 10, 2012）.

Perez, Arlen, 2011. "Falto Transparencia." *El Nuevo Diario*, November 9. http：//www. elnuevodiario. com. ni/nacionales/232718（accessed October 10, 2012）.

Perez – Baltodano, Andres, 2010. "Nicaragua: Se Consolida el Estado por Derecho（y se Debilita el Estado de Derecho）." *Revista de Ciencia Politica* 30: 397 – 417.

Perla, Hector, Jr. , 2008. " Si Nicaragua Vencio, El Salvador vencera." *Latin American Research Review* 43（2）: 136 – 158.

Perla, Hector, Jr. , 2011. "Monsenor Romero's Resurrection: Transnational Salvadoran Organizing. " *North American Congress on Latin America* 43 (6).

Perla, Hector, Jr. , 2013. Personal notes from Northern California FMLN Campaign Committee.

Perla, Hector, Jr. , Marco Mojica, and JaredBibler, 2013. "From Guerrillas to Government: The Continued Relevance of the Central American Left," pp. 327 – 356 in Jeffery Webber and Barry Carr (eds.), *The New Latin American Left: Cracks in the Empire.* Lanham, MD: Rowman & Littlefield.

Puente Sur, 2012. "Ortega defensor de los ricos. " January 17. http://puentesurarg. blogspot. com/2012/01/ortega – defensor – de – los – ricos – dora – maria. html (accessed October 10, 2012).

Radio La Primerisima, 2009. "¡Libre de Analfabetismo!" Radio La Primerisima y Agencias, August 23. http://www. rlp. com. ni/noticias/59079/libre – de – analfabetismo (accessed May 1, 2012).

Ramos, Karla, and Kenny Lopez, 2009. "Impuesto a licor y tabaco recaudara \$65 millones. " *La Prensa Grafica*, October 22. http://www. laprensagrafica. com/el – salvador/politica/67796 – impuesto – a – licor – y – tabaco – recaudara – 65 – millones –. html (accessed May 1, 2012).

Rauber, Isabel, 2012. *Revoluciones Desde abajo: Gobiernos Populates y Cambio Social en Latinoamerica.* Buenos Aires: Ediciones Continente.

Serrano, Rene, 2010. "Lobo Rechaza el Alba y se Normalizara Lazo con pals. " *El Diario de Hoy*, February 1. http://www. elsalvador. com/mwedh/nota/nota_completa. asp? idCat = 6351 &idArt = 4481972 (accessed August 17, 2012).

Social Watch, 2011. "Nicaragua: Cuota Electoral Femenina no Entusiasma a Mujeres Organiza – das. " http://www. socialwatch. org/es/node/14398 (accessed October 10, 2011).

Suarez, Ramon, 2012. Interview, San Salvador, March 24.

Tellez, Dora Maria, 2010. Interview, Managua, August 3.

Tribunal Supremo Electoral, El Salvador, 2012. "Resultados provisionales de las elecciones del 11 de Marzo 2012. " http：//www. tse. gob. sv/resultados2012/inicio. htm (accessed August 17, 2012).

UNFPA (United Nations Population Fund), 2011. "Aprueba El Salvador ley de Igualdad de Genero. " http：//lac. unfpa. org/public/news/pid/7401 (accessed November 9, 2012).

Valencia Caravantes, Daniel, 2010. "Funcionarias FMLN Critican a Funes por como trato tema del aborto. " *El Faro*, August 29. http：//www. elfaro. net/es/201008/noticias/2356 (accessed November 9, 2012).

Vice – Presidencia de la Republica de El Salvador, 2011. "Crece Respaldo Ciudadano a Gestion Social y Programas del Gobiemo del Cambio. " Vice-Presidencia de la Republica de El Salvador, August 31. http：//www. vicepresidencia. gob. sv/novedades/noticias/item/388 – crece – respaldo – ciudadano – a – gesti% C3% B3n – social – y – programas – del – gobierno – del – cambio. html (accessed November 9, 2012).

VOA (Voz de America), 2011. "El Salvador Permanece en Afganistan. " *Voz de America*, August 12. http：//www. voanoticias. com/content/salvador – militares – afganistan – funes – 135326903/107184. html (accessed November 9, 2012).

第八章　古巴的新社会主义：造就当前变革的不同视野*

卡米拉·皮尼罗·哈奈克尔

　　理解社会主义和展望古巴的未来是两条在本质上就不同的思路。古巴目前正在打造的"改革的""更新的""再次兴起的"社会主义形态取决于这两条思路的相对影响力。在古巴社会的内部争论中，那些占主导地位的观点很大程度上都主张，古巴的首要长期目标应该是一个更加正义、免于经济困窘的社会。然而，这些观点在如何理解正义、自由和社会主义方面却有着显著的不同。于是，不同的古巴人民倾向于设置不同的短期和中期目标，并且就如何实现它们提出不同的路径。本章将阐述正在影响一个国家当前变革的主要的社会主义观点。出于各种原因，古巴的变革一直受到全世界巨大的关注。作为一个立志为未来做出贡献的古巴人，笔者将从客观的立场分析这场内部争论。

　　本章先从古巴近些年发展的大致背景开始，然后考察三个流派的观点，笔者把它们分别称作"国家主义""经济主义"和"自我管理主义"。其实，这些术语不过是一些分析工具，它们描述了为拯救古巴的社会主义工程而应该做些什么的不同路径。① 笔者将讨论这三种社会主义观

---

　　* 本章最初载于 *Latin American Perspectives*，Vol. 40，No. 3，May 2013，pp. 107 – 125。

　　① 每一种立场对"建设社会主义"这个词的解释都有所不同，这是因为"社会主义"和"一个社会主义的社会"这两个概念本身就有所不同。对这个词的使用突出了这样一个事实，即向一个"更高级"的社会秩序的迈进是渐进而非直线的过程。一些人把"共产主义"（这是马克思主义提出来的概念，它并不必然与共产党所领导的国家相联系）看作社会主义的最高级阶段，而另一些人则把它看成永远不会实现的乌托邦，虽然它可以揭示对后资本主义进行改造的可取方向。

点所基于的主要目标，这些目标与它们对当前古巴社会问题的诊断和提出的解决措施有关，还将考察它们在以下问题上的不同立场：社会控制、私人企业、市场关系、工人参与管理，尤其是能否将不重要的国有企业转为工人合作制。对这些问题的讨论，将揭示出它们各自立场所基于的假设。目前，古巴正在进行一场"观念的战争"，这场战争将定义古巴的未来。一些情形可能会促使一种立场战胜另一种立场，本章将以对这些情形的评价作为结束。

这项研究以对古巴的（体现在正式或非正式的辩论及官方声明中）公共言谈和（学术和期刊）出版的考察为基础。虽然在过去，人们担忧公共讨论也许会损害国家的统一而使美国政府更方便实施它的瓦解计划，然而，今天的古巴人却被号召起来对问题做出公开的批评和为不同的解决方案辩护，许多人在响应这一号召。尽管古巴人热情外向和易于夸张的性格被广为人知，但是不同立场之间的碰撞却是出乎意料得友好。这从发生在理论概念和现实解读之间的丰富交流中就可以看出。这些交流不只是发生在立法者和学者之间，还见于报纸上读者写给编辑的来信、图书和杂志文章、公共论坛、网络文章和博客、电影以及电台和电视节目。

虽然一些政府官员、学术界人士、记者和博客作家公开地表达了他们对古巴未来的看法或者做出了声明，这些观点和声明大致符合上述三种立场中的某一种，然而，大多数古巴人民的看法却包含了所有这三种立场。本章力图不用立场来划分古巴人——这种做法也许会导致极化，而是希望促成一个更加有效、受尊重、不被个人化的辩论，以有助于形成一个新的社会共识。这样的社会才是我们都希望生活在其中的社会。

古巴最近的变革

当前，变革的源头可以被追溯至前任总统菲德尔·卡斯特罗在2005年11月17日发表的一次讲话。他在这次讲话中第一次公开地警告，革命有可能被逆反。过去，他把古巴的大多数经济问题归咎于美国的经济制裁以及地缘政治针对古巴所发动的战争。① 然而，这一次，在谈到古巴出现经济问题的主要原因时，菲德尔·卡斯特罗说，革命的主要敌人是我们自己犯下的错误，特别是经济不平等，例如，对盗窃这样的恶行，缺乏控制和较差的高层管理决策。2006 年 7 月，他罹患疾病，在动手术之前，将权力转让给他的合法继承人——同时也是他的兄弟——劳拉·卡斯特罗。很快，劳拉·卡斯特罗开始着手更深层次的改造，以处理这些经济问题。

在 2007 年 7 月 26 日的一次演讲中，劳拉·卡斯特罗谈到了"对观念和结构进行变革"的需要，并提议就困扰古巴社会的主要问题进行一场全国性的辩论。2007 年 9—11 月，超过 500 万人参加了 215000 次会议，超过 160 万人批评了日常生活里的问题、国家机关办事能力差以及行政岗位上公仆们的行为。这种规模庞大的全国性的辩论在古巴已不是第一次。1993 年，超过 8 万次的"工人议会"在工作场所、学校和群众组织中召开，② 超过 300 万人表达了他们的忧虑，并就如何应对新的形势提出建议。类似的公共商议在之前几十年里也出现过。

2007 年的辩论是古巴共产党第六次全国代表大会的序曲，它迅速地传递给官方一个——也是每个人都知道的——信息是：古巴人最主要的忧虑是低工资、食品供应不足以及交通和住房问题，老百姓已经厌倦了日常生活中的种种禁令。一部分解决措施预计可以在 2008—2009 年间得以实现，它们是：国人可以购买之前只对外国人开放的某些商品和服务；将闲置的农业用地交给个人和合作社；取消批准政府机构使用硬通货的委员会；成立国家监管机构；启动缩减政府规模的一系列步骤。其工作的重点放在处理因为 2008 年一系列破坏性飓风及国际经济危机所造成的严重不利的财政形势上。

---

① 华盛顿政策所带来的影响毫无疑问使古巴的经济问题更为严重，这些政策很大程度上阻止了古巴获得美国的产品和进入美国的市场。最重要的是，它禁止古巴使用国际金融和信贷体系。华盛顿严禁在古巴投资的禁令也使古巴经济遭受重创，不只是美国的公司受禁令限制，任何在美国境内有参与或出现的公司都适用于该项禁令。古巴外交部宣称，这些封锁"构成了重创我国发展的最严重的障碍"（B. Rodriguez, 2011）。

② 诸如妇联、工会和共青团这样的群众组织被认为代表了特定群体的利益，大多数的决策场所邀请了这些组织。

2010 年以来，劳拉·卡斯特罗更加严峻地提醒克服严重经济障碍的重要性。古巴社会经济体制的维护和可持续性处于悬而未决之中。[①] 考虑到解决长期问题需要对古巴的经济进行管理，于是，第六次全国代表大会定于 2011 年 4 月召开，以批准旨在改善经济状况的总指导方针，包括一些社会政策以及和经济密切相关的领域的政策。

发生在工作场所、社区和社会机构中的辩论是这次全国代表大会的先声。辩论的对象是一份名为"经济和社会政策指导方针草案"（PCC，2010）的文件。政府鼓励人们提出修改意见、表达自己的担忧或者只是做出一些评论。这份文件的内容以章节形式列出，每一章列出期望变革的领域，这些领域包括经济管理、宏观经济政策、外部经济关系、投资、科学、技术、创新、社会政策、工业化农业、工业、能源、旅游业、交通、建筑、住房、水资源和商业。在希望解决的目标中，很多已经在之前的 PCC 大会上得到确立，如替代进口和增加出口。古巴人呼吁要就"做什么"而不是"怎么做"达成共识。在为新的立法和政策做准备时，关于如何达成一致目标的更为复杂的讨论被建议在后期进行。除了《2008 年社会安全和劳工法典》（现在已经在工作场所中讨论了）之外，大多数立法修改受到的争议很少，而且全都通过了。这或许是因为它们针对的是大家都明显认同的关于个人财产的所有权问题。[②] 最近，也有传言说是因为它们与被批准的总指导方针相一致。

然而，在这场为 2010 年 12 月全国代表大会召开而准备的辩论之前，一些措施已经被采用，一些试验也在进行中，这些被试验的思想后来在更广的范围内得到运用。最具效果的经济举措是从 2008 年开始实施的，它是一场名副其实的土地改革。从 2008 年到 2011 年中期，将近 15% 的农业土地（113 万公顷）的使用权被出让给了 146000 名个体农场主以及数量更少一些的工人合作社，这两者都被允许可以永久性地（而不是季

---

① "如果我们不解决它，我们就将掉进深渊里"，因为"我们不能消费的比生产的多"（R. Castro，2010）。

② 新的立法允许古巴人售卖自己的汽车和房屋（292 *Gaceta oficial* 31，September 27，2011；288 *Gaceta oficial* 35，November 2，2011），以方便他们获得贷款和拿到房屋建造（289 *Gaceta oficial* 40，November 21，2011；*Gaceta official* 1，January 4，2012）补贴。

节性地）雇用工人。① 这是一个将大部分土地从低效率的政府农场与合作社手中再分配给私人农场主和合作社的过程。在这个过程中，超过170000 名的古巴人获得了总共 154 万公顷的土地。②

2008 年劳工和社会安全部第 9 号决议根据该部门通过的标准，将政府职员的工资与工作效率挂钩。这些规定取消了工人在基础薪水之后所挣工资的最高限额，允许更大的工资差距。不过，这些规定一直没有实施，该部门取消了和工作效率挂钩的一些不现实的薪酬计划。

2010 年早期，政府在几个市区中开展了一项试验，允许一些理发师、美容师和运输工人向之前雇用他们的政府企业租赁椅子和汽车。根据条款，这些前政府职员必须承担之前政府所承担的所有运营费用，但是他们可以自由地标价和保留税后的利润，事实上，他们将价格定得比规定价格更高，从中获得差价。大约不到一年，这项试验被推广到更多的经济活动和省份里，一年以后，推广到了全国。③

2010 年 10 月 25 日，很多关于"有效利用率"的规定被公之于众。这些规定希望政府机构可以重新安置工作效率不高的"过剩"工人，包括那些工作单位倒闭和不愿意成为承租方的人。据估计，过剩工人超过一百万，是总体就业人员的20%，占政府企业员工人数的30%。这些工人被提供了空缺的政府岗位，如果他们拒绝接受安排，他们就将下岗，只能拿几个月的工资，数额取决于他们之前工作了多久。这个流程很快被搁置了，因为它不可能实现劳拉·卡斯特罗许下的没有一个人会"被抛弃"的诺言。④

其他被批准的规定则使个体户的工作更为灵活，包括永久雇用工人的可能性。个体户现在可以租用场地，与政府机构从事经济交易，接受

---

① 2013 年 5 月 16 日，在电视节目《圆桌》上由政府公职人员所宣称。
② 源自农业部土地控制中心主任（Rasverg, 2011）和全国农业协会主席（Gonzalez, 2011）的讲话。
③ 2011 年 12 月 1 日，这些试验扩大到将所有美发室乃至有三张椅子的美发室（*Gaceta oficial* 36，November 11，2011），而其他诸如修理、摄影和洗衣这样的服务在六个省份也被进行了类似的推广。随后，这些试验被扩展到全国（*Gaceta oficial* 46，December 23，2011）。2012 年，员工人数在五人或以下的理发店和美发室都被承包给了员工，出租车也正在被承包给现有的员工。
④ 根据非官方的估计，被宣布"待业"的工人大约在 15 万（Reuters，October 5，2011）。

银行信贷。在不到一年的时间里，发给个体户的营业执照数量翻了一倍多，[①] 部分是由于许多个体户只是将他们的地位合法化。尽管被征收了较高的税，许多人还是从其经营行为的合法化中享受到了实惠，例如可以退休，享有残疾和怀孕保障、银行信贷、政府契约。个体户的数量一直在增长，虽然增速较为缓慢。

值得注意的是，这些对古巴人生活（土地权利和劳资关系等）产生巨大效果的措施在前些年就得到了批准。一些人声称，第六次全国人民代表大会只是一场对之前决议予以批准的"表演"。尽管如此，在这次对总指导方针的讨论中，大批群众参与了进来。从2010年12月到2011年2月，1100万古巴人中，有900万人在工作和学习场所、社区和社会机构中讨论了这份文件（大多数人不止一次参加了此次会议）。他们修改了两百多条纲要中的68%。但是，只有与市场计划和价格相关的一些变动才是实质性的。

一些人批评大会只关注经济问题，可是这些问题在现实生活中不能与政治、文化和社会问题割裂开来。考虑到古巴经济体制的复杂性和所面临的挑战，把注意力放在经济上也是可以理解的。虽然如此，除了扩大非国有企业（私人合作社）、给予国有企业更大的自主性和更看重市场关系之外，指导方针中最重要的一个目标是，当地政府应该在国有经济活动和非国有经济活动中起到指导性的作用，成立新企业、征税和为当地发展划拨资金。

会上还宣布了其他重要的政治措施。劳拉·卡斯特罗在闭幕辞中提出，重大的政治和政府职位最多只能连任两个五年任期，并为当前担任公职并不需要党员身份的规定做了辩护。他提议在2012年1月28日召开的PCC会议上对政治体制做出重大的改变，在全国范围内年轻化党的领导层。[②] 在刚被选出的中央委员会成员中，无论在性别、种族还是年龄上

---

① 从2010年10月的152000到2011年10月的350000，到2013年5月为止，人数已经超过400000（*Granma*，May 20，2013）。到2015年，估计有180万工人加入非国有单位，占总就业人数的35%。

② 很多人对这份会议的文件草案表示失望，因为它没有就PCC在古巴政治体系中的运作方式提出真正的建议（*Espacio Laical*，digital supplement 153，November 2011，参见社论http：//www.espaciolaical.org；已退休的外交官和历史学家佩德罗·坎波斯，参见Campos，2011a；D'Angelo，2011a）。

都发生了变化，这些变化被看成"第一步"。^① 同时，PCC 中央政治局继续由那些从革命时代就长期在领导层任职的男人主导，特别是那些"历史的一代人"（从 20 世纪 50 年代起就领导革命的人）。

2012 年的党代会是令人失望的，因为年青一代人的数量比之前宣布的要少，党的章程和机构也没有发生重大的变化。迄今为止，在政治体制中，最重要的变化发生在两个新的省份——阿尔特米萨省和马亚贝盖省，以及哈瓦那的西部和南部，它们被允许拥有更大的自主权，省政府的行政部门和立法部门被分立开来。此外，一些省政府还采取一些措施直接对民众负责，并在当地媒体上接受更多的审查。

成为 PCC 全国代表大会先声的公共辩论也遭受了批评。理由是，它没有包含任何关于意识形态和伦理的议题。社会主义在文件草案中只被提到两次，在最终草案中被定义为"权利和机会的平等"。尽管如此，由前经济和计划部部长牵头的监督指导方针实施的执行委员会（CIDEL）很快就起草了"关于古巴社会主义经济的完整理论概念"的第一次草案。现在，既然菲德尔·卡斯特罗和劳拉·卡斯特罗已经认识到古巴现有社会主义模式的不可持续性以及对其进行更新和改革的需要，那么，填补这个"意识形态上的空白"就显得非常重要。如此一来，持有社会主义观念的古巴人才不会对未来有更多的担心，也有助于形成即将出现的新的社会契约。还有一个不满是针对 PCC 公职人员，他们将辩论过程中发表的不同声明综合在一起，却没有在 PCC 核心层、工作场所和社区之间创造思想交流的机会。然而，尽管存在这些不足，很多人还是认为，这次大会阐明了长久以来在内部机构和国家管理层中存在的难题，创造了一个有助于改革古巴社会主义的全国性共识。

此外，尽管一些人认为导致古巴政府低效的根本原因还没有被认识到，但是这段改革时期与其他的改革期还是有明显的区别。这是因为，在这场改革中，政府和其公职人员的自我批评是直率而深刻的。人们认为，历史的一代有必要纠正过去的错误，将国家以更好的形态移交给下

---

①　在由 115 人组成的中央委员会里，妇女代表所占的比例由 13% 增加至近 42%，黑人和混血儿所占比例则由 21% 升至 31%。与此同时，尽管人员变动的比率超过一半，但是平均年龄却没有显著地下降。

一代。劳拉·卡斯特罗的声明以及发表在《格拉玛报》①上的观点表达了这样的关切，即在同样的人身上期望改革是不太现实的，因为正是这些人制定了现在的规章并将其付诸实践。除此之外，他还认为，为改革制造障碍的官僚应该辞职。于是，被历史一代的成员所占据的政府职位正在逐渐转移到年轻人手中。

在这场改革中，另一个重要的方法论层面的观念已经被意识到，即改革必须由科学研究以及对人民群众如何感知到这场改革的持续性评估来指导。技术咨询委员会于2012年8月成立，以协助CIDEL制定新的措施和评估它对古巴社会的影响。

开始于2013年的这场变革现在已迈入更加艰深和复杂的阶段，它在新的合作社中进行了试验（在国有企业之外，基于个人自发的意愿）②，给国有企业更多的自主权，改革金融和财政政策。我们即将分析的三大主要意识形态立场标记了这一改革进程。

国家主义者：完美的国家社会主义

对于国家社会主义者而言，社会主义的主要目标应该是建立一个掌控社会且治理良好的代议制政府，是一个更强有力的政府。它不必是一个更大的政府，但必须运转良好，确保下属能够完成所安排的任务。他们强调，这样的政府不同于资本主义政府，因为它谋求的是工人的利益而非私人资本的。在国家主义者眼里，一个有着垂直结构的中央集权政府是最适合的，它可以给所有公民提供物品和服务，满足他们的基本需要。由于看到自上而下的计划经济的不足，一些国家主义者也接受一定程度上的市场关系，把这看成是不可避免的。在他们的社会主义视野里，个人或集体的自主性行动在同一水平面上不太可能相互协调，它们必将

---

① 参见Raul Castro（2011b），the journal Felix Lopez（*Granma*，September 30，2011）一文，以及阿兰拉都（Tamargo Arenado）写给编辑的信（*Granma*，August 5，2011）。

② 2012年12月，一年前就宣布成立的非农业合作社的法律框架被确定下来（参见*Gaceta official* 53，December 11，2012），从2013年7月1日开始，126个合作社被批准营业。

产生混乱，而由民主管理的机构也是低效率的，容易导致社会冲突和瓦解。① 国家主义的核心主张是掌控古巴经济，位列第一优先性的事情是减少财政和商业赤字。然而，这一想法时常被理解成减少服务、关闭企业和对国有及非国有企业征收过高的税。

国家主义者否认古巴需要重大的、根本性的变革。他们相信，只要政府和党的领导人对古巴有更多的控制力，② 同时下放一些权力给人民，让他们参与协商，当前的体制就可以正常运转。不过，一些人也认为，国家要在小企业的管理事宜上放权，让当地政府利用自己的资源去解决问题。他们重复劳拉·卡斯特对"改变方法"的呼吁，可是他们并没有认识到应该给予企业更多的自主权和民主化，也没有意识到必须保证当地政府和国有企业预算数据的公开与透明。③

在国家主义者的眼里，古巴社会的主要问题是：缺乏纪律、对社会的控制不足、管理者设置的标准过低、公职人员和党员的生产与工作效率低下、无组织、到处都是小偷小摸腐败，即便古巴的腐败程度比其他国家要轻得多。国家主义者指出，工人和管理者之间已经就不生产这件事达成默契，即"我们假装工作，你假装付给我们工资"。确实，控制、纪律和一致性对任何项目的成功来说都是必需的，可是几十年以来，它们在古巴的工人和管理者之间已经不常见了。

尽管这三种立场的倡导者都意识到古巴体制中缺乏控制的有害性，然而，就控制力度不够的根源以及何种控制手段才是有效和公正的而言，这三种立场又有所不同。国家主义者强调该问题的文化特性，主张用教育的方式来解决，"改变思维"被当成关键的解决方案。相比之下，经济

---

① 参见卡马罗（Bernal Camero）写给编辑的信（*Granma*，September 30，2011），反对"将面包坊交给工人们"，原因是"国有生产是最好的也是最安全的选择"。

② 彼高斯（Garcia Brigos）在写给编辑的信中说（*Granma*，November 8，2011），一家当地面包坊之所以比其他家运作得好，是因为当地的政府代表和其他公职人员牢牢地"掌握并要求"工人做出好的产品来。维代尔（Broche Vidal）在一封信中写道，"如果领导更好一些，那么，他们的下属也会更好"（*Granma*，September 16，2011）。同时参见穆吉卡（Borges Mujica）的信（*Granma*，January 8，2010）。

③ 参见莱瓦（Anneris Ivette Leyva）的"El derecho a la informacion"一文（载于 *Granma*，July 8，2011），以及贝尔格尔（Pagola Berger）、迪亚兹（Lopez Diaz）和冈萨雷斯（E. Gonzalez）写给编辑的信（载于 *Granma*，April 2，2010；February 12，2010；July 15，2011）。

主义者把矛头指向低工资，为采取充分的物质激励做辩护，而自我管理主义者则提出改变古巴机构的组织方式，支持一个更民主、异化形式更少的社会关系。①

总之，国家主义的解决方案是从上到下地增加控制和监督，只给管理者很少的自主权，但是却让他们负起更大的法律责任。② 外部监督实体被期望用来监管国家机构，主管确保下属完成他们的职责。国家主义者很少关注外部监督和垂直监督的限度、工人集体自我监督的优势以及公共机构的透明和真正负责的重要性。

国家主义的立场在政府官僚中得到很好的体现。这些人担心失去职位，由于政府机构正在被精简或"合理化"，这种心态并不是没来由的担忧。国家主义的立场得到很多普通老百姓的支持，他们厌倦了在过去几十年中频繁上演的社会无秩序，希望恢复社会秩序，拒绝更加实质性的改变，尤其害怕失去这场革命所取得的社会成就。除此之外，一些接受过苏维埃马克思主义教育的知识分子也拒绝任何形式的权力下放和对任何机构开放——无论是私人的还是集体的。理由是，这些组织并不是由中央政府直接而密切地控制的。古巴军队里的许多官员也毫无疑问地倾向国家主义，因为他们首选的就是秩序和控制。

经济主义者：市场社会主义

根据经济主义者的观点，社会主义的主要目标应该是发展社会生产力和创造更多的物质财富，为真正的社会主义奠定基础。于是，他们关注生产力，却忽视了社会关系。对他们而言，经济增长会带来购买力的增长，也会改善老百姓的物质条件。他们补充说，社会主义意味着对财富的重新分配。可是，如果连财富都没有，那不就是没有东西可以拿来

---

① 参见坎波斯（Campos，2011c）和罗德里克·佩雷斯（Rodriguez Perez）写给编辑的信（*Granma*，May 7, 2010）。

② 弗莱特斯·里韦罗（Fleites Rivero）在写给编辑的一封信中责备管理者没有施加足够的控制（*Granma*，September 5, 2011），并且补充说，他们的高薪应该促使他们这样做。

分配吗?①

　　对于那些支持这一立场的人来说,古巴当前变革的首要目标应该是改善古巴经济的状况,以满足"人民不断增长的物质需要"。他们主张,所有高效而多产的制度安排不仅可以对财富进行有效的再分配,而且对建设社会主义来说也是必要的。② 尽管对于国家主义者来说,私有企业和市场关系是必要但却需要被国家驯服的恶,可是,对自我管理主义者来说,它们却是可以被逐步克服的恶,前提是当其他可以融合经济和社会目标的机构越来越多时。不过,对经济主义者来说,不论私有化还是市场经济,它们对经济发展来说都是必不可少的。

　　经济主义者把古巴经济的严重萧条归咎于中央集权、政府垄断经济活动、预算软约束和缺乏私人企业家与市场关系。尽管可能没有被公开地承认过,但是经济主义者相信,私人资本家管理模式(对私人利益做出积极回应的自主的、非民主的管理者)是管理企业的最有效方式,市场也是协调企业活动、分配资源、促进效率和创新的最高效形式。

　　经济主义者捍卫这样一个概念,即如果经济行动者以最优化的方式行动,具体来说,如果管理者们做出正确的决定,并且如果工人提高生产效率,物质激励和"市场纪律"就是不可避免的。③ 他们还说,厂家应该对自己表现不佳的后果付出代价,即使这是超出其能力控制的市场变化或事件所造成的。他们反对存在于古巴人民和政府机构之间的家长制关系。在这种关系中,前者期待后者能够解决他们所有的问题。

　　经济主义者对这种警告置若罔闻:他们的政策会加重不平等,将社会某些群体边缘化,在私有部门和更有自主权的政府企业中剥削工人,以及恶化环境。他们认为,这些社会问题会在将来的日子里得到解决,

---

　　① 迪亚兹·瓦兹(Diaz Vazquez)(2011:124,130-131)主张,试图根据需要而不是工作贡献进行再分配的"共产主义"是一个乌托邦。然而,他并没有考虑这两者都是建立在根据能力的原则上。他补充说,中国和越南"对于市场的有效实施"似乎证实了,不经历一个"商业期"而建设社会主义是不太可能的。参见拉布拉多·费尔南德斯(Labrada Fernandez)写给编辑的信(*Granma*,July 23,2010)。

　　② 参见克鲁兹·凡多(Cruz Vento)写给编辑的信(*Granma*,February 19,2010)。

　　③ 参见赫尔南多·罗伦佐(Hernandez Lorenzo)和吉尔·里尔(Gil Leal)写给编辑的信(*Granma*,December 23,2011;February 24,2012)。

同时，不应该因为这些担忧而干扰私有化和市场化的进程。① 他们指出，在与工资无关的其他收入领域里，严重的不平等已经是一个现实。经济主义者知道他们的政策会因为人们适应市场能力的不同而产生"胜利者"和"失败者"，但是，他们补充说，可以采取一些措施来限制那些因为改革所带来的不理想的后果。

社会正义对经济主义者来说是一个让人不太舒服、混乱的术语。在他们看来，这个社会目标过于抽象，有一个控制收入差距的税收体系和保护顾客、环境及雇佣工人的立法就已足矣。他们建议，我们必须在效率和社会正义之间做一个选择：一方面，前者不可避免地会导致不平等；另一方面，则是物质困顿的社会正义。相比之下，自我管理主义者主张，真正的民主管理会带来效率、生产率、平等和正义。

为了加快经济增速，经济主义者提议古巴加入国际生产链，以吸引外国投资。他们指出，中国和越南通过吸引外国直接投资而促进了经济增长，古巴也需要外部资金。然而，他们并没有提及市场改革所带来的负面影响，例如，日益明显的不平等、腐败、社会动荡、环境恶化、精神空虚以及社会项目的废除。实际上，就如何避免这些令人不快的后果，他们没有提出任何建议。

经济主义者无视马克思关于工人剥削和异化的核心主张。他们的理论影响了劳工部的官员。这些官员没有认识到，这些雇佣工人从属于那个雇用他们的人，即使雇用他们的人也工作。他们也没有认识到，当国有企业的岗位越来越少时，这种不平等的关系就会增加。拒绝承认雇主和雇工之间这种不平等且主要是对抗性的关系，使得技术官僚们忽视保护后者的需要，从而不愿意制定劳工法或一些规则以保障工人的最低权益，并让一些复杂的话题脱离了谈判桌，如允许工会对管理方提出要求以支持工人。

经济主义者容易忽视那些指出人类行为之复杂性的论证，也无视那些解释企业民主管理之有效性的社会因素。他们忽视合作之于自我利益的优越性。面对那些要求重视人际关系和谐、职业发展和社会认可的呼

---

① 费里克斯·洛佩斯（Felix Lopez）提出，社会正义可能是"自由和效率"的敌人（Granma, September 30, 2011）。

唤以及对冲动消费之危险的警告，经济主义者把这些看成乌托邦、教条主义的，甚至是与个人自由相对立的。

经济主义在技术官僚和政府官员中找到了得以滋生的肥沃土壤。这些技术官僚和政府官员假设，私营部门会通过市场运作来调节自身，于是，一些社会担忧是可以被忽略的。对经济主义最抱有热情的人往往是那些企业管理者，他们希望可以按照自己认为合适的方式来管理国有企业，避免当前中央计划设定的所有壁垒和限制。对他们来说，一个最完美的安排是获得更多的自主权，减少监督、工作保障和只有正式员工的参与。[1] 与此同时，大多数古巴老百姓支持效率优先于社会目标的话语，并把中国和越南的经济增长归功于私有化与市场，经济主义则刻画出这些人的想法。一些说着主流学术圈内语言的学者是经济主义观点的最公开的支持者。

自我管理主义者：民主社会主义

自我管理主义者声称，需要一个比资本主义更加公正、更具可持续性的社会秩序。他们展望了一条不同的道路，这条道路既不同于国家主义者正在重新打造的以国家为中心的古巴版本的社会主义，也不同于在经济主义者看来是唯一可行模式的市场导向的社会主义。自我管理主义者主张，如果没有了团结和平等，人民在生活各领域（政治、经济、文化等）中不能实质性地民主参与决策过程，那么，就不存在一个真正的社会主义。社会主义的实质是在社区、工作场所乃至全国范围内——最终是全球层面——创造自我管理机制，即对社会、政府、经济和所有社会机构以民主的方式进行社会控制。[2]

---

① 据说，一些小型国有企业的管理者故意表现得差一些，就希望这些企业可以被租赁给他们，如同对理发店和美容店的安排那样。

② 里卡多·龙奎略（Ricardo Ronquillo）(2011) 说，"只有当透明的、民主的、真正的工人掌控占据上风时"，社会主义"才是可能的"。费尔南多·马丁内斯（Fernando Martinez）(2009：37) 主张，社会主义通向人类自由，但是却需要人民的有意识行动。社会主义者胡安·路易斯·马丁（Juan Luis Martin）(Perera & Martin, 2011) 同意马丁内斯的看法，认为社会主义并不能自动地从生产力的发展中产生出来，只有真正地参与才能使"社会主动性"的出现成为可能。参见 Guanche (2009：227 – 236) 和 Campos (2011b)。

自我管理主义者拥抱人本主义的、解放的和平等的理想，这些是古巴革命自其开端以来就被打上烙印的标志。① 他们也受到 21 世纪社会主义概念的激发。正是这些概念指导了近年来拉美地区的改造进程（参见史蒂夫·艾尔纳在导言中所介绍的内容），尤其是在委内瑞拉、玻利维亚和厄瓜多尔的改革活动。② 除了这些路线之外，他们还主张，社会主义的目标应该是总体的人类发展。对于他们而言，最高的快乐、自由和完满是通过允许人们积极参与每一天的社会活动而实现的，这些社会活动是在一个决策被民主化或社会化的环境中进行的。③ 建设社会主义就是解放所有的个体，使他们免于各种形式的受压迫、依附、歧视以及阻碍他们满足其物质和精神需要的排他性；建设社会主义就是实现这样一个社会，人们在其中是主动的、有意识的主体，而不是福利项目的被动的受益者。自我管理主义者所寻求的解放，不仅针对一个压迫性的政府或政治制度，而且还针对那些非民主的经济制度。④

对自我管理主义者来说，古巴社会主义的目标不应该是满足其公民日益增长的物质需要，而是应该创造一些条件，允许他们全面发展人之为人的能力，从而满足自己物质和精神的需要。他们假设，物质需求会随着日益解放的生活而有所变化。尽管雇佣工人和市场关系是需要被克服的压迫形式，然而，大多数自我管理主义者都同意，不应该禁止雇佣和市场关系。他们认为，社会可以通过创造民主管理的企业和更有效且

---

① 古巴革命曾经受到古巴民族英雄马蒂（Jose Marti）人本主义的强烈影响。古巴其他的社会主义思想家如劳拉·罗奥（Raul Roa）则主张通过决策参与和民选代表掌权来实现社会主义与民主，实现解放和主权（Guanche，2008）。近期，费尔南多·马丁内斯（Fernando Martinez）（2009）突出了社会主义的解放本质。

② 委内瑞拉、玻利维亚（提出美好生活的概念）和厄瓜多尔（提出公民革命的概念）政府强调在政治和经济领域中民主参与的重要性，以实现人的全面发展，建设真正正义的社会。

③ 马克思通过革命实践来实现人类发展的思想在加拿大马克思主义经济学家迈克尔·莱伯维茨（Michael Lebowitz）（2009）的作品中得到强调，并影响了诸如佩德罗·坎波斯（Pedro Campos）（2011c）等古巴思想家们的分析。

④ 阿尔瓦雷茨·洛佩茨（Alvarez Lopez）在写给编辑的信中（*Granma*，April 8，2011）警告说，"供求法则在我所参与的辩论中已经受到了质疑"，并且问道，"什么是需求？我们需要什么？我们真正可以购买什么？"他指出，富人永远有能力去购买，而那些购买力不足的人则没有能力购买。查韦斯·多明奎斯（Chavez Dominquez）和卢戈·多明奎斯（Lugo Dominquez）在写给编辑的信中（*Granma*，May 20，2011；September 11，2011）谴责了新兴的私营企业从国有商店购买货物然后囤积起来再高价卖出的做法。

更有吸引力的社会化横向交换，从而对雇佣和市场关系进行逐步的转化或实质性的消灭。

在自我管理主义者看来，古巴社会主义的主要问题是工人和公民没有实质性地参与其生活和社会管理。中央政府和直隶地方政府与企业的决策大多数是在没有人民真正参与的情况下做出的。他们声称，如果专家和相关社会群体参与了那些只限于政府公职人员的决策进程，就不会有经济上很紧急的事情没有被考虑在内了。

自我管理主义者将国家机构的运作不佳归咎于工人乃至管理者对真正的所有权（这不同于法律上的财产权）没有足够的认识。这种立场是从决策进程的实质去思考工人对所有权或财产权的态度。国家主义者会向工人灌输权利和义务的教育，经济主义者则认为，工人的态度源自物质激励，如将工人收入与个人绩效联系起来。① 正是较低的民主参与和缺乏对管理和行政机构的民主控制，加上收入不足，导致工人积极性较低，管理决策频繁出错以及腐败。自我管理主义者主张，没有工人和公民总体上的真正的所有权，就没有足够的激励去保证资源被合理使用。②

尽管对于自我管理主义者来说，工作场所内的民主是必不可少的，然而，无论是国家主义者还是经济主义者，都将它看成一个乌托邦式的概念，挑战了先进干部、专家或企业家的必要角色，会导致绩效不佳和混乱。自我管理主义者指出，自我管理有多种形式，可以是合作和共同管理，也可以是与地方政府民主管理相协调的社区企业形式，但是，这些形式的自我管理都不太容易实现。不过，实现工人能力（体力、智力和精神方面的）和生产力的发展却是有必要的，因为社会控制确保资源

---

① 哲学家何塞·拉蒙·法贝罗（Jose Ramon Fabelo）（*Bohemia*，October 13，2010）主张让道德激励和物质激励相和谐。他警告说，光靠经济机制本身是不够的，如果"人民没有能力决定他们生产什么和为了谁而生产，以及没有能力参与管理和计划，并且他们的工作成果也没有得到补偿，那么，他们如何能感觉到自己像是拥有者？"

② 何塞·安东尼奥·卡斯特罗（Jose Antonio Fraga Castro）——一位国有企业的主管——主张说，"解决当前问题的最佳方式是确立机制和方法，让工人感觉他们的企业真正属于他们自己，并且可以实质性地参与管理过程"（*Tribuna*，July 12，2011）。曼森·博尔格斯（Manso Borges）在写给编辑的信中（*Granma*，July 23，2010）谈到要警惕私有化，支持财产社会化和工人管理，并且为工人发展就集体和个人兴趣而言的才能做了辩护。

在被有效使用的同时，还提供了积极的激励，以提高生产效率。

自我管理主义者主张，将不重要的国有企业转成合作制，而没有忽视对工人意愿和准备工作的需要，在经济和伦理上不仅对于当前的形势来说是可取的，而且对于将企业出租给私人企业家的建议来说也是更好的方案。经济主义者并不反对合作制，这多半是因为，他们认为合作制是大型企业最终迈向私有化的第一步。相比之下，国家主义者不相信任何有可能导致政府失去直接控制的安排。

自我管理主义的捍卫者最关注的是民主化的需要，不只是企业的民主化，还包括经济的乃至总体社会层面的民主化。不过，就自我管理的企业应该在多大程度上通过市场关系来运作这一问题，他们却有着不同的看法。大多数自我管理主义者支持权力下放和经济个体间的横向交换关系，他们相信，由工人管理的企业将会代表整个社会的利益负责任地行动。一些自我管理主义者坚称，参与的空间基础应该是工作场所，他们忽视市场力量的后果。然而，其他人则警告，民主管理的企业对市场逻辑没有免疫力，于是支持由地方政府和社会组织来进行某种程度的控制。①

自我管理主义者强调的不只是重新分配财富的需要，还有改变方式以实现经济民主化和建立自由联合劳动关系的需要。他们争论说，这会让我们更接近真正的社会主义财产制，反过来也会激励生产率。马克思将生产上的民主化界定为真正超越资本主义秩序的社会基础。自我管理主义者指出，这些改变（不只是更高的工资或更大的管理自主权）会产生较高的生产率和效能，同时也会促进"新"社会主义男人和女人

---

① 人类学家叶利塞尔·罗杰格兹（Yenisel Rodriguez）主张将非国有部门转为自我管理的企业，指出市场逻辑"并不必然是资本主义式的"（*Espacio Laical*，2011b：31）。阿尔祖加雷（Alzugaray）将民主参与和社会控制看成关键环节。他说，"越南和中国的实践已经证明了，使用金钱和商业工具并不会与创造一个更加平等和公平之社会的目标相抵触"（*Espacio Laical*，2011a：26）。Chaguaceda 和 Centeno（2011：51）错误地将民主规划看成对自我管理的妨碍，于是支持市场关系。相比之下，Guanche（2011）和 Campos（2008）将民主规划看成是在社会层面自我管理的形式，为了将工人集体和那些在社区和社会中的集体联合起来，这种民主规划是有必要的。开发本地发展项目的学者和政府官员强调"参与规划"的需要，即居民参与对目标的阐述（Hernandez Porto，2011）。

的发展。①

那些赞成这一立场的人警告将政府和企业权力下放却没有民主化的危险，这种做法没有考虑工人和受其活动影响的相关人士的利益。② 一些人主张在合理调控构架之外有必要设置一些场所，以供生产者、消费者和其他社会群体（环保主义的、女性主义的、少数派的等）在彼此之间进行民主协调，这样当地的经济就可以对社会利益做出回应，而不是响应利润最大化和市场规律（正如在南斯拉夫发生的那样）。③

我们很难确定古巴社会的哪些部门支持自我管理主义的立场。就面向其他可供选择的理念来说，对自我管理主义的支持并不一定与地理因素或雇佣因素联系在一起。在要求私有化和市场化的信息炮轰下，很多人把自我管理主义的提议看成"乌托邦式"或不切实际的，这并不让人意外。此外，民主参与的思想在古巴可能失去了它应有的含义，因为官方不断地坚称国家的政治体系、当地政府和国有企业是最有参与度的。而且，农业合作社的独立决策能力一直以来受到严重的限制。自我管理主义立场最忠实的拥护者毫无疑问是那些接触了非主流的、后斯大林社会主义思想的知识分子和专业人士，他们接受了 21 世纪流行于拉美的社会主义言论。尽管如此，该立场的诉求超出这些圈子，并且是出于切实的原因。当国有企业工人的工资逐渐与企业绩效捆绑在一起时，一些工人逐渐对控制企业产生了兴趣，他们甚至要求选出管理者。④ 这些工人中的一些人和其他古巴人一起，甚至捍卫将大多数不重要的国有企业转成

---

① 阿莱多·罗勒尔（Aledo Roller）在写给编辑的信中（*Granma*，April 9，2011）说，"我们对经济和物质生活的组织方式最终决定了我们的社会意识"。罗勒尔为工人合作社做辩护，他说，社会主义不应该有雇佣工人和市场竞争，生产的无政府状态不应该"统治我们的生活"。

② 参见 D'Angelo（2011b）和 Martin 写给编辑的信（*Granma*，October 22，2010）。

③ 阿图罗·洛佩兹·莱维（Arturo Lopez-Levy）（*Espacio Laical*，2011a：30，32）警告说，在真正的市场中存在固有的局限性——这与教科书相反。他反对经济主义的观念，主张可持续发展目标和社会目标、环境目标应该一起优先于经济增长。同时，参见桑多瓦尔·洛佩兹（Sandoval Lopez）在写给编辑的信中（*Granma*，September 30，2011）抱怨新兴的私人出租车主并不关心人，他建议通过对那些要价较高的人减税和人民监督的方式来"激励团结"，同时参见 Pineiro（2011）。

④ 参见罗德里格兹·韦加（Rodriguez Vega）（September 23，2011）、帕兹·德尔·阿莫（Paez del Amo）（September 9，2011）、阿泰加·佩雷斯（Arteaga Perez）（May 20，2011）在《格拉玛报》中写给编辑的信。

合作制的提议。① 当古巴人开始遭受私有企业扩张和政府机构调整的后果时，他们越来越担忧逐渐膨胀的自私自利和麻木不仁，以及政府管理者和地方当局不民主的实践。②

最后一些思考

古巴社会目前正在考虑它的未来发展方向，是走向由政府领导的更加有序的社会，还是走向更加基于市场的社会，抑或是更加民主的社会，或者更有可能的是三者的结合。我们可以用一些证据来衡量这些立场，判断它们在未来的影响力是有可能增加还是减弱。

毫无疑问的是，经济主义的立场是当前不管在政府内部还是古巴大多数老百姓中占据上风地位的一个立场。经历了超过 20 年的艰难困苦，古巴人第一次对增加收入以满足其基本需要感兴趣，而且，这是他们最感兴趣的事情。当前世界流行的观点是，私营企业和市场可以运作得最好。在这种观点的鼓吹下，很多人相信私有化和市场化是迈向经济持续增长与繁荣的最佳道路。面对国有企业和自上而下计划经济的失败，加上在很大程度上没有意识到经济社会化的其他方式，这些人没有看到还有其他选择。不过，与此同时，古巴人在总体上并没有把私营企业和市场看成是自然而然的，他们希望阻止因为它们而带来的不平等以及其他负面效应，如价格差距和过高的利润。

国家主义的立场被公认为代表了现状，也是古巴人民所需要摆脱的，于是，它被绝大多数古巴老百姓所排斥。然而，国家主义的立场依然在政府内部和享有社会优待服务的古巴人群中具有相当的号召力。事实上，一些人指出，第六次全国大会指导方针的最终版本与初稿相比，少了经

---

① 冈萨雷斯·克鲁兹 （Gonzalez Cruz） 和马里查尔·卡斯蒂罗 （Marichal Castillo） 写给编辑的信，参见 *Granma*，January 7，2011；May 14，2011。

② 专栏作家伊里阿斯·阿古丁 （Elias Argudin） 批评私人理发师因为金钱而失去道德，成为 “狼人” （ “Barberos de pacotilla”，May 27，2012），同时参见维拉·布兰柯 （Vera Blanco） 写给编辑的信 （*Granma*，February 10，2012）。

济主义的色彩，多了国家主义的意味。① 经济主义失去影响力的其他证据
是，在 2011 年上半年，政府暂停了让古巴 10% 的劳动力下岗的计划，增
加了补助和社会保障的支出，至少是增加了那些与健康议题和受伤有关
的补助。

尽管最初自我管理主义的立场并没有出现在官方的言论里，但是当
前在古巴所发生的变化却是受到它的影响。在指导方针中，几乎看不到
自我管理主义的观点。这份文件没有将自我管理主义的主要目标（满足
人民更加广泛的需要，如人类发展、参与式民主和对社会机构的民主控
制）纳入进去。虽然劳拉·卡斯特罗总统提到了参与的重要性，② 可是指
导方针只提到了三次，而且大多数时候是在协商的意义上提到的（PCC，
2011：21，22，38）。这份文件所陈述的目标是给予国有企业和市级政府
更多的自主权，这是积极的一步，但它远远没有意识到将其民主化的需
要。这准确地反映出这样一个事实，即在 2010—2011 年起草指导方针时，
自我管理主义者还不具有较明显的影响力。

然而，一些自我管理主义者的思想还是获得了支持，并且被政策制
定者所采纳。合作制被界定为更优于私营企业，会得到更加优惠的对待。
现在，每一个被决策影响的人都应该参与决策过程的理念再次出现在官
方的言论中。为公共辩论而设置的额外场所也出现了。其他迹象也显示
出自我管理主义的立场在近年来越来越有分量。比如，官方报纸刊登文
章提出，工人需要全面参与决策，从而看起来才像真正的决策者。③ 一些
人警告说，如果不对享有自主权的当地政府和企业提供参与社会，并进

----

① 指导方针没有将计划和市场结合起来，相反，它在考虑市场因素的同时，强调计划是一
个核心的工具。在最初的版本里，国有企业还有可能自由地设置价格；在最终的版本里，这个价
格体系"被修改了"。尽管如此，这个指导方针并没有明确说明它将如何被落实，也没有允许对
外国投资全面开放，虽然这在很大程度上只局限于重要的部门。

② 例如，"作为当前经济之特征的过度中央化的模式必须过渡到一个权力下放的体系，这
个过渡应该是有秩序的、有纪律的和有工人参与的，在这个权力下放的制度中，计划作为社会主
义管理的一个重要特征依然占据主导地位，但是，是以一种不忽视市场潮流的方式"（Castro，
2011c）。

③ 卡斯塔涅达和卢比奥（Rubio）（2011）提议在国有企业中实行"共同所有制"或共同
管理。在写给编辑的很多信中，他们还建议允许创设出租国有企业的合作制。

行社会控制，古巴就是在为复兴资本主义而铺平道路。①

　　然而，自我管理主义者实际上并没有在打一场观念的战争。只是在最近几年，他们才进入主流群体，古巴官方媒体也才开始报道他们的一些观点。一些自我管理主义者表现得像是局外人，因为他们并不信任政府机构，也没有与媒体互动。此外，自我管理主义的拥护者迄今为止还没有提出具体的、现实的建议。他们和经济主义者一样，需要了解这样一个事实：越来越多的享有自主权的私营甚至集体企业抬高了价格，特别是基本物品和服务的价格，于是无形中进一步减少了古巴工人的实际收入。自我管理主义者与唯意志主义有些类似，因为他们没有考虑到并不是所有的古巴人都对承担参与管理决策的责任感兴趣。他们的民主社会主义模式依赖这样一个天真的假设：人们愿意且在某种程度上有能力容忍在社区、工作场所和其他组织机构中因为决策民主化而带来的不便。简而言之，民主社会主义和自我管理的辩护者必须就可行性和效率问题提出更加清晰的建议。

　　本章所分析的三个主要观点（国家社会主义、市场社会主义和基于自我管理的民主社会主义）并不能被减化成"好的"或"坏的"选项。如果这么分析的话，就会犯和"好左派"—"坏左派"命题相同的错误，即将推理减化了。正如艾尔纳在导言中提出并在书中其他地方所重复的那样，我们不能忽视今天拉美当权左派政府所面对的挑战的复杂性。更重要的是，左派们正在试图对他们的社会进行改造，但他们对何谓理想的社会并没有清晰的界定。可是，在今天，他们所面对的人群和 20 世纪相比更具多样性。在古巴的事例中，它的近代史和与美国的关系并不能被忽视。古巴发起当前改革进程的起点不同于拉美其他国家，特别是委内瑞拉、玻利维亚和厄瓜多尔，这些国家的左派政府当时已经决定走社会主义的道路。于是，做出一些改变对古巴来说是必需的。比如，减少政府对经济的干预、下放经济和政府活动的权力，这些都与其他国家中的左派议程形成对比。尽管对一些人来说，古巴似乎离社会主义越来越远，然而，当前的改革进程也可以被看成向社会主义目标迈进。虽然如

---

　　① 里根纳多·加西亚（Regalado Garcia）在写给编辑的信中（*Granma*，March 12，2010）反对"回到过去"。

此，依然存在失去方向的危险，不能掉以轻心。

诚然，本章分析的三种意识形态立场都做出了正当合理的见解，提出了需要在重大决策中予以考虑的有说服力的建议。然而，对于民主的向往却是如今在全球范围内被广为接受的，这种民主不是形式化的自由代言人的民主，而是实质性的"参与式的"民主。于是，从一个规范视角来看，深化民主要比将过多的权力授给政府公职人员或机敏的经济人更可取。这些人要么信誓旦旦说代表社会的利益，要么根据"一只看不见的手"来做出影响我们所有人的决策。

在当前重新定义对古巴来说是可取的社会主义方案的进程中，存在一个不同于"国家社会主义"和"市场社会主义"的方案。如果说我们的目标是创建一个最公平的社会，就需要开放更多的空间来讨论公共媒体所报道的自我管理主义的建议。同时，公共言谈应该关注平等、正义和团结的价值。直接参与式民主在当前拉美其他变革进程中，特别是在那些激进左派当权的地方所起的重要作用，也应该影响古巴的辩论。只有在这种方式上，让革命得以持续的基本原则和社会凝聚力才有可能被促进而不是被削弱。

参考文献

Campos, Pedro, 2006. "Que es el Socialismo?" September 29. http：// www. oocities. org/es/ amigos _ pedroc/Socialismo – l. htm（accessed January 15，2012）.

Campos, Pedro, 2008. "Cooperativa, Cooperativismo y Autogestion Socialista." July 21. http：//www. kaosenlared. net/noticia/cooperativa – cooperativismo – autogestion – socialista（accessed January 15，2012）.

Campos, Pedro, 2011a. "Convocatoria y Lineamientos del Congreso：Insuficientes Para el Socialismo." January 6. http：//www. kaosenlared. net/ noticia/cuba – convocatoria – lineamientos – congreso – insuficientes – para – socialismo（accessed January 15，2012）.

Campos, Pedro, 2011b. "Democracia, Para Controlar la Burocracia." July 6. http：//www. kaosenlared. net/noticia/democracia – para – controlar – burocracia（accessed January 15，2012）.

Campos, Pedro, 2011c. "LaConferencia del PCC Puede ser la Ultima Oportunidad: Hay que Acabar de Hacer la Revolution Social Pendiente. " November 30. http: //www. havanatimes. org/sp/? p = 53606 (accessed January 15, 2012).

Castaneda, Isabel D. , and Gonzalo Rubio, 2011. "Una Opinion: Mirar Adelante con Sentido Critico y con Ciencia. " *Granina*, September 2. http: // www. granma. cubaweb. cu/2011/09/02/ nacional/artic07. html (accessed January 22, 2012).

Castro Ruz, Fidel, 2005. "Speech at the University of Havana. " November 17. http: //www. cuba. cu/gobiemo/discursos/2005/ing/fl71105i. html (accessed January 15, 2012).

Castro Ruz, Raul, 2007. "Speech at the 26th of July Anniversary. " http: //www. walterlippmann/com/rc – 07 – 26 – 2007. html (accessed January 15, 2012).

Castro Ruz, Fidel, 2010. "Speech at the Ninth Congress of the Cuban Communist Youth. " April 4. http: //www. cuba. cu/gobiemo/rauldiscursos/ 2010/ing/r030410i. html (accessed January 15, 2012).

Castro Ruz, Fidel, 2011a. "Closing Remarks at the Sixth Congress of the PCC. " April 19. http: //www. cuba. cu/gobiemo/rauldiscursos/201 l/ing/ rl9041 li. html (accessed January 15, 2012).

Castro Ruz, Fidel, 2011b. "Speech at the National Assembly of Popular Power. " August 1. http: //www. cubadebate. cu/raul – castro – ruz/2011/08/ 01/discurso – de – raul – en – la – asamblea – nacional/ (accessed January 15, 2012).

Castro Ruz, Fidel, 2011c. "Informe Central al VICongreso del Partido Comunista de Cuba. " http: //www. cubadebate. cu/opinion/2011/04/16/texto – integro – del – informe – central – al – vi – congreso – del – pcc/ (accessed January 15, 2012).

Chaguaceda, Armando, and Ramon Centeno, 2011. "Cuba: Una Mirada Socialista de las Reformas. " *Espacio Laical* 7 (1): 50 – 53.

D' Angelo Hernandez, Ovidio, 2011a. "De los lineamientos, Clarososcuros, de la Economla y la Polltica. " *Compendio de la Red Protagonica Ob-sei-vatorio Critico*, July 12. http：// observatoriocriticodesdecuba. word-press. com/2011/07/16/de − los − lineamientos − claro − oscuros − de − la − economia − y − la − politica/ (accessed January 15, 2012).

D' Angelo Hernandez, Ovidio, 2011b. "iQue Conferencia y Lineamien-tos Necesitamos?： Conferencia del Pueblo Para Lanueva Sociedad. " *Compendio de la Red Protagonica Observatorio Critico*, July 12. http：//observatoriocriti-codesdecuba. /wordpress. com (accessed January 15, 2012).

Diaz Vazquez, Julio A. , 2011. "Un Balance Critico Sobre la Economla Cubana： Notas Sobre Direction y Gestion. " *Temas* 66： 123 − 133.

Espacio Laical, 2011a. "Cuba： Hacia un Nuevo Pacto Social?" 7 (2)： 13 − 32.

Espacio Laical, 2011b. "Hacia Donde va el Modelo Cubano?" 7 (1)： 23 − 47.

Espina Prieto, Mayra, 2008. "Mirar a Cuba Hoy： Cuatro Supuestos Para la Observation y Seis Problemas-Nudos. " *Temas* 56： 132 − 141.

Fernandez, Julio Antonio, and Julio Cesar Guanche, 2010. "Un Social-ismo de ley： En Busca de un Dialogo Sobre el Constitucionalismo Socialista Cu-bano en el 2010. " *Revista Caminos* 57： 1 − 14.

Fernandez Sosa, Ivette, 2011. "Aumenta en Primer Semestre del ano Gastos por Seguridad Social. " *Granma*, September 1.

Gonzalez, Ana Margarita, 2011. "Cincuenta Razones Para Quitamos el Sombrero： 50 aniversario de la ANAP. " *Trabajadores*, May 16.

Guanche, Julio Cesar, 2008. "La Libertad Como Destino： El Republi-canismo Socialista de Raul Roa," pp. 305 − 328 in Ana Cairo (ed.), *Raul Roa： Imaginarios*. Havana： Ciencias Sociales.

Guanche, Julio Cesar, 2009. "Todo lo que Existe Merece Perecer (o una Pregunta Distinta Sobre la Democracia)," pp. 203 − 245 in Julio Cesar Guanche (ed.), *Autocriticas： Un Dialogo al Interior de la Tradicion Socialis-ta*. Havana： Ruth Casa Editorial.

Guanche, Julio Cesar, 2011. "Es Rentable Serlibres. " *Espacio Laical* 7

(2): 50 – 55.

Hernandez Porto, Yahily, 2011. "El Turismo, Pilar del Desarrollo Local." *Juventud Rebelde*, August 28.

Lambert, Renaud, 2011. "Cuba's New Socialism." *Le Monde Diplomatique*, May 6. http: // mondediplo. com/2011/05/06cuba (accessed January 23, 2012).

Lebowitz, Michael, 2009. *El Socialismo no cae del cielo: Un Nuevo Comienzo*. Havana: Ciencias Sociales.

Marquez, Orlando, 2011. "Sin miedo a la riqueza." *Palabra Nueva* 19 (203): 6 –7.

Martinez Heredia, Fernando, 2009. "Socialismo," pp. 15^13 in Julio Cesar Guanche (ed.), *Autocriticas: Un Dialogo al Interior de la Tradicion Socialista*. Havana: Ruth Casa Editorial.

Martinez Hernandez, Leticia, and Yaima Puig Meneses, 2011. "Sesiono Reunion Ampliada del Consejo de Ministros." *Granma*, March 1.

PCC (Partido Comunista de Cuba), 2010. *Draft Economic and Social Policy Guidelines of the 6th Congress of the Communist Party of Cuba.* Havana: PCC.

PCC (Partido Comunista de Cuba), 2011. *Economic and Social Policy Guidelines of the Party and the Revolution.* Havana: PCC.

Pedraza, Lina, 2010. "Intervention en el Sexto Periodo Ordinario de Sesiones de la Septima Legislatura de la Asamblea del Poder Popular, La Habana, December 15, 2010. " http: //www. granma. cu/espanol/cuba/16diciem-resultados. html (accessed January 23, 2012).

Perera, Alina, and Marianela Martin, 2011. "La Fuerza Invisible Que Modela el Mundo." *Juventud Rebelde*, September 25.

Pineiro Harnecker, Camila, 2011. "Empresas no Estatales en la Economia Cubana: Construyen-do el Socialismo?" *Temas* 67: 68 – 77.

Rasverg, Fernando, 2011. "Agricultura y Tenencia de Tierras en Cuba. " *BBC*, September 29.

Rodriguez, Bruno, 2011. "Necesidad de Poner Final Bloqueo Economico, Comercial y Fmancie-ro Impuesto por los Estados Unidos de America contra Cuba. " United Nations General Assembly, October 25. http://www. cubavsbloqueo. cu/Default. aspx? tabid = 4235 (accessed January 25, 2012).

Rodriguez, Jose Alejandro, 2011. "Casi se Duplican los Trabajadores por Cuenta Propia. " *Juventud Rebelde*, March 4.

Ronquillo Bello, Ricardo, 2011. "Decido, Luego Existo. " *Juventud Rebelde*, September 24.

Tablada, Carlos, 2009. "El socialismo del Che," pp. 132 – 162 in Julio Cesar Guanche (ed.), *Autocriticas: Un dialogo al interior de la tradicion socialista.* Havana: Ruth Casa Editorial. Vascos Gonzalez, Fidel, 2009. *Socialismo y mercado.* Havana: Ciencias Sociales.

第四编

经济、社会和媒体

在决定社会主义革命在某一国家中的可行性时，正统马克思主义强调客观条件的重要性，如工业发展水平和产业工人阶级的规模。相比之下，21世纪的激进左派关注社会条件，并优先考虑社会目标。例如，将边缘化人口融入国家的政治和文化生活，并改善他们的工作条件。他们所采取的策略是笔者在之前出版的关于委内瑞拉的一本书的基础，并将它称作"基于社会的民主模式"。这种策略体现在政府资助的项目中，如合作社和以社区为基础的市政工程，后者强调公众参与的目标以及对生产指标和具有成本效益的投资授权。激进左派策略的另一方面在于，鼓励公众动员，鼓励社会运动和组织接受很多几乎没有组织化经验的边缘人士。有时，大众传媒将这些普通民众描述成无知的群众，认为他们只会盲目遵从国家元首。与拉美激进左派相关的上述领域将在本编中予以探讨。

托马斯·普塞尔撰写的这一章包含三个关于"社会生产公司"（EPS）的个案研究，这些社会生产公司是由委内瑞拉政府推动的。该章揭示了激进左派运动领导层内部的紧张关系，这种紧张态势发生在强调效率和生产力的那一派与强调社会目标之首要地位的另一派之间。作者注意到，在社会生产公司的管理中，效率、信用和资本再投资仅仅作为"技术性题外话"予以处理。所研究的具有可持续性的公司是一家可可加工企业，该企业发展到最后。在某些方面看上去像一家资本主义公司。它不仅建立了分层结构，而且拒绝与个体种植者直接关系，取而代之的是依赖中间商。普塞尔建议，构建能够在国际市场上具有竞争力的大型社会生产公司可能是一种更可行的战略。尽管如此，他承认，"建构一个社会主义替代对象的复杂性……不可能简化为一种粗略地依赖生产力标准的模式"。简而言之，为了与私人资本展开竞争，效率和规模经济必须与社会目标相结合。

乔治·斯加里罗·马赫争辩到，拉美左派政府和社会运动之间的关系"不是没有其复杂性，甚至是其矛盾性"，这种情况表明"好左派"与"坏左派"论点中的另一种基本瑕疵。温和（或者"好的"）左派政府

（如巴西政府）与激进的草根运动相冲突，即使卢拉·达·席尔瓦（Lula da Silva）将自己的选举成功归因于它们，于是，他几乎不应该获得那些对他毫无节制的赞扬。"坏左派"的记录就其本身而言远未形成统一。与莫拉雷斯有能力"利用社会运动……来对抗右派被削弱这一背景"形成对比的是，奇卡列洛·马赫指出：科雷亚"不明智地试图团结激进的选民力量"。奇卡列洛·马赫像费德里科·富恩特斯一样，不仅反对将好左派—坏左派的命题"简单化"，而且反对那些指责莫拉雷斯信奉一种来自左派批评人士的"重构的新自由主义"的论点。奇卡列洛·马赫宣称，这些作者没有正确地调整问题，因此，他们需要"转换重点"，因为在考虑所有情况之后，"关键的问题不是领导们相信什么，而是社会运动迫使他们做什么"。就委内瑞拉而言，奇卡列洛·马赫指出，好左派和坏左派论点的捍卫者为查韦斯保留了最为严厉的措辞，尽管后者与社会运动保持着最好关系。而且，这些草根成员"以或多或少批判的方式支持玻利维亚政府"。当奇卡列洛·马赫说，只有通过"准确描述超越制度之外的内容"，我们才能对激进左派"内部的巨大差异获得更加丰富和更为复杂的理解"时，他强调的是主旨论题的复杂性。

考虑到 21 世纪激进左派的社会基础具有的异质性以及它所面临的挑战的复杂性，因喜欢简化而出名的大众传媒未能对激进左派的治理经验提供准确的报道，这一点并不让人感到奇怪。而且，企业媒体的反左派偏见解释了它们对温和左派政府的偏好，而不是激进的左派政府。在凯文·杨（Kevin Young）撰写的这一章中，他考察了美国媒体对好左派—坏左派命题的接受度，夸大了两个阵营之间的差异，低估或者忽视了复杂性，过分强调"坏左派国家在民主、人权和经济发展领域中的失败"。杨指出，拉美好左派和坏左派之间的区别，可以追溯到欧洲人征服时期。西班牙和葡萄牙的思想家们证明"仁慈的"干预具有正当性，理由是它保护了"好的"本地人免受"坏的"本地人侵犯。尽管如此，不是所有欧洲统治的捍卫者都接受二元结构，因为更多公然宣扬种族主义的欧洲人谴责土著文化本身是落后文化，如果不是野蛮文化的话。杨在殖民时期的这两种观点和媒体有关拉美的偏见之间产生了比较。尽管"自由派媒体"支持好左派—坏左派命题，可是，以"福克斯新闻"为代表的更为保守的媒体却将卢拉和查韦斯当成美国利益的敌视者，把他们归入同一类。

第九章　委内瑞拉社会生产公司的政治经济学*

托马斯·普塞尔

　　如今，位于拉美 21 世纪社会主义最前沿的国家——委内瑞拉、厄瓜多尔和玻利维亚——具有一种压倒性的共同特征：在发展和民主的根本转型中，如何利用自然资源创造的财富。实际上，尽管这些国家内部以及它们之间存在复杂性和差异性（尤其参见贝克尔和富恩特斯所写的内容），然而，从底层到区域项目如"美洲玻利瓦尔联盟"，自然资源租金的作用日益凸显。① 对于一个最大程度地推进社会主义事业建设且天生具有最大自然资源财富储备的国家而言，最近一位委内瑞拉革命事业的观察人士注意到，"委内瑞拉经济完全没有利用可以占用的大量矿业地租来充分集聚工业资本，从而使本国位于世界技术与科学发展的最前沿，相反，该国利用它来重现先前资本积累的有限形式，尽管是在扩大规模的基础上进行"。②

　　格林贝格（Grinberg）提到的资本积累的有限形式就是指巴普蒂斯塔（Baptista）和蒙默（Mommer）所称谓的"食利资本主义"（rentier capi-

---

　　* 本章最初载于 *Latin American Perspective*，Vol. 40，No. 3，May 2013，pp. 146 – 158.

　　① 即使在激进左派之外，资本积累过程中租金的作用也可能被认为将南美（阿根廷和巴西）所谓的新民众主义制度与诸如墨西哥和加勒比盆地的一些国家采用的新自由主义制度区别开来——前一种制度的基础在于，通过大量矿业和农业地租的部分工业资本的占用和回收来实现资本积累，后一种制度的基础在于，利用相对廉价和纪律严明的劳动力（主要是农民）生产工业产品销往世界市场（Grinberg，2010；Grinberg and Starosta，2009）。有关这种方法的最初阐述，参见 Iñigo Carrera（2007）；就阿根廷而言，这份工作率先分析了关键政策对地租占用的影响。在维持巴西资本积累过程中有关地租的分析，也可参见 Grinberg（2008）。

　　② 参见 Grinberg，2010：194。

talism）。它意指石油部门的利润被占用并转移到社会其他部门的过程。尽管格林贝格的分析抓住了委内瑞拉（和整个地区）目前资本积累的限制，但是更为详尽地考察目前拉美当权左派特殊发展战略的复杂性和异质性，也可以获得更多启示——这是本书要讨论的主题。本章采取批判但富有同情的方式考察 2005 年发起的社会生产公司（EPS）动议，进而关注委内瑞拉的情形。这些公司是一种改变社区生产和交换产品方式的工具。正如在玻利瓦尔革命期间发起的很多项目一样，社会生产公司的动议来自查韦斯的领导能力，尤其来自匈牙利马克思主义者伊斯特凡·梅扎罗斯（Istvan Mészáros）的著作。① 在梅扎罗斯的著作《超越资本》（*Beyond Capital*）中，社会生产被界定为"以这样一种方式重新定位社会再生产过程，以至于共同生产的产品和服务可以被所有直接参与社会生产和消费的那些人充分共享，而不是被他们以个人主义的方式浪费"。② 这种逻辑与新宣布的 21 世纪社会主义以及所谓的内生发展模式的雄心抱负相一致，这是委内瑞拉通过在社会和经济的边缘部门投资石油财富进而刺激生产和交换内部网络的当代战略。③ 本章通过考察它们与小型农业合作社相关的未组成社团的人口群体的联系，进而探究社会生产公司的政治经济学。

具体而言，正如个案研究表明的那样，这指的是政府支持机制（如低息贷款、免费土地所有权、市场保护、扩大的公共部门劳动力、补贴性资本投入）在社会经济领域已经刺激短期租金流转超过生产的方式，从而危害该项目的特有目标。④ 尽管支持这些租金流转形式的政策就其意图和短期影响而言是先进的，但它们并不足以挑战委内瑞拉食利资本主

① 参见 Lebowitz，2006：107 - 108。

② 参见 Mészáros，1995：769。

③ 社会经济——政府通过合作社干预的舞台——也可以与庶民经济、参与经济和关联经济交替使用，这取决于政府的出版物和机构。本章使用的术语是"社会经济"。就农业情形而言，参见查韦斯 2005 年在加拉加斯 MINEP 会议上的一次演讲，具体内容见于 http://www.minec. gob. ve/index. php。

④ 公共部门劳动力的扩张已经成为一种租金转移的方式：2008 年，国家雇员总数高达 2170969 人，占工作人口的 18.5%，这些雇员被分配到 27 个不同的部委部门工作。与 1999 年卡尔德拉（Caldera）政府继承下来的对应数据相比（雇用 1254806 名工作人员，分配到 14 个部委工作，占工作人口的 14%），这标志着一种巨大增长（Puntes，2008）。

义复杂的结构性矛盾。也就是说，高估国家货币，会降低进口，抑制出口，扩大与租金流转相伴而生的内部市场，提高资本积累过程中食利资产阶级的支配性地位。通过说明如何以社会生产公司为渠道来引入石油租金进而维持一种有限且依赖的资本积累形式，从批判但富有同情的立场来看，如下情形是可能的：反思 21 世纪社会主义在寻求为未组成社团的人口群体建立一种新发展路径受到的局限。

本章的前半部分阐述笔者的观点，利用马克思主义对政治经济学的批判（一种资本主义社会关系的价值理论方法）来理解资本积累过程中石油行业采用的地租形式。[①] 这具有方法论的功能：从历史维度和逻辑上概述委内瑞拉石油经济对农业产生的影响，并因此勾勒新的农业合作社的前景。借鉴与农业合作社在 2008—2009 年间进行的田野调查，本章的后半部分由三个个案研究组成，这些研究从经验层面评价社会生产公司的意识形态和实践。[②] 本章在结语部分将反思后查韦斯时代，以获取和转让石油租金为基础的民主社会主义项目所面临的更广泛的复杂性和挑战性。

委内瑞拉石油经济和农业的历史发展

从 1830 年至 1920 年，农业（主要是咖啡和可可）平均占据委内瑞

[①] 本章采用的马克思主义方法将批判性的政治经济学和政治经济学批判区分开来。前者是一种规范性的批判模式，或是一种持某种社会阶层立场的批判模式，它指向的是分配问题以及不平等和边缘化的制度形式。与之相反，后者更明确关注作为批判对象的资本主义，在批判中，通过分析生产、资本积累和租金占用而对政治和经济展开统一调查——这些过程的出现，受到社会代理人的幕后支持（参见 Postone，1993）。

[②] 在 2008 年 3—5 月至 2009 年 3 月期间，我们对委内瑞拉的合作社和查韦斯政府的发展机构展开经验研究。通过将以下两种研究相结合：直接研究以合作社为基础的"社会生产"（参与者观察以及结构化和半结构化访谈）以及研究辅助性机构网络和委内瑞拉国家发挥的作用，旨在从经验层面探讨由合作社领导的机构和组织的发展。在论证中，"意识形态"指的不是那些因某个群体或阶级的利益而产生的虚假或欺骗性信仰，而是由作为整体的特定社会的物质结构所引起的政治行为模式（Eagleton，1991：30）。在实践中，这就意味着，委内瑞拉发展政策中可能固有的矛盾不可能被还原为"意识形态"，但是它们应该被视为特定社会关系的表达。此时，在重型基础工业领域，为了进一步对以石油租金转移为基础的社会主义战略的局限性展开经验阐述，也可以参见 Purcell（2012）。

拉国内生产总值的57%。因此，在这段时间，农业经济成为委内瑞拉打入世界市场的基础和挣取外汇的主要来源。直到胡安·维森特·戈麦斯（Juan Vicente Gómez）统治时期以及委内瑞拉发现大量的石油储备时，才出现社会再生产方式的快速转型。仅仅在十年时间内（1920—1930年），石油占据国内生产总值的比例从2.5%上升到39%，与此同时，农业占据国内生产总值的比例从34%下降到12.2%。[1] 委内瑞拉农业生产之结构性衰退的关键时刻出现在20世纪30年代，当时全球范围内的初级商品价格都在下降。例如，咖啡的价格从每袋124.8玻利瓦尔下降到41.5玻利瓦尔。大多数拉美出口商通过降低本国货币的价值来稳定国民收入，保持出口具有的竞争性。但是，就委内瑞拉而言，石油出口相对于进口的大幅度增长产生了货币升值的压力，尤其是来自国内的商业利益，它们会从更廉价的进口中获益。从1929年到1938年，委内瑞拉货币对美元增值64%，这意味着农业出口在世界市场上不再具有竞争性（Hein，1980：232）。经济学家、作家兼政治家阿尔伯托·阿德里亚尼（Alberto Adriani）哀叹道，"直到去年，美元在委内瑞拉的价值仍然使我们从普通咖啡和可可的出口中获利。随着新的美元贬值，也就是玻利瓦尔的价值更贵，我们的出口产品价格实际上是可笑的，它们甚至低于成本，进而损害所有利害关系人的利益"。[2] 阿德里亚尼建议，为了保护农业而将玻利瓦尔贬值100%，这样做实际上会因为降低所有的国民收入来源（如薪水、工资和税收）而对外国石油公司有利，结果国家出现大量损失。尽管如此，盛行的立场争辩道，对于因贬值而恢复传统农业出口带来的潜在收益来说，由于贬值造成的损失对经济的影响更加深远和更加有害。

在此，这一历史时刻值得重新审视，因为它的核心问题是，委内瑞拉资本积累的特殊性来源于对矿业地租的占用。矿业（和农业）商品具有国际市场上价格流通的独特特征，它们不仅包括生产成本和正常利润，而且包括以地租形式呈现的一部分价值。[3] 这部分价值由马克思（Marx，

---

① 所有的具体数值都由笔者计算所得，但都以巴普蒂斯塔（Baptista，2002）提供的原始经济数据为基础。

② 转引自Baptista and Mommer，1987：12。

③ 商品的"生产价格"等于它的成本价格（投入成本——劳动力和生产方式，其中包括固定资本的折旧）加上正常利润（用于生产的社会总资本的平均利润率）。

1991）所谓的级差地租和绝对地租构成。在工业领域，市场价格由某个部门盛行的平均或正常条件进行调控，与之不同的是，如果大自然是基本的投入，市场价格则由具有偿付能力需求的边际产品（如最不利的自然条件）来决定（Marx，1991）。鉴于大多数委内瑞拉的生产是超边际生产，这意味着生产成本低于边际生产者，不同的矿业资本——诸如埃克森美孚（Exxon Mobil）和英国石油公司（BP）这样的大型石油公司——相互竞争，进而利用这种额外的生产力来获得收益。这种竞争意味着，部分或者全部超额利润可以被资本化为土地所有者以价格或者开采特许权形式主张的级差地租。因此，在世界市场上，与边际价格相关的额外盈余或者级差地租归属于国家。除级差地租之外，绝对地租是资本主义私有财产社会力量的一种永久表达。就此而言，即使在边际土地上，资本必须支付费用才能获得不可再生的自然资源，这会进一步推动市场价格高于生产价格。因此，同委内瑞拉国家一样，矿业地主能够"坐拥他们的自然资源"，直到条件变得更为有利，这样会创造更大的议价能力和相对更多的地租流量。[①]

从世界市场的视角来看，地租来源于工人创造的剩余价值和进口国家的资本。在这些国家，矿业商品——工业资本主义的燃料——进入个人和工业消费。至关重要的是，这将资本积累、地租获取和国家权力的重心置于国家领土之外。[②] 这是食利者资本积累和各种国家主导型发展形式所面临的中心矛盾，它可以追溯到委内瑞拉整个 20 世纪的经济发展。由于大量收入的单一来源为国内非石油生产和税收，因此，在协调将地租转移给社会其他部门和内部市场，或者反过来说，在政治上解决地租价格下降问题时，国家发挥的作用非常复杂，是委内瑞拉政治经济学的

---

① 卡雷拉（Iñigo Carrera，2007：13 - 14）已经将此界定为"简单的绝对垄断租金"，它源自矿业地主更强的议价能力进而主张更大的 AR 来源。如果农业土地所有者不在土地上组织生产，绝对地租将不会返还给他，而是返还给那些仍然进行生产的地主。

② 对于类似的方法，参见费尔南多·科罗尼尔（Fernando Coronil，2007：58 - 61）提供的框架。他的"魔力国家"范畴提供了马克思地租理论和国家非正统理论的一种原始合成，进而解释委内瑞拉从自然而非劳动中占有财富。这里提出的观点不同于科罗尼尔的关键之处在于，为了将"土地"置于分析的中心地位而没有抛弃劳动理论的价值。

核心问题。① 地租转移通常采取市场保护、高估货币价值、国际低税收和获取廉价外汇的形式。例如，在进口资本商品、征收关税来避免外国竞争和控制价格时，高估国家货币的价值将允许社会财富转入工业和商业资本。它的作用在于产生了强大的食利者资产阶级，他们以虚高的价格销售进口商品，并通过被高估的汇率和合适的地租来购买外汇。这种动力具有技术和政治意义。任何工业发展都将受限于国内市场的规模——因为出口总的来说是如此昂贵和技术落后，以至于无法在世界市场上具有竞争力。这进一步强化对石油收入的依赖，并随着时间的推移强化了食利资产阶级的权力。

截至 1947 年以及在委内瑞拉进口替代工业化（ISI）初始阶段，农业占国内生产总值的比例下降到 4.2%，而石油占国内生产总值的比例则高达 49%。正如中谷（Nakatani）和埃雷拉（Herrera）指出的那样，"即使石油价格和国内生产总值增加之间的相互关系不具有直接性，因为石油行业与其他经济部门相对脱离，但我们可以观察到，如果石油价格更高，委内瑞拉经济就会增长；反之，如果石油价格下降，委内瑞拉经济就会衰退"。② 在 20 世纪上半叶，接受补贴的资本主义农业出现过有限的发展，它将佃农转变成领取工资的日工（劳苦大众），因为有些农业被现代化，从而为委内瑞拉经济中日益增长且面向全国的工商业部门提供食品和原材料（Sonntag and de la Cruz，1985；Llambi and Cousins，1989）。农业劳动者的这种"无产阶级化"，也会产生小自耕农的农民化（Llambi，1980）。后者构成一个规模更大且未充分就业的生计农民，前者则构成一个相对较小且由常规农业资本雇用的农业工资劳动者。正如表 9 - 1 所示，更多的人被迫放弃农村，到主要城市去寻找工作机会。

---

① 以地租形式获得的巨大社会财富具有双重效应：以国内生产的飞地为基础创造巨大的外汇来源，以及出口的急剧增长导致汇率的实际增值。基于一种更为温和的通货膨胀预期（22.5%）进行衡量，同时以 2.15 强势玻利瓦尔的固定汇率进行计算。从 2003 年到 2008 年，委内瑞拉货币被预计平均高估 48%（参见 Weisbrot，Ray，and Sandoval，2009）。

② 参见 Nakatani and Herrera，2008：295。

表 9-1　　　　农村和城市人口所占的百分比（1941—2001 年）　　　　单位：%

年份	农村	城市
1941	68.7	31.3
1950	52.6	47.4
1961	37.9	62.1
1971	27.2	72.8
1981	19.7	80.3
1990	15.9	84.1
2001	12.3	87.7

尽管那些小型生产者规模较小，生产力水平低下，但他们还是设法留在土地上，这种情形可以参考马克思在《资本论》第三卷中的"小农业资本"予以解释。马克思（1991）确认这种资本的动力来解释小农业生产者的生存问题，即使资本主义发展的一般条件——采用最新生产方式的常规资本的生产力——指向的是他们退出生产。引入现代化肥、机器和劳动高效型生产技术将会提高生产力，降低生产价格，并因此为本部门最有效率的生产者增加级差地租。通常情况下，未能引入新技术的资本将会遭受相对成本的增加。由于无法以平均利润率来稳定价格，该资本将会被强行挤出这个部门。尽管如此，正如马克思（1991：941 - 942）解释的那样，"小农场农民的剥削不受平均资本利润的限制"，因为作为小型资本，它们不参与平均生产价格的形成；小自耕农也不受从生产过程中创造地租的需求所限制，"因为他是一个地主"。实际上，"作为小资本家，他面临的唯一绝对障碍是他在扣除实际费用后为自己支付的工资。他会耕种自己的土地，只要产品的价格足以使他能够支付自己的工资；即使工资水平处于最低程度，他通常也会这么做"。① 事实上，正是因为小型资本没有同更大的生产者展开竞争，这种农业活动的边际子部门才能持续存在。尽管如此，考虑到资本主义不断竞争的动力，作为

---

① 参见 Marx，1991：941 - 942。

一项规则，小规模土地所有者生产条件的相对退化将会增加他们的运营成本，并对收入形成向下压力。简单地说，随着时间的流逝，相对于大规模资本主义农业采用节省劳动力的技术而言，以生存为基础的小生产者所经历的物质条件往往会恶化。这是一种矛盾，它可以说明，社会生产公司的出现作为一种机制对委内瑞拉社会经济中的小规模农业合作社予以支持或限制。

小型农业合作社与社会生产公司的作用

由于农业机械化和进口替代工业化（ISI）的综合影响，整个大陆的城市移民模式已经呈现出城市密度的增长，内部市场受限的经济体越来越没有能力吸纳剩余劳动力人口。在这种快速的城镇化情境中，努力由国家主导来改变社会生产和交换产品的方式（尤其是在农业部门）在拉美左派发展项目的历史中屡见不鲜。这些项目旨在增加国内需求和农民的购买力。许多项目是委内瑞拉内生发展愿景的核心组成部分，它们一方面是为了支持现有的农业社区，另一方面是为了刺激从拥挤的城市中心向农村迁移。① 因此，"再农民化"——以农业合作社和政府主导的庄园征用为实现途径——作为一种消除贫困和社会排斥以及去城市中心化的方式应运而生。通过人民政权农业和土地部（MPPAT），委内瑞拉政府已经促使该国人口从密集的城市中心转移到农村地区。国家土地研究所（the National Land Institute，INTI）前所长胡安·卡洛斯·洛约（Juan Carlos Loyo）解释道，2001 年的《土地法》旨在解决该地区第二高密度的土地集中问题，仅次于巴西。据估计，50% 的农业用地由大庄园主拥有，他们只构成 5% 的农村人口（MINCI，2008）。为了解决这种程度的土地集中问题，2001 年的司法体制限制了持有土地的规模，将从未使用过的国有土地重新分配给农民家庭与合作社，最后直接征收大型私人庄

---

① 这涉及大量的社会任务：萨莫拉任务（Misión Zamora；MZ），负责监督司法、技术和财务问题；设计萨莫拉罗斯任务（Fundos Zamoranos；FZ），目的是建立新的农村合作社；回到农村任务（Vuelto al Campo；VAC），将城市居民迁往农村；改头换面任务（Misión Vuelvan Caras；MVC），在合作社培养人们的生活；内生性开发区任务（NDE），是构建在空间上分界的内生性开发区。

园主未耕作的闲置土地。①

这种"再农民化"动议构成一种更广泛的政策框架的一部分。查韦斯政府制定这些政策，旨在获得更大比例的全国石油财富，并将之分配给先前被边缘化的社会群体。在1998—2007年间，国际市场石油价格的上涨以及重申国家对全国石油工业的控制目睹了国家石油收入从占国内生产总值的5.8%增加到16.1%。农业项目最重要的融资机构是社会主义农业发展基金会（Fund for the Development of Socialist Agriculture；FONDAS）。该机构在原有的农业信贷基金会（Agricultural Credit Fund；FCA）的基础上建立而成，旨在提高用于制定和增加农业项目的公共财政水平。实际上，在1994—1998年间，农业信贷基金会的拨款仅有4500万玻利瓦尔（约合20930232美元），与之相反，在2004年和2005年，这一数字分别高达6.51亿玻利瓦尔（约合302790697美元）和8.5亿玻利瓦尔（约合395348837美元）（Hernandez，2008：21）。

通过社会主义农业发展基金会（FONDAS）支持农业发展而采用的具体地租转移机制包括：以免费土地所有权来取消地租支付；通过国有分配网络进行价格补贴；通过被高估的货币对外国机器进行补贴供应；（以负实际利息）扩大资本贷款和小额信贷；扩大这些社区公共部门劳动力中的发展从业人员规模；增加基础设施（如新道路等）的公共支出；通过限价和关税来保护市场。截至2008年，国家土地研究所（INTI）的报告称，它的工作已经促进4380147公顷土地的再分配，并组建了101594个家庭（和合作社）所有的农场，这些土地或者是闲置土地，或者是从大庄园主那儿回收的土地。

新型农业生产的发展主要由很多小型合作社来完成，它们占有5公顷和不足5公顷的土地。从某种程度上说，社会生产公司是作为一种规划工具而出现的，目的是回应由国家资助的合作社剧增所产生的问题，这些合作社努力留在生产中，生命周期很短，或者说倾向于自

---

① 最大的征收之一是英国韦斯特集团（British Vestey Group），这是一家食品跨国公司。然而，更准确地说，这是一次向国家的转让，而不是国有化。因为如果地主能够证明他们对土地享有所有权，他们总是以完全的市场价值获得补偿。

生自灭。① 与合作社（在私人成员之间形成孤立的平等场所）截然相反的是，社会生产公司由工人和国家共有。这种所有权结构旨在通过以各种方式充当周围社区的生产、加工和分配中心，而超越个人组织的空间。农业型社会生产公司被认为对加强所谓的社会经济至关重要，它们充当合作社之间的新的对话者，并接受委内瑞拉农业公司（Venezuelan Agrarian Corporation；CVA）监督。通过社会生产公司进行的生产被概念化为指向创造使用价值（例如满足社会需求，而不是资本积累的商品和服务），劳动是在使用价值的剥削和异化关系之外被集体组织的。它们的社会作用体现在以下两项主要机制之中：为地方生产的商品设定比市场价格更高的"公平价格"（precio justo）；社会生产公司有义务将利润（通常10%）再投资到当地社区。

这确认了社会生产公司作为一种租金分配机制出现的方式，它支持在委内瑞拉食利者经济中占据边缘地位的小型农业合作社。尽管如此，正如下文考察的那样，"资助321家在各个不同活动部门运营的社会生产公司（截至2007年3月，资助费用高达890万美元）远远不足以对抗地方和外国私人公司的力量，也不足以支持有效的全国规划体系"。② 分析的三个典型个案，成为被批评的对象之一，它们充分说明以分配和占用石油租金为基础的社会主义项目面临的普遍问题。③

个案研究 I：农业内生性开发区 Mistajá

梅里达州的安第斯旅游区是整个国家合作社密集程度最高的地区之一，其范围从城市中心酒店、杂货店、公交公司、餐馆和咖啡馆延伸到周围农业合作社的山区社区，它们被组建成内生性开发区（NDEs）（In-

---

① 它们的数量猛增，1998年不足1000家，到2006年几乎达到25万家，然而，到2010年又下降到3万—7万家。尽管如此，洛佩兹·玛雅（López Maya，2009：6）主张，"土地改革主要是一种宣传策略——在总共3500万公顷的可耕种的土地中，只有150万公顷土地被重新分配，所有大型农业资产都不参与分配"。

② 参见 Nakatani and Herrera，2008：298。

③ 在这个阶段，值得再次强调的是，从政治上说，笔者的观点不应该被解读为对利用石油租金来支持社会经济进而遭到抨击。与之相反，笔者的目的在于重点强调，它目前采取的形式可能会阻碍政府构建一个有关包容且平等经济计划的愿景，该计划被称为"21世纪社会主义"。

terview - 1）。因此，在梅里达及其周边展开的研究，不仅寻求采访个体合作社和地方政府机构，而且寻求评估平行社会经济被确立的程度。这种经济通过商业合作社网络将农业和手工业生产与地方市场联系在一起。在梅里达，社会经济备受关注的焦点机构是国家资格与教育研究所（National Institute of Qualification and Education，INCE）。它诞生于 20 世纪 60 年代初，目的是提升和培训失业劳动者与青年。在查韦斯政府时期，它已经被更名为国家资格与社会主义教育研究所（INCES），具体负责提供社会主义教育和培训。在其职权范围内的项目之一是名叫 Mistajá 庄园的农业内生性开发区。该开发区内有 4 家注册合作社，时间最长的是 Mistajá RL。它由 24 位合伙人（13 位男性和 11 位女性）成立于 2001 年，主要在大型温室里生产花卉（园艺）、蔬菜、黑莓以及来自专业手工作坊的陶器。与 Mistajá RL 合作社一道的还有安第斯山索尔公司（Sol de los Andes），它由 13 位男性合伙人成立于 2004 年，主要从事土豆生产。另外两家最近的合作社（La Ceiba 和 El Pinal）由 34 名成员组成，他们来自 2005 年的“改头换面任务”（Misión Vuelvan Caras，MVC），负责生产和分配农产品。尽管如此，供水和有效灌溉系统存在的问题已经使得这些合作社难以运作，有的合作社正在努力建立合作社或社区之间的联系。实际上，截至 2006 年，除 Mistajá RL 之外的其他合作社都已停止生产活动。

对 Mistajá RL 合作社的留守人员进行访谈的结果表明，在 2000 年所有 24 位创始合伙人中，现在只剩下 8 位成员，他们来自两个居民家庭（Interview - 3）。由于持续缺乏有效的灌溉系统，更小、更新的合作社自从 2006 年以来一直暂停生产活动。因此，除了园艺和某些陶器之外，目前，内生性开发区内的所有生产活动都已停止。Mistajá RL 合作社的成员解释道，由合作社承担的原始贷款包括对温室进行新的投资。然而，由于内生性开发区作为一个整体缺乏足够且可靠的市场准入，灌溉系统存在问题，孤立于社会经济中的其他部门，因此，它们不能维持温室生产。尽管可以获得政府支持，但内生性开发区没有能力最大程度地利用温室，这阻碍了它们创造足够的收入来满足每个月高达 500 个强势玻利瓦尔

（50000 个玻利瓦尔，约合 230 美元）的还贷。① 尽管偿还贷款非常宽松，而且在我们研究期间已经被暂缓，但这也排除了进一步申请贷款的可能性，因为国家机构不太愿意将更多的资源拓展到那些看上去似乎没有生产力的项目（Interview－2；Interview－3）。关于合伙人总数的急剧下降，Mistajá RL 合作社主任评论道，缺乏可持续生产，收入来源不可靠，再加上尚未偿付的债务余额，所有这些因素导致那些来自城市地区合伙人的幻想破灭（Interview－2）。这种对合作社试验的总体看法也具有负面影响。由于不能向周边社区的成员提供一种成功的例证，它强化了他们继续为私营农场工作的决心。如果能够获得这样的工作，他们可以挣取更高的工资。对现有的合作社成员而言，这种因素解释了他们在努力招募新的合伙人时面临的困难。据称，社区中的其他人在必要的时候更愿意作为日工来工作，而不是成为合作社成员。如果是后者，他们要承担偿还债务余额的责任，必须应对不可预测的收入（Interview－3；Interview－4）。仅剩的生产过程——为加拉加斯的商业经销商提供花卉，也成为重商主义贸易的牺牲品，因为商业中介能够购买廉价的劳动密集型产品，并通过市场准入销售获利。

在梅里达，国家资格与社会主义教育研究所（INCES）所长在报告中称，整个地区的新型农业合作社都面临共同的障碍：因缺乏交通与市场相隔离；无法实现资本密集型技术的生产能力最大化；合作社成员缺少新的住所；在可能的情况下，公开依赖国家的国有商店网络，如果不可能，则依赖向私人中间商销售产品（Interview－5）。然而，政府雇员和现有合作社成员认为的最重要的障碍是合作社之间缺乏社会主义意识（Interview－2；Interview－6）。尽管如此，这些发现表明，该地区农业合作社面临的不是意识形态或道德问题，而是物质问题。尽管对被排除在外的低收入群体提供短期救济和初始包容阶段，政府贷款向小型孤立合作社的直接快速扩张产生了暂时和边际的平行经济，但这种经济无法根据

① 值得注意的是，从 2008 年 1 月起，委内瑞拉政府以强势玻利瓦尔（BsF）替代了玻利瓦尔（Bs）。强势玻利瓦尔与玻利瓦尔的兑换比率为 1∶1000，旨在努力简化交易过程，抑制通货膨胀。从 2012 年起，由于委内瑞拉中央银行（BCV）收回流通中的玻利瓦尔，强势玻利瓦尔则成为委内瑞拉唯一的法定货币。

社会经济愿景为周围的资本主义生产提供一种可行的替代方案。因此，在大多数新的合作社中，成员数量持续下降，高利贷资本（或者说重商主义团体）对新的孤立生产者展开掠夺，因为他们没有能力销售和分配自己的产品，或者依赖既有的金融机构提供信贷来维持生产（Interview – 5）。

基于上述论证并进一步发展这种论点，可以解释国家如下战略的一种内部矛盾：授权农业合作社在资本积累过程中发挥"小资本"作用。剩下来的那个合作社并没有在一种能够支付流通资本成本（也就是说，在高收益活动中购买原料用于生产需要的资金）所必要的程度上运营。① 因此，新的固定资本（如温室）投资不能投入生产进而导致价值贬值，结果提高了它们总的生产成本。这种合作社的结果是，大多数合伙人被迫离开，尤其是根据 VAC 倡议而从城市搬迁过来的合伙人，因为他们的集体工资共用资金低于实际的日常生活成本，也低于他们在其他地方能够挣取的薪水（Interview – 2）。② 剩下来的合伙人由两户居民家庭组成，他们从事劳动密集型花卉生产（这种生产无须使用新的设备就可以完成），无法进行资本再投资，从而覆盖不断上升的生产成本。③ 因此，在确认小规模农业生产条件恶化所涉及的上述矛盾时，再农民化进程描绘了合作社的生存和经济边缘化特征。在这种情境下，我们很容易理解，为什么社会生产公司表面上要提供一种机制来克服小资本面临的障碍。来自国家资格与社会主义教育研究所（INCES）和妇女发展银行（Women's Development Bank）的开发人员认为，如果以一种中央处理的社会生产公司形式来提供"公平价格"和新的制度支持，合作社网络可以通过联合生产、商业化和分配所获得的储蓄与利润增加得以增强，甚至

---

① 在接下来的分析中，笔者采用固定资本和流动资本的类别来强调农业合作社在生产过程中面临的某些问题。前者指的是诸如机械和五金器具这样的物质，它们只能将自己的价值逐渐转移到产品中，因此，必须在几个月甚至几年的时间内参与生产进而传递价值；后者更具有流动性（如原材料和劳动力），它指的是与一轮劳动过程相关的投入（Marx, 1978）。

② 公益社会（bono societario）被解释为合作社成员的集体报酬形式，即扣除成本之后，所有的利润平等分摊（Interview – 3）。然而，对那些要长途乘车到合作社上班以及社会再生产成本（工资减去食物、交通、住房等费用）更高的新成员来说，合作社的活动在经济上就会变得捉襟见肘。

③ 生产成本是根据合作社的总资本支出予以衡量。因此，如果温室中的生产停止，它就会增加合作社总的生产成本。

是扩张（Interview -5；Interview -6）。尽管如此，正如接下来的个案研究表明的那样，进口替代工业化（ISI）通过社会生产公司推出的现代形式倾向于加深与租金占用相关的矛盾。

个案研究 II：玻利瓦尔社会主义生产
公司 Cacao Oderi

　　社会生产公司 Cacao Oderi 在 2005 年创建于巴洛文托地区。① 在巴洛文托，其主要的活动是生产和手工处理可可。可可的种植与非洲后裔息息相关，非洲后裔占人口的比例高达 80%。如前所述，农业的快速衰退使得很多农村家庭被捆绑在无法满足需要且不足一公顷的小块土地上，它们被称为 conucos。可可种植面积约占整个表面面积的 45%，其中包括中小型生产者控制的 2.2 万公顷的可可种植。据估计，有 1.6 万公顷归属于大约 4500 个生产者（Calvani，2001）。在 2007 年，整个地区占据了国家可可种植总量的 35%，但却只占国家年度生产量（大约是 5000 吨）的 28%。该地区的平均产量相对较低，为每公顷 267 千克，低于全国每公顷平均产量 71 千克，低于巴里纳斯州最具生产力的土地，该土地每公顷的平均产量为 650 千克。

　　政府实施干预来拯救种植业，提高生活标准，推动与社会生产公司 Cacao Oderi 相关的小型家庭或合作社生产者的生产网络建设。这是国家有关社会生产公司最早的试验之一。在这种公司中，管理和生产是通过"间接财产"关系来组织，旨在确保工人的控制，同时防止建立新的私有制形式。在这种安排中，委内瑞拉农业公司（CVA）代表国家持有 51% 的股份。以米兰达州多个合作生产者联合会（Federation of Multiple Cooperative Producers of the State of Miranda；Fecoopromulmi）为代表的直接生产者持有 49% 的股份，该联合会由 28 家合作社组成。在米兰达州，工厂成为地区项目"巧克力路线"（the Ruta del Chocolate）和诸如"改头换面任务"（MVC）开发活动的基本组成部分。通过工厂，政府为每千克可可

---

　　① 贷款资助的固定利率为 7%，第一年作为宽限期，十年内偿还；任何欠款都将额外支付所欠款额的 1%。

提供 10.3 强势玻利瓦尔（BsF）的"公平价格"（截至 2008 年，高于市场价 14%），这样的设计旨在将此延伸到周围所有的可可生产者。为了实现这种目的，国家行政部门在 2007 年和 2008 年分别拨款 700 万强势玻利瓦尔（约合 3255813 美元）和 500 万强势玻利瓦尔（约合 2325581 美元），进而通过该地区的可可生产为小生产者创造提高可支配收入的可能性。[①]

对可可生产者、社区委员会发言人、米兰达州多个合作生产者联合会代表、地区农业生产者工会领袖以及社会主义农业发展基金会的代表进行的一系列采访，提供了一扇具有启迪作用的窗口来揭示通过社会生产公司进行干预的局限性。尽管存在强大的社区组织网络以及社区中工厂的作用所具有的明确政治愿景，但 Cacao Oderi 的工厂只能发挥 30%—40% 的生产能力（Interview - 7；Interview - 8）。工厂每天加工 4 吨可可，年产约 2000 吨。而且，工厂有能力为国内和国际市场加工衍生产品（如可可脂、液体和粉末）。这些增值产品带来的利润，旨在为可可社区合作社的种植和生产力的改善注入资金。

尽管如此，食利者经济的主要矛盾在于高估国家货币的价值以及将经济活动局限于国内市场。基于一种更为温和的通货膨胀预期（22.5%）进行衡量，同时以 2.15 强势玻利瓦尔的固定汇率进行计算，从 2003 年到 2008 年，委内瑞拉经济被预计平均高估 48%。就 Cacao Oderi 的情形而言，这就允许从西班牙进口可可工业加工所需的机器和技术，进而实现租金转移（Interview - 9）。此外，对玻利瓦尔价值的高估也被认为是社会生产公司发展的障碍（Interview - 7；Interview - 9）。实际上，在米兰达州多个合作生产者联合会的代表看来，估价过高的固定汇率加上国际价格变动的影响被认为是一个主要问题（Interview - 8）。就在我们进行研究期间，在委内瑞拉农业公司（CVA）的支持下，他们签订了一份每月向欧洲出口 40 吨、总量可能高达 360 吨可可脂的合同，这代表了对国际市场利基的一种捕获。可可脂以未加工可可豆的国际市场价的价格比率进行

---

① 通过不同机构，如人民政权农业和土地部（MPPAT）、委内瑞拉农业公司（CVA）和社会主义农业发展基金会（FONDAS），从委内瑞拉农业银行分发的收入可以定期提供资金支持，进而使工厂有能力以补贴价格购买可可。

交易；这种价格在每吨 7000—7500 美元之间摇摆。尽管如此，考虑到这些出口的最终价值根本上取决于可可豆的国际价格，国内未加工可可的固定价格（9.6 强势玻利瓦尔）使得出口商在国际价格变动时尤其成为弱者（Interview - 8）。正如委内瑞拉可可商会（CAPEC）注意到的那样，估价过高的货币和国内价格的设定（这是政府控制通货膨胀总体政策的一部分），已经使出口商处于一种非常弱势的地位。

考虑到食利资本主义的矛盾所产生的这种局限性，将社会生产公司 Cacao Oderi 融入由私人公司占据支配地位的国内市场具有重大的意义。生产者提出的一种策略是将商业化更有效地与生产相联系，并增加地方和全国消费（Interview - 7）。尽管意识到有必要提高生产力和利润，但还是有人认为，目的不是创造财富，而是满足需求，方式是从私人公司手中夺取控制权并创建能够在国内市场占据支配地位的国有公司。这些国有公司可以在中小学、大学和公共建筑物内进行销售，从而使巧克力成为一个政治问题（Interview - 7；Interview - 8）。这就表明如何仅凭这一点并不足以在国内市场提供一种替代选择，尽管社会生产公司在社区中发挥着某种积极作用。而且，由于与估价过高的货币存在关联性矛盾，这也不可能增加出口。因此，更广泛的社区仍然依赖国家补贴，项目运营存在巨大赤字，在没有政府干预的情况下，生产成本的增加和机器的未充分利用很难实现盈利。出现的结果通常是——其 WB 农业部门的代表也注意到这种结果（Interview - 11）。生产者没有经历生活水平的提高，尽管政府干预和对新型财产关系的政治支持程度不断增加。笔者注意到，在与社会主义农业发展基金会（FONDAS）的代表以及地方农业生产者的领导会谈时，同样的问题也被提了出来。他们对查韦斯的信任和支持程度很高。尽管如此，在发展机构、不完全信用和土地所有权、官僚的内部抵制以及所谓的腐败之间，普遍存在一种较低程度的协调支持。所有这一切都因价格低廉和生产力水平低下而恶化，从而抑制投资的扩大再生产（Interview - 11）。就委内瑞拉的社会政策而言，这些官僚和机构问题既不新颖（Daguerre，2011），也不是发展障碍的根本原因。相反，它们表达的是某个项目的局限性，该项目以石油租金分散转移给先前被排斥群体为基础。尽管这种直接转移允许查韦斯政府忽视现有的制度惯性，但与此同时，它也创造了一种依赖式平行经济，而不是一种由地方化生产网络的理论家们所宣称的、非以利润为基础的可持续替代选择。① 这并不足以解决边缘化生产者所经历的孤立和生产力低下的根本问题。在这种情况下，自我剥削的潜在问题可能会出现。在一场与公众民族主义情绪紧密相连的运动中（如玻利瓦尔革命），很多支持者愿意牺牲自己的物质条件（也就是说，放弃几个月的工资）来确保他们的合作社为了政治项目的利益而得以生存（Interview－10）。② 尽管这体现了引导大多数民众运动之动机的深度，但它也具有某种潜力将社会经济制度化，使之成为一个基于不断变化的主观价值的项目，同时保持食利资本主义现有结构的完整。

考虑到很多生产者没有能力创造稳定的收入来源，笔者就询问社会主义农业发展基金会（FONDAS）是否积极寻求贷款延期。有迹象表明，这些贷款是绝对不可能被偿还的（Interview－12）。在正常的生产条件下，一笔用于支付土地成本或新投入的贷款就是预期租金的资本化价值，就像年利息以另一种形式成为租金支付一样。然而，由于几乎不可能偿还贷款，而且缺乏这样做的真正预期，这就变成了国家转移土地租金来维持社会经济中的小额资本。在梅里达，绝大多数合作社是因为缺乏国家的进一步资助和投资而被迫停业。与梅里达遇到的这种情形相比，巴洛文托社会生产公司的出现可以被认为是延长了很多合作社在周围社会经济中的生命，尽管是在有限且依赖租金的范围之内。接下来的个案研究提供了一个表面上鲜明且不再需要国家支持的社会生产公司的成功例证。尽管如此，正如下文表明的那样，这已经对社会经济中的小型农业生产者带来了一系列问题。

个案研究 III：苏克雷的可可农业合作社联盟

可可农业合作社联盟（La Union Cooperativa Agroindustrial del Cacao）位于苏克雷州，是一家可可工厂，它是一个国家动员先前被排斥在外的工人来拯救遭到遗弃的私人工厂和土地进而重新开始生产的例证。这份

---

① 参见 Burbach and Piñeiro, 2007; Piñeiro, 2009。

② 对于重型基础工业中的类似案例，参见 Purcell, 2012。

个案研究让我们深入了解了一家成功地扩大生产水平和偿还政府贷款的社会生产公司。这家可可加工厂先前由意大利私人集团 La Universal 拥有，总部位于佩鲁贾。然而，在1998年，它陷入财务和行政问题并被商业银行（Banco Mercantil）收购。2005年，为了回应查韦斯发出的公告，即国家将恢复支持那些闲置工业用地，该私营公司的前69位工人成立了名为可可马尔（CHOCOMAR，RL）的合作社。由于国家中小企业发展研究所（INAPYMI）提供了400万强势玻利瓦尔（约合1860465美元）的政府贷款（利息4%，宽限期1年），这家可可工厂作为社会生产公司得以重新运转。2005年，通过采购合作社尤洛卡（UPROCA，RL），这家工厂被融入当地由365家小生产者组成的网络，归入一个框架范围之内，受到国家鼓励和保护，旨在促进主要合作社生产者、社区和工厂合作社之间的联系网络。它与当时的人民政权公共经济部（MINEC）签署了一份协议作为资本主义生产的替代方案，促进地方农业生产网络的内部联系，并承担相应的社会责任。例如，社区厨房为当地社区的学童提供补贴和食物（Interview－13）。

截至2008年，96位合伙人组成了加工合作社。然而，尽管社会生产公司的组织原则有自己最初的意图，但它的内部结构和外部关系目前看上去更像私人公司（Interview－14）。在生产过程中，总经理和行政主管团队独立地做出决定。这种管理模式被认为更合适（无论是从效率还是从与私营公司竞争来看），但是对先前在私有制工厂里工作的工人来说，却比较熟悉（Interview－14）。由集体工资共用资金发放的薪水取决于人们的职位以及在合作社组织中的时间长短。尽管如此，考虑到没有一个人是私人所有者，与资本主义公司相比，它还存在一种"更为横向"的分配和更小的差异（Interview－13）。而且，合作社成员的交通免费、用餐免费、高达70%的医疗保健成本免费，这使得他们的工作条件不同于私人工厂的工作条件。鉴于合作社的劳动位于社会保障体系之外，这些措施实际上是一项最低限度的要求。政府提供税收减免，旨在通过这样的社会措施将之转移给合作社成员。

考虑到社会生产公司被认为是实现更广泛社会经济目标的路径，笔者询问了其与周围小型农业合作社的联系情况，以及它们是否仍然将自己视为社会生产公司，就像国家在初始形成阶段所设想的那样。结果发现，所有与小生产者合作社的优惠联系都已被切断，因为它们不能系统地满足工厂所要求的数量和质量水平（Interview-13）。目前，采购合作社尤洛卡（UPROCA，RL）以市场价格从最具竞争力的渠道获得可可来源（Interview-14）。周围的小型农业合作社通过向私人中介进行销售而继续组织生产。接受笔者采访的一位农民解释道，最初的投资和支持浪潮并不足以提高生产，也不足以发展与社会生产公司或者周围可可行业具有可持续关联的商业化路线（Interview-15）。实际上，很多小型合作社目前主要是向 Aprocao 进行销售，它是委内瑞拉最大的私营巧克力公司 El Rey 的采购部门。

作为不受国家直接干预的独立的工厂合作社，这家社会生产公司已经成功实现可持续发展。它强调商业利害关系，而不是政府设想的迈向 21 世纪社会主义道路的模式。这就意味着，社会目标不是生产过程优先考虑的事项，相反，生产过程由竞争性压力所决定。只有当这家社会生产公司盈利且以税收形式为当地社区做出贡献时，社会目标才能得以实现。在研究期间，合作社成员正在寻求获得更多的国家贷款来修理一台机器，这台机器可以生产具有不同可可含量比的成品巧克力棒。修理成本预估为 40 万美元，其中包括邀请一位意大利技术人员提供帮助和购买零部件。2008 年，按照官方估值过高的汇率计算，这可能要花去 86 万强势玻利瓦尔。通过国家外汇管理机构货币管理委员会（CADIVI）以优惠固定利率获得廉价美元，被认为是直接目标。如果按照 2008 年的平行黑市价格（6 强势玻利瓦尔）计算，修理费用将会上升到惊人的 240 万美元，这使合作者依赖通过估值过高的汇率来获得美元显得尤为重要。据报道，由国家中小企业发展研究所（INAPYMI）延缓的最初贷款将于 2009 年年底偿还。合作社已经实现符合社会生产公司要求的社会目标，这使得它在获得进一步融资时处于强有力的谈判地位（Interview-14）。

同时，我们可以看到，在可可社会经济中——它与上述进口替代工业化（ISI）的现代形式相一致，生产能力的每一次提高是如何要求获得优惠的廉价美元来进口外国技术以及同国内资本主义公司展开竞争。就目前形式而言，这份特殊的个案研究正在表明，它突出强调了一家成功的社会生产公司（现在表面上独立于国家的直接干预）在对外市场关系中表现得像个私人公司的方式；或者说，如其他有关合作社研究表明的那样，像一个"资本主义海洋中的社会主义孤岛"（Cornforth and Thomas，1988：4）。这表明，如果社会生产和交换的抽象模式只依赖盈余的"公平"分配，而不考虑剩余价值是如何产生的，这可能无法克服小额农业资本面临的更广泛的结构问题。事实上，这一点又将我们带回前文概述的更广泛的争论，即委内瑞拉政治经济制度的核心特征在于，国家如何通过被高估的货币价值从政治层面调节石油租金的转让。在整个查韦斯政府时期，有些不合常理的是，一直是私营部门（食利资产阶级）继续通过非生产性进口行为占用绝大多数石油财富。例如，从 2010 年起，如果按照国内生产总值进行衡量，71% 的经济活动仍然由私营部门控制。国家石油公司创造了全国 96% 的外汇，大多数外汇通过货币管理委员会（CADIVI）被售给私营部门用于进口 75% 以上的全国消费，这使其成为食利资本积累的一个利润丰厚的来源。[①] 如果同样的机制可以更广泛地用于从政治上支持社会经济，不模仿私人部门或者特权个体社会生产公司具有的食利特性，那么，挑战在于，如何以一种包括小型农业合作社在内的战略将进口商品和技术联合起来。

最后这一点绝不是说明性的。鉴于一些议题的复杂性，诸如从资本主义开始的过渡到本章并未讨论的工人的自觉性等，它有意识地考虑了社会主义的思想，不论是在一个国家还是在其他国家里。

结　语

本章已经阐明，社会生产公司是一些实体，它们成立的目的是克服内在于委内瑞拉以石油为基础的资本积累过程中的障碍。从这种意义上说，它们是必要的，但不足以在一个被忽视的经济部门内支持小型农业合作社的生产力。经验证据表明，合作社和社会生产公司都不是同质的，每一种情形都有鲜明的内部组织特征以及对国家机构不同程度的依赖。

---

① 实际上，尼古拉斯·马杜罗（Nicolás Maduro）政府在 2013 年面临的重大政治挑战之一源自那些利用优惠定价外汇的进口商造成的混乱。他们不是向消费者提供更低的价格，而是以通货膨胀的价格销售获取利润。这解释了马杜罗政府为什么在 2013 年下半年采取直接法律行动来控制价格。

尽管如此，小型农业合作社因同样的结构问题联合在一起：社会因素引起的较低的土地肥力、生产中较低的技术含量、与市场的交通和商业联系不充分、补偿高成本的利润率较低、依赖高利贷资本推动商品销售。因此，正如扬·杜威·范德普勒格（Jan Douwe Van Der Pleog）已经注意到的那样，任何"再农民化必定导致农业生产集约化；如果不是这样，共享贫困（或退化）当然将会是最终结果"。这就是将石油财富分配给大量小型农业合作社所强化而不是克服的物质矛盾。

对社会生产公司的关注突出强调了地租转移是如何以平等主义交换和社会财产关系的政治形式进行调节的。这种财产关系的正当性，事后通过盈余和/或补贴的公平分配予以证明。尽管如此，无论从技术意义还是社会意义上看，这往往都会降低如何组织生产的重要性。因此，诸如有效规模、生产力、使用固定资本、偿还贷款和资本再投资等问题是作为技术手段予以处理，它们与合作社和社会生产公司的社会目标相分离。自相矛盾的是，在苏克雷，最成功的案例是优先考虑生产技术问题的社会生产公司，但是这样做却放弃了彻底改革社会生产关系的努力。

正如一开始说的那样，以食利资本主义条件为主题的批判绝不应该被解读为对玻利瓦尔革命进步政治倾向的一种否定，或者是对利用石油租金促进社会经济发展的一种攻击。当然，在食利资本主义条件下，建设社会主义替代方案具有的复杂性不可能被简化成赤裸裸的、以生产主义标准为基础的模式。尽管如此，通过采纳马克思对政治经济的批判，尤其是关注对地租流动的分析，本章试图解决社会经济中不同群体面临的复杂的物质和社会条件。本章强调，关于农业经济边缘化问题，食利资本主义转型所面临的社会和政治挑战具有深厚的历史根源，它们离不开从石油部门到整个社会以及社会经济领域内有关价值如何被创造、占用和分配的相关问题。

战胜"食利资本主义"的当代项目所包含的结构和社会转型比本章具体探讨的内容（本书其他地方也有所涉及）更加广泛。例如，对重型基础工业、公用事业、通信、金融和水泥公司进行的大量征用，试图从顽固的私人利益集团手中夺取对国内市场各个部门的控制权。这些干预通常伴以"社会主义的"管理形式，它们将工人阶级意识作为改变生产关系的基础。这或许是"21世纪社会主义"的新奇经验：在生产结构中将国有化和民主化统一起来。尽管如此,事实仍然是,这样的干预仅限于"一组小规模且过时的工业和服务业资本",它们在很大程度上与整体社会经济项目和未组成社团的人口群体相隔离。

如果社会经济生产被进一步扩大,甚至在蓬勃发展的区域性"美洲玻利瓦尔联盟"计划中也是如此,那么,社会财产关系转型面临的最为紧迫的问题是国家资源(地租)可以被转化为资本的形式。这种资本作为正常的生产资本,能够积极参与社会生产力的转型与发展。这就需要在社会经济中挣扎的国家和人民放弃小型合作社,集中寻求一种能够与全国私人资本相竞争的规模,如果这种竞争没有出现在国际市场的话。尽管笔者不赞同大规模生产对那些充满复杂性和异质性的项目是一剂灵丹妙药,但它却是唯一能够侵入食利资本主义结构的物质基础,这种结构仍然将绝大多数人排除在全国石油财富之外。

在查韦斯——社会生产公司的鼓舞者和支持者——死后的悲惨后果中,玻利瓦尔项目的这部分内容在尼古拉斯·马杜罗政府如何进展仍然有待观察。尽管斗争以及(内部和外部的)政治操纵肯定是一个更为复杂的阶段,但查韦斯的直接干预通常会减缓国家官僚机构、劳工派系和基层之间的紧张关系。早期迹象表明,这种状况在很大程度上将会持续。在整个 2012 年,委内瑞拉经济强势增长(高达 5.6%),再加上适度的外债和更低的内债,这就意味着进一步的公共投资或者国内经济刺激能够轻易获得资助。在这种情况下,马杜罗带头实施的最新计划——效率型街道政府——使人想起查韦斯的策略:让底层参与社会和经济问题的解决以及利用行政权力来分配石油租金。事实上,查韦斯(是这场运动,而不是这个人)的遗产毫无疑问体现在,公众参与理念已经不可逆转地铭刻在基层运动的意识之中。[①] 尽管如此,考虑到马杜罗众所周知的中央集权主义立场以及在劳工运动中的历史,[②] 后者涉及公开质疑合作社及其对劳动标准的影响,对社会生产公司试验的真正考验可能是,它们在国家减少支持的情况下能否生存下来。

---

① 参见 Ellner, 2012b。
② 参见艾尔纳在本书第四章中写的内容。

参考文献

Alvarez, Victor, 2009. *Venezuela: ¿Hacia Donde va el Modelo Productivo?* Caracas: Centro Intemacional Miranda.

Baptista, Aristobal, 2002. *Bases Cuantitativas de la Economia Venezolano.* Caracas: Fundacion Empresas Polar.

Baptista, Aristobal, and Bernard Mommer, 1987. *El Petroleo en el Pensamiento Econdmico Venezolano: Un ensayo.* Caracas: Ediciones IESA.

BCV, 2008. *Informe Econdmico* 2008. Caracas: Banco Central de Venezuela, http://www.bcv.org.ve/Upload/Publicaciones/infoeco2008.pdf.

Brass, Tom, 2007. "How Agrarian Cooperatives Fail: Lessons from 1970s Peru." *Journal of Peasant Studies* 34 (2): 240 – 287.

Burbach, Roger, and Camila Pineiro Hamecker, 2007. "Venezuela's Participatory Socialism." *Socialism and Democracy* 21 (3): 181 – 200.

Calvani, Fernando, 2001. "El Circuito Cacaotero de Barlovento." Fundacite, Aragua. http://www.fundacite – aragua.gob.ve/index.php/fondo_documental/papeles/36 (accessed March 11, 2009).

CAPEC, 2008. "Produccion Nacional de Cacao," in *Camara Venezolana del Cacao.*

Corden, Max W., and J. Peter Neary, 1982. "Booming Sector and Deindustrialization in a Small Open Economy." *Economic Journal* 92: 826 – 844.

Comforth, Chris, and Alan Thomas, 1988. *Developing Successful Worker Cooperatives.* London: Sage.

Coronil, Fernando, 1997. *The Magical State: Nature, Money and Modernity in Venezuela.* Chicago: University of Chicago Press.

Crabtree, John, 2003. "The Impact of Neo-liberal Economics on Peruvian Peasant Agriculture in the 1990s," pp. 240 – 287 in Tom Brass (ed.), *Latin American Peasants.* London and Portland: Frank Cass.

CVA, 2009. "Cacao Oderi." Venezuelan Agrarian Corporation, http://www.cva.gob.ve/empresa8.php.

Daguerre, Anne, 2011. "Antipoverty Programmes in Venezuela." *Jour-

nal of Social Policy 40 (4): 835 –852.

Davis, Mike, 2006. *Planet of Slums*. London: Verso Books.

Eagleton, T., 1991. *Ideology*. London: Verso Books.

Ellner, Steve, 2010. "The Perennial Debate over Socialist Goals Played Out in Venezuela." *Science and Society* 74 (1): 63 –84.

Ellner, Steve, 2012a. "The Distinguishing Features of Latin America's New Left in Power: The Chavez, Morales, and Correa Governments." *Latin American Perspectives* 39: 96 –114.

Ellner, Steve, 2012b. "What Accounts for Chavez's Success?" *NACLA Report on the Americas* 46 (1).

Grinberg, Nicolas, 2008. "From the 'Miracle' to the 'Lost Decade': Intersectoral Transfers and External Credit in the Brazilian Economy." *Brazilian Journal of Political Economy* 28 (2): 291 –311.

Grinberg, Nicolas, 2010. "Where Is Latin America Going: FTAA or '21st Century Socialism?' " *Latin American Perspectives* 37: 185 –202.

Grinberg, Nicolas, and Guido Starosta, 2009. "The Limits of Studies in Comparative Development of East Asia and Latin America: The Case of Land Reform and Agrarian Policies." *Third World Quarterly* 30 (4): 761 –777.

Flamecker, Marta, 2005. "On Leftist Strategy." *Science and Society* 69 (2): 142 –152.

Flamecker, Marta, 2007. *Rebuilding the Left*. New York: Zed Books.

Harvey, David, 1982. *The Limits to Capital*. London: Verso Books.

Hein, Wolfgang, 1980. "Oil and the Venezuelan State," in Peter Nore and Terisa Turner (eds.), *Oil and Class Struggle*. London: Zed Books.

Hernandez, J. L., 2008. *Venezuela, Nota Deanalisis Sectorial: Agricultura y Desarrollo Rural. Corporation Andina de Fomento (CAF)*.

INCES, 2008. "Caso: Finca Mistaja Estado Merida." Internal Report Sourced at the National Institute of Qualifications and Socialist Education, Merida.

Inigo Carrera, Juan, 2007. *La formacidn Economica de la Sociedad Argentina: Volumen I—renta Agraria, Ganancia Industrialy Deuda Externa: 1882*

– *2004.* Buenos Aires: Imago Mun – di.

Inigo Carrera, Juan, 2008. "The Historical Determination of the Capitalist Mode of Production." Centropara la Investigationcomo Critica Practica. http://www. cicpint. org/CICP% 20English/ Investigaci% C3% B3n/JIC/ JIC. html.

Interview 1, 2008. Semi-Structured Interview with a Development Worker from Instituto Nacional de Capacitacion y Education Socialista (National Institute of Qualifications and Socialist Education, or INCES), Venezuela, Merida, Ave 2 Dos Lora, April 23.

Interview 2, 2008. Semi-Structured Interview with the President of the Mistaja R. L. Cooperative, Merida, April 25.

Interview 3, 2008. Semi-Structured Interview During the Horticultural Production Process with Two Female Members of the Cooperative Mistaja R. L. , Merida, April 22.

Interview 4, 2008. Semi-structured Interview with a Community Member Making an Application to BANMUJER at the Finca Mistaja, Merida, April 25.

Interview 5, 2008. Semi-structured Interview with INCES Regional Manager (Gonzalo Alba), Merida Ave 2, Dos Lora, April 21.

Interview 6, 2008. Observations and Interviews During a Meeting with Members of the Finca Mistaja NDE and BANMUJER Representative (Mayra Castellanos), Merida, April 25.

Interview 7, 2008. Structured Interview with Community Councilvocero and Cacao Producer (Javier Marquez), Barlovento, May 16.

Interview 8, 2008. Semi-structured Interview with Representative of Fecoopromulmi (Hector Basalo). Caucagua: Miranda, May 25.

Interview 9, 2008. Informal Discussion with Two Workers (Anonymous) from the Cacao Oderi EPS, Barlovento, May 15.

Interview 10, 2008. Semi-Structured Interview with Sixto Oviedo and Natividad Burguillos, Representatives from the El Cimarronero Cooperative in the Mango de Ocoita NDE, Barlovento, May 15.

Interview 11, 2008. Meeting and Group Interview with FONDAS Representative (Carlos EduardoSarullo) and Representative of the Miranda State Agricultural Producers (Gertrudis Alvarez), Caugagua: Miranda, May 25.

Interview 12, 2008. Informal Discussion with FONDAS Representative (Carlos EduardoSarullo), Caugagua: Miranda, May 25.

Interview 13, 2008. Semi-structured Interview with Henry Munoz, General Manager of La Union Cooperativa Agroindustrial del Cacao, Sucre, May 6.

Interview 14, 2008. Semi-structured Interview at La Union Cooperativa Agroindustrial del Cacao with Cooperative Member Jose del Tropias from the Administrative Office, Sucre, May 6.

Interview 15, 2008. Telephone Interview with Luis Zorilla, a Member of the Caserte 24 Cacao-producing Cooperative in the State of Sucre Formerly Affiliated with La Union Cooperativa Agroindustrial del Cacao, Sucre, May 6.

Lander, Egdardo, and Pablo Navarett, 2007. *The Economic Policy of the Latin American Left in Government: Venezuela.* Amsterdam: Transnational Institute.

Lebowitz, Michael A. , 2006. *Build It Now: Socialism for the Twenty-First Century.* New York: Monthly Review.

Lenin, Vladimir I. , 1964. *The Development of Capitalism in Russia.* Moscow: Progress Publishers.

Llambi, L. , 1980. "Transitions to and within Capitalism: Agrarian Transitions in Latin America." *Sociologica Ruralis* 30 (2): 174 – 197.

Llambi, Luis, and Andrew L. Cousins, 1989. "Petty-Capitalist Production in Agriculture: Lessons from Five Case Studies in Venezuela, 1945 – 1983." *Latin American Perspectives* 16 (3): 86 – 120.

Lopez Maya, Margarita (ed.), 2007. *Ideas para Debatir el Socialismo del Siglo XXI.* Caracas: Editorial Alfa.

Manzano, Osmel, and Francisco Monaldi, 2008. "The Political Economy of Oil Production in Latin America." *Economla*, Fall: 59 – 103.

Marx, Karl, 1978. *Capital: Volume Two.* London: Penguin.

Marx, Karl, 1991. *Capital: Volume Three.* London: Penguin.

McKenna, Tony, 2009. "Hugo Chavez and the PSUV in Light of the

Historical Process in Venezuela." *Critique*: *Journal of Socialist Theory* 37 (1): 121 – 134.

Meszaros, Istvan, 1995. *Beyond Capital*: *Towards a Theory of Transition*. London: Merlin Press.

MINCI, 2007. " Juan Carlos Loyo: La tierra dejo de ser una Mercancia." Ministry of Communication and Information. http://www. minci. gob. ve/entrevistas/3/12009/juan_carlos_loyola. html (accessed November 18, 2008).

MINCI, 2008a. "Fundo Zamorano Entrada a la Libertadbusca Desarrollar Modelo Agrario Integral." Ministry of Communication and Information. http:// www. minci. gob. ve/noticias/1/ 185146/fundo _ zamorano _ entrada. html (accessed November 19, 2008).

MINCI, 2008b. "Gobiemo Bolivariano Exporta 40 Toneladas de Manteca de Cacao a Europa." Ministry of Communication and Information. http:// www. minci. gob. ve/noticiaseconomia/1/ 182471/gobierno _ bolivariano _ exporta. html (accessed June 16, 2009).

Mommer, Bernard, 2003. "Subversive Oil," pp. 131 – 146 in Steve Ellner and Dan Hellinger (eds.), *Venezuelan Politics in the Chavez Era*: *Class, Polarization, and Conflict*. London: Lynne Rienner.

MPD, 2005. "El Desarrollo Endogeno de Venezuela: Conceptos y Criterios." Republics Bolivar-iana de Venezuela: Ministry for Planning and Development.

MPPAT, 2007. "Estadlsticas de Production de Cacao." Ministro del Poder Popular para la Agricultura y Tierras.

MPPAT, 2008. "General Cacao Information." Ministro del Poder Popular para la Agricultura y Tierras.

Nakatani, Paulo, and Remy Herrera, 2008. "Structural Changes and Planning of the Economy in Revolutionary Venezuela." *Review of Radical Political Economics* 40 (3): 292 – 299.

Page, Tiffany L., 2010. "Can the State Create *Campesinosl* A Comparative Analysis of the Venezuelan and Cuban Repeasantisation Programmes."

Journal of Agrarian Change 10（2）: 251 – 272.

Pineiro Hamecker, Camila, 2009. "Workplace Democracy and Social Consciousness: A Study of Venezuelan Cooperatives." *Science and Society* 73 (3): 309 – 339.

Postone, Moishe, 1993. *Time, Labour, and Social Domination: A Reinterpretation of Marx's Critical Theoty.* Cambridge: Cambridge University Press.

Purcell, Thomas F. , 2011. "The Political Economy of Venezuela's Bolivarian Cooperative Movement: A Critique." *Science and Society* 75 (4): 567 – 578.

2012. "Socialist Management and Natural Resource Based Industrial Production: A Critique of Cogestion in Venezuela," in S. Spronk and J. Webber (eds.), *Crisis and Contradiction: Marxist Perspectives on Latin America in the Global Economy.* Leiden: Brill.

Puntes, Suhelis Tejero, 2008. "Sector Privado Pierde Terreno en Generation de Empleo." *El Universal*, July 25. http://notitias. eluniversal. com/ 2008/06/25/eco_art_sector – privado – pierd_919820. shtml.

Sonntag, Heinz R. , and Rafael de la Cruz, 1985. "The State and Industrialization in Venezuela." *Latin American Perspectives* 12 (4): 75 – 104.

Sutherland, Manuel, 2011. "La Economla Venezolana o Como la Burguesia Hurta la Renta Petrol-era y es Duena del 71% el PIB. " ARGENPRESS. info, September 8. http://www. argenpress. info/2011/09/la – economia – venezolana – o – como – la. html.

Van Der Ploeg, Jan Douwe, 2009. *New Peasantries: Struggles for Autonomy and Sustainability in an Era of Empire and Globalization.* London: Earthscan.

Weisbrot, Mark, and Jake Johnston, 2012. *Venezuela's Economic Recovery: Is It Sustainable?* Washington: Center for Economic and Policy Research.

Weisbrot, Mark, and Luis Sandoval, 2007. "The Venezuelan Economy in the Chavez Years," Washington: Center for Economic and Policy Research.

Weisbrot, Mark, Rebecca Ray, and Luis Sandoval, 2009. *The Chavez*

Administration at 10 *Years*: *The Economy and Social Indicators.* Washington: Center for Economic and Policy Research.

Wilpert, Gregory, 2007. *Changing Venezuela by Taking Power*: *The Histoiy and Policies of the Chavez Government.* London and New York: Verso Books.

第十章 选民时刻与制宪过程：社会运动和拉美新左派[*]

乔治·斯加里罗·马赫

最近几年，整个拉丁美洲不可否认地目睹了左派运动和思想的重生，这一发展已经在整个拉美大陆广泛选举产生的左派领导人中达到制度顶峰。但是，这一波左派政权和运动的成功同样也遇到"老红鲱鱼"的复活。尤其是约尔赫·卡斯塔涅达和其他人坚持认为，"如今剩下来的不是一个拉美，这里有两个拉美"。[①] "好左派"被卡斯塔涅达揭示性地称作"正确的左派"（不管是否打算一语双关），认为它是现代化的、开放的、改革主义的和国际主义的；它既接受新自由主义不可避免的经济命运，又接受地缘政治的迫切需要，从而取悦北边的强大帝国。这类左派通常包括巴西的路易斯·伊纳西奥·卢拉·达·席尔瓦（Luiz Inácio Lula da Silva）、智利的米歇尔·巴切莱特（Michelle Bachelet）和乌拉圭的塔瓦雷·巴斯克斯（Tabaré Vázquez），他们都倾向于重现比其更为保守的前任们所采取的经济和政治政策，不论是财政紧缩还是有限的代议制民主。与之相比，"坏左派"或"错误的左派"已经成为一种"对过去的狂热崇拜"，而不是果断地与过去几代人的错误决裂，它依赖的不是20世纪60年代革命家们的榜样，而是"拉美民众主义的伟大传统"。因此，这些新的政权，尤其是厄瓜多尔的拉斐尔·科雷亚政权、玻利维亚的埃沃·莫拉雷斯政权和委内瑞拉的乌戈·查韦斯政权，都是"民族主义的、尖

---

[*] 本章最初载于 *Latin American Perspective*，Vol. 40，No. 3，May 2013，pp. 126 – 145。

[①] 参见 Castañeda，2006：29；Castañeda and Morales，2008。

锐的和守旧的"。① 这类左派除了空洞的言辞之外几乎没有为他们的国民做出任何贡献，他们选择"通过嘲讽美国"而"放弃金钱"，尽管可以巩固其政治基础。②

有很多好的理由可以抵制这种简化的二元框架。有些理由依赖民众主义的修正主义历史，这种历史证明了民众主义的复杂性以及它与拉美社会较贫穷阶层之间明显的共鸣，这在很大程度上是因为社会民主党不认同一种非线性的历史观。其他的理由则尽力避免仅仅将这种对立进行转化或者变得复杂，相反，它们通过"使人们从新自由主义的失败以及民主政权的糟糕表现中分散注意力"的方式拒绝将社会民主和民众主义完全视为"服务某种惩戒目的"的二元对立。③ 尽管本书的很多作者质疑了好左派—坏左派对手的许多方面，但在此主要关注一个因素，即卡斯塔涅达和其他人忽视了如下内容："社会斗争的重要性""民间部门的斗志"以及与之相伴的对"既有制度"的盲目迷恋。换句话说，左派政权是"好"还是"坏"，更应该是这样一个问题：谁来领导这个政权以及如何领导。

笔者希望填补的正是这种对制度外空间的系统忽视，对社会运动及其所有潜力和混乱的系统性忽视，因为对这个因素的关注（它为卡斯塔涅达所忽视）可以阐明其框架作为一个整体存在的缺陷。通过仔细分析这种自上而下的观点，我们能够掌握左派作为运动与国家之间、自上而下（宪法权力）和自下而上（制宪权力）之间的一种动态且变化的关系所具有的复杂性。更加具体地说，笔者首先对两者进行区分：所谓的"选民时刻"（来自底层的突然暴乱）和"制宪过程"（偶尔会将选民时刻的能量传送到制度结构的转型之中）。之所以这样做，是希望避免盲目崇拜来自底层的制宪权力或者国家的宪法权力，相反，要关注两者之间

---

① 参见 Castañeda，2006：29，34。

② 参见 Castañeda，2006：34，38。

③ 参见 Cameron，2009：345；也可参见 French，2009：349 以及 Beasley-Murray, Cameron, and Hershberg，2009：324。根据弗朗奇（French，2009：350）的观点，民众主义的批判源自"一种无创造力且过时的政治观念。在提出一种高贵的专业知识和启蒙运动的政治学时，理性、合理性和客观性理念（'冷静'且公正无私）与更小范围内的情感、激情和'人本主义'（'热情'且盲目偏袒，如果不是落后和腐败的话）相互并存"。

动态的相互作用。

笔者大致按照三个步骤做到这一点。首先，在一次非常简单的调查中，对所谓的"好左派"展开重新评估，并对它实际上是多么"好"产生质疑。更为重要的是，开始逐渐削弱二元制本身的稳定性。其次，在更为直接地转向"坏左派"时，将一系列选民时刻事件追溯到厄瓜多尔和玻利维亚的制宪过程，以期表明通过准确地描述超越制度之外的内容，我们能够对表面上的单一集团内部存在的巨大差异以及当前政府面临的挑战获得更加丰富和更为复杂的理解。最后，专注于研究委内瑞拉。该国政府最为成功地在运动与国家之间、制宪权力和宪法权力之间保持着微妙的平衡，它采取的方式对"好左派"和"坏左派"同样有着至关重要的经验。正是通过保持这种平衡，革命者才能维持该地区正在进行的活动，并能同时使之激进化。

选民时刻与制宪过程

如果现有的制度机构——它似乎是那些好左派/坏左派命题的支持者唯一关心的事情——能够被描述为"宪法权力"，相比之下，其强调的不仅是选民时刻，即运动和群众从底层周期性地涌入政治生活，而且包括通常紧随其后的重组过程。这些过程将起草新的宪法来试图改变制宪秩序。尽管目前无论制宪权力还是宪法权力的用语因为诸如安东尼奥·内格里（Antonio Negri）这样的思想家的运用而变得流行起来，但在这里，制宪权力和宪法权力的情境和内容更接近于寻求解放运动的阿根廷裔墨西哥哲学家恩里克·杜塞尔（Enrique Dussel）用拉丁文分别命名的potentia 和 potestas。对杜塞尔来说，制宪权力（potentia）是一种与人民有关的权力，他将之理解为社会集团，该集团由被宪政体制（potestas）压迫和排斥的那些人组成。因此，他授予"人民"一种具体且经常缺乏的阶级内容（经济上的受压迫者），而且，至关重要的是，他将这一术语的范围延伸至进而包括其他形式的排斥和压迫（如种族、性别、年龄、残疾等）。更为具体地说，杜塞尔争辩道，如果宪法权力的某种特定安排失去了进步功能，而且成为一种压迫性羁绊，我们就能看到出现他所谓的超级权力。在表现为叛乱状态的形式时，超级权力指的是那些被压迫者和被排斥者推翻历史的时刻，从而提醒宪法权力具有的制宪渊源并启动政治转型。当笔者说选民时刻时，指的是这些叛乱；而说制宪过程时，指的是它们引起的宪政秩序的转型。

在过去，很多激进的左派分子和社会民主人士都过于强调政治权力的高峰：无论是在用武力夺取国家政权的革命命令中，还是改革派坚持认为这种夺取行为应该由全民公投来决定，很多人的眼光都是朝上看的。如今，情形不再是这样了。正如委内瑞拉革命运动史中表明的那样，过去的 50 年已经见证了一个缓慢且偶尔痛苦的过程。其中，很多激进左派分子因失败而被迫放弃他们的先锋主义倾向，且欣然接受更多自下而上的转型过程和直接的民主治理结构。在超越列宁提出的无产阶级"半政府"的奇想时，有些人将这些激进的制宪过程视为一种方式来开始他所谈及的"逐渐消亡"。因此，这种新的拉美左派不是简单地夺取国家政权，而是面临一种更辩证的挑战。在这种挑战中，来自顶层和底层的力量彼此对抗，试图"重建宪政秩序，同时还要维持一种民主实验和创新的创造性的制宪过程"。[①]

尽管如此，选民时刻和制宪过程之间的关系不是没有它的复杂性，甚至是矛盾之处，因为宪政过程必然倾向于削弱或淡化作为其存在理由的暴乱："如果这些运动体现的是制宪权力，当事人随后会将之用作并描绘成宪法权力，那么，问题的关键在于，这种描绘是对左派行为驱动能量的一种否定"。[②] 尽管如此，这种紧张关系并不足以避免从爆炸时刻过渡到转型过程，完全避开国家并盲目崇拜不定时出现的制宪权力。正如杜塞尔提醒我们的那样，"从一个基本时刻（potentia）迈向其作为组织化权力的宪法（potestas）这个过程"仍然是不可或缺的，尽管它对政治构成极大的威胁，同时也是所有不公正和统治的源头（Dussel，2008：19 - 20）。与诸如约翰·霍洛威（John Holloway）这些人（他们坚持认为通过"不夺取权力"来改变世界）不同的是，现在的目标是让宪法权力受制于持续的制宪压力，从而以一种辩证的链式关系将两者结合在一起并迈向

---

① 参见 Beasley-Murray，Cameron，and Hershberg，2009：321。

② 参见 Beasley-Murray，Cameron，and Hershberg，2009：328。

更加激进和直接的表现形式。①

　　一旦我们重新关注选民时刻和制宪过程，好左派与坏左派之间的广泛区别似乎从一开始就具有某种重要性，因为这样的选民时刻通常在坏左派中出现。这些选民时刻包括：厄瓜多尔（1990 年，2000 年，2005 年）和玻利维亚（2000—2003 年，2005 年）出现的大规模且很大程度上由土著居民发起的叛乱、委内瑞拉加拉加索（Caracazo）暴乱（1989 年）和反对查韦斯短期政变的民众回应（2002 年），以及阿根廷的反对新自由主义叛乱（2001 年年底至 2002 年）。这些叛乱提出的口号是"全部滚蛋！"（Que se vayan todos）。② 尽管如此，在委内瑞拉、厄瓜多尔和玻利维亚，在全民公投中（1998 年委内瑞拉，2006 年玻利维亚，2007 年厄瓜多尔）罢免传统政治领袖的席位之后，制宪压力并没有停止，而是通过起草和批准新的宪法（2000 年委内瑞拉，2008 年玻利维亚和厄瓜多尔）加紧推进制度领域的部分重组。③ 但是，我们要避免被诱惑在卡斯塔涅达（Castañeda）所认为的"好的"与"坏的"之间通过简单的极性逆转来支持这种二元框架，需更加密切关注是制宪权力和宪法权力的区分导致了它的崩溃。

"好左派"有多好？

　　如果我们转向表面上的"好左派"，好左派—坏左派二元框架之间的矛盾将会显而易见。一旦我们关注制宪权力和社会运动，而不是明显的对抗，我们会发现一个谱系。在该谱系中，与社会运动的关系每况愈下，其中，智利前总统米歇尔·巴切莱特位列第二栏。在皮诺切特（Pinochet）统治之后的一段时间里，在军事政权时代已经几乎被消除的社会

---

　　①　与霍洛威不同的是，对杜塞尔来说，权力属于人民，它不是一个被剥夺的对象（2008：18）。这种 potentia 有义务寻求一种作为 potestas 的具体实例。

　　②　关于厄瓜多尔，参见 Becker（2011）。关于玻利维亚，参见 Webber（2011a；2011b）、Dangl（2007）、Fuentes（2011），以及 Harnecker and Fuentes（2008）。关于委内瑞拉，参见 Ciccariello-Maher（2013）。关于阿根廷，参见 Jordan and Whitney（2003）。

　　③　鉴于被授权起草这些宪法的集会被称为"制宪会议"，真正形成这些集会背后力量的选民时刻才应该是我们的关注对象。

运动在占据支配地位的中左翼政党联盟自上而下的政治中面临一种额外挑战,因此,尽管存在名义上的民主开放,但它们的影响力仍在持续下降。尽管社会运动存在这种相对弱势,但巴切莱特政府还是受到来自不同方向的攻击:来自工人,目的仅仅是温和地支持拉埃斯康迪达的矿工;来自学生,因为公立教育的持续下降以及反对皮诺切特时代法定教育结构的"企鹅运动";最为重要的是,来自马普切地区的土著居民运动,这些运动指控巴切莱特继续实施种族主义和前几届政府的国家恐怖主义。在所有情况中,控诉本质上都是相同的:尽管制宪权力强调来自底层的需求,但巴切莱特还是不愿意对抗根深蒂固的宪法权力,因此,他让左派和右派都感到失望。

与之相比,在巴西,卢拉依靠诸如无地农村工人运动的社会运动具有的优势(而不是它们的弱势)获得政权。但是,与很多社会运动相反,无地农村工人运动不会轻易被击败或拉拢,即使在2002年选举之前,它与卢拉所属的工人党(PT)之间的紧张关系也显而易见。事实上,准确地说,正是卢拉努力培养一种实用主义形象才导致他谴责竞选过程中激进的运动策略。尽管如此,只有在他当选之后,卢拉的实用主义才采取温和的、中立的政策形式,包括财政紧缩、出口导向型发展以及抵制重大的农业改革。面向"好左派"的这种实用主义转型,意味着明确放弃以无地农村工人运动和其他激进的基层运动为标志的制宪基础。结果,在2003年年底,一些左派的批评家被开除工人党党籍,无地农村工人运动在2004年增加了对土地和建筑物的占有。

除了提出"放弃组织化基础的'好左派'有多好?"这个问题之外,卢拉的情形完全破坏了二元框架。鉴于卡斯塔涅达的"坏左派"据称是通过庇护型救济制度来维持权力,这样一种描述对卢拉政府"零饥饿"计划的适用效果远远胜过委内瑞拉的任务。这些任务将社会支持与政治教育、职业培训、授予妇女和代表名额不足的族群享有权力相结合。激进制宪运动的逻辑直接违背了用民众主义救济来安抚民众的努力。然而,值得注意的是,卡斯塔涅达将"零饥饿"计划和"家庭补助金"(Bolsa Família)计划解释为"创新"计划,尽管世界银行的官员对这些计划持批评意见。

考虑到卡斯塔涅达尖锐地批判民众主义者卷入与美国政府的象征性

冲突，值得回顾的是那场针锋相对的争端，它涉及从美国来巴西的游客的旅游签证和安全检查的外交互惠。以免我们将此归因于对不同情况的选择性解读，笔者想坚持主张的是，它要比那种解读更为系统化，因为卡斯塔涅达本人也为如下情形或事实进行辩解：在巴西，卢拉政府"在某种程度上忽视民主行为"；在乌拉圭，巴斯克斯（Vázquez）以一种暗含民众主义（卡斯塔涅达对查韦斯和莫拉雷斯时期的民众主义极为鄙视）的方式"抱怨新自由主义和布什"。尽管后者（查韦斯和莫拉雷斯）因为宣称"修辞比实质更加重要"而受到谴责，但卡斯塔涅达走得如此之远，他甚至庆祝巴斯克斯采用玩诱饵调包手法的成果（公开攻击美国，但私下又与美国协商签署自由贸易协议）。最后，"民众主义者"因其空头承诺受到嘲弄，"好左派"则在成功欺骗人民之后进行庆祝。①

　　"好左派"与"坏左派"之间的差别将在崩溃的边缘摇摇欲坠。如果它涉及前阿根廷总统内斯托尔·基什内尔的话，该总统被卡斯塔涅达不带有任何明显讽刺意味地描述为左派民众主义的"一个经典案例（尽管有些模棱两可）"。虽然我们可能想知道单个的案例如何可以既作为理想类型又作为其对立面存在，但是卡斯塔涅达遇到的困难不是一个范畴问题，而是这些范畴的内容，这一点已经非常清楚。尽管同"好左派"的那些人一样取得宏观经济的成功，但卡斯塔涅达实在不能让自己来赞扬一个庇隆主义者。因此，如果把"庇隆主义者的染色体"留给他安排的话，他将致力于推测基什内尔可能做什么。一旦我们放弃对个人政治DNA可能产生的内容进行的假设，反而关注制宪权力和宪法权力之间的动态冲突，映入眼帘的就会是一幅完全不同的图景。基什内尔本人以最意想不到的方式上台掌权，很大程度上是 2001 年年底大规模制宪地震的偶然性结果：几乎没有人预料到一个表面上的"内部人士"候选人会以他采取的方式转向社会运动，因此，他遭到卡斯塔涅达和其他人的嘲笑。与之相比，像卢拉以及更低程度上的巴切莱特这样的"局外人士"候选人，仅仅通过背弃给他们带来权力的运动（卢拉就是如此）或者抛弃对

---

　　① 同样奇怪的是，卡斯塔涅达对秘鲁的阿兰·加西亚（Alan García）避而不谈。尽管他来自传统的民众主义政党美洲人民革命联盟（APRA），但加西亚的行为方式碰巧是卡斯塔涅达认为可以接受的方式（Cameron，2009：335）。

这些运动的承诺（巴切莱特就是如此），就获得了令人垂涎的地位。

将"好左派"与"坏左派"相统一的是如下事实：没有一个领导人能够经得起因忽视制宪权力和社会运动的制度外空间而产生的后果。无论是智利的学生抗议还是马普切土著居民运动，是阿根廷的游行示威者群体和工厂占领者还是巴西的无地农村工人运动，面临的挑战都是相同的。因此，不应该感到奇怪的是，一旦我们更加仔细地观察这些政权如何从上层面对来自底层的挑战，卡斯塔涅达的框架就会碎裂。而且，如果区分"好左派"与"坏左派"的一个关键因素是所做承诺的空洞，可以肯定的是，没有一个左派比那个一旦掌权后就放弃或背叛其基础的左派更为糟糕。然而，这种无所顾忌的背叛似乎是加入"好左派"的必要条件。①

剖析"坏左派"：厄瓜多尔和玻利维亚

正如可以提出证据加以证明的那样，如果"好左派"与"坏左派"之间的区分在背叛社会运动的过程中被颠倒，那么，对选民时刻和制宪过程同样可以这么说。通常而言，正是在所谓的"坏左派"中，人们最近才非常壮观地站起来反抗；也正是在"坏左派"中，那些暴乱才推动旨在改变国家机器的进程。尽管我们有理由对这种变化的有效性以及它通过授权强化运动或者通过拉拢弱化运动的程度持保留意见，但不可否认的是，在"坏左派"中，套用詹姆斯（C. L. R. James）的话说，拉丁美洲的群众已经非常接近于权力。但是，这种区分在面对阿根廷 2001 年的制宪叛乱时再次被证明不可信，因为这些叛乱没有产生实质性的宪政转型，那么，一旦关注"坏左派"本身的话，我们可能会问，选民时刻和制宪过程这种棱镜揭示了什么。更为具体地说，自从 1998 年查韦斯、2005 年莫拉雷斯和 2006 年科雷亚当选以来，政府和革命社会运动之间是

---

① 当然，考虑到特定的一系列制宪权力和宪定权力，尤其是有关南锥地区（Southern Cone）独裁统治的遗产，仍然存在的问题是：事实上的可能情形是什么。尽管如此，这并不排除是决定屈服于根深蒂固的权力命令，还是决定通过巩固对底层社会运动的支持来寻求抵消这些命令。

一种什么样的关系？一旦我们这么做的话，面对运动和国家之间错综复杂的关系及其辩证逻辑，我们再次发现的不是仿照卡斯塔涅达的简单同质性，而是一个复杂的群集（constellation），它由来自底层的斗争、顶层的治理策略和不可预测的动力构成，这种动力无论在底层和顶层之间，还是在反对两者同时面临的反动势力时都逐渐减弱。

鲜少有人否认，提到"坏左派"政权与激进运动之间的关系，厄瓜多尔总统拉斐尔·科雷亚（Rafael Correa）迄今为止表现得最为糟糕。和其他地方一样，在厄瓜多尔，因 20 世纪 80 年代新自由主义转向后，来自顶层强加的宏观经济和社会危机为底层蓬勃发展的社会运动所替代。在厄瓜多尔和其他地方，1990 年 6 月的太阳祭（Inti Raymi）起义这一激进选民暴乱的时刻结束了"迷失的十年"，大约一年前刚刚爆发了委内瑞拉的加拉加索暴乱。与加拉加索暴乱相比，太阳祭起义以及随后的那些叛乱主要是土著居民为了自己的选区和需求而发动的。尽管厄瓜多尔土著民族联合会的土著领袖和其他土著群体提出一系列文化、经济和政治要求（其中包括承认厄瓜多尔是一个多民族国家），但普通民众直接按照何塞·卡洛斯·马里亚特吉（José Carlos Mariátegui）的格言"印第安人的问题就是土地问题"采取行动，进而要求激进的土地改革，并且夺取了大庄园，直奔主题。

这种"意识巨变"标志着土著居民突然涌入以前无法享有的国家公共生活，随后出现一场来自东部低地地区被称为"长途跋涉"的游行示威以及在时间选择和利害关系方面与萨帕提斯塔叛乱相一致的多次冲突。在这种选民叛乱的一系列反应之后，厄瓜多尔展开了可以被认为整个拉美地区最有影响力的土著居民运动，这场运动以厄瓜多尔土著民族联合会为核心。尽管如此，将这些制宪胜利成果体现在宪法权力的范围之内被证明更加困难，进而提出来自底层的运动如何与来自顶层的国家权力相关联等问题。这种国家权力会不断困扰厄瓜多尔和其他国家的运动。这些运动对它们新发现的成功做出的直接反应是，随着 1995 年厄瓜多尔土著民族联合会将帕切库蒂克运动发展成自己的政治派别，它推翻了自己长期以来对政治参与的禁令。但是，在很多运动高潮中似乎更符合逻辑的情形却很快导致选民对民选官员不再抱有任何幻想。这些官员在掌权后为了回应"好左派"而立即放弃了他们的激进选民。

在其他地方，这种幻灭可能已经是故事的结束，但在厄瓜多尔，20世纪90年代早期在街头动员中由土著居民运动集聚的权力进一步转变成一系列选民时刻。在这些时刻里，街头的群众运动废黜了大量的领导人，如从阿夫达拉·布卡拉姆（1996—1997年）到哈米尔·马瓦德（1998—2000年），再到2001年早期反对古斯塔沃·诺沃亚不太成功的街头动员，以及2005年5月被逃亡运动或"局外人士"运动（尽管没有太多的土著居民参与）所罢免的卢西奥·古铁雷斯。这些运动的持续证明了底层的力量。① 然而，尽管在街头有选民暴动，可是所有这些暴动在制宪权力的领域中都不是正面的，因为这些力量是在反对运动和政治组织幻灭的背景下发生的。他支持古铁雷斯，让厄瓜多尔土著民族联合会和帕切库蒂克运动为自己与宪法权力结盟付出沉重代价。

这一系列叛乱和直接的激进行动不仅在形式上，而且在目标上都具有制宪性质。它们要求重新修改国家宪法并视之为一种偶尔无形的线索。但是在这方面，一些激进主义分子发现1998年的宪法改革只取得部分成功，这种改革仍然具有表面性，它甚至进一步推动新自由主义改革。就像拉斐尔·科雷亚2006年的选举竞选不断高涨一样，要求对国家大宪章进行根本性修改代表了底层运动的一个接合点。科雷亚本人在接受社会运动的要求方面行动迟缓，而且很多人认为，即使他予以接受，采取的方法也是机会主义的，目标是拉拢而不是授权。正如有证据可以证明，制宪会议的情形就是如此，因为科雷亚迅速且适时地用他早期的"公民革命"言论来交换"制宪革命"的大旗。

然而，尽管社会运动在科雷亚当选之后继续施加压力，迫切要求制定一部新宪法，但1998年的经验已经证明，更为重要的事情是由此产生的文件以及产生这种文件的制宪过程。早在2007年2月，厄瓜多尔土著民族联合会和其他几十家组织进行游行示威，要求科雷亚履行其召开制宪会议的承诺，而且坚持认为在必要的时候应该绕开现有的国会。这种

---

① 逃亡运动更多地来自城市和中产阶级，而且大多是混血儿。这场运动（它的名字取自古铁雷斯对逃亡者的贬义称谓）与2001—2002年间阿根廷的叛乱运动有很多共同之处，它甚至采纳后者的口号"全部滚蛋！"（Becker，2011：94）。

情形在当年 10 月再次出现，此时提出的利益诉求是立即解散国会。① 尽管苏珊·史邦克（Susan Spronk，2008）争辩道，科雷亚决定通过解散国会并授予制宪会议完全立法权来消除顶层寡头政治权力的"戈尔迪之结"，这表明一种"战略性"决断，也是他的玻利维亚同行所缺乏的。但是，史邦克忽视了如下事实：科雷亚本人之所以这么做，至少在某种程度上似乎是来自底层的激进压力以及事实上的有形威胁所造成的。

即便召开制宪会议和解散国会，这种制宪压力也没有停止，因为厄瓜多尔土著民族联合会带领两万多人走上街头，从而迫使科雷亚认真对待他们制定新宪法的要求。尽管如此，这种压力只是在部分程度上获得成功。当契川语作为一种官方语言被否决时（这是来自科雷亚的命令），土著居民代表从制宪会议中退场（后来对契川语的稍带提及被补充进去）。考虑到科雷亚对土著居民运动显而易见的敌意，他们的一些要求（例如宣称厄瓜多尔是一个多民族国家以及族群的集体权利）被成功入选，证明了他们的组织化优势。尽管如此，在起草新宪法之际甚至之前，科雷亚与土著居民运动的冲突继续有增无减，特别是当自然资源的开采受到质疑时。

尽管宪法庄严规定美好生活是一种人道、互惠和可持续的发展形式，但很多人认为，科雷亚强调大规模开采与这种宪法保障相矛盾。而且，当冲突爆发时，他毫不犹豫地转向镇压。史邦克在 2008 年写道，"在科雷亚当选之后，他宣布自己会投入更多的警力和军队来镇压民众抗议。在 2007 年 4 月，他履行上述承诺，派遣部队暴力镇压反对总部位于加拿大多伦多的亚姆黄金公司采矿活动的抗议"。在 2007 年年底，土著族群夺取了位于亚苏尼国家公园的油井，结果被总统嘲笑为"幼稚"，并因备受争议的恐怖主义法律受到指控。当厄瓜多尔土著民族联合会和其他组织批评 2009 年 1 月通过的采矿法，并威胁在即将来临的选举中反对科雷亚时，科雷亚却将他们称为"罪犯和颠覆性恐怖主义分子"。

到 2009 年举行总统选举的时候，科雷亚已经彻底摧毁了自己与社会运动之间的桥梁，以至于帕切库蒂克运动选择不支持任何人。厄瓜多尔

---

① 卡梅隆（Cameron，2009：335）对解散国会的批判并未与其关注现有民主秩序的彻底失败保持一致。

土著民族联合会的一份决议以言辞激烈的评估对这位"革命"领袖这样总结："科雷亚政府源自右派，受右派支配，而且会继续这样直到它的任期结束"①。尽管这种指控在忽视政府整体记录的程度上是一种明显的简化，但仍然有充分理由承认，厄瓜多尔的宪政过程"以社会运动的边缘化为代价"，"科雷亚已经抢走了土著激进分子的风头"，而且他"将那些人拘留作为自己的左派人质"。为了选举的目的，削弱街头运动的力量而动员群众的这种愿望，回应了传统和激进民众主义之间的重要区别，通过让科雷亚更亲近于巴切莱特和卢拉（这不是他愿意承认的结果）而进一步削弱卡斯塔涅达"坏左派"命题的基础。

但是，如果科雷亚像他之前的卢西奥·古铁雷斯一样确实"依赖群众放下武器"，那么，正如他很快得知真相那样，这种解除民众运动武装的策略并不是没有它的后果。这些运动被解释为努力使水资源私有化，随着紧张局势的升级，尽管科雷亚付出了最大努力，2010 年年初还是看到了一场新型统一的土著居民运动的出现。不过，这是科雷亚政策导致的结果。这不是事情的全部：2010 年 10 月，在公共部门削减开支威胁到警察福利的情况下，科雷亚遭到催泪瓦斯袭击，并被心怀不满的官员暂时扣押为人质，其中有些人高呼前总统卢西奥·古铁雷斯的名字。至少在随后的几个小时之内，厄瓜多尔似乎正在经历一次反动政变。然而，正如可加以证明的那样，比政变策划者本人的努力更为重要的是，这次事件体现了科雷亚与制宪民众之间的分歧，而他需要这些民众的保护。在危机期间，帕切库蒂克运动的代表克莱维·吉梅内斯要求国家议会罢免科雷亚的权力，而厄瓜多尔土著民族联合会不仅抵制右派的政变策划者，而且抵制宣称自己是左派的政府。尽管有理由担心，由于对双方都表示抵制，有些运动正在给右派以可乘之机，但是，更令人关注的是，科雷亚和这些运动从一开始是如何陷入这样的僵局的。

科雷亚的进步形象毋庸置疑，他的政策与古铁雷斯的政策根本不具有可比性：他在 2008 年年底无法偿还"非法"外债，2009 年关闭位于曼塔（Manta）的美国空军基地，通过征用来增加对国内资本主义的压力。

---

① 参见 Becker, 2011：183。

但是，这些宏观层面的政策变化被搁置，他与制宪社会运动的关系令人担忧。最为重要的是，正是这种关系将决定他的政府在未来的激进主义。在他与这些运动的关系中，科雷亚重复了他的前任们极不光彩的战略和战术：建立自己的政治组织，避开现有的运动，拉拢来自底层的需求并从顶层予以淡化，经常诉求对抗性辱骂。这些错误的重复已经造成非常类似于古铁雷斯面临的情形："在擅长于分裂土著居民运动之后"，贝克尔注意到，科雷亚的政策最终"促成了他们的趋同共存"（Becker，2011：187；也可参见本书贝克尔所著的那一章）。尽管科雷亚是否会为人民执政这一点仍然没有定论，但他从第一天开始就拒绝允许他的政府成为制宪民众以社会运动为表现形式而享有的政府。然而，制宪叛乱的教训和宪法权力的危险在厄瓜多尔土著民族联合会与其他组织内并没有丧失，它们已经越来越多地重新采取那些从一开始就证明其优势的街头动员和对抗战术。

在2008年将科雷亚与玻利维亚总统埃沃·莫拉雷斯进行比较时，史邦克的评价看上去几乎是另外一个世界：科雷亚似乎具有战略性和决定性，而莫拉雷斯仍然陷于一个停滞的制宪会议的困境之中。这些年来，这种评价已经被完全改变，尤其是涉及每个政府与社会运动的关系时更是如此。尽管科雷亚不断地削弱自己的左派基础，进而极不明智地试图拉拢激进的制宪能量，但莫拉雷斯直到最近都能够更加有效地利用这些运动来反对被弱化的右派背景。尽管如此，这并不意味着所有的事情都一帆风顺。甚至在2008年，史邦克担心在莫拉雷斯执政时期出现一种类似于科雷亚执政时期呈现的运动"去动员化"趋势。此外，针对玻利维亚革命与其激进选民相比具有的地位展开了很多激烈的争论。这些争论涉及的利害关系可以简单概述如下：在埃沃·莫拉雷斯时期正在进行的是一种迈向可能的社会主义未来的革命性开端吗？或者说，它是一种"被重组的新自由主义"吗？然而，这种独特的简化具有误导性，制宪权力和社会运动的视角要求我们应该问的不是玻利维亚是什么，而是何种动力将这个过程带到今天的地步，以及什么样的系列力量威胁或者支持它的激进化。

就像厄瓜多尔一样，在玻利维亚，一系列选民事件的涌现也产生了目前正在进行的制宪过程。为了反对由世界银行和柏克德公司（Bechtel）

支持的一项私有化计划，在最具爆炸性的始于 2000 年发生在科恰班巴的水战争之后，制宪运动开始对新自由主义进行长期反击。这会产生一种不断增加的街头协同斗争能力。正是直接从这些"在街头动员中获取的胜利中"，埃沃·莫拉雷斯（与其厄瓜多尔的同行相比）才脱颖而出，并创造了一个"政治工具"，即迈向社会主义运动（MAS），也有人将之称为"社会运动党"。① 与厄瓜多尔的起义一样，这场水战争启动了杰弗瑞·韦伯（Jeffery Webber）所称谓的"左派土著居民造反周期"。随着抗议者反资本主义和土著居民主张解放的要求范围不断扩大以及斗争内容逐渐变得更加具有对抗性，它"为激进主义规模的升级奠定了基础"。② 就像在厄瓜多尔一样，这个周期迅速席卷全国，首先出现在西部高原地区的艾马拉土著居民斗争中，然后又随着 2003 年被称为"impuestazo"的反税收叛乱而传播到各大城市，从而严重预示着厄瓜多尔逃亡叛乱的自发性、位置和阶级构成。

最终，这里和厄瓜多尔的又一次雷同是非常明显的。这样的斗争周期以双重姿态将自己的注意力转向国家：一方面，从消极层面看，在埃尔阿尔托的天然气战争中，连续罢免一些在任总统，如 2003 年的桑切斯·德洛萨达和 2005 年的卡洛斯·梅萨；另一方面，从积极层面看，为莫拉雷斯 2005 年选举做出决定性贡献。然而，尽管很多人受到莫拉雷斯 2005 年胜选的鼓舞，但韦伯（Webber）坚持认为，自此以后，事情的进程已经"从叛乱转向改革"。这在选举前的动态中早已显而易见："迈向社会主义运动（MAS）在 5 月份和 6 月份的公众动员中发挥了某种作用（免去梅萨的职务），但最终还是充当了一座大坝，帮助防止了一场潜在的革命洪水冲垮玻利维亚社会占据统治地位的权力结构。"③ 具体地说，这意味着一种对天然气工业国有化的矛盾心理，拒绝要求国会被关闭（就像在厄瓜多尔一样，这在玻利维亚也是一种制宪要求），坚持认为有必要通过现有的制度路线赢得权力（很可能需要

① 参见 Dangl，2007：10；Harnecker and Fuentes，2008；Spronk，2008；也可参见 Cameron，2009：334。

② 参见 2011a：147。

③ 参见 2011a：259。

中产阶级的支持）。

　　如果这只是一种临时的战略行动，那就几乎不存在任何理由来抱怨，但是，根据伊尔顿的观点，尽管是胜出软弱且分裂的右派而当选，但莫拉雷斯政府"表现出不太愿意依赖底层的直接行动，而是愿意向右派做出幕后让步"。在韦伯看来，这些"让步"标志着玻利维亚新自由主义的延续，它的基本要素主要包括：维持出口导向型经济、外国资本（尤其在碳氢化合物方面）的重要作用、有限的农业改革、财政责任和私有财产保护。韦伯进一步解释了最近有关穿越土著居民控制的蒂普尼斯（TIP-NIS）国家公园来建造一条高速公路的计划引起的争论。这项计划加剧了莫拉雷斯政府与社会运动之间已经存在的紧张关系，而且推动了统一协议（Pact of Unity）的瓦解。这是莫拉雷斯政府新自由主义延续的进一步征兆。

　　费德里科·富恩特斯对如下观点提出了质疑：一旦掌权，最近的造反周期具有的激进主义能量就会被迈向社会主义运动（MAS）解除武装。他坚持认为，"莫拉雷斯政府"将目光投向通过选举赢得权力从而对前期造反时刻的缺点做出回应，它"代表着始于2000年的宪政过程的一种深化，而不是破裂"。在正确地将我们的注意力吸引到相关因素复杂和动态的相互作用之后，富恩特斯得出结论，我们必须以反帝国主义的团结斗争为中心来"捍卫玻利维亚宪政过程的成果"，而不是从远处进行批判。[1]尽管韦伯和富恩特斯都将一些微小细节推上台面，但他们对事件的解释通常截然不同。因此，笔者想关注的是制宪权力和宪法权力之间的动态关系及其相互作用所涉及的更广泛范围。

　　首先，承认以下这一点非常重要：玻利维亚正在进行的制宪过程只是一个过程而已。正如韦伯反驳富恩特斯的那样，鉴于"除了幻想，只有重构的新自由主义"（强化他先前的如下主张：这只是一种"趋势，而不是一项法律"）似乎对他而言过于简单，因为在玻利维亚就像在委内瑞拉和厄瓜多尔一样，这些复杂的过程和动态的对立不会以诸如"社会主义"或者"重构的新自由主义"的静态术语就能准确地捕获。看到玻利维亚的制宪过程处于运行之中，这就意味着我们必须足够细

---

　　① 参见 Fuentes and Webber，2011。

心，如不能将 2008 年在潘多省对 20 名政府支持者的屠杀以及随后政变努力的失败错误地解读为不仅是莫拉雷斯胆怯的结果（韦伯和伊尔顿就是这么解读的），而且是以下情形自身的原因：右派联盟的锐减、宪法的通过，以及在 2009 年选举中前所未有的制度整合。① 从一种"重构的新自由主义"的静态角度来看，很难预见到这样一种正在发生的转变。

在运行中观察玻利维亚的宪政过程还意味着，我们应该谨慎地假设，来自政治领袖的声明在某种程度上揭示了制宪过程隐秘的灵魂。实际上，这样做是赋予宪法权力比制宪权力享有更多特权。因此，韦伯反复强调的由玻利维亚副总统阿尔瓦罗·加西亚·利内拉（Álvaro García Linera）阐述的保守和停滞的立场并不具有说服力。② 例如，当委内瑞拉的查韦斯当选时，这正是在一种温和的"第三条道路"的平台上明确寻求吸引委内瑞拉中产阶级的支持。就像加西亚·利内拉一样，查韦斯在很多场合已经明确表示捍卫私有财产权。然而，基于这样的立场不可能解释随后开始的委内瑞拉制宪过程。

委内瑞拉制宪过程的激进化与其阶级构成的变化相一致，在此，韦伯（或许他并不打算这么做）为我们提供了对玻利维亚情形表示乐观的某种理由。很大程度上，由于他的中间派言论和计划，查韦斯起初是作为一个温和主义者当选，获得中产阶级的巨大支持，但是，随后的政治动态已经使得查韦斯和宪政过程远远超越 1998 年初步印象可能预见的范围。③ 韦伯本人注意到，大多数玻利维亚的中产阶级选择支持卡洛斯·

----

① 尽管伊尔顿承认这些时刻的因果效应，并注意到"右派的猖獗很可能加速了 2008 年 10 月政变阴谋的失败以及 2009 年 1 月新宪法的普遍批准"，但他未能说明，这种承认对我们从更一般意义上理解玻利维亚的宪政过程所具有的意义。

② 参见 Webber, 2010; 2011a; 2012; Fuentes and Webber, 2011。例如，韦伯（2012 年）严重依赖加西亚·利内拉在 2006 年对"安第斯—亚马逊资本主义"（Andean-Amazonian capitalism）的系统阐述，并视之为承认革命已经不复存在。它的核心问题不是忽视这样的阐述，而是通过承认民选官员只会变得激进（就像运动迫使他们变得激进一样）从而将重点从领袖转向运动。关键的问题不是领袖们相信什么，而是运动迫使他们做什么。实际上，韦伯最身败名裂的主张集中在莫拉雷斯的财政保守主义以及对国际货币基金组织建议的坚持，但是查韦斯在自己第一个任期内还是同样循规蹈矩。

③ 参见 Wilpert, 2007: 268 - 269, n. 19 - 20。

梅萨而不是莫拉雷斯。因此，尽管他批评莫拉雷斯后来努力向中产阶级大献殷勤，但是对莫拉雷斯来说，他并不能像厄瓜多尔的科雷亚那样明确感受到来自中产阶级的选择，科雷亚在那儿而不是在运动中寻求庇护。

其次，尽管如此，仍然存在我们如何与这些过程相联系的问题。虽然富恩特斯强调国际反帝国主义团结斗争，但韦伯却公开批判玻利维亚宪政过程的方向，并坚持认为正是通过支持"被压迫者和被剥削者本身的自我活动"，我们才建立一种"更强大的反帝国主义"。然而，他认为玻利维亚的宪政过程由国家和运动组成，允许我们以不同的方式来理解自己的作用。在此，伊尔顿和韦伯指明了方向。他们注意到，莫拉雷斯在其执政初期的胆怯并没有遇到反对力量的胆怯，它们在2008年以肆无忌惮的种族主义暴行予以反击。同样，2010年在厄瓜多尔，拉斐尔·科雷亚发现，为了防止右派的攻击，他浪费了自己左派阵营的支持。而且，2002年在委内瑞拉，当查韦斯的组织化革命阵营通过公众动员使自己恢复政权时，他汲取的教训比大多数人更为深刻。我们的部分任务在于确保这些时刻的教训得到最为充分的了解。它意味着，我们既不会因为自己的批判而将自己置身宪政过程之外，也不会为了支持一种纯粹的反帝国主义回应而拒绝那些批判。正是在制宪权力与宪法权力的关系中，这两个问题才得到最有力的回答，因为从内部对这些革命进行辩护时（这种辩护最为重要），来自革命制宪群众的支持对这些制宪过程的幸存及其激进化都至关重要。①

把握分寸：委内瑞拉

卡斯塔涅达为已故的委内瑞拉总统乌戈·查韦斯保留了最严厉的修

---

① 尽管韦伯希望一种来自底层的"动力良性循环"，但我也会坚定地将这种动力局限于排除宪法结构的因素。例如，当玻利维亚的群众努力在瓦努尼强制推行国有化时，韦伯选择将此解读为不是一种正在进行的制宪过程的部分，而是政府犹豫不决的证据，从而默许政府言论比来自底层的行动更具特权。尽管就此而言，我们不能期望政府开始启动这样一种循环，他肯定是正确的，但是在玻利维亚就像在委内瑞拉一样，它却发挥一种重大的贡献性作用。

辞之箭，他坚持认为查韦斯"将他的国家推向失败"。[①] 卡梅隆通过严格区分莫拉雷斯和查韦斯从而为卡斯塔涅达提供了更多的支持理由。在卡梅隆看来，莫拉雷斯是通过来自底层的动员赢得权力，相反，查韦斯无疑是个"民众主义者"，他与社会运动毫无关联。[②] 尽管查韦斯似乎完美地符合民众主义的需要——统一而且全部——但是当务之急在于我们应该了解他的出身和崛起，并将之视为委内瑞拉革命运动中选民暴乱的直接结果。确切地说，笔者试图从运动本身的角度将之复杂化和改写的正是这种简单的历史。

早在1958年，委内瑞拉的"民主"就遭遇了在某种程度上以革命运动为表现形式的更加激进和直接的民主版本。在20世纪60年代的游击战争以及20世纪70年代和20世纪80年代欣欣向荣的地下社会运动中，我们能够看到来自底层的制宪权力的发展与巩固，他们越来越将自己的目光投向一个腐败、非民主和后来的新自由主义两党制。当查韦斯和武装部队中的激进主义者在20世纪80年代早期开始密谋策划时，他们已经与这些运动进行了接触。而且，正是在1989年加拉加索暴乱期间民众对公共生活爆发出的愤怒，才构成查韦斯掌权的必要条件。1992年，查韦斯和他的同僚们试图直接攫取权力，但社会运动为军事政变提供了后勤和精神支持。查韦斯坚持认为这种政变是对加拉加索暴乱的一种直接响应。

由于这段悠久的历史，尽管查韦斯出身社会运动之外，但是与厄瓜多尔或者玻利维亚相比，制宪权力与玻利瓦尔政府之间的关系一直更为

---

① 作为这种观点的证据，卡斯塔涅达不仅引用了有关2006年迈克蒂亚大桥（Maiquetía Bridge）关闭时的"悲喜交加"，且到目前为止已被完全忘却的过时新闻（之所以被忘却，在某种程度上是因为它迅速地被一个更高级的建筑物所替代），而且引用了选择性且具有欺骗性的宏观经济数据。他争辩道，就减少贫困而言，"查韦斯几乎没有为本国穷人做出任何贡献"，而且，他的政权注定会导致经济崩溃。标准控制就是忽视2002—2003年由委内瑞拉反对派作为先锋带头的石油罢工对宏观经济造成的破坏。幸运的是，这种控制随着时间的推移正在失去它的效用。经济和政策研究中心（Center for Economic and Policy Research）不断地揭露这些主张所涉及的宏观经济和贫困方面的内容（Weisbrot and Ray, 2010; Weisbrot, 2011）。

② 比斯利—穆雷（Beasley Murray）、卡梅隆与赫施伯格（Hershberg）在2009年进一步争辩道，查韦斯政权本质上是一个多阶级联盟。这再次忽视了委内瑞拉自1998年以来经历的重大阶级变化。

顺畅，而且几乎没有遭到严重的破坏。尽管有些人可能会将这种差异归因于厄瓜多尔和玻利维亚盛行的土著居民与资源斗争（与之形成对照的是相对稳定的资源开采方法），但情形似乎正好相反。委内瑞拉相对少的土著居民人口数量以及高水平的同质性降低了国家和运动产生冲突的任何趋势，对这种观点而言，智利马普切土著居民的好战性提供了一个强有力的反例。委内瑞拉的土著居民运动比厄瓜多尔或玻利维亚更弱（这具有一定程度的真实性）。对这种观点而言，土著居民运动在制宪会议中的自信和相对成功，表明的是另一种情况。

最后，人们可能建议，石油的优势导致委内瑞拉人和社会运动接受"魔力国家"以及支撑这种国家的石油经济。少数将自己排除在玻利瓦尔运动之外的革命者——无政府主义者和生态共产主义者——确实倾向于强调石油问题。[1] 然而，现实是，在 20 世纪 70 年代造成这些批判的非正统石油分析本身就对查韦斯时期资源政策的制定发挥了主要作用，而且支撑"魔力国家"的石油经济是一把双刃剑，它导致很多政府的垮台。[2] 尽管针对资源开采的具体内容和形式展开的斗争一直持续至今，但毫无疑问的是，无论是政府对石油采取的非正统方法，还是对将石油收入投向社会用途的必要性达成相对共识，都缓和了它与社会运动之间的关系。从现状来看，绝大多数组织者、革命者和运动者以或多或少的批判方式承认和支持玻利瓦尔政府。

但是，所有这一切并不意味着制宪群众（在字面意义和比喻意义上）自愿缴械并降服于现任总统。相反，制宪群众及其组织与他们的厄瓜多尔和玻利维亚同行们保持着同等的强硬态度。这首先迫使查韦斯本人和他如今的继任者尼古拉斯·马杜罗（Nicolás Maduro）要在制宪权力和宪法权力、运动和国家之间保持微妙的平衡。尽管这些运动数量众多且各

---

[1] 有关反对石油经济的立场，参见从 20 世纪 70 年代到现在再到更近的无政府主义批判中围绕道格拉斯·布拉沃（Douglas Bravo）的"第三条道路"（Tercer Camino）趋势（Uzcátegui，2011）。

[2] 正是从布拉沃自己的委内瑞拉革命党（Party of the Venezuelan Revolution；PRV）中才出现这些开创性的文本（Comisión Ideológica de Ruptura，1975 - 1979），结果通过诸如前司令官阿里·罗德里格兹·阿拉克（Alí Rodríguez Araque）和石油经济学家伯纳德·蒙默（Bernard Mommer）这样的知名人士进入查韦斯政府，前者曾经担任过石油输出国组织（OPEC）的秘书长（参见 Mommer，2004）。有关石油权利和公众叛乱之间的关系，参见 Coronil and Skurski（2004）。

式各样，但是通过密切跟踪位于玻利瓦尔运动真正边缘的那些运动，跟踪那些经常自称为"革命者"而不是"查韦斯支持者"的运动（不过这些运动承认与国家领导人建立友好关系的重要性），我们可以从中学到很多东西。这些运动，其范围从城市地区受欢迎的武装民兵到农民自卫运动的激进派系，通过占领土地和住房而迫使政府出手采取行动的那些人，以及激进的学生、妇女、非洲裔委内瑞拉人和土著居民，使自己陷入的斗争不是反对查韦斯和玻利瓦尔的宪政过程，而是反对它所继承的国家。笔者在埃尔巴耶看到一个粗糙雕画上这样写道："查韦斯万岁，不是政府！"

尽管查韦斯有着广泛的支持基础，但这与查韦斯政府之间的关系偶尔看上去更像一种武装对峙，而不是同志般的讨论。在去世之前，查韦斯经常指责和排斥最激进的声音，也就是施加压力的那些人。他在悄悄地将这些人融入自己的阵营并经常满足他们的要求之前，为了取悦中产阶级和反对派而公开展示他们的不服从行为。在一个非常著名的例证中，他甚至要求逮捕拉皮德里塔集团的激进领袖。该领袖非常轻率地公开威胁一位反对派媒体大亨的生命。然而，正是这位领袖向笔者解释道，有时候总统就必须要做这样的事情。宪法权力和制宪权力之间错综复杂的派仗已经使运动超越了单纯的可接受范围，而政府领袖继续在玩选举游戏。

综上所述，2002年意在推翻查韦斯的政变构成玻利瓦尔制宪过程的一个根本转折点。它的教训是多重的，无论是如今的马杜罗，还是莫拉雷斯和科雷亚都表示必须要足够关注。当查韦斯被美国支持的委内瑞拉反对派推翻时，需要反思的问题是，他在多大程度上依赖制宪群众，只有那些群众涌向街头及其更为组织化的干涉才能确保查韦斯重新掌权。至少在一段时间内，查韦斯汲取了当下教训，玻利瓦尔革命也经历了一场将我们带到当代的根本激进化过程：从以温和为特征的"第三条道路"政府转到公开的社会主义和反帝国主义政府，后者开始严肃认真地试验直接民主以及非资本主义的关系、财产和生产。

但是，如果制宪权力和宪法权力之间的这种亲密关系标志着一种不可否认的进步，那么，将来自底层的权力（杜塞尔称为超级权力）绑缚在来自顶层的国家不是没有风险。① 尽管玻利瓦尔革命已经寻求将制宪基础的反叛能量融入宪法权力的运行之中——以一种可以说是前所未有的方式使国家受制于来自底层的民意，但这种关系不是没有危险的。最近几年，我们已经亲眼目睹了来自底层的公民大会及其武装同行公共民兵队的发展遭遇来自顶层的公社委员会和玻利瓦尔民兵组织的制度化。当查韦斯于 2013 年年初去世时，他留下了自己未完成的心愿：建立由前游击队员和早期玻利瓦尔主义理论家克莱伯·拉米雷斯·罗哈斯（Kléber Ramírez Rojas）所主张的"公社国家"（Communal State），或者甚至更具挑衅地说，建立一个"公众叛乱政府"。这种公社国家将巩固地方公社委员会的地位。在委内瑞拉，社会的各行各业推广同样的委员会结构，并将这些地方单位融入一种更广泛的结构，进而可能最终替代现有的自由主义资产阶级国家。

尽管如此，有些人指出了从顶层建构公众权力可能存在的矛盾与风险。例如，罗兰·丹尼斯（Roland Denis）引用拉米雷斯的观点支持建立"没有法律的公社"，并视之为制宪权力一种更直接的表达。尽管以这些新制度为标志的现有结构的转型应该受到欢迎，并被理解为最终替代资本主义国家的例证，但我们不能忽视它们具有的如下趋势：削弱制宪力量、遣散人民，以及在试图支持制宪过程期间使其失去驱动力。由于查韦斯的去世以及马杜罗在民意调查中的表现不温不火，查韦斯的党派内部爆发了激进派和温和派之间的激烈争论，并再次出现了土著居民运动的公开斗争。一位重要的运动领袖萨比诺·罗梅罗酋长在 2013 年年初被杀害。罗梅罗引用 1999 年玻利瓦尔宪法捍卫土著居民社区对富有的土地所有者享有的激进主义自治。对很多人而言，他已经逐渐成为以下两者的象征：委内瑞拉制宪权力和宪法权力逻辑论证的激进潜力以及不惜一切代价捍卫特权具有的根深蒂固的利益。

---

① 在此，在庆祝参与权被写入玻利瓦尔宪法时，杜塞尔（2008：127–128）并没有充分注意到所涉及的危险，尤其是制宪权力被转型以及（正如可加以证明的那样）一旦从顶层制度化后被削弱的方式。

结　语

　　正如本书其他作者所阐明的那样，由约尔赫·卡斯塔涅达提出的二元框架——它对拉美"好左派"与"坏左派"进行区分——绝不仅仅是不充分的，它还具有内部的矛盾性和明确的误导性。如果从革命群众及其社会运动的制宪权力、标志着它们历史上爆炸性干预的选民时刻，以及它们启动的制宪过程等角度来考虑的话，卡斯塔涅达的区分瓦解了，但这种瓦解只是在向我们表明"坏左派"可能有更多的好处，"好左派"也可能有更多的坏处。运动和国家之间内在的紧张关系在那些制宪权力发挥更为直接和革命性作用的政府中最为明显。但是，如果我们的注意力仅集中在制宪权力和社会运动，它会撕裂所谓的"坏左派"表面上的统一，并且带来一幅更为复杂的图景。

　　尽管厄瓜多尔、玻利维亚和委内瑞拉的现任政府都依赖爆炸性的选民时刻来推进旨在转变国家结构的宪政过程，但拉斐尔·科雷亚这样做似乎只是因为来自底层运动的压力。而且，他最终将之视为一种危险的战略，对那些自己需要从中获得保护的运动出奇制胜。埃沃·莫拉雷斯的情形更容易引起歧义，他是否认真汲取最近几年的战略教训仍然有待观察。这些教训的核心就是从根本上需要群众支持来保护和推进革命进程，并在2008年的玻利维亚冲突、2010年厄瓜多尔的政变企图，以及2002年委内瑞拉反对查韦斯的短暂政变中显而易见。在宪法权力中占据次要地位的那些人必须意识到，他们最好的防御是人民群众的组织化叛乱。如果没有做到这一点，他们的命运很可能与法国的罗伯斯庇尔和海地的杜桑一样。根据詹姆斯的观点，后两者破坏了自己的左派基础，因此难逃厄运。此外，在运动中寻求庇护有着双重承诺：维护革命进程以及提供能够加快、激化和深化这些进程的最佳保障。

参考文献

Acuna, Rodrigo, 2007. "Chile or Venezuela—Which Is the Good Democracy?" *Red Pepper*, June. http：//www. redpepper. org. uk/Chile – or – Venezuela – Which – is – the/ (accessed November 7, 2012).

Beasley-Murray, Jon, Maxwell A. Cameron, and Eric Hershberg, 2009. "Latin America's Left Turns: An Introduction. " *Third World Quarterly* 30: 319 – 330.

Becker, Marc, 2011. *Pachakutik! Indigenous Movements and Electoral Politics in Ecuador.* Lanham, MD: Rowman & Littlefield.

Branford, Sue, 2009. "An Exception to Lula's Rule. " *Red Pepper*, June. http: //www. redpepper. org. uk/An – exception – to – Lula – s – rule/ (accessed November 7, 2012).

Cameron, Maxwell A. , 2009. "Latin America's Left Turns: Beyond Good and Bad. " *Third World Quarterly* 30: 331 – 348.

Carruthers, David and Patricia Rodriguez, 2009. "Mapuche Protest, Enviromnental Conflict, and Social Movement Linkage in Chile. " *Third World Quarterly* 30: 743 – 760.

Castaneda, Jorge G. , 2006. "Latin America's Left Turn. " *Foreign Affairs* 85, May-June: 28 – 43.

Castaneda, Jorge G. , and Marco A. Morales (eds.), 2008. *Leftovers: Tales of the Latin American Left.* New York: Routledge.

Chavez, Hugo, and Marta Hamecker, 2005. *Understanding the Venezuelan Revolution.* Trans. C. Boudin. New York: Monthly Review.

Ciccariello-Maher, George, 2010. "Ecuador between Three Wagers: Will the People Come to the Rescue of Rafael Correa?" *Counterpunch*, October 1 – 3. http: //www. counterpunch. org/ 2010/10/01/ecuador – between – three – wagers/ (accessed November 7, 2012).

Ciccariello-Maher, George, 2013. *We Created Chavez: A People's Histoiy of the Venezuelan Revolution.* Durham, NC: Duke University Press.

Collier, RuthBerins, and David Collier, 2002. *Shaping the Political Arena.* Notre Dame: University of Notre Dame Press.

Comision Ideologica de Ruptura, 1975 – 1979. *El Imperialismo Petrolero y la Revolucion Venezolana.* Caracas: Salvador de la Plaza.

Coronil, Fernando, 1997. *The Magical State: Nature, Money, and Modernity in Venezuela.* Chicago: University of Chicago Press.

Coronil, Fernando, and Julie Skurski, 2004. "Dismembering and Re-membering the Nation: The Semantics of Political Violence in Venezuela," pp. 81 – 106 in J. M. Burt and P. Mauceri (eds.), *Politics in the Andes*. Pittsburgh: University of Pittsburgh Press.

Dangl, Benjamin, 2007. *The Price of Fire*. Oakland, CA: AK Press.

Denis, Roland, 2010. "Por unas comunas 'sin ley'." Aporrea. org, October 19. http://www. aporrea. org/ideologia/al 10539. html (accessed August 7, 2013).

Denis, Roland, 2013. "Chavez and Sabino Show the Way." *Venezuelanalysis*, March 9. Trans. G. Ciccariello-Maher. http://venezuelanalysis. com/analysis/8126 (accessed August 7, 2013).

Duquette, Michel, Maurilio de Lima Galdino, Charmain Levy, Berengere Marques-Pereira, and Florence Raes, 2005. *Collective Action and Radicalism in Brazil*. Toronto: University of Toronto Press.

Dussel, Enrique, 2008. *Twenty Theses on Politics*. Trans. G. Ciccariello-Maher. Durham, NC: Duke University Press.

Ellner, Steve, 2011. "The Rightward Drift of a Latin American Social Democrat." *Science and Society* 75: 419 – 428.

Folha de S. Paulo, 2002. "MST deve seguir lei, diz Lula." April 11. http://wwwl. folha. uol. com. br/folha/brasil/ult96u31238. shtml (accessed November 7, 2012).

French, John D., 2009. "Understanding the Politics of Latin America's Plural Lefts (Chavez/ Lula): Social Democracy, Populism, and Convergence on the Path to a Post-neoliberal World." *Third World Quarterly* 30: 349 – 370.

Fuentes, Federico, 2011. "How Jeffery Webber's From Rebellion to Reform in Bolivia turns reality on its head." *Alborada*, August 19. http://www. alborada. net/fuentes – webber – book – review – bolivia (accessed November 7, 2012).

Fuentes, Federico, and Jeffery Webber, 2011. "Bolivia Today: An Exchange." *International Socialist Review* 76 (March-April). http://www. isreview. org/issues/76/debate – bolivia. shtml (accessed November 7,

2012).

Hamecker, Marta, and Federico Fuentes, 2008. *MAS-IPSP de Bolivia: Instrument Politico que Surge de los Movimientos Sociales.* Caracas: Centro Internacional Miranda.

Holloway, John, 2002. *Change the World without Taking Power.* London: Pluto Press.

Hylton, Forrest, 2011. "Old Wine, New Bottles: In Search of Dialectics." *Dialectical Anthropology* 35: 243 – 247.

James, C. L. R., 1963. *The Black Jacobins.* New York: Vintage.

Jordan, John, and Jennifer Whitney, 2003. *Que se Vayan Todos: Argentina's Popular Rebellion.* Montreal: Kersplebedeb.

Mariategui, Jose Carlos, 1971. *Seven Interpretive Essay's on Peruvian Reality.* Trans. M. Urqui-di. Austin: University of Texas Press.

Mommer, Bernard, 2004. "Subversive Oil," pp. 131 – 146 in S. Ellner and D. Hellinger (eds.), *Venezuelan Politics in the Chavez Era: Class, Polarization, and Conflict.* New York: Lynne Rienner.

Negri, Antonio, 1999. *Insurgencies: Constituent Power and the Modern State.* Trans. M. Bos-cagli. Minneapolis: University of Minnesota Press.

Petras, James, and Fernando Ignacio Leiva, 1994. *Democracy and Poverty in Chile: The Limits to Electoral Politics.* Boulder, CO: Westview Press.

Raby, D. L., 2006. Democracy' and Revolution: Latin America and Socialism Today'. London: Pluto Press.

Ramirez Rojas, Kleber, 2006. *Historia Documental del 4 de Febrero.* Caracas: El Perro y la Rana.

Spronk, Susan, 2008. "Mapping Regional Tensions in Correa's Ecuador and Evo's Bolivia." *Relay* 23, July-September: 39 – 43.

Uzcategui, Rafael, 2011. *Revolution as Spectacle.* Trans. C. Bufe. Tucson: See Sharp Press.

Webber, Jeffery, 2010. "Bolivia's Reconstituted Neoliberalism." *International Socialist Review* 73, September – October. http://www. isreview. org/issues/73/feat – bolivia. shtml (accessed November 7, 2012).

Webber, Jeffery, *2011a. Red October*: *Left-Indigenous Struggles in Modern Bolivia.* Leiden: Brill.

Webber, Jeffery, 2011b. *From Rebellion to Reform in Bolivia.* Chicago: Haymarket Books.

Webber, Jeffery, 2012. "Revolution against 'Progress': The TIPNIS Struggle and Class Contradictions in Bolivia. " *International Socialism* 133. http: //www. isj. org. uk/? id = 780 (accessed November 7, 2012).

Weisbrot, Mark, 2011. "Latin America's Growth Picks Up after Decades of Failure. " *Foreign Policy Digest*, May 18. http: //www. foreignpolicydigest. org/latin – america% E2% 80% 99s – growth – picks – up – after – decades – of – failure/ (accessed November 7, 2012).

Weisbrot, Mark, and Rebecca Ray, 2010. "Update on the Venezuelan Economy. " *Center for Economic and Policy Research*, September 6. http: //www. cepr. net/documents/publications/ venezuela – 2010 – 09. pdf (accessed November 7, 2012).

Wilpert, Gregory, 2007. *Changing Venezuela by Taking Power.* London: Verso Books.

第十一章　好的、坏的和仁慈的干预主义者：美国媒体和知识界对拉美左派的曲解*

凯文·杨

自从 1998 年以来，拉丁美洲见证了大约 12 位具有不同意识形态偏好的左派总统的当选，他们因基层的公民运动以及选民们对先前与美国结盟的领袖采取的新自由主义政策的幻灭而被推上权力宝座。面对这种挑战，美国政府自然会尽力限制自己对这个半球控制力的丧失。这样做的策略之一，是帮助美国政府所认为的，并由巴西、乌拉圭和其他地方的政府所体现的"好左派"，同时寻求孤立和破坏诸如委内瑞拉、玻利维亚和古巴这些国家的"坏左派"。在过去的十年，将"温和"左派与"激进"左派相分离已经明确成为美国政策的重点。美国国务院官员公开强调有必要巩固美国友好政府集团，从而使之充当"诸如目前在委内瑞拉和玻利维亚掌权的那些政府的平衡力量，这些政府追求的政策不符合它们的人民或地区利益"。① 小布什和奥巴马政府本身就在"坏左派"国家追求一种平行策略，以"推进民主"为幌子汇集数亿美元支持那些反对派团体。

美国知识分子和新闻机构（包括很多更支持自由主义的媒体）一直在帮助宣传拉丁美洲左派的这种二元形象，对"坏左派"与"好左派"进行区分，前者体现为政治上的威权主义和经济上的不确定性，后者则体现为民主化并致力于自由市场经济。约尔赫·卡斯塔涅达是支持"好

---

* 本章最初载于 *Latin American Perspective*，Vol. 40，No. 3，May 2013，pp. 207 – 225。
① 引自美国副国务卿詹姆斯·斯泰因伯格 Weisbrot，2009a。

左派—坏左派"命题的最为杰出的学者。经常援引卡斯塔涅达观点的《纽约时报》就区分了"积极推动左派议程"的政府与"巴西的更为温和的左派进路",前者"将经济民众主义与威权主义相结合",后者则采取"投资友好型政策"并尊重民主制度。[1]《华盛顿邮报》的记者将委内瑞拉、玻利维亚、厄瓜多尔和古巴（有时也包括阿根廷）"对抗美国的民众主义的、强硬的、民族主义的左派"与巴西和其他地方采取"完全不同"且"实用主义"路径的"社会民主、全球化和亲市场的"政府进行对比。[2]

最近一份对美国新闻报道的量化样本表明,"好左派—坏左派"框架非常普遍。从 2009 年到 2011 年,《纽约时报》刊载了 38 篇新闻文章以明确或强烈暗示的方式对委内瑞拉查韦斯政府和路易斯·伊纳西奥·卢拉·达·席尔瓦（Luiz Inácio Lula da Silva）与迪尔玛·罗塞夫总统领导下的巴西政府进行区分;只有 12 篇文章关注两国政府的相似之处与合作,以及巴西对美国政策的反对意见。两国政府之间的区别通常具有规范性含义,尽管没有使用"好"和"坏"这样的形容词修饰。玻利维亚的埃沃·莫拉雷斯、厄瓜多尔的拉斐尔·科雷亚和尼加拉瓜的丹尼尔·奥尔特加领导的"坏左派"政权通常与查韦斯相关联,并与巴西、乌拉圭、智利和萨尔瓦多政府进行对比。就在这三年,《纽约时报》涉及埃沃·莫拉雷斯且未删减的新闻和评论文章将之与委内瑞拉政府相联系的比例高达 53%;对科雷亚和奥尔特加而言,同样的比例分别达到 43% 和 52%。

有趣的是,"好左派—坏左派"框架在主流媒体谱系的右翼阵营中似乎不太盛行。右翼新闻机构同《纽约时报》一样厌恶乌戈·查韦斯,但是它们更可能批评巴西政府。从 2009 年到 2011 年,《华盛顿时报》仅刊载了 4 篇新闻文章和 2 篇专栏来区分委内瑞拉与巴西政府的政策。这些论文更可能强调（和谴责）两国政府之间的合作,14 篇文章、专栏和信件指向巴西与委内瑞拉的相似之处或合作,以及巴西对美国政策的反对意

---

[1] 参见 Barrionuevo, 2007;Schmidt and Malkin, 2009;也可参见 2006 年 7 月 31 日引自卡斯塔涅达的社论。

[2] 参见 Booth, 2009;Forero, 2008;关于阿根廷,参见 Forero, 2012。

见。在政治上比《纽约时报》略微右倾的《华盛顿邮报》不仅刊载了相当一部分坚持"好左派—坏左派"命题的混合文章，而且刊载了一些关注委内瑞拉和巴西之间相似之处或合作的文章。相对自由主义的美国国家公共广播电台（National Public Radio）和右派的福克斯新闻网（Fox News network）的新闻报道都遵循这种模式（见表 11 - 1）。[①]

表 11 - 1　　"两个左派"的区分在新闻报道中的盛行程度（2009—2011 年）

	《纽约时报》	美国国家公共广播电台	《华盛顿邮报》	《华盛顿时报》	福克斯新闻网[a]
区分委内瑞拉和巴西政策的报道总数	38	5	18	4	4
关注两国相似之处/合作以及巴西反对美国政策的报道总数	12	3	14	7	12
区分性的报道占总数的比例	76%	63%	56%	36%	25%

注：[a]统计包括所有的项目，而不仅仅是新闻报道。

　　本章首先概述最近美国对拉美新闻报道中有关"好左派—坏左派"的比喻，然后强调这种话语扭曲事实的四种方式：（1）夸大两个所谓的阵营之间的对比；（2）忽视每个阵营内部的复杂性；（3）掩盖国内情形（而不仅仅是总统）在制定政策时的方式；（4）过分强调所谓的"坏左派"政府的缺点。结语部分指出，拉美左派的二元比喻更多地源自帝国主义和新自由主义目标，源自媒体对精英利益的忠诚，而不是源自拉美左派的现实状况。这种话语通常是在"反叛乱散文"的长期历史传统中被看到，它体现了帝国、精英和权威知识分子对民众反抗的一种共同回应。

民主人士和独裁者

　　媒体对"好左派"和"坏左派"政体进行对比时，最常见的对照点

　　[①]　以 LexisNexis 数据库为基础搜索提及巴西和委内瑞拉的报告，搜索提及其他"坏左派"总统的《纽约时报》新闻文章。版面限制阻止了我们进一步讨论阿根廷基什内尔（Kirchner）政府，该政府有时会被纳入"坏左派"阵营（参见 Castañeda，2006；Forero，2012）。

是他们对于民主和人权的尊重程度。来自《纽约时报》记者西蒙·罗梅罗的一份报告是此类叙事的标准范例：

> 一方是诸如委内瑞拉、玻利维亚和厄瓜多尔这样的国家，在这些国家，选民们通过在某种程度上允许自己的民众主义总统延长任期、有时甚至侵蚀国会和最高法院（这些机构被描述为旧的寡头政治的盟友）的职能而赋予他们太大的权力。另一方是具有不同意识形态色彩的国家，其中包括拉美正在崛起的国家巴西。在这些国家，弹性制度允许政治参与者享有更多的多样性，从而排除委内瑞拉总统查韦斯先生一直希望在本地区推行的所谓的参与民主。

同样，《华盛顿邮报》的胡安·法雷罗（Juan Forero）将"民主巴西"与该地区"强烈的反美领袖"进行比较。尽管"好左派"政权尊重本国现有的法律和制度，但"坏左派"政权却寻求修改自己的宪法来延长任期限制和增加行政权力。尽管"好左派"政府尊重私有媒体，但"坏左派"政府却从制度上压制任何媒体批评。尽管前者允许公民抗议，但后者却采用令人想起墨索里尼、弗兰科和希特勒的那种压制。

激进的威权主义左派以已故的乌戈·查韦斯为代表，他是委内瑞拉的革命铁腕人物和毒品恐怖主义领袖，是一位执掌机构臃肿的压制性国家的"恃强凌弱的强人"（参见 2009 年 11 月 28 日《每日新闻》的社论以及 2007 年 8 月 17 日《华盛顿邮报》的社论）。根据标准叙事，查韦斯要对整个地区的左倾转向独自负责，就像苏联与后来的古巴是冷战期间所有左派抵抗运动背后的傀儡大师一样。左倾领袖们的当选与如下事实无关：拉丁美洲是世界上最不平等的地区；拉丁美洲长期以来受到美国和国内寡头政治的控制；大多数拉美人不同意由华盛顿推行的新自由主义经济政策。在一些"卫星国家"的帮助下——这些国家的领袖（他们中最为重要的当属正在形成中的玻利维亚独裁者埃沃·莫拉雷斯）已经宣布放弃"独立的外交政策"，目前都是"卑躬屈膝地与乌戈·查韦斯结成联盟"，查韦斯及其继任者尼古拉斯·马杜罗已经欺骗了数千万人来支持他们的议程。查韦斯把庇护与彻底压制相结合，他在那些"很大程度上对结果盲目无知"的非理性人口中"收买支持"，同时压制那些反对他的委内瑞拉人。①

查韦斯愤世嫉俗的地区阴谋的例证之一是他支持被驱逐的洪都拉斯总统曼努埃尔·塞拉亚。根据《华盛顿邮报》社论撰写人（2009 年 6 月 30 日）的意见，2009 年 6 月出现的对塞拉亚的军事推翻一定程度上是因为"洪都拉斯总统最近已经被委内瑞拉总统乌戈·查韦斯的符咒所迷惑"，他很可能是在欺骗塞拉亚提高本国的最低工资标准，并执行对洪都拉斯工人和穷人有利的其他措施。新闻报道通常删除对塞拉亚社会经济政策的讨论，却总是强调他与查韦斯的友好关系：在政变之后的前两个月，《华盛顿邮报》13 次提到塞拉亚与查韦斯的密切关系，而且发表了数篇主要关注那种关系的报道。在对塞拉亚的新闻报道中，其他占据支配地位的重点据称是他试图延长总统任期——这是一种虚假的指控，但却有助于将他界定为威权主义者。

美国媒体抨击"坏左派"的核心关注点之一是所谓的委内瑞拉政府对本国媒体的控制。这些抨击在 2007 年 5 月之后急剧增加。当时，政府吊销了私营电视台 RCTV 的公共广播许可证，该电视台公开支持 2002 年的反对查韦斯的军事政变。一份来自西蒙·罗梅罗的典型报告给人们留下这样的印象，即委内瑞拉的大部分新闻来源都是国有的："国有书店""国有报纸""国有电视""国有广播"，所有这一切构成"委内瑞拉不断扩张的国家宣传综合体"的一部分。罗梅罗和其他人对厄瓜多尔和玻利维亚政府提出了同样的指控。② 正如下文详述的那样，这种报告严重夸大了这些政府对媒体的控制程度，同时忽视了那些与美国结盟的国家对反对派媒体实施国家镇压。

能说明"坏左派"政府是镇压性威权主义的其他迹象是，正是"坏左派"政府推动了社会的军事化和反犹太主义。愤怒的社论撰写人通常声称，委内瑞拉政府"全副武装"来镇压国内持不同政见者，或许引发"边境南部一场再造的冷战"。③ 查韦斯还被指控筹划针对委内瑞拉犹太人

---

① 参见 2009 年 11 月 29 日《华盛顿邮报》的社论；Richard Feinberg，引自 Rogers，2011；参见 2009 年 11 月 28 日《每日新闻》的社论；Diehl，2005。

② 参见 Romero and Caselli，2011。

③ 2008 年 7 月 28 日《投资者商业日报》社论；参照 2005 年 1 月 14 日、2007 年 8 月 17 日和 2010 年 4 月 8 日的《华盛顿邮报》社论。

的现代大屠杀。据称，他谴责这些犹太人是造成本国不平等和其他问题的根源。但上述两个指控都不准确：在查韦斯执政时期，委内瑞拉的军事开支平均只比20世纪90年代略高一点，而且，在2012年，只有美国军事开支的0.4%（计算结果来自SIPRI，2013）；对官方反犹太主义的指控以选择性引用查韦斯的公开评论以及媒体对事件的扭曲为基础。但再一次，现实很少被允许来干预耳熟能详的教条，大多数教条很大程度上是在附和美国政府的花言巧语。

理性的自由市场温和派与激进的民众主义者

大多数媒体报道和知识分子评论也对两大阵营的经济政策展开鲜明的对比。乌戈·查韦斯体现的是以真正的经济发展为代价来强调经济民族主义和社会福利。查韦斯政府的"工业国有化"和"恣意挥霍的国家开支"反映了一种玩世不恭的策略"来收买公众支持或沉默"。[①] 因此，通货膨胀（货币主义和新自由主义经济学的主要罪过）飞涨，这是查韦斯以牺牲长期经济健康与稳定为代价而贪求权欲的迹象。与此同时，"巴西和智利代表的是委内瑞拉的对立面"。巴西的卢拉总统领导了"拉美新的实用主义左派"，这是一个"经济上和政治上的温和主义"阵营，"信奉全球化"，坚持"负责任"和"中间道路政策"。[②] 与"坏左派"相比，"巴西和智利政府已经采纳投资者友好型政策"。[③] 大多数商业媒体承认：巴西正在通过"减税、开采石油、支付账单和量入为出"，从而"以正确的方式保护自己的未来"，《投资者商业日报》（*Investor's Business Daily*，2009年11月24日）的社论撰写人写道。这种区别从学术上看是以"资源诅咒"（resource curse）理论为基础，认为"坏左派"的崛起源自那些国家丰富的地下资源以及随之而来的追求不可持续、以租金为导向的发展方式的诱惑。

在这种话语体系中，"市场经济"和"理性"从逻辑上看是不可分离

---

① Forero，2010b；2007年8月17日《华盛顿邮报》社论。

② Sabatini and Marczak，2010；Forero，2010a；2010b。

③ Schmidt and Malkin，2009。

的。在以玻利维亚作为写作题材时，政治学家库尔特·韦兰颇为遗憾的是，新自由主义政策通常"在经济上是理性的，但在政治上却是毁灭性的"，因为它们受到慷慨激昂的民众的"强烈抵制"。这些民众遭受着"根深蒂固的损失厌恶"以及对"贪婪成性的外国人"的极端偏执。尽管如此，并非一切都令人沮丧，《华盛顿邮报》的记者胡安·法雷罗以赞许的态度引用了美国智囊团代表克里斯托弗·萨巴蒂的意见。萨巴蒂认为，"选民们比我们给他们的赞扬更为审慎和理性……人们正在选择支持市场经济和理性领袖"。庆祝的理由是，2010 年 1 月，智利右翼总统塞巴斯蒂安·皮涅拉当选。对此，法雷罗乐观地将之解释为如下情形的一种标志："一种更加偏爱自由市场温和派的广泛的地区趋势"。

　　"好左派"与"坏左派"之间的对比性经济政策——理性地接受低通货膨胀和自由市场对民众主义的过度消费与下意识的民族主义——已经自然产生了截然不同的结果。根据新闻报道和评论文章，查韦斯"病态的管理不善已经使经济陷入衰退"，与之相反，"好左派"国家却享受着强大的经济发展以及贫困与不平等的减少。[①] 大多数记者、社论撰写人和专栏作家全部否认委内瑞拉过去十年取得的社会收益，这意味着，对普通的委内瑞拉人来说，查韦斯所带来的唯一后果就是更大的贫困——这是美国媒体在描绘卡斯特罗的古巴、桑地诺的尼加拉瓜和其他左派政权的诸多历史先例中惯用的套路。对所有这样的政权来说，幸运的是，正如《华盛顿邮报》专栏作家杰克逊·迪赫（Jackson Diehl, 2005）抱怨的那样，易于操纵的群众"在很大程度上对结果是盲目的"。

　　这种对话再次与美国政府官员的意见遥相呼应。在 2010 年 3 月访问巴西期间，美国国务卿希拉里·克林顿要求委内瑞拉政府"恢复私有财产权"，并"回到自由市场经济"。克林顿将委内瑞拉与"好左派"进行对比时说，"我们希望委内瑞拉更多地关注它的南方国家，看一看巴西和智利"。[②] 最近来自美国国家情报局局长的报告已经对一小群激进民众主义政府提出警告，这些政府"强调以牺牲市场方法为代价的经济民族主

---

① 参见 Pérez-Stable, 2010；参照 Castañeda, 2006：40；2010 年 2 月 8 日《迈阿密先驱报》（*Miami Herald*）的社论；Romero, 2010；Young, 2010b。

② 参见 Clinton, 2010。

义"，因而"与美国的倡议以及美国在该地区的重要利益直接冲突"。①

在上述描述中，选择的形容词富有启迪意义："坏左派"是"激进的""不稳定的""恣意挥霍的""卑躬屈膝的"和"病态的"，"好左派"是"温和的""负责任的""实用主义的""独立的"和"理性的"。"坏左派"在经济发展方式上是冲动性的民族主义，从而回避与文明和进步同义的企业主导型全球化。"好左派"迫切地"接受"后面的概念，从而表明它的成熟和自治能力。这种语言响应了卡斯塔涅达对"坏左派"的描述，即它是"民族主义的、令人烦躁的和思想保守的"，与之相对，"好左派"则是"现代的"和"思想开放的"。

仁慈的干预主义者

这些比喻深深地植根于帝国主义对话的历史之中。"好左派—坏左派"命题似乎可能比经典的种族主义或帝国主义修辞更加开明，因为它没有对所有的拉美人一概而论。但事实上，聪明的殖民者总是在"好"与"坏"的从属群体成员之间进行区分。当哥伦布在 15 世纪 90 年代顺利航行通过加勒比海时，他将古巴爱好和平的阿拉瓦克人与东南部具有侵略性、据称是同类相食的加勒比人进行对比。欧美帝国主义者和拉美精英们在数个世纪采用了同样不连贯的策略。② 在 20 世纪早期，无论是西奥多·罗斯福领导的沙文主义者，还是威尔逊式的"理想主义者"，都将中美洲和加勒比地区任性的、孩子气的人与更大拉美国家更负责任的领袖进行对比。伍德罗·威尔逊及其被任命者都发誓要用"好人"来替代拉美"淘气的孩子"，他们将"教导南美的共和国"选举这些"好人"。后来，随着 1959 年的古巴革命，美国政策逐渐集中于帮助那些好

---

① 参见 McConnell，2008：34；Blair，2010：30。
② 拉美的很多精英和主流媒体机构回应了在此受到批评的论述（Lupien，2013）。例如，自从 20 世纪 80 年代以来，大多数拉美政府已经承认本国某种形式的前西班牙（pre-Hispanic）文化，但通常采取一种淡化后的"新自由主义的多元文化主义"形式。它隐含在查尔斯·黑尔（Charles Hale，2004）所谓的可接受的印第安人与不可接受的印第安人之间进行区分。可接受的印第安人委婉地要求文化和语言认同，而不可接受的印第安人除了国家认同之外还要求社会经济资源和政治权力。

的拉丁美洲人，同时孤立也通常是消灭那些坏的拉丁美洲人。被用来描绘乌戈·查韦斯的很多比喻都能从 40 年前对菲德尔·卡斯特罗的描述中找到明确的先例。同样的二元框架在东方学者对亚非人民（尤其是穆斯林人）的描述中，长期以来都非常明显。

从历史观点上说，这些区分通常以"保护"好人免受坏人侵犯之名义来寻求为外来干预进行辩护。如今，"仁慈的干预主义者"框架通常伴随着"好左派—坏左派"框架。正如哥伦布保护爱好和平的阿拉瓦克人免受野蛮的加勒比人侵犯一样，美国政府通过其与"好左派"之间的关系来推进民主，进而保护那些"好左派"国家不受"坏左派"之害。当然，所有这些干预都具有崇高的意图。这种家长式话语在整个帝国主义和内部殖民主义的历史中始终保持着惊人的一致性，尽管在每个连续的时代都有一些新的"恶魔"和借口，如腐败、地方性叛乱、威尔逊执政时的欧洲干预、冷战期间的共产主义、自苏联解体以来的独裁者、民众主义者、恐怖主义者和贩毒集团。对拉美而言，主要的恶魔显然来自外部——往往与欧洲、苏联或者不同的亚洲和中东国家有关，但通常也存在一些内部恶魔。

2002 年反对委内瑞拉乌戈·查韦斯和 2009 年反对洪都拉斯曼努埃尔·塞拉亚的右翼政变，以及美国政府在这些政变之中和之后所发挥的作用进行的新闻报道，提供了鲜活的例证来说明媒体（公开或默许）支持美国的干预主义。在上述两种情形中，美国的回应都伴随着新闻报道和评论文章，它们强调美国合法的安全利益以及对民主的热切渴望。除了赞扬美国的动机之外，新闻报道通常暗指拉美人需要而且希望美国干预。

一般来说，主要的编辑委员会对 2002 年委内瑞拉军事政变和美国的回应或者是赞扬，或者是存在矛盾情绪。对媒体如何回应这场政变进行的一次民意调查发现，《华盛顿邮报》是仅有的立即谴责这场政变的主流报纸之一，尽管它对查韦斯持严厉的批评态度；《芝加哥论坛报》《纽约时报》和其他一些媒体却公开表示欢迎。很多编辑和记者或者赞扬美国的行动，或者坚决否认美国在这场政变中的任何作用。例如，《纽约时报》（2002 年 4 月 13 日）的编辑们错误地宣称这场政变"纯属委内瑞拉内政"。后来，它的新闻报道继续忽视美国在推动这场政变中的证据。例如，从表面价值上报道总检察长一份报告中的可疑主张，即美国国务院已经"对支持委内瑞拉民主发出了一致信息"。①

在2009年6月洪都拉斯的军事政变中，媒体报道遵循了同样的模式。在政变之后的两个月内，《纽约时报》和《华盛顿邮报》的新闻报告中只有10%提到政变政权对抗议者的杀害。《华盛顿邮报》的社论政策对这场政变提供了有声支持，而且倡导美国采取强硬行动来挫败"由塞拉亚先生的导师乌戈·查韦斯领导的派系，该派系正试图推翻整个地区的民主制度"。《华盛顿邮报》的社论撰写人警告道，查韦斯"梦想在特古西加尔巴（Tegucigalpa）发动一起武装政变，从而建立另一个如同自己政权一样无法无天的独裁政权"。但是，报纸的编辑和专栏作家对奥巴马政府的回应表示赞许。美国参与政变后的调停努力已经"成为挫败查韦斯先生和塞拉亚先生所代表的民众威权主义的一次机会"，进而保护善良无辜的拉丁人免受体面的医疗保健、教育和更大政治权力的威胁。在政变后两个星期，奥巴马和克林顿"正接近于在洪都拉斯实现自己的政变，以一种华盛顿多年来从未见过的灵巧推进美国利益"。乍一看，这种最后的表述方式似乎坦白地承认美国按照谋取私利的动机行事，但事实上，这里不存在矛盾：在美帝国主义的逻辑内，"美国利益"自然等同于"支持民主"；民主就是美国政府支持的一切。② "帝国"这个词似乎只出现在反讽的引语之中，这是反美阴谋理论家们运用夸张法的一个例证。"反美"——适用于反对美国政策之人的标签——被理解为等同于"不民主"，反之亦然。按照定义，美国政策是一种民主力量，一个人不能在反对那种政策的同时仍然能取得民主人士的资格。因此，记者和评论家将"民主巴西"与"反美"的"坏左派"进行对比。

5个月后，在2009年11月，美国实际上已成为南半球承认帮助洪都拉斯农场主波尔菲里奥·洛沃的上台选举具有合法性的唯一国家。这次选举是在强烈镇压持不同政见者的氛围中举行的，包括对反对派候选人卡洛斯·雷耶斯的人身攻击。他为了避免选举结果的合法化而退出竞选。然而，根据《华盛顿邮报》社论撰写人的意见，美国可以忽视这样的琐

---

① 引自 Friel and Falk，2004：180。

② 参见2009年6月30日和7月9日《华盛顿邮报》的社论；Schumacher-Matos，2009a。

事，认可选举结果并因此"领导对民主选择的支持"。尽管社论撰写人表达从原则上支持多边主义，但"洪都拉斯危机的教训在于，美国不能总是追求这样的多边主义，也不能总是支持民主"（2009 年 11 月 29 日《华盛顿邮报》的社论）。《华盛顿邮报》几乎不是对美国政府的仁慈动机表示赞许的唯一新闻机构，《纽约时报》的编辑们争辩道（2009 年 11 月 7 日），"奥巴马政府已经在非常努力地试图解决洪都拉斯的政治危机，即使在某种程度上是偶然的"。如果考虑美国支持政变后罗伯托·米切莱蒂和波尔菲里奥·洛沃压制性政权的事实记录，这可能得出截然不同的结论。

除了在"好"与"坏"之间进行区分的那些比喻之外，对拉美左派的描绘还隐含地利用历史对话将拉美人说成是孩子般的、女子气的、非理性的，以及需要引导。根据前国务卿助理伯纳德·阿伦森（Bernard Aronson）的意见，由那些"冲动和不负责任的"领袖们表现出来的对美国的挑战是一种"政治上不成熟"的标志。① 那些选举和重新选举"坏左派"政治家的选民之所以这样做，不是因为理性推理或者出于意识形态认同，而是因为他们"在很大程度上对选举结果盲目无知"，而且往往被那些具有煽动性的强人所吸引——这种贬义的描述在美国政策制定者和知识分子中具有根深蒂固的历史基础。②

与干预主义话语相关的潜在含义是如下理念：好的拉丁人不仅需要，而且希望帝国主义干预。自从西方帝国主义开始以来，这种话语一直存在，而且持续至今。根据教皇本笃十六世（Pope Benedict XVI）的看法，美洲的土著民族在 1492 年之前就"一直默默地渴望基督教"。如今，好的拉丁人渴望美国的指导，美国必须继续"领导对民主选择的支持"（2009 年 11 月 29 日《华盛顿邮报》的社论）。在引用洪都拉斯危机作为例证时，美国知识分子克里斯托弗·萨巴蒂和杰森·马克扎克（Jason Marczak）争辩道，毫无疑问，拉美国家"正在等待来自美国政府的领导"，它们还没有"参与履行真正伙伴关系的义务"。从标准技术层面上

---

① Brice, 2009；Schumacher-Matos, 2009b。
② Diehl, 2005；也可参见 Schoultz, 1998：341 - 342；Johnson, 1980；Black, 1988；Pike, 1992；Kenworthy, 1995；Lupien, 2013。

看，"伙伴关系"这一术语意指服从美国的指令。正如下文注意到的那样，最近的拉美政府已经在发挥一定的领导与合作水平，这在地区的现代化历史中前所未有。但是，那种领导地位在很大程度上已经独立于美国，这一事实会自动取消对它的考虑，相反，它成为不负责任和软弱的证据。萨巴蒂和马克扎克认为，拉美问题的解决方案来自美国"坚定而强硬的领导"。过去十年的新闻报告往往是同样地批评美国政府"忽视拉美"。

这些报告几乎没有谈到美国对拉美人民享有领导权的历史后果，也几乎没有提供具体的证据来证明拉美人民正在迫切地等待美国的再次掌管。实际上，拒绝美国的领导地位是如今拉美政治候选人获取成功的必要条件。在诸如委内瑞拉和玻利维亚这些国家，右翼反对党存在劣势的主要原因之一在于，它们不能拒绝美帝国主义以及与之相关的新自由主义经济政策。[1]

修辞与现实

尽管对拉美左派的详细分析已超出本章的范围（本书其他地方有所介绍），但一些简单的评论仍是需要的。首先，"好左派"与"坏左派"之间的二元区分确实包含了某些真实因素。委内瑞拉政府和古巴政府一直是最直言不讳的反帝国主义者，前者还做出重大努力，通过将一些大型企业国有化和急剧增加社会支出，从而与新自由主义经济原则保持决裂。玻利维亚政府更为胆小，但也采取了一些巴西或智利政府没有采取的行动，例如大幅度增加企业所得税。委内瑞拉、玻利维亚和厄瓜多尔都通过了新的宪法，旨在从传统的政治寡头手中夺取权力。"好左派"政府不是那么坦率地反对帝国主义，在威胁跨国公司方面做得更少，而且没有对本国政治体制实施大规模改革。这些区别源自意识形态差异以及当下这些国家不同政治和经济情境的相互结合。

---

① 令人感兴趣的是，在 2012 年和 2013 年委内瑞拉总统竞选中，反对派候选人恩里克·卡普里莱斯（Henrique Capriles）实际上已经与过去的反对派平台断绝关系，并承诺一旦当选，将保留某些查韦斯式（Chavista）的社会项目。毫无疑问，这在全民公投时给了他很大帮助。

但是，除了这些简单的对比之外，"好左派—坏左派"命题在如下四个方面是失败的：它夸大了两大阵营之间的对比；掩盖了每个阵营内部重要的复杂性；因关注总统的意识形态和个人品格而忽视了国内情形在制定政策过程中发挥的作用；过于夸大"坏左派"国家在民主、人权和经济实绩等领域的失败之处。

"好左派"与"坏左派"政权之间的鲜明对比忽视了相关国家之间重要的相似之处。查韦斯、马杜罗和莫拉雷斯可能有最强烈的反帝国主义言论，其他左派政府也经常加入委内瑞拉和玻利维亚共同反对美帝国主义。这些政府通过如下组织寻求独立于美国的政治和经济一体化：南方共同市场（Common Market of the South，Mercosur）、南美国家联盟（Union of South American Nations，UNASUR）、美洲玻利瓦尔联盟（Bolivarian Alliance of the Peoples of Our America；ALBA）以及拉美和加勒比国家共同体（Community of Latin American and Caribbean States；CELAC）。在面对危机的过程中，例如2008年9月当右翼暴力威胁莫拉雷斯政府、2009年洪都拉斯军事政变之后、2012年6月巴拉圭反对当选总统费尔南多·卢戈的"国会政变"之后，它们联合在一起（至少暂时是这样）反对美国支持的行动者。最重要的"好左派"政权，由卢拉及其继任者迪尔玛·罗塞夫执政时期的巴西政府——有时也会公开反抗美国的外交政策。2005年在阿根廷举行的美洲国家首脑会议中，巴西加入阿根廷、智利和"坏左派"阵营共同反对由美国倡导的FTAA，从而导致该计划夭折。2010年，当伊朗将其大部分浓缩铀转移到土耳其时，卢拉帮助斡旋并寻求外交解决途径。这不仅增加了和平的机会，而且增加了一些评论者（他们对目前民主巴西不断蔓延的威权主义表示遗憾）的敌意。[①] 卢拉还因公开支持维基解密偏离自己的民主记录。当时，相关组织开始揭露美国战争罪行和外交暴力的大量证据。大多数主要的拉美国家，甚至包括美国的盟国，如加西亚执政时期的秘鲁、皮涅拉执政时期的智利以及洛沃执政时期的洪都拉斯，对巴勒斯坦国的承认，是"坏左派"阵营之外的国家反帝国主义的进一步例证。

---

① 2009年11月24日《投资者商业日报》的社论；2009年11月28日《每日新闻》（*Daily News*）的社论；2010年5月15日《华盛顿邮报》的社论；Friedman，2010。

　　两大阵营的经济政策具有的共同之处比大多数评论所表明的结果还要多。尽管批评者和支持者都谈论了太多的社会主义，但"坏左派"国家的经济仍然在很大程度上是资本主义的，甚至保留新自由主义、资本主义的很多特征。在埃沃·莫拉雷斯执政时期的玻利维亚，更高的企业所得税、新的福利措施和不断增加的公共支出都表明了情况的适度改善，但绝大多数经济仍保留在私人手中，国家依赖天然资源产业，也不存在任何大规模的努力来重新分配财富和收入。① 在厄瓜多尔和尼加拉瓜，尽管社会计划方面取得了一些重大进展，但超越新自由主义的推动力仍然非常温和。在回击新自由主义的过程中，委内瑞拉比其他"坏左派"政府走得更远：它将很多私营公司国有化，大大降低贫困和不平等，而且通过社区委员会、合作社和其他机构鼓励人们一定程度参与民主。但是，即使这样，私有制的程度也意味着委内瑞拉至多是一种混合型经济（参见本书 Purcell）。而且，该经济保留着很多资本主义最不受欢迎的特征，其中包括依赖化石燃料的提取和食利者的发展。委内瑞拉已经采取最大程度的反帝国主义行动，即使如此，它离社会主义还有很长的路要走。

　　然而，委内瑞拉的部分例外突出了"好左派—坏左派"命题是如何掩盖每个阵营内部的重大变化以及这种变化的原因。不同的政策并不仅仅体现意识形态差异，它们也源自（或许更为重要）每个国家不同的国内情形。查韦斯的相对激进主义的政策一部分起因于对外国公司和右派的强大敌意，这使得政府有更多的动力将生产国有化，并采取其他行动强化基层和左派的支持（参见本书第四章）。反过来，国家对生产的控制加上拥有大量的石油财富，都提高了政府重新分配财政政策的能力。与此同时，在玻利维亚和厄瓜多尔，强大的社会运动比大多数其他国家具有更大的影响力。在某些情况下，是这些运动而不是这些国家的总统直接引起国有化和其他政策变革。在整个地区，社会运动对塑造这些国家的政治背景发挥了重要作用，这一事实通常被主流评论者所忽视。将注

---

　　① 显然，经济政策并不是衡量政权国内政绩的唯一标准。例如，在一个根深蒂固的种族主义占据支配地位的文化情境中，莫拉雷斯政府已经在提升土著文化和身份认同方面取得了重大进展。

意力集中在元首政治家或者左派政权不同的意识形态并视之为主要的政策决定因素、视之为"好左派—坏左派"命题倾向于做的事情，这样会错过其他的因果要素。

对"好左派—坏左派"命题的抨击，即"坏左派"政权正在破坏民主，民意调查提供了令人信服的反向观点。最近，为了记录公民对自己民主状态的满意程度而在拉丁美洲民主动态调查的投票中，委内瑞拉的排名始终超过大多数拉美国家；玻利维亚的排名一直更为复杂，但也始终位居该地区所有国家的中等偏上地位。正如哥伦比亚、墨西哥、秘鲁与洪都拉斯这些国家的投票结果证明的那样（同样是这些国家，它们的人权纪录往往最为糟糕，其中哥伦比亚在谋杀工会成员以及国内流离失所者的总数方面都位居世界前列），美国依附者的情况通常要差得多。"坏左派"的反民主形象掩盖了该阵营内部的重大差异。与尼加拉瓜的丹尼尔·奥尔特加政府（该政府的记录因腐败丑闻、与右派的协议以及奥尔特加所在政党内部的威权主义行为而被玷污）相比，查韦斯政府采取的大多数措施能得到更广泛的公民支持。然而，有趣的是，查韦斯领导的委内瑞拉——该政权遭到美国媒体最大程度的诽谤——比那些"更温和的"左派政权发展得更好。①

"坏左派"政权控制本国媒体或者从制度层面压制私有新闻机构这样的指控也是虚伪的。在 2011 年 2 月《纽约时报》的报告中，西蒙·罗梅罗没有告诉读者，绝大多数委内瑞拉主流媒体来源都属私人利益所有，大部分强烈反对政府。从 2010 年 9 月起，国有电视频道占有的观众份额不足 6%。罗梅罗还没有报道的是，委内瑞拉很多自以为高尚的私人媒体公开支持 2002 年的军事政变，而在大多数国家，这会将他们送进监狱。罗梅罗报告的读者从报告中无法得知如下情形的任何线索：在与美国结盟的国家（如哥伦比亚）中，那些让官员不高兴的媒体通常都会面临压制。

---

①　这些国家没有一个是理想的民主国家，理性的观察人士可能会对每个国家行政部门采取的某些行动表示合理担忧。在此，笔者的观点是：（1）美国媒体传达的景象体现了对华盛顿更具侵略性的挑战者存在一种明显的偏见；（2）美国政府和媒体不喜欢左派政权，原因不在于这些政权的邪恶，而在于它们的美德。

"坏左派"政权的经济记录同样驳斥如下指控：像查韦斯这样的领导人几乎不关心经济发展或者真正的社会再分配。从 2003 年年初至 2008 年年底，委内瑞拉经济增长了 95%。同样在这段时间，委内瑞拉人除了在医疗保健和教育准入方面获得令人难忘的收益之外，他们的贫困率下降了一半以上，极度贫困率下降了 72%。在接下来的一年半时间里，尽管经济稍微有所衰退，但这种衰退的原因很大程度上在于，当政府本来应该采用刺激消费来安全渡过全球经济萧条时，它却遵循西方经济学家的紧缩原则。与之相比，莫拉雷斯政府在这方面做得非常成功，其在 2009 年引领了整个半球的经济发展。联合国两位经济学家在 2008 年总结道，支持如下描述——左派政府在财政上不顾危险、对通货膨胀漠不关心——的证据"从该地区中间稍微偏左的政府最近提供的宏观经济经验来看是完全不存在的"。[①]

所有这些考虑严重破坏了"好左派—坏左派"命题的基础。尽管委内瑞拉和巴西之间存在某些重大区别，但标准叙事忽视了将"好左派"与"坏左派"联合起来的共性以及每个阵营中的内部差异。它往往还倾向于关注领袖个人，同时忽视对那些领袖的政策具有决定作用的更大的社会力量。最后，它对"坏左派"政府的批评是不相称的，通常也是不准确的。

帝国主义策略和媒体依赖

在解释美国媒体对拉美的新闻报道执意坚持"好左派—坏左派"命题时，需要关注美国的帝国主义策略及其主流新闻媒体的政治经济学。美国媒体继续欣然接受这种命题的真正原因在于，美国政治和企业帝国努力制止其在拉美的影响力下降，制止其在主流新闻机构继续依赖政府和企业利益方面的影响力下降。目前，美国政府和资本在拉美失去影响力已经有一段时间了。而且，正如约尔赫·卡斯塔涅达建议的那样，为了重获失去的影响力而采取的最佳帝国战略是尽力将"好左派"与"坏左派""相分离"，"尽力支持前者并抑制后者"。有关"好左派"与"坏

---

① 参见 Moreno-Brid and Paunovic，2010：199。

左派"的论述和政策代表了一种符合逻辑的帝国回应，这种回应具有很多历史先例。

考虑到新闻报道继续依赖政府和企业权力，美国媒体采用"好左派—坏左派"框架以及作为其必然结果的"仁慈的干预主义者"框架反而是可以理解的。在过去的半个世纪里，针对范围广泛的国内和外交政策问题，大量的经验研究记录了精英观点和媒体报道之间的密切关系。从事媒体研究的学者突出强调一系列导致这种依赖的机制，其中包括社论撰写人和记者依赖官方渠道，企业媒体所有权曾经更为集中的结构，广告收入的重要性，以及精英、社论撰写人和记者共享的意识形态。有些研究人员争辩道，这些机制对于决定美国外交政策的新闻报道尤为重要。

就"好左派"与"坏左派"命题而言，两种理论模式有助于提供有关新闻报道的解释：宣传模式和指数化（indexing）模式。对这两种模式的经验验证，始终再次确认它们普遍适用于美国外交事务的新闻报道，特别适用于对拉美的报道。自从冷战结束以来，这些研究在挑战这样的观点：它们强调更大的媒体变化以及媒体一种"更小的可依赖顺从作用"。

由爱德华·赫尔曼（Edward Herman）和诺姆·乔姆斯基（Noam Chomsky）首次提出的宣传模式主张，有关外交事务的新闻报道完全支持被认为对美国精英利益友好的政权，而对那些被认为对这些利益具有敌意的政权则提出最严厉的批评。赫尔曼和乔姆斯基的很多定量证据来自美国20世纪80年代有关中美洲政策新闻报道的个案研究。很多接下来的研究表明，宣传模式仍然是主流新闻媒体对拉美以及美国拉美政策报道方式的一个强大预测器。肯尼斯（Kennis）发现，墨西哥、厄瓜多尔和波多黎各反对美国政策的社会运动及其受害人要比那些支持美国政策和美国友好精英的运动及其受害人更不太可能获得同情式报道。最近，有关新闻报道的其他研究已经表明，主要新闻机构对哥伦比亚和委内瑞拉政权的处理、对洪都拉斯2009年政变和伊朗2009年选举之后国家镇压的处理都存在鲜明对比。"好左派"与"坏左派"框架体现了宣传模式的变化，美国"盟友"的类别现在包括一些被视为左派的政权，但是基本的区分方式仍然相同。

指数化模式预言，主流媒体所表达的观点范围往往与精英界（尤其是政界）内部的观点范围相一致。这种模式有助于解释本章开头所注意到的新闻报道中的差异。这些差异表明，对拉美左派进行二元化处理在媒体谱系的自由主义一端尤为明显。按照主流标准，大多数学术界和新闻界对"好左派"与"坏左派"论点的支持者都非常自由化。正如相对开明的殖民者总是承认次民族之间存在差异那样，如今，相对自由化的政治家和美国新闻机构也是如此。与此同时，右翼媒体和政治家甚至倾向于鄙视"好左派"。如果在主流谱系中存在针对"坏左派"几乎一致的反感，那么，有关"好左派"达成的共识更少。

结　语

由于拉美的左派政府追求更大的政治和经济主权，美国政府寻求通过奖赏美国目标的相对顺从者、惩罚对这些目标的公然挑衅者来减少自己的损失。华盛顿方面回应的核心是对"好左派"与"坏左派"进行区分，前者包括诸如巴西的卢拉这样的领导人，后者则以委内瑞拉的乌戈·查韦斯为范例。这种区分无论在对话还是政策中都有所体现。尽管布什政府提出这种方法，但奥巴马政府已经信奉甚至强化了这种方法。

尽管"两个拉美左派"之间的区分包含真相的某些因素，但"好左派"与"坏左派"命题以四种主要方式扭曲了事实。首先，它夸大了两大阵营之间的分离程度，忽视了左派政府之间巨大的相似之处与合作。其次，它掩饰了每个阵营内部的复杂性与变化。例如，在所谓的"坏左派"中，委内瑞拉政府对新自由主义的排斥要比玻利维亚、厄瓜多尔和尼加拉瓜政府更为勇敢。再次，"好左派—坏左派"命题倾向于忽视社会运动和其他国内因素如何形成政策的方式，相反却关注总统的意识形态偏好与个性。最后，"好左派—坏左派"命题的支持者往往夸大"坏左派"政府在民主、人权和经济实绩等领域的失败之处，尽管这些政府在这方面存在很大的差别。

如果"好左派"与"坏左派"命题因事实审查而动摇，在某种程度上说，这是对该地区（美国官员仍然视之为"我们的后院"）新发现的政府魄力的合乎逻辑的回应。"好左派"与"坏左派"命题借用的是一种老生常谈的帝国主义计划。次民族的二元特征表述的是一种公众抵抗帝国、国内精英和忠诚知识分子的常见的话语回应，而且，在美国与拉美关系的历史中有很多先例。美国新闻媒体对普及这种对话发挥了关键作用。美国新闻媒体对拉丁美洲的报道中盛行"好左派"与"坏左派"框架，这有助于支持那些强调媒体依赖政府和企业利益的理论模式。当然，这种依赖不是绝对的，依赖的程度也通常因事而异。但是，对希望看到一个批判且独立媒体（这对正常运行的民主至关重要）的那些人而言，有关拉美左派的新闻报道几乎没有提供任何乐观的理由。

参考文献

Bagdikian, Ben, 1983. *The Media Monopoly*. Boston: Beacon Press.

Barrionuevo, Alexei, 2007. "Brazil Discovers an Oil Field Can Be a Political Tool." *The New York Times*, November 19.

Bennett, W. Lance, 1990. "Toward a Theory of Press-State Relations in the United States." *Journal of Communication* 40 (2): 103 - 125.

Black, George, 1988. *The Good Neighbor: How the United States Wrote the History of Central America and the Caribbean*. New York: Pantheon.

Blair, Dennis C., 2010. "Annual Threat Assessment of the US Intelligence Community for the House Permanent Select Committee on Intelligence." February 3. http://www.dni.gov/ testimonies/20100203_testimony. pdf (accessed April 21, 2011).

Booth, William, 2009. "In El Salvador Vote, Big Opportunity for Leftists." *Washington Post*, March 9.

Brice, Arthur, 2009. "Iranian Leader Continues South American Trip with Bolivia Stop." CNN. com, November 24. http://edition.cnn. com/2009/WORLD/americas/ll/24/iran. bolivia. visMndex. html (accessed December 5, 2011).

Cameron, Maxwell A., 2009. "Latin America's Left Turns: Beyond Good and Bad." *Third World Quarterly* 30: 331 - 348.

Castaneda, Jorge G., 2006. "Latin America's Left Turn." *Foreign Affairs* 85 (3): 28 - 43.

Castaneda, Jorge G. , and Marco A. Morales (eds.), 2008. *Leftovers*: *Tales of the Two Latin American Lefts.* New York: Routledge.

Chomsky, Aviva. 2008. "Pragmatic Raul, Irrational Fidel: Media Distortions on Cuba. " *NA-CLA* online, March 5. http: //www. mediaaccuracy. org/node/51 (accessed June 25, 2008).

Chomsky, Noam, 1989. *Necessary Illusions: Thought Control in Democratic Societies.* Boston: South End Press.

Ciccariello-Maher, George, 2013. *We Created Chavez: A People's History of the Venezuelan Revolution.* Durham, NC: Duke University Press.

Clinton, Hillary, 2010. "Remarks by Secretary Clinton, Brazilian Foreign Minister Amorim. " March 3. http: //www. america. gov/st/texttransenglish/2010/March/20100304101858eaifas0. 5902478. html (accessed December 27, 2010).

Coen, Rachel, 2002. "U. S. Papers Hail Venezuelan Coup as Pro-Democracy Move. " *Extra*! (update). June 1. http: //fair. org/extra – online – articles/u – s – papers – hail – venezuelan – coup – as – pro – democracy – move/ (accessed June 13, 2013).

Constable, Pamela, 2006. " U. S. Officials Soften Stance Toward Bolivia's New Leftist President. " *Washington Post*, February 21.

Corcoran, Michael, 2010. "A Tale of Two Elections: Iran and Honduras. " *NACLA Report on the Americas* 43 (1): 46 – 48.

Crandall, Russell, 2011. "The Post-American Hemisphere. " *Foreign Affairs* 90 (3): 83 – 95.

Diehl, Jackson, 2005. "Buying Support in Latin America. " *Washington Post*, September 26.

Ellner, Steve, 2008. "The Hugo Chavez Phenomenon: Anti-imperialism from Above or Radical Democracy from Below?" pp. 205 – 228 in Fred Rosen (ed.), *Empire and Dissent: The United States and Latin America.* Durham, NC: Duke University Press.

Ellner, Steve, 2010. "Hugo Chavez's First Decade in Office: Breakthroughs and Shortcomings. " *Latin American Perspectives* 37 (1): 77 – 96.

Ellner, Steve, 2011. "Venezuela's Social – Based Democratic Model: Innovations and Limitations. " *Journal of Latin American Studies* 43: 421 – 149.

Entman, Robert M. , 2004. *Projections of Power: Framing News, Public Opinion and U. S. Foreign Policy.* Chicago: University of Chicago Press.

Forero, Juan, 2008. "The Two Paths of Castro's Legacy in Latin America. " *Washington Post*, February 20.

Forero, Juan, 2009. "Ahmadinejad Boosts Latin America Ties. " *Washington Post*, November 28.

Forero, Juan, 2010a. "Chilean Race Reflects Broad Regional Trend. " *Washington Post*, January 17.

Forero, Juan, 2010b. "Hard Times, Dark Days in Oil-Rich Venezuela. " *Washington Post*, April 29.

Forero, Juan, 2012. "In Latin America, Radical Left at Crossroads at a Critical Time. " *Washington Post*, April 22.

Frank, Dana, 2013. " Memo to Secretary Kerry: Stop Funding the Bad Guys in Honduras. " *Los Angeles Times*, February 12.

French, John D. , 2010. "Many Lefts, One Path? Chavez and Lula," pp. 41 – 60 in Maxwell A. Cameron and Eric Hershberg (eds.), *Latin America's Left Turns: Politics, Policies, and Trajectories of Change.* Boulder, CO: Lynne Rienner.

Friedman, Thomas, 2010. "As Ugly as It Gets. " *The New York Times*, May 26.

Friel, Howard, and Richard Falk, 2004. *The Record of the Paper: How the* New York Times *Misreports US Foreign Policy.* London: Verso Books.

Guha, Ranajit, 1988. "The Prose of Counter-insurgency," pp. 45 – 86 in Ranajit Guha and Gayatri Chakravorty Spivak (eds.), *Selected Subaltern Studies.* New York: Oxford University Press.

Hale, Charles R. , 2004. "Rethinking Indigenous Politics in the Era of the 'Indio Permitido' . " *NACLA Report on the Americas* 38 (2): 16 – 21.

Hallin, Daniel C. , 1986. *The "Uncensored War": The Media and Viet-*

nam. New York: Oxford University Press.

Herman, Edward S. , and Noam Chomsky, 1988. *Manufacturing Consent: The Political Economy of the Mass Media.* New York: Pantheon.

Hulme, Peter, 1994. "Tales of Distinction: European Ethnography and the Caribbean," pp. 157 – 197 in Stuart B. Schwartz (ed.), *Implicit Understandings: Observing, Reporting and Reflecting on the Encounters between Europeans and Other Peoples in the Early Modern Era.* Cambridge: Cambridge University Press.

Johnson, John J. , 1980. *Latin America in Caricature.* Austin: University of Texas Press.

Kennis, Andrew, 2010. "The Media Dependence Model: An Analysis of the Performance and Structure of U. S. and Global News. " Ph. D. diss. , University of Illinois.

Kenworthy, Eldon, 1995. *America/Americas: Myth in the Making of U. S. Policy toward Latin America.* University Park: Pennsylvania State University Press.

Lupien, Pascal, 2013. "The Media in Venezuela and Bolivia: Attacking the 'Bad Left' from Below. " *Latin American Perspectives* 40 (3): 226 – 246.

Mamdani, Mahmood, 2004. *Good Muslim, Bad Muslim: America, the Cold War, and the Roots of Terror.* New York: Pantheon.

McConnell, J. Michael, 2008. " Annual World Threat Assessment. " Hearing of the Senate Select Committee on Intelligence, February 5. http: // www. dni. gov/testimonies/20080205 _ transcript. pdf (accessed April 21, 2011).

Mermin, Jonathan, 1999. *Debating War and Peace: Media Coverage of U. S. Intervention in the Post-Vietnam Era.* Princeton, NJ: Princeton University Press.

Moreno-Brid, Juan Carlos, and Igor Paunovic, 2010. "Macroeconomic Policies of the New Left: Rhetoric and Reality," pp. 193 – 208 in Maxwell A. Cameron and Eric Hershberg (eds.), *Latin America's Left Turns: Politics, Policies, and Trajectories of Change.* Boulder, CO: Lynne Rienner.

Neuman, William, 2013. "Bolivia: U. S. Agency Is Expelled. " *The New York Times*, May 2.

Perez-Stable, Marifeli, 2010. "Chavez Snubs Colombia. " *Miami Herald*, May 23.

Pike, Fredrick B. , 1992. *The United States and Latin America: Myths and Stereotypes of Civilization and Nature*. Austin: University of Texas Press.

Platt, Tony, et al. (eds.), 1987. *Tropical Gulag: The Construction of Cold War Images of Cuba in the United States*. San Francisco: Global Options.

Pope Benedict XVI, 2007. "Address of His Holiness Benedict XVI. " Fifth General Conference of the Bishops of Latin America and the Caribbean, Aparecida, Brazil, May 13. http: //www. vatican. va/holy _ father/benedict _ xvi/speeches/2007/may/documents/hf_ben – xvi_spe_ 20070513 _conference – aparecida_en. html (accessed April 21, 2011).

Prevost, Gary, Carlos Oliva Campos, and Harry E. Vanden (eds.), 2012. *Social Movements and Leftist Governments in Latin America: Confrontation or Co-optation?* London: Zed Books.

Rendall, Steve, Daniel Ward, and Tess Hall, 2009. "Human Rights Coverage Serving Washington's Needs: FAIR Finds Editors Downplaying Colombia's Abuses, Amplifying Venezuela's. " Fairness and Accuracy in Reporting. February. http: //www. fair. org/index. php? page = 3699 (accessed November 21, 2012).

Rogers, Tim, 2011. "In El Salvador, Obama Lauds Funes as a Model Central American Leader. " *Christian Science Monitor*, March 23.

Romero, Simon, 2009. "Rare Hemisphere Unity in Assailing Honduran Coup. " *The New York Times*, June 29.

Romero, Simon, , 2010. "Latin Economies Racing Forward as Others Creep. " *The New York Times*, July 1.

Romero, Simon, 2011. "In Venezuela, an American Has the President's Ear. " *The New York Times*, February 5.

Romero, Simon, and Irene Caselli, 2011. "Ecuador Votes on Plan to Give More Control to the President. " *The New York Times*, May 8.

Rowan, Michael, and Douglas Schoen, 2007. "Does Hugo Chavez Have Us Over a Barrel?" *Los Angeles Times*, November 13.

Sabatini, Christopher, and Jason Marczak, 2010. "Obama's Tango: Restoring U. S. Leadership in Latin America. " *Foreign Affairs* (online), January 13. http: //www. foreignaffairs. com/" / articles/65923/christopher – sabatini – and – jason – marczak/obamas – tango (accessed January 30, 2010).

Schmidt, Blake, and Elisabeth Malkin, 2009. "In Salvadoran Leftist's Victory, a Pledge to Govern as a Moderate. " *The New York Times*, March 17.

Schoultz, Lars, 1998. *Beneath the United States: A History of U. S. Policy toward Latin America.* Cambridge: Harvard University Press.

Schumacher-Matos, Edward, 2009a. "A Dose of Realism in Honduras. " *Washington Post*, July 12.

2009b. "Alone, and Right, on Honduras. " *Washington Post*, November 27.

SIPRI (Stockholm International Peace Research Institute), 2013. SIPRI Military Expenditure Database. http: //milexdata. sipri. org/files/? file = SIPRI + military + expenditure + database + 1988 – 2012. xlsx (accessed June 14, 2013).

Stahler – Sholk, Richard, Harry E. Vanden, and Glen Kuecker (eds.), 2008. *Latin American Social Movements in the Twenty-First Century: Resistance, Power, and Democracy.* Lan – ham, MD: Rowman & Littlefield.

Stoneman, Rod, 2008. *Chavez: The Revolution Will Not Be Televised: A Case Study of Politics and the Media.* London: Wallflower.

Webber, Jeffery R. , 2011. *From Rebellion to Reform in Bolivia: Class Struggle, Indigenous Liberation, and the Politics of Evo Morales.* Chicago: Haymarket.

Weisbrot, Mark, 2009a. "Venezuela, an Imaginary Threat. " *The Guardian*, February 18.

2009b. "Top Ten Ways You Can Tell Which Side the United States Government Is on with Regard to the Military Coup in Honduras. " CommonDreams. org, December 16. http: //www. commondreams. org/view/2009/12/16 （accessed June 14, 2010）.

Weisbrot, Mark, and Rebecca Ray, 2010. *Update on the Venezuelan E-conomy.* September. Washington, D. C. : Center for Economic and Policy Research.

Weisbrot, Mark, Rebecca Ray, and Luis Sandoval, 2009. *The Chavez Administration at 10 Years: The Economy and Social Indicators.* February. Washington, DC: Center for Economic and Policy Research.

Weisbrot, Mark, and Tara Ruttenberg, 2010. "Television in Venezuela: Who Dominates the Media?" CEPR Issue Brief. December, http://www. cepr. net/documents/publications/2010 _ 12 _ venezuela _ media. pdf (accessed April 21, 2011).

Weyland, Kurt, 2009. "The Rise of Latin America's Two Lefts: Insights from Rentier State Theory. " *Comparative Politics* 41: 145 – 164.

Wingerter, Eric, and Justin Delacour, 2009. "Playing the 'Anti-Semitism' Card against Venezuela. " *NACLA Report on the Americas* 42 (5): 49 – 52.

Young, Kevin, 2008. "Colombia and Venezuela: Testing the Propaganda Model. " *NACLA Report on the Americas* 41 (6): 50 – 52. Expanded version posted on *ZNet*, January 9, 2009, http://www. zcommunications. org/znet/viewArticle/20159.

Young, Kevin, 2010a. "Honduras, Iran, and the Propaganda Model. " *ZNet*, July 5. http://www. zcommunications. org/honduras – iran – and – the – propaganda – model – by – kevin – young.

Young, Kevin, 2010b. "Discrediting Alternatives to Neoliberalism. " *NACLA Report on the Americas* 43 (5): 45 – 48.

Young, Kevin, 2011. "Few Surprises in Latin American Poll. " Venezuelanalysis. com, October 31. http://venezuelanalysis. com/analysis/6594.

第十二章　总结性评论：21世纪激进左派与拉美改革之路

史蒂夫·艾尔纳

本书的基本论点是，21世纪拉美激进左派（后文简称21LRL）的经验所面临的障碍与复杂性无论是从定量还是定性的角度都不同于20世纪世界范围内左派统治的情形。最为重要的是，在玻利维亚、厄瓜多尔和委内瑞拉，强烈的社会与政治极化的持续期与20世纪的共产主义和社会民主政府形成鲜明对比。不仅法定的反对派质疑政府的合法性，而且一条以有条件地支持或非敌对性地批评政府政策为特征的中间道路在很大程度上仍处于空置状态。

除了本书讨论的21LRL具有的突出特征之外，如下问题需要被提出来：21LRL是拉美独有的吗？笔者将争辩，大量源自过去的斗争、运动和政策的拉美经验所留下的印记已经塑造了21LRL，而且增加了它的复杂性、多样性和折中性。拉美的具体情况有时与传统的左派思维不一致，它受到1917年苏俄经验的影响，也对21LRL产生了影响。[①] 正如下文将要讨论的那样，由此产生的两种影响力来源之间的紧张关系导致21LRL面临的挑战具有复杂性。

拉美遗产的一个内容是21LRL通过崇拜那些抵制外国力量入侵（这

---

① 本章涉及的"传统左派"（以及"正统"马克思主义）倾向于更加强调工人阶级和先锋党的作用，而不是强调支持深远改革的自治或半自治社会运动和非无产阶级部门。考虑到如下事实，即本书讨论掌权的激进左派，而不是一般意义上的左派，本章（以及导言部分）的一个重要比较之处在于20世纪掌权的共产主义左派与欧洲第二次世界大战之后上台的社会民主派。导言部分讨论的是20世纪共产主义和社会民主左派以及智利1970年和尼加拉瓜1979年掌权的激进左派具有的最典型特征，所有这些左派都与21LRL进行了比较。

可以追溯到西班牙征服之前）的历史人物来诉求民族主义。具有不同意识形态信仰的作者和行动者长期以来一直尽力使这些领袖的重要性最小化，毫无疑问，这是因为他们与过时的政治经济制度和生活方式相联系。相关的例证包括那些抵制西班牙征服与统治的土著居民反叛者，如玻利维亚的巴托里纳·希萨和图帕克·卡塔里以及委内瑞拉的瓜伊卡伊普洛，他们一直分别被莫拉雷斯和查韦斯所崇拜。21LRL 也赞美那些被传统历史学家称为"考迪罗"（caudillos）的政治领袖，如委内瑞拉的西普里亚诺·卡斯特罗（Cipriano Castro）和埃洛伊·阿尔法罗（Eloy Alfaro）（他们分别得到查韦斯和科雷亚的颂扬）。这两位领袖都能勇敢地面对强大的国内和外国利益集团。实际上，查韦斯宣称，引用贬义词"考迪罗"来诋毁民族英雄的这种倾向以"资产阶级"的、"外来"的历史概念为基础。在对历史进行重新审视中，21LRL 依赖以胡安·多明戈·庇隆（Juan Domingo Peron）为代表的民众主义传统，该传统也赞美过去那些反对外国干预的民族象征，尽管他们［如同阿根廷的胡安·曼努埃尔·德·罗萨斯（Juan Manuel de Rosas）和西普里亚诺·卡斯特罗一样］并不代表支持民主和社会平等的转型。20 世纪后半叶的拉美激进左派分子也在很大程度上将自己视为民族英雄，甚至用自己的名字来命名一些组织，如尼加拉瓜的桑地诺、萨尔瓦多的法拉本多·马蒂以及墨西哥的萨帕塔。

在这方面，21LRL 发现自己更接近于 20 世纪激进的拉美民众主义和民族主义运动，而不是拉美和其他地方正统的共产党与社会民主党。这些政党被那些宣称展望未来而不是回首过去的模式所鼓舞。被 21LRL 的思想家及其先驱们拒绝的机械的、决定论的马克思主义类型可以追溯到马克思基于如下原因对美国在墨西哥战争中的胜利所持的积极看法：作为结果而出现的加州经济发展将创造那些有助于激进运动出现的客观条件。社会民主运动，如导致玻利维亚 1952 年革命的民族主义革命运动（MNR），沿着同样的路线接受实证主义假设。民族主义革命运动推动农民人口的同质化，旨在刺激生产，同时忽视土著居民社区机构如农村氏族公社（ayllu）的重要性。

21LRL 也依赖一种左派思维的传统，这种传统以分析拉美现实为中心，同时拒绝由欧洲中心主义观点所体现的外来方案以及可以追溯到启蒙时期所谓的普遍真理。沿着这些路线，21LRL 已经挑选出一些拉美思想家（他们着手解决拉美大陆的特殊情况）予以特别赞扬。查韦斯坚持独创性是一项当务之急，他经常援引由西蒙·玻利瓦尔（Simón Bolívar）的老师西蒙·罗德里格斯（Simón Rodríguez）创造的"我们要么发明，要么犯错"这一警句。其他的例证包括何塞·卡洛斯·马里亚特基（José Carlos Mariátegui）和其他拉美共产主义者，他们的立场与国际共产主义运动的立场背道而驰。例如，马里亚特基就不同于由苏联控制的共产国际所主张的正统马克思主义，他强调文化维度和土地斗争的重要性，主张对土著农民的革命潜力与无产阶级的革命潜力展开有利于促进作用的比较。他将传统的土著社区视为"现代社会主义国家的细胞"，这种远见卓识在以莫斯科为基础的对话中绝无仅有。查韦斯经常援引（菲德尔·卡斯特罗也这么做）的另一位备受尊敬的作家何塞·马蒂（José Martí）赞同拉美身份，这一范畴没有与马克思的国际主义概念归类在一起。尽管他对马克思表示钦佩，但马蒂拒绝承认阶级分析法具有首要地位。

21LRL 具有的拉美特性超越了修辞或抽象的理论阐述。实际上，强调拉美特性对左派的政策、战略和某些目标的优先地位都有具体意义。拉美左派的不同政党——例如，委内瑞拉 20 世纪 70 年代和 20 世纪 80 年代的社会运动党（MAS）以及 20 世纪 80 年代的墨西哥共产党——都举起了各国"社会主义道路"的大旗，但是这一口号与具体政策之间的关系从未明确过。就 21LRL 的情形而言，在长期有关激进改革的左派辩论中，呼吁拉美社会主义道路间接，有时也直接强化了某些立场和观点。21LRL 对如下问题的立场因其认同拉美传统和民族主义而受到影响，尽管其领导人的思维植根于马克思主义。

与工人阶级相比，边缘化人口在改革斗争中更具有重要性。拉丁美洲 20 世纪大规模且不受控制的城市化进程使得边缘化人口的地位不断膨胀，它们的组成人员主要在非正式经济中工作，或者位于正式经济的边缘。这些工人在很大程度上缺乏组织化代表和立法保护。政治领袖与分析家通常将他们的利益与工人阶级的利益混为一谈。在拉丁美洲，解放神学是解决并优先考虑被边缘化人口之困境的早期运动之一，它是与圣经教义相关的一项当务之急。随后，代表拉美边缘化人口（包括土著居民群体）的运动在 20 世纪 90 年代反对新自由主义的斗争中发挥了至关重要的作用，也为 21LRL 掌权奠定了基础。21LRL 的理论家们将边缘化人口与工人阶级都作为改革主体置于同等地位，进而与正统马克思主义决裂。与此同时，21LRL 运动与政府举起了融入本国政治、机构和文化生活的大旗。这项承诺和美国与其他发达国家的政府和主要政治领袖的论述形成鲜明对比，这些国家优先选择"中产阶级"，忽视大多数穷人。

拒绝实证主义假设：社会目标优先于经济目标，主观条件优先于客观条件，唯意志论优先于决定论。掌权的 21LRL 致力于社会进步和社会项目的成功获得广泛认可，甚至得到批判者的认可。与此同时，政治分析人士指出，21LRL 在经济发展领域缺乏重大进步（参见本书普塞尔撰写的第九章）。因此，查韦斯政府起初将大量的工人合作社项目视为一种经济上可行的模式，但是它很快强调自己的排他性社会目标。同样，委内瑞拉预计存在的三万家社区委员会通常而言并不物有所值，但是它们对提升穷人的权利意识和集体行动精神大有帮助。而且，为了给工人提供机会从事非物质目的的活动，或者如某些 21LRL 作家所称的"人力发展"活动，查韦斯政府一度倡导将周工作时间从 44 小时降到 36 小时（参见本书布尔巴赫撰写的第一章）。正如贝克尔在第六章讨论的那样，就玻利维亚和厄瓜多尔政府而言，它们为那些备受争议的大型采矿工程进行辩护，原因在于这些工程有助于提供资金支持雄心勃勃的社会项目。这些战略与苏联在斯大林统治时期的观点相对照。该观点主张，客观（或物质）条件的提升是社会主义建设的必要条件。

就 21LRL 而言，多样化的拉美传统有助于这些方法的实现。玻利维亚莫拉雷斯政府所信奉的"美好生活"（buen vivir）原则基于公社生活和拒绝物质主义生活方式来支持土著居民的实践与价值，该原则也受到来自前征服时期生态利益的启发。这一概念与实证主义有关"进步"（它可以被简化为"开弓没有回头箭"这样的陈词滥调）必然性的理念不一致，这些理念与包括正统马克思主义类型在内的不同意识形态相关联。

21LRL 思想家所信奉的拉美唯意志论的前身是何塞·安东尼奥·马里亚特基（José Antonio Mariátegui）的作品。马里亚特基主张，"马克思主义的每一句话、每一次行动都强调信仰、唯意志论以及英雄式的创造性信念，在决定论平庸且消极的观点中找到它们的推动作用是荒谬的"。另一个起源来自解放神学，它的奠基人物古斯塔沃·古铁雷斯（Gustavo Gutiérrez）受到马克思主义的启发，但坚持认为，只有"持不同观点的人们参与"的行动或者说"实践"（praxis）才能创造一种适用于拉美现实的理论。另一种影响来自切·格瓦拉（Che Guevara），他拒绝接受革命过程中的物质利益具有首要地位。格瓦拉的主张——爱与自我转化是革命者性格的必要组成部分——影响了 21LRL 的对话。尽管这些信仰很难说具有独创性，但它们增添了 21LRL 的复合图景，这使其与世界范围内其他的掌权左派有所区别。

认同基督教

解放神学在 20 世纪 60 年代初将宗教领域与左派思想联系了起来，它在很大程度上是一种拉美现象，并对 21LRL 产生了影响。这一点得到古铁雷斯和其他主要成员的承认。它的倡导者将拉美解放神学的诉求归因于对不平等和镇压的觉醒，归因于（与欧洲相比）赋予拉美大陆更多的基督教精神承诺。梵二会议（Vatican II）为这一趋势做出了贡献，因为它帮助拉美在一定程度上实现对欧洲的神学独立。随后，菲德尔·卡斯特罗为解放神学喝彩。与此同时，在古巴，组织化宗教的教义和机构不断涌入。1962 年，随着卡斯特罗被逐出教会，教会与国家之间的关系在古巴降到最低谷，但是二者之间的关系随后有所改善。因为无神论信仰作为共产党党员的前提条件被撤销，古巴人被允许公开举行宗教游行，而且圣诞节被承认是公共假日。埃内斯托·卡德纳尔和米格尔·德斯科托作为 1979 年执政的桑地诺政府的部长所发挥的突出作用构成拉美左派同样的修正主义趋势的一部分。

解放神学、卡斯特罗对组织化宗教所持立场的演变、古巴国家宗教政策的自由化，以及 20 世纪 80 年代桑地诺重要领袖有关宗教的论述，都对 21LRL 产生了影响。例如，主要从天主教学校接受教育的科雷亚宣称自己受到解放神学的深刻影响（巴拉圭总统兼天主教会大主教费尔南多·卢戈也是如此），而查韦斯则反复提及基督，尽管两位总统都与教会的等级制度发生冲突。科雷亚、莫拉雷斯、查韦斯、尼古拉斯·马杜罗和其他人公开表示的宗教信仰体现了他们与传统左派的决裂，也构成左派对话中的一项重大创新。这些信仰对 21LRL 所捍卫的政策也会产生某种影响，而且已经产生一些非正式结盟。因此，执政的左派与尼加拉瓜、委内瑞拉和其他地方的宗教团体因结交形成的关系阻碍了它在诸如堕胎权这样的社会问题上提出大胆的立场，这些国家的妇女运动对此颇感失望。实际上，尼加拉瓜禁止堕胎的法律在世界范围内都是最为严厉的。

促进拉美团结

从就任总统那一刻开始，乌戈·查韦斯就信奉"多极世界"观念，并视之为对美国统治的一种矫正。与此同时，他拒绝接受在全球化时代单边行动的方法具有可行性。支撑这些立场的是拉美民族主义和团结的热情，这种精神可以追溯到西蒙·玻利瓦尔。1826 年，玻利瓦尔组织了巴拿马国会，呼吁成立一个半球联盟。从此以后，这一直鼓舞着拉美的民族主义者。在 20 世纪，联合拉美政府和运动的努力在创建美洲人民革命联盟（APRA）的过程中被表达出来。该联盟作为整个拉美大陆政党的秘鲁分支成立于 1924 年。组织团结的另一例证是拉美劳工联合会，它受墨西哥左派人士维森特·朗巴多·托莱达诺（Vicente Lombardo Toledano）和基督教民主工会会员的领导，旨在反对泛美组织对北美的接管。这种接管由美国劳工联合会所提倡，1955 年之后，又由美国劳工联合会和产业组织大会共同推动。21LRL 呼吁团结已经取得令人印象深刻的成就，包括成立南美国家联盟、拉美和加勒比国家共同体以及委内瑞拉加入南方共同市场（MERCOSUR）。由委内瑞拉、玻利维亚、厄瓜多尔、尼加拉瓜和古巴（这五个国家的政府是本书讨论的重点）组成的美洲玻利瓦尔联盟已经在发挥集团作用，并制定议程和表达立场，这有助于在拉美政府产生冲突时提供讨论框架。

促进拉美政府团结的战略是拉美左派从一开始就有的经验学习的产物。在 20 世纪 60 年代，古巴援助拉美大陆的反叛运动。这样做时，它丧失了民主政府的支持或者说民主政府保持中立的可能性，因此，它被不断地孤立。从 20 世纪 70 年代开始，卡斯特罗政府调整了自己的外交政策，它将支持对象局限于那些在威胁古巴主权的国家内发生的叛乱。与此同时，它越来越关注非洲和中南半岛的革命运动。毫无疑问，古巴新的路线影响了掌权的 21LRL 的态度，尤其是查韦斯，他将卡斯特罗视为一名真正的导师。①

　　21LRL 诉求拉美团结超越了政治范围，并意味着支持保守主义政府可以接受的某些政策。因此，21LRL 政府与哥伦比亚保守主义总统胡安·曼努埃尔·桑托斯（Juan Manuel Santos）之间的友好关系产生了一些联合决定和行动，它们受到某些左派人士的严厉批评。其中之一是由查韦斯和桑托斯操纵签订的协议，它为洪都拉斯在驱逐亲左派总统曼努埃尔·塞拉亚的政变之后重新加入美洲国家组织铺平了道路。

　　21LRL 的掌权期在很大程度上已经超越过去拉美大陆民众主义和左倾改革浪潮的持续时间。相关例证包括第二次世界大战之后的政府以及1959 年古巴革命期间的其他政府。21LRL 政府继续掌权得益于很多因素。首先，拉美政府在过去所展示的团结，在整个拉美历史中没有可比对象。它的前提是拒绝激进左派政府的边缘化。通过温和左派政府延伸到21LRL 的团结在反对派叛乱的关键时刻尤为重要，例如，2002 年和 2003 年委内瑞拉的大罢工与政变，2010 年厄瓜多尔的政变企图，2006 年和2008 年玻利维亚的经济与政治对抗。其次，美国（它在历史上一直采取侵略行动反对激进左派政府）发现自己在拉美大陆的影响力逐渐衰落，部分原因在于中国和其他国家的经济侵入，而且超越美国的直接控制范围之外。最后，在上述所有三个国家，组织化反对派已经失去了影响力与可信度，这在很大程度上是因为它与新自由主义政策以及过去的其他实践相关联，如广泛的私有化。

　　社会和经济因素也发挥了作用。其中之一是边缘化部门具有更大的政治成熟性，这些部门代表了一种重要的社会基础来支持 21LRL 政府。在 20 世纪 40 年代和 20 世纪 50 年代，边缘化成员主要由以前不熟悉城市环境的农民构成。与之不同的是，21 世纪早期的边缘化成员继承了几代人的城市经验，其中包括在正式经济中的工作经验。而且，委内瑞拉、玻利维亚和厄瓜多尔的经济因碳水化合物和其他商品的繁荣发展而备受青睐，这种发展可以追溯到 21 世纪初且没有任何明显的逆

① 卡斯特罗始于 20 世纪 70 年代更为实用主义的方法即使在捍卫古巴革命的优先地位时也没有牺牲国际团结（Domínguez，1989：137）。有关查韦斯统治时期外交关系采取中央集权和自下而上的方式相结合展开的讨论，参见 Ellner（2008：chap. 8）。

转迹象。

　　尽管如此，这些因素无法确保 21LRL 能够巩固自己的统治和克服紧迫的挑战。实际上，经济的兴盛因普塞尔强调的一项负面因素而抵消：21LRL 政府没有能力履行其利用意外之财来实现生产腾飞的社会承诺（20 世纪 30 年代的苏联也是如此）。未能展示提高经济生产力的组织化能力，再加上多年来面对无数困难所经历的自然磨耗过程，这都可能促使反对派重新夺回政权。

　　从长远角度看，能解决 21LRL 的试验方法所面临的冲突和争论的是实践，而不是理论。因此，以穷人作为对象的社会项目的可持续性以及安排工人自我管理的可行性将影响如下争论：边缘化部门与工人阶级相比所发挥的特殊作用。同样，女性团体的组织化发展将严重影响 21LRL 运动对待生殖权利问题的立场，将反过来有助于界定它们与宗教组织之间的关系。

　　正如本书表明的那样，21LRL 的领袖、积极分子和理论家们需要考虑各种因素（有些因素非常不稳定），而不是转向教条寻求现成答案。掌权的 21LRL 的经验证明了教条推理和长期公认的假设存在的缺陷，如列宁主义的至理名言：革命者寻求摧毁国家，而不是努力从内部实现国家改革。实际上，传统原则对 21LRL 面临挑战的复杂性提供的答案并不完整，这在很大程度上是其高度多样化的支持基础所造成的紧急状态。21LRL 是否以一种独到且富有创造性的方式有效回应这种动态将构成独立的变量。毫无疑问，这会影响其努力实现深远改革的结果。

参考文献

Betto，Frei，1987. *Fidel and Religion：Castro Talks on Revolution and Religion with Frei Betto.* New York：Simon & Schuster.

Blanco Munoz，Agustin（interviewer），1998. *Habla el Comandante.* Caracas：UCV.

Caballero，Manuel，1986. *Latin America and the Comintern*，1919 – 1943. Cambridge：Cambridge University Press.

Cart，Barry，1993. "Mexico：The Perils of Unity and the Challenge of

Modernization," pp. 83 – 99 in Barry Carr and Steve Ellner (eds.), *The Latin American Left: From the Fall of Allende to Perestroika.* Boulder, CO: Westview.

Cox, Harvey, 1987. Introduction, pp. 11 – 27 in FreiBetto, *Fidel and Religion: Castro Talks on Revolution and Religion with Frei Betto.* New York: Simon & Schuster.

De la Torre, Carlos, 2013. "Technocratic Populism in Ecuador. " *Journal of Democracy* (24) 3: 33 –46.

Dominguez, Jorge I. , 1989. *To Make a World Safe for Revolution: Cuba's Foreign Policy.* Cambridge, MA: Harvard University Press.

Dunkerley, James, 2013. "The Bolivian Revolution at 60: Politics and Historiography. " *Journal of Latin American Studies* 45 (2): 325 – 350.

Ellner, Steve, 2008. *Rethinking Venezuelan Politics: Class, Conflict and the Chavez Phenomenon.* Boulder, CO: Lynne Rienner.

Ellner, Steve, 2012. "Latin American Unity Takes Center Stage at Cartagena Summit. " *NACLA Report on the Americas* (45) 2: 9 – 11.

Farber, Samuel, 2011. *Cuba Since the Revolution of 1959: A Critical Assessment.* Chicago: Haymarket Books.

Gutierrez, Gustavo, 1979 (1971). *A Theology of Liberation: Histoty, Politics and Salvation,* 4th edition. New York: Orbis Books.

Lopez Maya, Margarita, and Luis E. Lander, 2011. "Participatory Democracy in Venezuela: Origins, Ideas, and Implementation," pp. 58 – 79 in David Smilde and Daniel Hellinger (eds.), *Venezuela's Bolivarian Democracy: Participation, Politics, and Culture under Chavez.* Durham, NC: Duke University Press.

Nash, June, 2009. "Modernity, Postmodemity, and Transformation of Revolutions. " *Latin American Research Review* (44) 3: 212 – 223.

Palacios Badaracco, Edilberto, 1995. "El indigenismo de Mariategui," pp. 43 – 56 in Alberto Saladino Garcia (ed.), *El problema indigena: Homenaje a Jose Carlos Mariategui.* Mexico: Universidad Autonoma del Estado de Mexico.

Saladino Garcia, Alberto, 1995. "Aportes de Mariategui al nuevo indigenismo," pp. 21 – 42 in Alberto Saladino Garcia (ed.), *El problema indigena*: *Homenaje a Jose Carlos Mariategui.* Mexico: Universidad Autonoma del Estado de Mexico.

本书撰稿人

马克·贝克尔（Marc Becker），在杜鲁门大学教授拉美历史。他研究南美安第斯山脉地区群众运动的种族、阶层和性别结构。他的著作有《帕卡库蒂：厄瓜多尔的原住民运动和选举政治》（2012）以及《造就厄瓜多尔当代原住民运动的印第安人和左派》（2008）。他与金·克拉克（Kim Clark）合编了《当代厄瓜多尔的高地印第安人和政府》（2007），与亨利·范登（Harry Vanden）合编并翻译了《马里亚特吉文选》（2011）。

罗杰·布尔巴赫（Roger Burbach），是位于加利福尼亚州伯克利的美洲研究中心主任。他写了大量关于拉美和美国政策的文章。他最近的一本书是与迈克尔·福克斯（Michael Fox）和弗雷德（Fred）合著的《拉美的激荡转变：21世纪社会主义的未来》（2013）。

乔治·斯加里罗·马赫（George Ciccariello Maher），在弗吉尼亚德雷塞尔大学教授政治学。他著有《我们创造查韦斯：一部委内瑞拉革命的人民史》（2013）。他是拉美政治特别是委内瑞拉政治的常任评论员，目前刚刚完成一部关于辩证法的书，并开始著写另一本关于委内瑞拉公社的著作。

赫克特·克鲁兹·费里西安诺（Hèctor M. Cruz - Feliciano），是从威斯康星大学密尔沃基分校毕业的政治学博士。他在波多黎各、尼加拉瓜和智利的多所大学里教授社会学和政治学。他于2008—2013年任职于尼加拉瓜国立自治大学，是社会正义和发展小组的特聘主任。现在，他是华盛顿特区 CET 学术项目的项目管理人。

史蒂夫·艾尔纳（Steve Ellner），在位于委内瑞拉的拉克鲁斯的东方大学里教授历史和政治学。他著有《重思委内瑞拉政治：阶级、冲突和查韦斯现象》（2008）、《委内瑞拉有组织的劳工，1958—1991：民主场景中的行为和担忧》（1993）和《委内瑞拉社会主义运动：从游击运动到创新政治》（1988），合编了《委内瑞拉：查韦斯与一个"杰出"民主的堕落》（2007）、《查韦斯时代的委内瑞拉政治：阶级、极化和冲突》（2003）和《拉美左派：从阿连德的陨落到改革》（1993）。

费德里科·富恩特斯（Federico Fuentes），是一位出生于阿根廷的政治学家。他与玛塔·哈奈内克（Marta Harnecker）合著了三本讨论玻利维亚、厄瓜多尔和巴拉圭新左派的书，还与罗杰·布尔巴赫（Roger Burbach）和迈克尔·福克斯（Michael Fox）合写了《拉美的动荡过渡：21世纪社会主义的未来》（2013）。富恩特斯编辑了《玻利维亚的崛起》，是 venezuelanalysis.com 编辑部的一员，还经常给《绿色左派周刊》投稿。2007—2010 年，他是该刊加拉加斯分处的成员。在加拉加斯，他作为特聘研究员在米兰达国际中心基金会研究 21 世纪公共管理中的政治工具和群众参与。

马塞尔·内尔森（Marcel Nelson），在加拿大安大略省的皇后大学教授国际政治经济学，也是加拿大政府在健康和原住民政策方面的研究助理。

赫克特·彭勒（Hector Perla Jr.），于 2005 年在加州大学洛杉矶分校获得博士学位。他是加州大学圣克鲁兹分校拉美和拉美裔美国人研究的助理教授，在斯坦福大学获得拉美研究专业的硕士学位。他主要研究中美洲人——无论是居住在本国还是美国——如何在一个全球体制下面对强大的行动者。他的工作是追溯中美洲革命行动主义的历史根源，以及它与当代那些呼吁社会正义的奋斗之间存在何种联系。

卡米拉·皮尼罗·哈奈克尔（Camila Piñeiro Harnecker），是哈瓦那大学古巴经济研究中心的教授。她的研究主要关注其他可能的经济组织形式，如自我管理和民主规划。她是《合作制与社会主义：一个来自古巴的观点》（2012）的编辑，也是《重新思考古巴社会主义：关于民主与合作经济的建议》（2013）的作者。她在《科学与社会》《拉美视角》及其他杂志上发表了多篇文章，讨论古巴的改革进程和拉美的其他工作机构。

托马斯·普塞尔（Thomas Purcell），是西班牙巴塞罗那加泰罗尼亚开放大学的博士后研究人员，受西班牙教育部的资助。他于 2010 年在英国曼彻斯特大学获得博士学位，博士论文题目为《对委内瑞拉内生性发展的一个马克思主义分析：对业主式政府的批评》。他的研究兴趣是以经验视角关注委内瑞拉和西班牙的政治经济发展。他最近与查洛克（Greig Charnock）和拉蒙（Ramon Ribera – Fumaz）合著的一本专著于 2014 年上半年出版，书名为《欧洲边缘地区中的资本限制：西班牙的资本主义、危机和反抗》。

戴安娜·雷比（Diana Raby），于 1970—2001 年在多伦多大学历史系教书，目前在利物浦大学拉美研究小组中任教。她是《民主与革命：拉美与今日社会主义》（2006）的作者。

凯文·杨（Kevin Young），是纽约州立大学石溪分校历史学博士候选人。他的博士论文分析了 20 世纪玻利维亚的城市运动、自然资源冲突以及美国的干预。他在《美洲 NACLA 报导》《ZNet》和其他地方发表文章，请参见 http：//kyoung1984. wordpress. com。

译 后 记

　　拉美各国的民主政治实践一直是当代民主研究的重点对象，而在拉美政治舞台上一直扮演重要角色的是拉美各国的激进左派们。因此，研究拉美的民主政治不可以绕开对拉美激进左派的研究。从现实来看，一部拉美民主运动和实践的历史就是一部拉美激进左派的演进史。

　　本书的编著者史蒂夫·艾尔纳是研究拉美政治的专家。这本书在美国得到很高的评价，也被美国一些大学列为讲授拉美政治的课堂读物。现在，我们将这本书翻译过来，希望可以让更多的中国读者了解拉美政治和拉美问题。翻译时，我们尽量秉持客观的立场，还原本书作者的观点。同时，这是一本译著，作者的观点不代表译者本人的立场。

　　本书的作者大多是母语非英语的拉美作家，书中的英文相当晦涩，因此，这项翻译工作并不容易。

　　在具体翻译分工上，刘映汐翻译了本书的前言、序言、导论、第三编（第7章和第8章）、本书撰稿人简介，以及除第四编以外的所有注释。张圆翻译了第一编（第1章、第2章和第3章）和第二编（第4章、第5章和第6章）。吕建高翻译了第四编（第9章、第10章、第11章和第12章）。最后，刘映汐在尊重其他两位译者译文的基础上统一了全稿。

　　感谢编辑和出版社对本书付出的努力。

　　本书的翻译毫无疑问存在一些问题，恳请读者批评指正。

刘映汐